小学教师教育本科段教材

比较初等教育

BIJIAO CHUDENG JIAOYU

首都师范大学初等教育学院组编

主　编：王长纯

首都师范大学出版社
CAPITAL NORMAL UNIVERSITY PRESS

图书在版编目(CIP)数据

比较初等教育/王长纯主编 .－北京:首都师范大学出版社,2004.5
ISBN 978-7-81064-705-2(2013.12 重印)

Ⅰ.比… Ⅱ.王… Ⅲ.初等教育－概况－世界－师资培训－教材
Ⅳ.G629.1

中国版本图书馆 CIP 数据核字(2004)第 036162 号

BIJIAO CUDENG JIAOYU
比较初等教育
王长纯　主编

责任编辑　杨素
首都师范大学出版社出版发行
地 址　北京西三环北路 105 号
邮 编　100037
电 话　68418523(总编室)　68982468(发行部)
网 址　cnuph.com.cn
E-mail　master@cnupn.com.cn
三河市博文印装厂印刷
全国新华书店发行
版 次　2004 年 5 月第 1 版
印 次　2013 年 12 月第 5 次印刷
开 本　787mm×1092mm 1/16
印 张　22.25
字 数　380 千
定 价　39.60 元

《小学教师教育本科教材》编委会

序　言

在我国基础教育的改革与发展中，小学教师培养模式的改革恐怕算是最具有挑战的方面和领域之一。一方面，它面临着学历层次提高的要求；另一方面，它也需要适应新的课程标准的改革；同时，小学一线教师的培养机构也在经历着由中等师范院校向大学的转变。所有这些都要求小学教师培养过程中的各个环节和因素都相应地进行改革与调整。在这些环节和因素中，教材的重新建设则是一个非常关键的方面。由首都师范大学初等教育学院组织编写的高等教育自学考试初等教育专业（独立本科段）的新教材，集中了各个方面研究和实践的经验与成果，适应新形势的要求与挑战，经过反复的打磨，形成的一套不仅能够满足高等教育自学考试需要，而且同样适应高等学校小学教师培养和培训的系列教材。它是我国第一套适合于高等教育自学考试初等教育专业本科阶段学习教材，因而是小学教师培养模式建设和教学创新的一项非常有意义的措施，是提高小学教师培养质量和水平的一个重要因素，也是该专业主考学校首都师范大学初等教育学院给所有小学教师提供的宝贵的教育资源。

当然，作为高等教育自学考试用书，这套教材在编写过程中，始终坚持了以考生为本的基本原则。在熟悉和了解小学教师的实际与小学教师参加自学考试的特点的基础上，在掌握和认识高等教育自学考试规律和基本要求的实践中，这套教材在整体结构的安排，各本书的体例，章节的顺序，以及内容的组织、文字的写作等方面，均充分考虑了高等教育自学考试的考生的实际需要和特点。同时，这套教材不仅在形式上考虑了小学教师考生的学习特点和实际，而且，在内容上也结合了当前小学教师面临新课程标准要求的实际需要，包括整个书目的选择、教学目标的制定，以及教学内容的安排等，都在一定程度上体现了当前基础教育，特别是小学教育改革与发展的要求。而在这些方面，我个人感到比较突出的主要有以下几个方面。

第一，重视小学教师研究能力和培养与训练。

与以往中小学教材不同的是，这套教材在强调小学教师在教材教法方面的学习与训练以外，还非常重视小学教师对于各个主要学科的教学研究。例如，这套教材中将过去比较传统的小学语文、英语和教学教材教法的课程，分别拓展为《小学语文教学研究》、《小学英语教学研究》和《小学数学教学研究》，由此突出了小学教师培养和训练中研究能力的锻炼和提高。这与当前中小学教师队伍建设和新课程的要求是非常一致的。如果说，过去我们常常将学科知识、教育教学的知识与能力，以及道德修养三个方面作为合格教师的基本条件，那么，随着时代的发展和教育的改革与变化，研究能力也将越来越成为一个合格教师的必要条件。不会研究课程、教材和学生的教师，绝对不是一个合格的教师。而这套教材正是非常敏锐地看到了这一点，并且在教材体系上进行了这样的改革与创新，应该说，这种改革是非常必要和及时的。这里需要特别说明的是，有的人也许会认为，小学这样简单的教学还需要什么研究吗？如果我们这样来看这个问题，这样认识小学教师的工作，那真是极大的误解。根据教育学的基本理论和个体成长的规律，小学阶段的儿童的成长对他一辈子的影响都是十分关键的，而在这个阶段的教育也是最复杂的，我们甚至可以认为，它可能比在中学和大学的教育对个体的成长都更加重要。因为，正是在这个阶段，儿童开始形成了他的各种习惯，特别是对学习和外部世界和社会的基本态度。这种习惯和态度对于他而言，将是一辈子的事情。从发展心理学的角度看，小学阶段的儿童所经历的发展阶段也是比较复杂的，其中的变化也是非常丰富的。因此，它对于教师的研究能力的教学水平的要求也是非常高的。特别是要求教师能够结合教学，对儿童和青少年本身，包括他们的成长规律、学习规律与特点等，进行深入细致的探讨和研究。

第二，注重培养和提高教师的素养。

大量实践证明，中小学教师不仅需要具有比较丰富的学科知识和理论，掌握熟练的教学技能，而且，也需要具备非常高的综合素养。这种综合素养往往是看不见，摸不着的，但是，它又常常是在各个方面发挥作用的。它是一种显性的知识，更是一种隐性的知识。它体现在一个教师的观念之中，也常常表现在教师的思想和方法中。这套教材非常清楚地看到了这种需要，因而也加强了这个方面的建设。例如，《数学的观念、思想和方法》一书，正是比较充分地体现这个特点和取向。而且，历史类的教材也是帮助教师形成这种综合素养的非常有效的途径，包括中外教育史和中国文学史。这里需要特别提出的是，小学教师的培养与中学教师的培养模式是有所不同的，培养规格也是不同的。一般而言，小学教师往往是一种全科性的培养，而中学教师则更多是一种专科性的培养，因而两者的知识和理论结构是不同的。作为小学教师，由于学生的特点不同，往往需要具有更加全面的知识、理论和能力，从这个角度看，这种综合性的素养常常是十分重要的。如何全面地掌握各个学科的知识，特别是融会贯通地应用这些不同的知识，了解各个学科知识和理论之间的关系，对于小学教师来说，可能比单纯某一个方面的学科知识更加重要。

第三，适应新课程的特点和要求。

我国目前正在进行和实施的中小学新课程改革和新的课程标准的建设，对于我们过去的课程和教材都是一个新的挑战，它要求在课程建设和教材编写方面相应的进行调整和改革。在这次新课程标准的建设中，比较突出的特点就是非常关注青少年学生的需要，体现了以学生为本的思想和原则：增加了综合活动实践课。这对于了我们许多小学教师来说，也是一个新的挑战。现在这套教材正是非常及时地抓住了这种变化，特别加强了这个方面的建设。例如，《小学生综合实践活动》的教材，以及《小学生心理发展与心理健康》的教材正是反映了这种新的要求，适应了新的课程标准对小学教师的要求，也为小学教师应对这种挑战提供了非常直接的帮助和支持。应该说，这种综合实践活动课的建设是一项非常需要研究和探讨的课程。而且，小学的综合实践活动与中学的综合实践活动课又是有所不同的。如何抓住小学综合实践活动的特点，的确不是一件容易的事情。而丛书的编写者大胆地进行了这个方面的尝试，并且产生了比较好的效果，这一点是值得鼓励和赞赏的。

显然，希望在一个简短的序言中将这套教材的各个方面都详细地进行介绍是不可能的。但是，作为一个关注我国基础教育改革与发展的教育工作者，欣喜地看到它的出版，进而借这个机会表达自己的一点想法和体会，也算是一种参与吧！这里，我还要特别感谢北京市教育委员会和北京市高等教育自学考试委员会的领导、支持和非常具体的指导帮助。我也要感谢首都师范大学的领导，特别是首都师范大学初等教育学院的领导在组织编写这套教材中所付出的辛勤劳动和大量科学细致与认真的组织工作。当然，我一定要感谢这套丛书的各位编写者的努力，以及首都师范大学出版社领导、本套书的责任编辑，没有他们的智慧和踏实的工作，没有他们的大力支持，整套教材的出版也是不可能的。

但是，在最后我还应该说明的是，一套教材无论如何的出色，也总是有它的不足的。它不可能囊括小学教师所应该具有的所有知识、理论和素质。

也不可能完全反映所有小学教师教育研究的全部观点与看法。更加重要的是，它不可能完全代替教师本身的教学实践和工作，更不能取消教师本人的创新。一套教材的真正的效果，还应该取决于教师的教学工作，依靠教师对教材的研究和应用。如果说，教材只是一种教学资源，那么，这些资源能否真正发挥比较大的作用，产生更大的效益，还需要依靠教师本身的实践。

谢维和

2004 年 4 月 27 日

于励耘楼

前　言

改革开放以来，我国初等教育获得了巨大的发展，取得了令人注目的成就。同时，世界范围内经济与社会的深刻变化，科学技术的迅速发展，人类面临的共同问题的突现；我国新世纪小康社会宏伟目标的提出，素质教育的全面推进，又对初等教育提出了新的挑战和要求。提高初等教育工作者的教师专业发展水平，加强初等教育师资队伍的建设就是其中一项重要内容。建立大学本科水平的初等教育，是使有志于我国初等教育的教育工作者具有国际视野，形成全球意识，具备国际与比较初等教育的基本素养，这便是该教材编写的目的，也是全球化条件下我国初等教育工作者专业发展一个具有时代特点的重要方面。

能为我国独立设置的本科初等教育自学考试撰写比较初等教育教材是一件十分荣幸的事情。在教材编写过程中我注意到小学征求小学领导和广大教师的意见。我深感撰写比较初等教育教材是一件非常重要又十分困难的事情。在该教材编写过程中本人始终希望在一个广阔的视野下，在一个较高的水平上将比较教育学科知识和初等教育的国际比较熔为一炉，历史与现实相结合，理论与实际相结合，基本情况与学术前沿相结合，国别研究与专题讨论相结合，内容上重点和一般相结合，提供给学习者一个动态的多角度、多层次、多侧面的国际初等教育的景观。希望为我国初等教育、初等教育工作者走向世界做些微薄的努力。但是，由于写作时间仓促，本人水平有限，所以肯定有许多需要改进之处。欢迎广大读者提出批评和建议。

本书的写作引用了大量国内外学者的研究成果，在这里我谨向他/她们表示由衷的敬意和感谢。

全书的书稿由本人撰写。同时本书的编写分别邀请了齐放（吉林省小学教师培训部主任）、唐双辉（首都师大初等教育学院）、夏鹏翔（首都师大初等教育学院）、朴钟鹤（首都师大教育科学学院硕士研究生）、刘庆华（北京服装学院）、杨彦如（北京市高等职业学院）等同志，请他/她们为该书稿的国际初等教育课程与教学改革趋势、美国初等教育、英国初等教育、俄罗斯初等教育和日本初等教育的内容做删减和修补。

本教材的编写得到了首都师范大学初等教育学院常务副院长王智秋教授、陈惠国副院长和培训部主任崔德江老师的宝贵支持。这部教材作为本人主持的全国教育科学十五规划国家项目《中国比较教育理论建设研究》的成果，也得到了国内比较教育学界同行专家的关心。本书的编写得到了家人全力的、多方面的帮助。

正是他们的鼓励、帮助和支持使本书最终得以完成。在此向他/她们表示深深的谢意。

最后，衷心希望有志于比较初等教育的学习者进步，未来期待着你们。

目　录

引　论

引论提要：比较教育是现代化历史进程的产物，并伴随着这一进程持续发展，它是研究当代不同国家、不同地区、不同文化条件下的教育和全球性教育问题的一个重要研究领域的综合性应用学科。比较教育的发展经历了实证时代、描述时代、历史因素分析时代、第二实证时代和方法多元化等五个阶段。比较教育具有视野的国际性、意识的全球性、研究框架的跨学科性、地位与作用的前沿性、研究对象的当代性等五个特征。比较教育中的比较需要做多重理解。比较初等教育是比较教育的重要领域，比较初等教育就是对当代不同国家和不同文化条件下的初等教育，或国际初等教育进行研究，站在全球的高度思考和理解初等教育的理论与实践，这对我国初等教育的改革与发展具有重要的理论价值和实践意义。从比较教育的角度观察世界初等教育改革与发展的宏观线索对于广大初等教育工作者具有积极的意义。

广义上的初等教育古已有之，它诞生于原始生产力形态让位给农业生产力形态的时代。在3000年前的中国古代虞、夏、商时期就有初等教育，如《礼记·王制》所言："有虞氏养国老于夏庠，夏后氏养国老于东序，养庶老于西序；殷人养国老于右学，养庶老于左学。"孔颖达疏引熊氏曰："国老谓卿大夫致仕者，庶老谓士也。"郑康成注："上庠、东序、右学为大学……下庠、西序、左学为小学"。在西方，公元前8世纪以后，在希腊的雅典便出现了以7～12岁的奴隶主、贵族、武士和自由民儿童为对象的文法学校和琴弦学校，学习初步的读写算知识。这种初等教育思想与实践对农业生产力的发展和社会变迁曾产生过基础性作用。这里所论及的初等教育是人类现代化历史进程的产物，通常是指现代教育制度最基础的一级。联合国教科文组织发布的《国际教育标准分类（第三次修订）》确认，初等教育是基础教育的第一阶段，此级教育的重点通常是向法定的入学年龄不低于5岁或不大于7岁的儿童提供教育，包括向学生提供读写算方面扎实基础的教育课程，同时对其他一些科目也有一些基本了解。在大多数情况下，初等教育的开始也就是**义务教育的开始**。

比较初等教育则在初等教育发展的历史实践中与作为现代教育学科的比

较教育一起产生与发展的，是比较教育的重要研究领域。学习比较初等教育首先必须了解它的学科背景和知识基础。比较教育是比较初等教育的学科依托和学术支撑，也是从事比较初等教育研究的理论准备。我们在这里将对比较教育学科的一些基本内容作一个简要的叙述。

一、先行知识：简述比较教育的几个基本问题

(一) 比较教育的提出

比较教育是现代化历史进程的产物，并伴随和影响着这一进程中教育的改革与发展。“现代化”是一个重要的世界历史概念，它是指由1492年哥伦布发现新大陆以来，主要由于工业革命引发的人类社会生产力的巨大飞跃，以及由此而引起的社会经济、政治、文化等诸方面模式的广泛而深刻的变化。现代化又是一个内涵十分丰富的多向度的开放的历史过程。现代化是由人类精神发展和生产力飞跃所造就的历史必然，马克思和恩格斯在《共产党宣言》中指出：“过去那种地方的和民族的自给自足和闭关自守的状态，被各民族的各方面的互相往来和各方面的互相依赖所代替了。物质的生产是如此，精神的生产也是如此。各民族的精神产品成了公共的财产”。[①] 这一段话极其深刻地揭示了现代化的历史特征。同时，也就启示着包括比较教育在内的现代人文社会科学赖以产生的最深厚的时代条件。

特殊地说，18、19世纪欧洲工业革命获得了迅速的发展，以封建制度为对象的社会革命风起云涌，首先是西欧一些国家经过激烈的政治较量，资本主义以不同的方式战胜了封建主义，建立了现代民族国家。作为启蒙运动的发源地，法国向世界贡献了伟大的思想家卢梭，卢梭的思想成为当时欧洲革命的旗帜。1789年法国大革命则进一步使法国成为处于革命－动荡－新秩序交织在一起的欧洲的思想的前驱，成为“欧洲的头脑”。

17、18至19世纪自然科学获得了空前的大发展，显示出强大的力量，对人类社会产生了广泛而深刻的影响。自然科学的巨大进步震撼了人文社会科学界。牛顿力学等一系列自然科学的发现与发明赢来了人们对自然科学及其方法论的崇拜，他们追求人文社会研究的科学化，主张人文社会研究像自然科学一样精确、一样客观、一样可操作。他们将物理学为代表的实证方法运用到对社会现象的研究中，寻找社会发展中与自然现象一样的人们必须服从的不变的规律。由此，首先在西方开始了社会科学的自然科学时代。比较教育即是这一时代的产物。

---

① 《马克思恩格斯选集》第一卷，第276页。

18、19 世纪欧洲的教育理论与实践发生了巨大的变化。随着资本主义制度的确立，现代国民教育制度也相继建立起来。现代国民教育制度的建立是人类教育历史从中世纪以来最大、最深刻的变化。当时欧洲各国社会存在许多政治经济的弊端，无论家庭教育还是公立学校的教育都很不完善，问题很多。一些著名的思想家、教育家积极回应当时社会存在的弊端和教育上的问题，认真总结了一些国家积累的革除封建主义教育弊端、发展新教育的有益经验，提出了重要的理论与思想，对刚刚建立不久的民族国家的巩固和国民教育制度的发展发生了重要作用。先有瑞士的裴斯泰洛齐，后有德国的赫尔巴特。特别是裴斯泰洛齐的教育思想和实验在当时产生了广泛的影响。

法国人朱利安（Marc－Antoine Jullien）在现代国民教育制度在西欧得以确立的情况下，他希望通过教育实现道德改善和社会改进。他试图使教育研究摆脱西方教育研究的思辨面貌，把教育学建立在事实和观察之上，通过比较的方法演绎出实证的教育科学。1816 年朱利安在教育研究杂志上连续发表了《比较教育的研究计划和初步意见》，次年该文编辑出版成为比较教育的奠基之作。

（二）比较教育的概念、对象、目的和方法

1．概念

每一门学科都有自己的定义和研究对象。比较教育作为教育学的一门独立分支，有表征学科界限的定义和专门研究对象和特定的研究领域。那么比较教育的定义如何表述，这门学科的对象是什么呢，其学科研究的目的是什么呢？

对比较教育的概念有许多不同的阐释。美国杰出的比较教育学家康德尔（I.L.Kandel）认为，“比较教育的研究继续教育史的研究，把教育中延伸到现在，阐明教育和多种文化形式之间必然存在的密切联系，”① “比较法要首先判明决定教育制度的无形的、难以捉摸的精神力量和文化力量，判明比校内的力量和因素更为重要的校外力量和因素。”② “比较教育的目的在于发现导致教育制度的差别的那些力量和因素的差异性。”③

前苏联的比较教育研究者索科洛娃认为：“比较教育学研究当前世界中教学和教育的理论和实践的共同的和个别的特点及发展趋势，揭示它们的经

① I.L.Kandel, The New Era in Education, Boston: Houghton Miffin, 1955, P46.

② 康德尔：《比较教育研究》转引自 B·C·Rai, Comparative Education, Prakashan kendra, 1979, 第 5 页。

③ 康德尔：《比较教育》，1936 年发表于《美国教育研究评论》转引自 B·C·Rai, Comparative Education, 第 5 页。

济、社会政治和哲学基础，以及民族的特点。在综合年轻的一代的教学和教育的大量实践经验的基础上，比较教育学阐明社会主义、资本主义和发展中国家国民教育发展的规律和趋势，因而促使进一步研究教育和教育的理论。”

上述对比较教育概念的表述强调了比较教育研究要揭示影响教育的复杂的背后因素。

1955年，在汉堡的联合国教科文组织教育研究所召开国际会议，会上关于比较教育的定义提出了很多不同的意见。土耳其的比较教育学者艾孟(B·C·Egemen)等认为目前给比较教育下定义还为时尚早。实际上，这种在学科定义上难以达成一致意见的情况并非只有比较教育如此，很多学科都有类似的问题。这种学科界定上的分歧，反映了不同学者从不同的角度对该学科的不同理解，这也是比较教育学科在研究领域和研究方法等方面充满生机，能够不断发展的前提因素之一。

1980年出版的美国大百科全书指出，比较教育是研究周围世界教育制度的学科。这一定义，反映了制度是比较教育长期以来所突出关注的研究对象。

目前，我国一些比较教育学者认为，比较教育是以比较法为主要的方法，研究当代世界各国教育的一般规律与特殊规律，揭示教育发展的主要因素及其相互关系，探索未来教育的发展趋势的一门教育科学。比较，在这里成为比较教育作为学科的标志，比较法成为比较教育的主要研究方法。

这种比较教育的定义，将比较这种方法作为突出特点。也就是说，比较成为比较教育与其他教育学科最突出的不同之处，成为逻辑学讲的种差。

日本著名比较教育学家马越彻指出：为了提高比较教育研究的质量，必须充实教育的“区域研究（area studies)”。区域研究的特色在于：不将区域进行分割而是作为一个整体来把握；采用非单一的、跨学科的方法；研究对象一般选择“现代”的主题；重视田野研究（利用人类学的方法进行实地调查)。开展教育的“区域研究”对于提高比较教育研究的质量至关重要。[①]

这种比较教育研究强调区域研究的重要性，为比较教育研究对象增加了一个重要的维度和视角。

到底应当从方法还是对象来界定比较教育，比较教育研究的单位是国家还是地区抑或是别的什么，这是一个长期以来争论的问题。人们对比较教育教育的认识也就是在这种争论中不断加深的。

---

① 马越彻著，饶从满译，“区域研究”与比较教育学——以明确“区域”的教育特质为目的的比较研究，外国教育研究，2002年第2期第11～16页。

20 世纪 90 年代以来，在全球化和地方化互动的时代，比较教育显示了强大的生命力，为各国的教育改革，为世界教育的发展贡献着独特的力量。我们对比较教育的理解也进入了一个新的时期。经过对比较教育众多界说的分析与学习，经过吸收当代哲学社会科学研究的新成果，我们认为：比较教育是研究当代不同国家、不同地区、不同文化条件下的教育和全球性教育问题的一个重要研究领域和一门综合性应用学科。

2. 对象

比较教育学的对象，我们可以从上述定义中寻找出来。比较教育研究对象包括：

1）当代的不同国家的教育。如美国教育、泰国教育或印度与埃及初等教育的比较等；

2）当代不同地区的教育。如我国香港地区和上海小学德育的比较，日本广岛和北海道小学教育的比较；

3）当代不同文化条件下的教育。如伊斯兰教教育、佛教教育、基督教教育。又如加拿大爱斯基摩人教育、新西兰毛利人教育等；

4）当代全球性教育问题如环境教育、生命教育、禁毒和防止艾滋病的教育等。

上述对象有一个共同的特点，这就是时间上的一致性，都是关注当代的，或以当代为主的教育。

3. 目的

比较教育的目的是借鉴他国、他地区和他文化教育的经验，改革并促进本国、本地区、本文化教育的改革与发展；寻求当代世界教育发展的普遍联系、一般趋势，提高对教育发展的规律性的认识；通过对影响教育因素的探索，加深对作为社会现象的教育的解释；开展国际教育交流，促进国际理解；研究全球化条件下各国面临的共同的教育的问题，寻找改善教育的途径，推动人类社会的发展。

4. 方法

比较教育没有自己的独特方法，它的全部方法都来自于现代社会科学，包括宏观上的统计测量，著作评论，历史研究，计划评估，政策分析；具体的观察法、文献法、比较法、分析法、参与/观察，访谈和问卷调查等。在这一点比较教育学界是有共识的。这些具体方法会在其他教育学科，特别是教育研究方法中有相应的介绍。

实证主义方法和相对主义方法是比较教育研究的两个主要的方法系统。作为在西方产生的比较教育学科，它的研究方法长期以来主要是实证的方法。朱利安创建比较教育学的目的就是要把教育变成实证科学，因此，有关实证的研究方法一直是比较教育研究的一个重要方法。西方比较教育学者认为，人类的行为只有通过比较的研究才是真正科学的，教育本质离开跨国的检验也是不能够完全理解的。诺亚和埃克斯坦指出，比较教育的出现就是作为运用跨国数据验证关于教育和社会之间、教学实践和学习效果之间的联系。梅里特和库姆斯说："没有系统的跨系统的比较我们就不能够发展我们需要的理论，而没有这些理论，我们对一切将无从解释，甚至是在一个体系之内也是如此。"① 实证研究的方法，服务于比较教育寻找规律的重要目的。这里主要讲的是西方比较教育实践中经常运用的、互相对立的方法体系，这就是实证主义方法和相对主义方法体系。

相对主义的方法和实证主义的方法对比较教育来说都有一样长的历史，它是与实证方法不同的另外一种方法，比较教育的相对主义认为，作为经验的和概括的途径，实证主义不能够提供理解社会现实的可靠基础。他们认为，比较教育研究应该关注社会性相互作用细节的分析，研究的目的是寻找不同教育，或不同文化下的教育的独特性。

当前，一些比较教育学者开始对两种不同的方法进行综合的尝试，其中就有个案研究方法的使用、形态发生学方法的使用以及问题解决法的使用。

(三) 比较教育的历史发展

比较教育学科从 19 世纪初至今经历了自己独特的成长和发展的历程。这个历程包括四个时代，即第一实证科学时代；描述借鉴时代、因素分析时代、第二实证科学时代和方法多元化时代。

1. 第一实证科学时代

朱利安在《比较教育研究计划和初步意见》中写到"教育像其他科学一样，是建立在事实和观察之上的。这些观察和事实应当以图表形式排列出来，使之容易比较，以便演绎出原理和一定的规则。教育应当成为实证的科学。它不应是为狭隘与有限的意见所左右，不应是使行政人员的决议离开其所应遵循的路线的冲动和随心所欲；不应是造成盲目的例行公事的偏见或制度与革新的某种精神"②。这里朱利安所言的比较是作为自然科学实证方法的一种比较。朱利安原意就是只有通过这种比较才能建立起教育的科学。这

① Richard L. Merritt & Fred S. Coombs. "Politics and Educational Rfform", Comparative Educational Review, 19772 - 3, p.262.

② Nicholas Hans, Comparative, Education, Rutledge and kurgan Vault, reprinted 1982, London p1.

里“比较”是教育科学性的标志，是摆脱思辨的标志，是实证的方法。按照朱利安的意见，只有运用了比较的方法才能使教育成为实证的科学。所以，美国著名比较教育学者贝雷迪认为朱利安“是第一位用科学思考的比较教育家”。朱利安提出比较教育概念，主张建立教育科学，并不是从教育自身考虑，而是从当时欧洲社会的具体情境出发，目的在于革除弊端，提高人们的道德水平，促进社会的健康发展。当时，朱利安相信对宗教、道德和社会联系的忽视和解脱，降低公共意识和个人意识，已经导致尖锐的矛盾和严重的混乱，早已成为欧洲的痼疾。这一弊端的解决在教育。朱利安等人相信教育改革和实验将会改善欧洲当时的局面，并保证与拿破仑主义相连的东西不在欧洲蔓延。①

朱利安建议成立名为特别教育委员会的国际教育组织，安排专人对欧洲各国教育进行问卷调查，他计划问卷包括六个系列问题，即小学和公共教育；中学和古典教育；高等教育和科学教育；师范教育；女子教育；教育立法和相应的社会机构。他还建议建立国际师范教育网，创办多种语言的刊物，传播各国教育经验。所有这些建议都是为了用比较这种自然科学的实证方法改革当时的教育，促进欧洲教育，乃至社会的健康发展。朱利安开启了比较教育发展的第一个阶段。但这是一个时间很短暂的阶段，而且上述意见并没有付诸实现。

2．描述借鉴时代

19世纪比较教育的发展并没有遵循朱利安所建议的轨迹，同时代的许多教育工作者在对外国教育进行研究时主要是采用了实地考察、寻求经验、加以借鉴的方式。这种研究外国教育的方式成为比较教育发展第一个阶段的特征，这一阶段被称为描述借鉴时代。法国哲学家、教育家库森（Victor Cousin 1792～1867）是其中的代表人物。库森是法国高等师范学校校长，哲学教授。当时法国政府为了通过重组它的制度形式，使法国社会有一个理想的发展。库森被派到邻国普鲁士做教育调查。在普鲁士调查时，他时时想着法国的教育，在用心比较普鲁士教育制度的许多方面，特别是其世俗的集权的管理，学校内包括课程、师资的各种好的办法。1831年他写的普鲁士教育报告，成为法国初等教育重要文件《基佐法》的基础，对法国初等教育发生了积极的作用。1840年库森本人被任命为法国教育部部长。库森对外国教育进行调研所采用的方法是：首先，收集所有他能得到的书面资料，特

① 参见 Phillip E. Jones，Comparative Education purpose and method，University of Queensland，1971，p.52～53.

别是有关教育制度方面的资料。然后对有关国家的教育做实地访问，证明所收集到的事实的价值，通过介绍最有特点的教育情况，向本国教育制度的改革提出建议。他认为两个或更多国家的教育政策常常有相似之处。库森成为描述借鉴时代的代表人物。这一时期的比较教育研究的著名人物还有：美国的贺拉斯·曼（Horace Mann 1796～1895），亨利·巴纳德（Henry Barnard 1811～1900）；英国的马修·阿诺德（Mattew Arnold 1822～1888）；俄罗斯的乌申斯基（K.D Ushisky 1824～1870）。

19 世纪 40 年代到 19 世纪末，西方列强的侵略和满清政府的无能使中国沦为半封建半殖民地社会。许多优秀的中国知识分子开始重视向西方学习。学习借鉴西方的教育经验，改革中国教育，培养人才，富强国家。此时，出国实际考察外国教育，研究外国教育，兴西学，借鉴德、英、美、法、日等国的教育经验，在教育制度、选拔人才制度、教育内容与方法等方面提出改革主张，对中国教育的发展起到了一定的作用。

3. 因素分析时代

在 19 世纪和 20 世纪之交，比较教育开始了新的发展时期。这一时期成为因素分析时代。萨德勒（Micheal Sadler，1861～1943）就是这一时期的开创者。

19 世纪后半期电动机的运用及生产规模的扩大，促进了教育新的变革。萨德勒看到了以描述和借鉴为手段的比较教育，在经济发展和教育变化的过程中，那种直接形式“移植”、“引进”已经暴露出了不足和局限。一些引进的国外教育经验根本不适应本国的实际，人们开始意识到全盘借鉴的潜在危险和真正借鉴的困难，许多人甚至因此反对外国的东西，怀疑比较教育工作的价值。①

1900 年 10 月萨德勒在吉尔福德大学作了著名的《我们从国外教育制度的研究中能够学到多少有价值的经验》的讲演。在讲演中他对比较教育重大问题作了深刻的、具有划时代意义的论述。他指出：“以正确的精神和一丝不苟的态度研究外国教育制度的运作情况，其实用价值在于它将使我们更好地研究和了解我们自己的教育制度。”②

萨德勒反对孤立地研究教育，反对“元件”研究，主张整体性地研究，主张在研究别国教育制度的同时，提出了民族性概念，这对 20 世纪比较教育的研究产生了深刻的影响，从而标志着比较教育学科进入了一个新的阶

① 赵中建、谷建民：《比较教育的理论与方法》，人民教育出版社。

② 同 1。

段。萨德勒要注重“民族性”的作用，要关注于教育制度之外的，又是与它有着密切关系的社会文化和民族特性。他指出：外国教育制度中的具体方法或要素，“常常根植于其制度本身的土壤之中并与它们所依赖的条件紧密地联系在一起，而这些条件是不可能或不希望引进另一国的。”①他还指出：“任何出色的真实有效的教育都是民族生活与特点的写照。”②萨德勒首次提出了比较教育中的“民族性”概念，它成为萨德勒分析教育资料的核心。

萨德勒提出，比较教育研究必须要重视学校以外的因素。即比较教育研究的视野不能只停留在学校内部，而应当深入了解外部原因。他认为，比较教育研究不能仅仅停留在书本上、教室里或师生之间。必须走上街头，深入家庭。学校以外的社会因素影响着学校制度的发展。他明确提出：“在研究外国教育制度时，我们不应忘记校外的事情比校内的事情更重要，并且制约和说明校内的事情。”③

特别需要说明，萨德勒十分重视研究教育背后隐藏的精神力量的思想，使比较教育研究从平面移植走向历史的有厚度的教育探索。他提醒人们，在研究外国教育制度的时候，决不能把眼光放在看得见摸得着的建筑物上，而是要寻找那些“维系着实际上的学校制度并对其取得的实际成效予以说明的那种无形的、难以捉摸的精神力量。”④他认为，比较教育研究不能仅仅满足于教育制度的描述和统计，必须探究影响教育变化的各种社会因素和力量。

这些思想启动了比较教育研究的历史因素理论，比库森等前一代的比较教育研究着实前进了一大步。

萨德勒的比较教育思想结束了以借鉴和移植为特征的比较教育开创时期，为比较教育学科开创了一个重要的新时期——因素分析时代。

萨德勒的学生康德尔（I.L.Kandel）、汉斯（Nicholas Hans）都受其影响，康德尔的《比较教育》（1933年）、汉斯所著的《比较教育》（1947年）从历史、政治、社会和文化背景去探讨比较教育。他们继承并发展了萨德勒的比较教育思想，为丰富和推动比较教育学科建设作出了杰出贡献。

康德尔的著作把人们带进教育的世界场景，以开阔的国际视野论述着比较教育对于增进理解和满足相对来说前发达国家的教育需求起着积极的作用。

康德尔的比较教育方法论的特点表现在其三个目的上：1. 整体性描述的目的，在做出判断或想要做比较时，首先必须拥有事实。2. 历史——功能目的，只有事实还不够，还要寻找原因；3. 改善的目的，它表现出对世

①②③④　参见赵中建，顾建民：《比较教育的理论与方法》（人民教育出版社）。

界教育改善的极大关心。

康德尔指出，比较教育的方法论是由研究所要达到的目的决定的。它的任务是了解决定教育制度特点的诸因素，正是这些因素可以说明两个或更多制度之间的不同和相同之处，了解一个制度如何解决与其他制度相同的问题等。

汉斯在他的经典著作《比较教育——教育因素和传统研究》中承认他的研究受到康德尔的启发。但是，康德尔没有能就他发现的因素作进一步详细分析。在汉斯看来，国家教育制度就像民族政体和民族文学一样，都是民族特性的外部体现，使一个民族得以区别于另一个民族，因此用历史因素分析民族以及教育体系的不同是必要的。

汉斯将国家中影响教育制度发展的因素分为三类：

1. 自然因素——种族
——语言
——环境
2. 宗教因素——天主教
——英国国教
——清教徒
3. 世俗因素——人文主义
——社会主义
——民族主义

具体的操作主要以英国、美国、法国和苏联为例。

在这一时期，我国最早的教育专业刊物，即20世纪初我国比较教育重要阵地《教育世界》在上海创办。1908年1月（光绪33年12月）停刊，共出版166期。

罗振玉为该杂志发起人，王国维为主编。该刊在研讨国内教育的同时，对日本、美国、英国、法国、丹麦、俄国、瑞典、挪威等国外教育做了及时大量的介绍，成为国人了解西方教育理论、思想和制度的窗口。这种对国外教育的介绍也从以前的简单照搬到开始带有研究性和选择性，目的也是十分明确的，就是促进教育的发展和国家的强盛。《教育世界》对日本和西方教育制度的介绍，直接对癸卯学制的制订发挥了重要影响。王国维先生等人翻译了教育学、教学法的许多著作和教科书，对我国新教育的发展作出了积极贡献。[①] 此后，我国的比较教育又有了较大的发展，注重历史分析方法，并

① 金林祥等，河北师大学报（教科版），2002年第4期。

形成了三种不同的体系，即问题比较体系，以庄泽宣的《各国教育比较论》为代表；国别教育体系，以常导之《各国教育制度》为代表；综合体系，以钟鲁斋的《比较教育》为代表。

这一时期，我国的比较教育获得了较大发展，为我国现代教育制度的形成、教育观念的更新、教育学科的建设发挥了积极作用。

4. 第二实证科学时代

20 世纪 40～50 年代以后，社会科学解释的力量得到了充分发挥，许多政府改善了统计的质量，统计技术发展的更为复杂，这种情况促使社会科学依靠定量研究的方法，研究者对量的要求促进了越来越多的统计资料的生产，特别是对于经济学和社会学。而后，这种趋势影响到政治学，甚至人类学。定量的方法不仅对社会科学，而且还影响到教育分支，象心理学、心理测量学等。从此，人文发端的社会科学开始从早期的对历史和哲学的强调逐步转向新的发展，表现出对经验主义和量化研究的重视。而比较教育则缓慢地追随其后。二战以后，这种趋势迅速壮大，社会科学的经验主义的方法开始在比较教育领域发生影响。因此，当代教育的跨国研究开始建立在大量增加的教育数据，以及提高的技术的基础上。① 由此开始了继第一实证时代的第二实证时代。比较教育在方法上的变革推动了世界范围内比较教育学的发展。

我们以贝雷迪、诺亚和艾克斯坦为比较教育社会科学方法时代的代表人物。

1）贝雷迪的比较教育思想

著名比较教育学者贝雷迪（George Beredy）在《比较教育方法》等著作中阐述了具有鲜明的社会科学方法特色的比较教育理论，成为国际上很有影响的比较教育学家。

贝雷迪在《比较教育方法》等书中提出比较教育应寻找达到目的的信念和比较教育应该运用的方法。首先，贝雷迪认为比较教育是要实施对“外国教育制度的分析研究”。贝雷迪认为比较教育研究的存在是由于“系统地探究外国学校教育的质量，以评价本国教育制度的需要”，重点强调两点：“分析”和“系统地研究”。同时，贝雷迪在《比较教育方法》序言中强调比较和关注比较的有效方法。

贝雷迪认为该领域可以划分为区域研究和比较研究。后者包括一个以上

---

① Haood J. Noah and Max A. Eckstein Philip Fsster，Doing Comparative Education Three Decade of Collaboration，Comparative Education Research Center The University of Hongkong 1998.

的国家或地区。他把比较教育研究划分为描述、解释、并置、比较等4个不同又互相联系的阶段。

贝雷迪的比较教育理论重视阐述分析和比较的逻辑形式。

2) 哈罗德·诺亚（Harold J. Noah）和麦克斯·埃克斯坦（Max A. Eckstein）是比较教育方法论科学发展阶段的代表人物。

诺亚、埃克斯坦认为："比较教育学一方面坚实地扎根于普通教育学，另一方面扎根于社会科学的更广泛的领域"。前者，主要是解释教育制度及其组织机构范围内的各种现象，即研究教学方法、不同类型的课堂教学、组织结构、视导工作、行政管理及其与教育效果的关系等方面的问题。这方面研究通常由教师、教育行政人员和教育心理学家进行。他们试图理解并尽可能改进教学工作。诺亚、埃克斯坦把这个领域称为"比较教授学"(Comparative Pedagogy)。后者涉及的范围和资料与社会科学家感兴趣的问题重合，即把教育作为一种社会现象，探讨教育与社会之间的关系。因此，我们可以认为诺亚、埃克斯坦的比较教育的对象包括教育的所有领域，而且，比较教育家的工作或者与普通教育学领域的人员的研究重叠，或者于其他社会科学的研究人员的相应工作重叠。这样，他就试图从方法的角度论证比较教育独立存在的价值。

诺亚、埃克斯坦认为："比较教育使用一个或更多国家或地区的材料，描述教育的制度、过程或成就；促进教育制度和实践的发展；阐明教育与社会之间的关系；形成对两个以上国家有效的概括性的教育论断"。总之，他总是把理论的检验与概括当作比较教育的中心问题。

比较方法在社会科学中的作用正像实验在物理学中所起的作用一样，比较法是为了验证假说而代替实验法的一种方法。诺亚认为："科学研究的方法不仅是一套程序或方法，而且是建立科学信念的途径。"他在比较教育方法论方面的主要贡献也在于把一般社会科学研究程序引进到比较教育研究中。他的科学比较教育学的基本步骤是：（1）确定问题；（2）建立假说；（3）概念的操作化和指标的确定；（4）选择个案；（5）收集资料；（6）处理数据；（7）检验假说和解释结果。

诺亚倡导在比较教育研究中使用假说检验方法，力主科学方法对于比较教育研究的重要性。当然，这种科学方法也遭到批评。正如埃德蒙·金所说："实证主义的调查研究由于时髦的定量标准更容易被认为是'科学的'（有时也因为人们认为预测比咨询更科学），比较难于定量分析的、更为复杂的东西，常常被急于在下一次选举中获胜的部长们，或急于通过产生某些惊人的'结果'而赢得晋升的研究者们抛弃在规则之外。"正如诺亚所说的："从理论上讲，人们需要的是一种具有自我纠错功能的方法，使观察者产生偏见的可能性极小化，同时使资料的效度极大化。尤其重要的是，它必须成为这样的一种方法，即把调查研究的每一步骤和研究者所做出的结论的逻辑上和经验上的根据公之于世，接受公众的检查。”

但是，诺亚、埃克斯坦只注意到比较教育在教育科学建设中的作用，而忽视了人文社会科学的特殊性，教育哲学的作用和实践教育学的领域，显示出一定的局限性。

在这一阶段，我国的比较教育在中华人民共和国成立以后，也获得了一定的发展。建国初期，大量介绍和引进了苏联的教育理论、教育思想、教育制度和教育经验，展开了与苏联和当时东欧国家经常性的教育交流，这些对我国建国初期教育的发展发挥了积极的作用。20 世纪 60 年代我国开始建立专门的外国教育研究机构，如北京师范大学的外国教育研究室、华东师大的西欧和北美教育研究室、东北师大的日本和朝鲜教育研究室、河北大学的日本教育研究室等。这些机构开展了对相关国家教育的研究，取得了一定的成果。但是，由于这一阶段的国际环境和国内环境的限制，新中国的比较教育并没有获得很大的发展，在研究对象和研究的开放程度上很有局限，在研究方法上没有能获得较大的发展。

4. 方法多元化时代

在这一阶段现代哲学的发展给比较教育以深刻的影响，形成了受不同哲学影响而形成的多种多样的比较教育方法。其中在西方出现了特别是受杜威的实用主义、胡塞尔的现象学和波谱的证伪主义的影响，产生了霍尔姆斯和埃德蒙·金，这两位为对当今比较教育理论与实践影响很大的人物。

1）霍尔姆斯的问题解决法

英国著名比较教育学家霍尔姆斯接受了波谱的证伪主义、批判二元论和零星社会工程的深刻影响，也吸收了杜威的反省思维和问题解决法、比较教育因素分析法和历史法的传统，以及现象学家关注的主体建构的世界。他揭示了传统比较教育方法论的局限。

第一，霍尔姆斯认为比较教育学者所依据的方法论原则基本属于实证论和决定论。他指出，许多比较教育学者相信并追求那种完全控制和对教育进程作科学预测的一般规律。康德尔等人试图通过运用历史因素法寻找到教育后面的因果关系就反映了这种倾向。霍尔姆斯本人则否认世界存在任何的适用于客观、永恒不变的自然或社会的通用法则。

第二，霍尔姆斯批评过去比较教育研究者忽视对特定的具体背景和实际情境的考察。他认为，从比较教育的先驱到当代的比较教育学者，往往把某个国家特定时空的经验看成普遍适用、保医百病的灵丹妙药，而根本不考虑一个国家的具体背景。

第三，霍尔姆斯指出了归纳法的局限。霍尔姆斯赞同归纳法是科学研究的一种方法，但从认识论的角度看，归纳法的目标是探讨法则、发现规律，而忽视特定国家的具体背景和实际情境，更不感兴趣萨德勒所说的“活生生的精神”。霍尔姆斯也对归纳法的程序提出意见。他认为有用的研究应该开始于确认和分析某一个专门性的问题，这个问题会指导研究人员注意到某类资料或事实，而不必非从观察和收集资料着手。波谱“理论先于观察”思想的影响在这里得到了反映。

霍尔姆斯认为，针对某一问题可以立即提出假设，而不必从事实和资料中归纳出假设。他感到由于社会科学研究中难以用实验对假设进行验证，就需从逻辑上考察假设形成的途径和假设接受的理由，所以演绎法比归纳法更有用处。

霍尔姆斯基于波谱科学哲学中的反归纳主义立场对比较教育使用归纳法提出不同意见。他赞同波谱的观点，认为科学理论不是来自经验事实的归纳。那么科学理论从哪儿来呢？波谱提出了一个著名命题：“理论先于观察”。霍尔姆斯无保留的继承了这一观点。

霍尔姆斯曾经说过，当他抛弃原有的比较教育方法论的弊病时，比较教育的“范式迁移”便在他的头脑里产生，构造了自己的比较教育方法论。

1）注重具体条件，实现逐步改良

波谱认为不能有全面的社会规划，而主张渐进的社会工程。霍尔姆斯说：“我对比较教育的要求就是依赖于这种信念”，以及比较教育学者在研究中不要像决定论者那样企图找到普遍适用的规律，而要注意编制那种考虑具体条件，逐步改良的教育规划。

2）用假设演绎法和杜威提出的反省思维阶段取代实证论的归纳法及其程序。

霍尔姆斯发现，波谱描述的假设演绎法的要素和杜威的反省思维的阶段都是从问题出发，提出假设性的解决办法，再对具体环境中解决办法的结果进行逻辑推断和预测，最后将预测和观察到的事实进行比较，验证解决办法是否合用。他把这两者结合起来用于比较教育研究方法论的探索。霍尔姆斯还指出，尽管波谱和杜威对验证的目的的看法不同，波谱强调证伪，杜威则强调证实，但在比较教育者身上是可以统一的。因为，比较教育者身兼两任：“作为纯粹科学家或政策顾问，应该批判地考虑各种政策，有意说出哪项政策在某个特定的环境下不起作用”，而“作为应用科学家和技术指导，应该表明一项已采用的政策如何可能有效地引进某个特定的环境”。

霍尔姆斯的问题解决法五要素或五步骤便是假设演绎法和反省思维五步法互相结合的形态：(1) 分析问题，即使问题理智化；(2) 提出假设，即设计解决问题的政策；(3) 详细说明问题的初始条件，即具体真实的背景；(4) 从已采纳的假设中合乎逻辑地预测可能的结果，即科学预测；(5) 将合乎逻辑的结果和可观察到的事实进行比较。

3) 将特定国家的背景放在突出地位。

霍尔姆斯屡次提及，能否正确地预测解决问题方法的成败要依据各个国家的特定的背景，及采纳任何教育决策之前，应该对即将实施该项政策的国家背景进行透彻的分析；同时，他认为假设演绎法“技能在比较教育中满足对有利的普遍理论（假设）的需要，又能满足对描述某国或某地情况（特定的初始条件）的需要。”霍尔姆斯提议，为了分析和描述特定的国家背景，资料的收集和处理可以归入四种模式：(1) 规范模式，涉及某国的国民识别并准备接受或拒绝的规范法则；(2) 制度模式，涉及某国政府机构、经济组织、教会、学校等；(3) 精神状态模式；(4) 自然环境模式，涉及某国的自然资源和开发自然资源的知识和技术。每种模式的资料可以借用有关的理论、模型、概念和技术加以分类、整理、分析和解释，使之具有可操作性。他认为，按四种模式去了解一个国家，有助于研究人员正确地预测某项教育政策在实践中的背景。

霍尔姆斯建立了一种较完整的比较教育方法论体系，其中重要的是建立在波谱哲学基础上，进一步吸收了杜威的反省思维五步法以及社会学相关理论，特别是韦伯的理想典型模式，构建了比较教育研究著名的问题解决法。

2. 埃得蒙·金的文化相对主义方法

埃得蒙·金（Edmund King）伦敦大学教育学院教授，文学博士。他的比较教育理论受到胡塞尔现象学、杜威实用主义的思想以及因素分析法和历史法传统的影响。埃得蒙·金的比较教育理论被称为“文化相对主义的比较教育学”。

相对主义指的是以客观文化的价值观和认知方式为参照系来认识客观文化的教育现象的一种研究范式。相对主义与实证主义的区别在于：相对主义注重客观文化中的主体对教育现象的观点，而实证主义要研究外在于主体的客观的教育现实；实证主义努力探索教育的一般规律，而相对主义则注重分析具体的情境（初始条件），否认存在具有普遍价值的规律和法则。在价值论上，相对主义强调不同文化之间的差异、“内部观点”独特性，避免把自己的价值观强加于他人；在认识论上，相对主义认为寻求普遍的规律是徒劳无功的。如果认为一定有什么一般规律的话，只能是适于特定时空的。在这一点上与波谱的思想是一致的。而实证主义的决定论、经验论，在比较教育研究中，就是要寻找一系列生成各国教育现实的“内在编码”和规则，而相对主义者在研究中大多采用现象学和本土方法论的方法。当然，这与金的个人经历和所受的教育分不开，他早年接受的是人文教育。他较关注作为研究对象的主体对教育现象的理解，或者教育现象对他们所具有的不同意义。金的研究策略就要求研究者要努力学会与作为研究对象的主体一样地行为和思维，尽量把内部的标准和行为“内化”。另外他接受了波谱的证伪主义与零星社会工程的观点，他明确指出比较教育研究的目的是为教育改革的决策服务。埃得蒙·金对能进行完全可靠的规划表示怀疑，强调重要的是不断地从现实中获得反馈，不断地重新分析，检查和修正决策。此外，他的思想又包含着实用主义的成分，他拒绝规律的思想，还推崇使用假说，最好不要依赖社会科学中独立的理论，还应当充分利用假说。强调假说作用反映了实用主义方法论的影响。

金认为比较教育没有一种特定的、广泛使用的方法。在他看来，比较研究的具体方法实际上应视研究的具体课题而定。无论什么方法，只要适合于解决有待检验的问题或课题就是可行的。金将比较教育研究划分为从低到高三个水平：比较教育的初学者，通过区域研究对比较教育已有一定背景知识的人，比较教育的研究者，并且提出了各级水平不同的研究内容和方法。

金继承了比较因素分析法和历史法的传统，认定研究者要在一定的背景下进行研究，并将这一思想作了独特的发挥，提出社会发展和教育发展的三阶段理论。社会发展的三阶段理论是指前工业社会、工业社会和后工业社会或信息社会，各自对应不同的教育模式，“修道院式的教育”、“工厂式的学校或培训学校”、“综合学校”。金的比较教育方法论观点与他的三阶段理论是密切相关的。埃得蒙·金推崇使用假说，提出了他的比较教育研究框架，它包括五个方面：背景、概念、体制、操作、决策和执行，也为比较教育学科的发展提供系统的科学基础。

金特别强调比较教育在指导教育决策和发展方面的重要作用。他十分重视教育背景和背景的变化，与传统的社会科学追求确定与精确相反，金高度重视教育的“不确定性”。他提出：“一切有关教育的理论陈述必须在特定的背景范围内作出，比较的主要目的不再解释，而在特定情况的背景内改进教育。”这不仅体现了相对主义与现象学哲学的思想，同时也明确指出了比较教育要为教育决策服务。

霍尔姆斯和埃德蒙·金的比较教育方法论都与前一阶段强调发现普遍法则的以实证主义为基础的比较教育方法论不同，强调比较教育要为教育改革服务，强调具体情境在研究中的作用。但他们都不承认普遍法则的存在，这显示他们理论的局限，与他们所看重的相对主义哲学的片面性。

在方法多元化时代，比较教育对方法的探索日益深入，不仅寻求自己的方法，也十分注重从社会科学新理论中形成研究的新框架，乃至新理论，这包括现代化理论、依附论、世界体系论、人力资本论和博弈论等。

在方法多元化时代，从世界范围看比较教育获得了很大的发展。我国的比较教育在改革开放的新的历史时期获得了空前的发展。比较教育具有世界性的研究队伍，拥有世界比较教育学会；拥有洲一级的比较教育研究队伍。有北美比较教育学会、欧洲比较教育学会、亚洲比较教育学会；许多国家都拥有全国性的或跨国性的比较教育学会。我国就有十分活跃的全国比较教育研究会。

从世界范围看，比较教育又拥有众多的知识生产系统，著名的专业刊物，研究生教育早已成规模，而且发展迅速。研究成果，不论是专著论文，还是研究报告都是十分丰富的，对国际教育，对各国教育都产生了不可替代的巨大作用。我国有作为教育部人文社会科学研究基地的北京师范大学国际与比较教育中心，在华东师范大学、东北师范大学、教育部政策与发展中心、中央教育科学研究所、首都师范大学等院校和科研机构都设有国际与比较教育研究所或研究中心或研究室；又有影响广泛的学术期刊：比较教育研究、外国教育研究、全球教育展望等；出版了大量的学术专著，发表了大量的学术论文和研究报告。全国比较教育研究会举办了 11 届学术年会，北京师范大学 2002 年举办了世界教育论坛。

我国的比较教育学者自强不息，勇于探索。在这一时期，在关注现代哲学的发展，吸收西方比较教育理论成果，继承中华民族优秀的哲学文化，创建有中国文化精神的比较教育理论方面做出了积极贡献，为中国比较教育走向世界创造了有利条件。

在这一时期，比较教育已经具有不断发展的多样的理论系统，与其他人文社会学科，与自然科学，与教育学的其他学科都有着广泛而自然的联系。这也可能是联合国教科文组织一直都把比较教育判定是一个学科的原因。并且比较教育事实上已经成为国际教育交流的论坛，对全球化条件下各国教育的发展，教育的国际理解和国际合作发挥着重大的作用。

（四）比较教育的主要特征

为了让大家进一步深入理解比较教育这门重要的学科和研究领域，我们对比较教育的主要特征作一次简要地的分析。

比较教育作为一门学科和研究领域具有自己鲜明的特征。了解这些特征对于我们深入认识比较教育是十分必要的。比较教育有以下一些主要特征：

1. 视野的国际性

“视野”就是指主体考察对象的广度、宽度和深度。原始状态的人类社会，人们思维的视野是十分狭窄的，这是与当时人们的生产水平与交往方式联系在一起的。而经过反封建主义曲折复杂斗争诞生的资本主义社会，“各个相互影响的活动范围在这个发展过程中越来越扩大，各民族间原始闭关自守的状态则由于日趋完善的生产方式；交往以及因此自发地发展起来的分工而变更得越来越彻底，历史也就在越来越大的程度上成为世界的历史”，[①]“各民族的精神活动的成果已经成为共同享受的东西”。[②] 马克思、恩格斯在这里深刻地论述了新型生产方式、世界市场的形成与精神产品世界化的关系，这无疑是比较教育产生的历史前提。

正是近代工业社会的发展使人类有可能扩展在封建社会闭关自守条件下形成的狭窄视野。国际视野便是近代历史赋予近代哲学的重要的思维方式，而朱利安的卓越贡献就在于他在近代哲学的推动下首先用这种思维方式开辟了一个崭新的教育研究领域——比较教育。他认为，这种视野能摆脱以往教育研究的狭隘与局限，他倡议建立国际教育组织，征集各国的教育资料，并列表比较，其原初之意就是要建立以国际教育为视野的教育科学。

通过以上对朱利安创建比较教育的共时态思维的研究可得出以下的结论，即：

1）朱利安的比较教育学是在科学哲学诞生之初试图建立的教育科学，是而后19世纪末、20世纪初兴起的以实验方法为特征的单数教育科学的前身；作为以国际教育为视野的比较教育，尽管发生了上述两方面的重大变化，但其国际视野没有变化。不仅如此，随着新技术革命的兴起，随着各国政治、经济、文化、科学、教育等各方面深刻的变化，以国际视野为基本特征的比较教育研究日显重要。在人类已迈入21世纪的历史变迁中，发挥着前沿性作用。从这种意义上说，朱利安的确可以称为一个伟大人物，在我国，教育面向现代化，面向世界，面向未来，已成为教育改革的指导思想，比较教育研究在帮助人们拓宽教育思维的视野，开展国际教育交流，促进教育改革与发展方面正起着不可替代的作用。顺便说一句，一些比较教育专家

① 马克思、恩格斯全集第8卷，人民出版社，1979年，第123页。

② 《马克思、恩格斯全集》第4卷，第470页。

曾指出，应进行教育的区域比较与国内不同地区比较，这只是朱利安提供的教育研究国际视野的深化罢了。

在资本主义社会产生以前，人们对教育的认识还局限在本民族界限内，对教育发展决策的思考还局限在本国范围内，比较教育不可能形成。只有在封建生产关系被打破以后，新的生产力和生产关系在世界范围内以多种不同形式建立以后，在资本主义世界市场形成以后，人们逐步开始把各国教育看成是相互联系、相互影响的整体，也开始打破国家的界限。新的历史时期教育需要更加广阔的视野和角度，而这只有比较教育才能提供。于是，国际视野成为教育研究的一种崭新的思维方式，成为比较教育这一新兴学科的本质意义之所在。这种国际视野绝非是单纯研究不同国家的教育（这实际上是不可能做到的），而是要将不同国家的教育回放到各国经济与社会发展的全景中去理解。而这就必然涉及到教育与经济、政治、社会、文化、民族、科学、技术、语言等众多因素的复杂关系。比较教育研究因此就必然是跨学科的。当前，比较教育在全球化蓬勃发展的历史条件下又开始了新的深刻的发展。其重要标志表现在：国际视野是跨越国界的视野。民族国家仍然是世界政治的主要实体。现在比较教育正在沿着国际视野的本质即跨越传统的、已有的视界的逻辑路径，不仅跨越国界，而且还跨越民族，跨越文化，跨越语言，跨越不同地区。著名比较教育学者，日本比较教育学会现任会长马越彻提出要重视教育的区域研究（area studies），把区域作为一个整体来把握，采用跨学科的方法，选择现代的主题为研究对象，并重视田野研究。这正是比较教育意义演进的一个例证。[①] 国际教育交流的广泛开展，是比较教育产生和发展的重要条件。有教育文化交流，才有各民族国家之间教育的互相联系、互相影响；才能提供比较教育的国际讲坛。比较教育从1816年由朱利安提出开始的一段相当时间，只有少数教育研究学者能超越国家与民族的界限。19世纪30年代以后，随着各国之间政治、经济、科技、文化、教育交流的日益频繁和广泛，人们越来越感受到别国的教育制度、经验对本国教育的巨大影响，从而越来越注意比较教育研究和比较教育学科的发展。

在全球化时代比较教育视野的国际性，以国家作为主要研究单元是不是过时了？当然不是。比较教育依然将民族国家作为主要的分析单元。当代的比较教育研究在某种程度上需要依靠主要的国际组织，如联合国教科文组织与经济合作和发展组织等，而这些组织所收集的数据都是按国家进行的。

---

① 马越彻著，饶从满摘：《区域研究与比较教育学——以明确区域的教育特质为目的的比较研究》，《外国教育研究》200年第4期。

尽管一些早期的比较教育学家分析政治认同的建设或者学校的教育角色和功能，但即使这些更加主题性的分析仍归于启发/探索传统的框架内，而民族国家仍然是其中主要的分析单元。即使比较教育研究的问题方法也不能实现它削弱传统上将民族国家作为比较教育的分析单元的理论可能性。事实也是如此，英国比较教育学家霍尔姆斯 1965 年的知名著作也是专注于国家案例分析。美国比较教育学家诺亚和埃克斯坦曾提出“一个比较研究应该是一个尽可能用概念的名称（变量）来取代系统的名称（国家）的尝试”，但实际上，也没有能够改变国家作为比较教育文化中的主导地位。

2）意识的全球性

比较教育具有国际视野，同时它已具有全球性意识。国际视野着眼于国家之间，超出一国以外的其他国家的教育状况。而全球意识则着眼于当今世界存在的共同性的教育问题。

全球经济的展开和社会之间联系的增长向世界各国的教育提出了一些共同性问题。这些问题和管理、财政、国民教育的保障相联系，与教育机会均等、不同社会人群的收入、特别是妇女、少数种族、农村人口和工人阶层的收入相联系。这些是共同的问题，但是不同地区、不同种族对这些问题的反应也是不一样的，作为比较教育应该成为一个全球的和地方的辩证思考的论坛，了解这种互动的过程、这种张力和矛盾，是国际与比较教育领域的一个重大问题。

比较教育意识的全球性有五点含义。

第一，全球化意味着比较教育研究应该在一个更大的分析框架中进行，要指出互相联系与合作的趋势，揭示国际教育现象的全球化因素，关注全球化对教育的作用，同时，要认识到全球化的影响是有争议的和不平衡的，会由于国家、地区和机构的不同而不同。

第二，全球意识意味着重视带有全球性教育标准的探索，例如大范围的跨国家的数据，全球标准的文化内容，将跨国的区域作为一个重要的单元成为了一种新的比较需要，包括欧洲联盟、北美贸易自由协议（the North American Free Trade Agreement（NAFTA））、美洲“南角（Southern Cone）”南部共同市场（Common Market of the South）（MERCOSUR）。

第三，全球化作为一个维度自己也成为了国际与比较研究的一个重要视界。全球化的机构的角色和影响以及他们与国家政府和非政府机构之间的关系；全球化是通过不同国家之间的相互影响实现的，反之亦然；跨国家影响的形式，包括地区影响；及全球资源和教育能力之间的不平等。Robert Arnove（1980）在早期就呼吁我们要有一个超国家的分析框架。M·Carnoy、

K·Mundy、P·Jones、M·Henry 等在全球机构（global agencies）方面作了很重要的工作。然而，世界银行、国际货币基金组织、亚洲发展银行、南美洲发展银行和相似的机构（以及从社会文化 UNESCO 到世界银行作为主要的在教育方面的全球性机构的转变）的评判——经验性的进一步研究将是很有启发的。其他研究角度是由全球贸易协定，如服务贸易总协定（GATS），以及尊重教育和其他部分会由于国家的不同而产生不同的政策。

第四，正如所指出的，全球化为我们提供了形成一个新的身份认同形式的可能，而不是国家身份认同，而其发展前景又加强了这种潜质的可能性。现代的国家是一个追求国家认同，政治和解与和谐的机构；它是克服政治和文化的差异的一套工具。现在，全球国家的这种相对化使地区和文化的多样性重新显现出来。然而，只有那些在全球化时代拥有强烈认同的国家才能为本国不同地区文化提供保护，这种多样性才能够加强、发展。例如，那些西欧的少数族裔文化，象威尔士文化，就比他们在非洲保护的要好，因为，在非洲缺乏保护这种本土认同的意愿、政策和资源。①

著名的罗马俱乐部曾经有一个口号："全球性的视野，地方性的行动"（think globally，act locally），以它来重新阐释教育的当代社会功能或许再恰切不过。在此，我们的理解是："全球性的视野"绝非是指涉及新自由主义倾向的全球化理论，因为那种理论依旧没有脱离西方中心主义的窠臼，而是只涉及一个与全球论相对立的概念——全球主义伦理；"地方性的行动"并非是指一种狭隘的民族或地方行为，而是在追求全球化过程中的真善美，一种共同缘于自身文化范式的自主和自觉实践意识。

3）理论框架的跨学科性

如前所述，对比较教育研究来说，正像一般教育研究一样，没有自己独立的研究方法，而是广泛从社会科学那里取得方法的支持。不仅如此，比较教育研究的一个重要特点还在于从人文社会科学不同的学科中借用相应的理论，构成研究框架，建立起一种理论视点。这就形成了理论框架的跨学科性。建立这种框架对教育的宏观和微观的社会分析非常重要。波普认为经验观察必须以一定的理论为指导，理论先与观察。而现代比较教育学的研究者们也持同样的观点，即比较需要一定的理论假设为其前提。

理论框架是指研究所运用的分析工具，它有助于形成思考问题的视角，也可能提供支持研究的学术基础。这也会具体决定用什么相关学科的方法进

---

① Robert F. Arnove and Calos Alberto Torres，Comparative Education：The Dialectic of the Global and the Local，Rowman and littlefeild Publishing inc . 1999，p.1-19.

行比较教育研究。选择理论框架是许多比较教育研究所必须做的重要事情。比较教育的跨学科性质，主要体现在它可以凭借与它以外学科的广泛的内在联系，去寻求有关学科的理论支持，使之成为一种探讨国际与比较教育的研究框架。研究框架一般是指减缩的某种理论或思想体系。这种框架的建立是一个艰苦的选择过程，有许多理论和思想体系可供选择。我国不少青年比较教育学者在这方面积累了可贵的经验。他们从哲学、经济学、社会学、文化学等相关学科的新成果中选择了适用的理论做研究框架，在研究中取得了优异的成果。如何选择研究框架首先要有对研究对象的深刻理解，这是基础。另外，清楚地把握相关理论的意义，理解研究对象和所选择理论框架的内在联系，深入探悉有关理论的局限或不足也是十分重要的。

比较教育研究框架一般是建立在三种不同水平上，一种是一般方法论水平上；一种是在跨学科水平上；一种是在教育内部不同学科水平上。第一种研究框架很可能成为比较教育理论的新内容，后两种则是研究中经常使用的。它们共同反映了比较教育跨学科的特征，反映了比较教育学科和研究实践的开放性和无限的生命力。

4）作用的前沿性

比较教育的前沿性是说比较教育这门学科和该研究工作处于教育改革与发展前列，发挥着直接的借鉴与催动的作用。可以说比较教育从其一创立就置身于教育发展前沿，并以促进教育改革为其直接目的。

① 比较教育已成为现代世界各国教育改革决策的经常性的重要参考系

现代人类社会中，特别是20世纪50年代初新技术革命兴起以来，教育越来越显示出它对经济与社会的变化、对人自身发展的重要意义。教育改革已成为全球教育发展的主旋律。世界各国在进行教育改革，制定教育发展决策时都十分重视比较教育研究工作，往往把比较教育研究作为决策工程的一个重要的有机组成部分。其原因概如康德尔所指出的："比较教育研究的目的应在于：揭示教育问题，讨论其产生原因，怎样在已知环境中碰到这些问题、并引述出教育的哲学或原则"（《比较教育研究》，1982年第1期）。美国教育家琼斯也曾指出说："比较教育以其不断增长的信息资源和对更好方法的追求，极为适合对计划提供更合理的基础"（《比较教育教程》（印度），1983年，新德里）。

② 比较教育：现代人类教育思维的形成和教育理论研究的必要条件

比较教育成为现代人类教育思维的形成和教育理论研究的必要条件。比较教育在对现代人类社会教育制度演进发挥前沿性作用的同时，又对人类教育新思维形成与深化创造了必要的条件。自从资本主义战胜封建制度以后，

“各民族的精神活动的成果已经成为共同享受的东西”（《马克思、恩格斯全集》，第 4 卷，第 470 页）。比较教育作为一种精神活动促进了与各民族教育思维的交流，而现代人类教育思维就是在这种交流、碰撞中得到发展的。

以教育哲学为例。教育哲学是现代人类教育思维的重要成果。从教育哲学在西方的产生就可以看到比较教育研究这种精神活动的先导作用。杜威正是从对英国哲学家斯宾塞等的理论的比较研究中撰写出作为西方教育哲学创立标志的《民主主义与教育：教育哲学引论》，以实用主义的哲学观点，全面阐述他对教育的基本观点，丰富和深化了现代人类的教育思维，也为美国的社会改革运动，特别是进步运动提供了思维的武器。在一定意义上可以说，没有对教育思想的比较研究，就不会有西方教育哲学的诞生。

在现代化的浪潮之中，政治与教育发展、经济与教育发展、文化与教育发展、科技与教育发展、国家与教育发展、地区与教育发展成为比较教育研究的热点问题。比较教育的这方面研究催生了新的边缘学科——发展教育学。1996 年出版的《比较教育导论——教育与国家发展》一书指出，发展教育学就是研究教育与发展之间的关系。它可以是发展学的一个分支，也可以是比较教育的一个分支，从目前的世界各国实际情况看，发展教育通常是在教育领域得以制度化的，因此，——把它当作比较教育的一个分支。[①] 该著作对发展教育学做了深入的论述。

我国在教育改革中提出的全面推进素质教育的方针、九年义务教育政策的调整、基础教育课程改革的酝酿、课程标准的形成、课程方案的制定、各地中小学普遍进行的改革实验、教育思想的转变和教育实践的改进，所有这些都折射出比较教育研究传播当代国外教育新思想与新理论的深刻而又实在的影响。

在我国教育学科建设上，在开放改革的大潮中，许多教育边缘学科相继出现，像教育社会学、教育经济学等等。这些新学科的建设都在不同程度上借鉴、甚至依靠了我国比较教育跨学科研究所取得的成果。

③在对国际教育经验的传播上，比较教育起着十分重要的作用，在改革与发展教育过程中，世界各国都积累了不少宝贵的经验，当然也有挫折和教训。比较教育研究把这些经验和教训视为人类共同的精神财富加以介绍推荐，促进了各国教育事业的发展。

还应当指出，联合国教科文组织及有关下设机构在运用比较教育研究及

---

① 顾明远、薛里银：比较教育导论——教育与国家发展，人民教育出版社，1996 年，第 158 页。

其成果，推动国际教育交流与发展方面起到了引人注目的作用。印度柯帕尔曾在《印度教育的设想和问题》一文中写道："令人高兴的是，通过联合国教科文组织这一世界组织，东西方的教育家们可以在教育、科学和文化领域中进行卓有成效的合作，以帮助亚洲国家建立起新的教育模式，并因而也使西方人民更加了解和重视亚洲的文明和社会。"（《印度、埃及、巴西教育改革》，人民教育出版社，1992 年）。

4．研究对象的当代性

在比较教育领域中有一点是恒定的，那就是该学科内容和研究对象具有当代性。首先，比较教育主要关注的是当代的教育，它不是古代或近代教育史，也不是现代教育史，所以，从研究内容上看，比较教育是与时俱进的。永远着眼于教育的新情况、新问题和新进展。当然对这些问题的研究要十分重视历史的维度。今天比较教育研究的对象，将来就会变成教育史的内容。正像 20 世纪 50 年代比较教育所关注的当时世界教育的理论和实践，今天已经成为教育史研究的对象了。当然，比较教育和教育史研究的对象在实践界限的交汇处也有模糊的状况，边界化的状况。但是，这两门学科的研究目的和方法有明显的区别，不能互相代替。

同时，在学科理论建设上，由于比较教育要从社会科学，乃至自然科学中不断吸收学术的支撑，而社会科学和自然科学的众多学科的理论又处在从不间断的迅速而复杂的改变之中，所以，比较教育学科理论内容也处在不间断的革新之中。其流变性十分明显。二战以后，比较教育学科理论领域不断地在范式和途径上发生变化：从现代化理论、结构功能主义，到企图建立收集比较教育数据，验证理论假说为基础的教育科学，到新马克思主义，世界体系论，学校与社会联系的依附论，人种学和人种志途径，到不同的主义，后结构主义，后现代主义，后殖民主义，和与之相连的女性主义。比较教育新的发展，又包括多元文化理论的合作，社会运动，也包括批判种族理论和批判现代化理论。该领域也经历了从对教育和社会流动，社会稳定，社会发展，经济增长，文化继承和变化的宏观研究，到学校的内部运行，学校中学什么和教什么的微观探索。但是，这种趋势并没有明显的标志，这两种趋势有时部分重合，有时又互相冲突，有时又处于互相对话的状态，需要两者的互相学习，看到不同理论和方法、小范围的个案研究和大范围研究的优势和局限。

（五）比较教育中的比较

"比较"是比较教育的关键词，说它是关键词，是因为对比较教育中"比较"的理解关系到我们对这一门学科和重要研究领域的认识。有些人认为一个班级和另一个班级的比较，一个学校和另一个学校的比较，甚至学生甲和学生乙的比较，就是比较教育，这是一种误解。我们从历史与现实、理论与方法、哲学与教育等多方面考察比较教育中的这一个“比较”，就可以发现比较教育之比较具有多重意义。

1. 自然科学方法的“比较”

从比较教育学科历史看，也就是从对朱利安关于教育学构建的初始想法的共时态分析，比较教育中的比较具有明确的自然科学方法的意义。

前面已经提到过，其时正值培根经验哲学影响之中和牛顿等自然科学家取得划时代成就，在法国1789年大革命和工业革命发端时期酝酿着实证主义，一种新的哲学。法国是其故乡。当时，除法国、英国之外，欧洲还处于封建统治之下，法国社会动荡不已，内外战事不断。正是在这种情况下，法国哲学家孔德创立了实证主义哲学，试图用自然科学中的实证精神来改造一切科学部门，建立统一的科学体系，在政治上为巩固刚刚确立的资本主义制度服务。孔德认为，虽然社会现象比自然现象复杂得多，但在本质上与自然现象一样服从于不变的规律。因而，运用像观察法、比较法、实验法这样的自然科学的实证方法，可使社会科学成为像自然科学一样的实证科学，即所谓真科学。

朱利安在《比较教育研究计划及初步意见》一书所表达的初衷便是：以往的教育学是思辨的意见，不是科学。要想使教育走向科学必须采用自然科学的实证方法，主要是比较的方法。只有这样才能使教育成为教育科学，犹如比较解剖学。18、19世纪，是欧洲在工业革命的浪潮中，在自然科学获得惊人进步的时期，在百科全书派的实证主义思想的推动下，出现了众多的比较科学，比较教育学就是其中之一。比较的方法是否能作为这些学科的方法论支柱与区别于其他学科的种差，人们早在这些学科建立的当时，就有不同看法。对这一问题西方学者早就有人表达过否定的观点。当时，西方最著名的哲学家之一黑格尔在《小逻辑》中就曾明确指出：“我们今日所常说的科学研究，往往主要指对于所考虑的对象加以相互比较的方法而言……在这方面特别值得提到的是近年来在比较解剖学和比较语言学领域内所取得的重大成就。但是我们不仅必须指出，有人以为这种比较方法似乎可以应用于所有领域的知识范围，而且可以同样地获得成功，这未免失之夸大；并且尤须特别强调指正，只通过单纯比较方法还不能最后满足科学的需要。”从历史上看，由于自然科学的比较法的启发而产生了比较教育，但是，这种比较法不能满足一门新学科建立对理论的基本需求。

2. 社会科学方法的“比较”

现代比较教育充分使用了现代科学意义上的比较。这就是通过一定的社会科学理论框架，遵循一定的范式，对不同国家的教育作实证研究，以期寻求普遍的联系和规律性的东西。这里不再是简单的问卷和资料的整理了。这里有现代社会科学有关学科理论的支撑和发展了的社会科学多种方法。社会科学的“比较”促进了比较教育的发展。但是，这种比较也是属于所有社会学科的，并不为比较教育所独有。“比较”一词不能反映这一学科的根本意义，不能如朱利安希望的那样代表该学科的本质特征。比较是所有的批评和科学都使用的方法，它无论如何也不能充分地叙述比较教育研究的特殊进程。这种名实不符的情况往往使人误以为比较教育就是用比较的方法研究教育；也会使人用比较方法使用的普遍性来否认比较教育学科存在的理由。如果把所有运用比较法进行的教育研究，都叫做比较教育，那必然导致比较教育学科研究对象的泛化，疏离比较教育的真正对象，淹没比较教育的根本意义。比较文学的学者也认识到这一问题，提出了“比较不是理由”的看法。

但是，比较作为社会科学研究的方法，在比较教育研究中得到了高强度和高频率的使用，为该学的发展作出持久的贡献，这也是事实。

3. 从人类特有的思维品质来说，比较教育中的比较是人类基本的思维方式，是社会科学、自然科学各个学科普遍运用的一种方法

没有比较的思维是不可思议的。比较又是社会科学各个学科须臾不可离开的。比较不是比较教育不同于其他学科的独特的方法。如果不进行对比，一切科学思想和所有科学研究，也都是不可思议的。明显的和含蓄的比较充满了社会科学的著作，并且从一开始就是这样：角色之间的对比，组织之间以及社团、机构、社会和文化的对比，任何人都不应该对此感到惊讶。

“比较”的概念不应理解为是西方文化独有的，不应理解为简单的异同比较之方法。所以，把人类一种普遍的思维方式、研究方法作为比较教育学科的安身立命的特征与旗帜，必然导致学科身份的危机。西方哲学文化从笛卡儿开始的理性中心主义将异同比较绝对化，把差异与同一相对立，这种对立也体现在后现代哲学代表人物的著作中。所以，那里的“比较”是机械的，虽然是精密的。

很明显，我们推崇并赞赏比较的思维和方法，并在社会科学研究中真正运用这种方法，但这也并不能使比较这种方法成为一门学科独立的标志，所以，在某种意义上讲，向比较教育提出比较不是其成为学科的理由是成立的。我们也不能说比较是比较教育学区别于其他教育学科的本质属性。方法论意义上的比较只是比较教育中比较的一个意义，而不是主要意义。

4. 比较教育中的比较表示着教育的国际视野

教育的提出和形成是与历史发展的特定阶段人们国际意识、全球意识的产生与发展分不开的。在资本主义社会产生以前，人们对教育的认识还局限在本民族界限内，对教育发展决策的思考还局限在本国范围内，比较教育不可能形成。只有在封建生产关系被打破以后，新的生产力和生产关系在世界范围内以多种不同形式建立以后，在资本主义世界市场形成以后，人们逐步开始把各国教育看成是相互联系、相互影响的整体，也开始打破国家的界限。新的历史时期，教育需要更加广阔的视野和角度。而这只有比较教育才能提供。于是，国际视野成为教育研究的一种崭新的思维方式，成为比较教育这一新兴学科的本质意义之所在。这种国际视野绝非是单纯研究不同国家的教育（这实际上是不可能做到的），而是要将不同国家的教育回放到各国经济与社会发展的全景中去理解。而这就必然涉及到教育与经济、政治、社会、文化、民族、科学、技术、语言等众多因素的复杂关系。比较教育研究因此就必然是跨学科的。

当前，比较教育在全球化蓬勃发展的历史条件下又开始了新的深刻的发展。其重要标志表现在：国际视野是跨越国界的视野。民族国家仍然是世界政治的主要实体。现在比较教育正在沿着国际视野的本质即跨越传统的、已有的视界的逻辑路径，不仅跨越国界，而且还跨越民族，跨越文化，跨越语言，跨越不同地区。著名比较教育学者，日本比较教育学会现任会长马越徹提出要重视教育的区域研究（area studies），把区域作为一个整体来把握，采用跨学科的方法，选择现代的主题为研究对象，并重视田野研究。这正是比较教育意义演进的一个例证。[①] 发展国际教育交流的广泛开展，是比较教育产生和发展的重要条件。有教育文化交流，才有各民族国家之间教育的互相联系、互相影响；才能提供比较教育的国际讲坛。

朱利安提出的比较教育，首先是他站在全球化发展初期的时代高度，以比较开创了以往没有的，或没有达到理性认识的教育思维方式，这就是教育的国际视野。这首先是教育思维方式的历史转换，而绝不是简单指研究方法。朱利安并没有意识到这些。他还是很看重作为实证方法的“比较”，并想以此建立教育科学。这里“比较”只是历史的一步，虽然是重要的一步。朱利安实际运用了自然科学研究意义的“比较”，受了当时正在形成中的实证主义影响，为了改变陈腐的教育观念与研究方法做了有益的探讨。但是无

① 马越徹著，饶从满摘：《“区域研究”与比较教育学——以明确“区域”的教育特质为目的的比较研究》，《外国教育研究》2002年第4期。

论是西方第一代科学哲学，还是一般而言的科学哲学，或是某一流派的西方哲学，或是一般西方哲学在马克思主义诞生之后，在全球化与本土化互动的新时代，在不同民族文化将受到尊重和理解的新时代，在今天西方哲学获得深刻变化以后，在当代重新解读与体认中国传统哲学，并将之转换创新的历史时刻，已无法独立支撑走向未来的比较教育理论大厦了。

与此同时，"比较"作为一种方法，各种学科都使用，不同的教育研究领域都使用，绝非比较教育所特有。但毋庸置疑，"比较"又在比较教育中具有特殊意义。这种"比较"，并不是一般方法上的比较，它是一种观念，一种国际教育观念；一种意识，一种全球意识；一种超越，一种对本国教育的超越。"比较"也是教育研究者的一种基本立场，一种面向世界、走向世界的基本立场。这种"比较"是贯彻比较教育研究始终的灵魂。离开了这种意义上的"比较"，比较教育学科的意义便丧失了，取而代之的则是其他学科研究领域的开始。在比较教育研究迅速发展扩展到教育的所有领域的情况下，一些教育学者由此便认为这是教育各个学科内部的问题，而非是比较教育的研究。其实，这正说明，跨国家、跨文化、跨学科的比较教育已经像数学和语言文学一样已成为现代教育研究不可离开的、具有普遍方法论意义的重要的基础学科。

从以上分析不难看出，比较教育的国际视野是其发展过程始终没有被改变的、代表该学科标志的东西，是比较教育有别于其他教育学科的突出特征，使之能超越学科的认同危机，有了一支包容各种不同倾向的学科队伍。认识这一本质特征是很有意义的。正是国际视野使比较教育具有广阔的研究领域，并有可能为教育的国际研究交流提供讲坛，比较教育在21世纪的教育改革实践中发挥着前沿性的作用。

当然，开展比较教育研究只有国际视野还是不够的。还有许多事情要做。其中特别应当重视研究比较教育与哲学的关系，使比较教育与哲学结盟，从人类文化的精华中吸收丰富的营养。

5. 比较教育中的比较含有教育的国际理解的意义

教育作为一种社会现象具有极端复杂性和不可复制性。正如马克思所言的"在社会历史领域内进行活动的全都是具有意识的，经过思虑或凭激情行动的，追求某种目的的人。"① 在这个世界中并不存在人类的历史活动以外的所谓客观规律。所谓社会客观现象，都是作为历史创造的人所进行的社会历史活动的形式。因此，作为实证主义哲学范畴的"比较"，把人类社会现

① 《马克思恩格斯全集》第4卷，第243页。

象等同于自然现象，套用自然科学方法去研究社会现象只能揭示其外部联系，而不能发现事物的本质特点。所以，从事比较教育研究应分析实证主义哲学的影响，摆脱其消极作用，特别是摆脱对“比较”所作的实证主义解释。虽然现代社会科学意义上的比较为比较教育发展提供了广阔的空间，对于寻找教育规律提供了有利条件，但是这并不能穷尽比较教育中比较之意义，相反，我们应该从更广阔的范围去理解比较教育中的“比较”。其中一个重要方面就是对比较作人文的探索。

现代解释学的先驱人物狄尔泰说过，如果在自然科学中任何对规律性的认识只有通过可计量的东西才有可能；那么，在精神科学中每一个抽象原理归根到底都只有通过与精神生活的联系才能获得自己的论证，现代解释学认为，这种论证正是在体验与理解中获得的。理解不同于实证，不同于实证中的任何一种方法；只有把社会历史当做文本，通过解读它的意义才能把握它。对于比较教育研究来说，要想获得当代国际教育发展的某方面的内在联系与本质属性，就必须把国际教育当做文本，通过对其意义的解读达到对意义的理解。既不能依靠单纯的所谓纯客观的描述，也不能希冀从实证比较中获得对国际教育的真知。正是由于教育作为一种社会现象，具有其全部复杂性，所以，教育的国际理解应当成为比较教育研究的一个基本原则。

在21世纪教育改革的大潮中，比较教育工作者作为研究的主体通过视界融合和与国际教育的对话，不断达到对教育的国际理解。

（六）和而不同：比较教育发展的方向

虽然比较教育起源于欧洲，西方的比较教育理论获得了很大的发展，但是，单纯地以西方比较教育理论、思想、观点作参照系，简单地照搬照抄国外的教育经验、政策都是无法真正地促进我国比较教育的发展，也无法切实发挥比较教育研究在教育改革与发展中的前沿性作用。为此，把中国传统哲学的卓越思想“和而不同”作为比较教育的发展方向是十分必要的。

“和”是中国哲学的核心思想之一。它是一个内容十分丰富的哲学体系，代表了中国传统哲学的特质，反映了中国传统文化开放的心态和宽阔胸怀。建立具有中国特色的比较教育学当然要很好的学习研究“和”的哲学。

“和”在说文解字中解释为：相应也，即是用一种声音对另一种声音做出反应。

“和”这一哲学范畴最早出现于西周末年。《国语·郑语》载：史伯认为：“以他平他为‘和’”，并提出了“和实生物，同则不继”的观点，其中蕴涵着只有不同因素的吸收与统一，才能推动事物产生与发展的深刻哲理。晏婴对此又做了进一步的发挥，他认为，相异之物相成相济谓之和（见《左传·

召公二十年》)，并指出了和与同之区别，晏子言："和，如羹焉。火、水、醯、醢、盐、梅以烹鱼肉"，由这些作料的和便产生了一种新的滋味，不同于醯（醋）、醢（酱）味道的新的滋味。另一方面，同，"以水济水"，"若琴瑟之专一"则产生不了任何新的东西。同与异是不相容的，是排斥的，和则不然，只有若干个异合在一起才会在一定条件下产生和，和是开放的，能产的，富于生命力的系统。《易乾卦·彖辞》说："大哉乾元！……保合太和，乃利贞。"也就是说，和在这里被看成是弥漫整个宇宙的普遍规律。

"和而不同"源于《论语·子路》。子曰："君子和而不同，小人同而不和。"其中"和"是孔子哲学思想的一个十分重要的范畴，它表示不同事物之间的和谐、统一与平衡，充分体现出孔子思想的开放性质。孔子进一步强调了"和"的重要，并提出了"和而不同"的思想。孔子在激烈变革时代继承并发展了和的思想，使之成为他哲学思想的一个重要范畴。"和而不同"（《论语·子路》）是孔子提出的重要论断。"和"在这里表示不同事物之间的交流，和谐和统一与平衡，反映出孔子思想的开放性质。孔子强调和的重要意义，提出了和与同的本质区别。

此处的"同"是指相同的东西，简单地增加或同一。孔子主张的"和"不是无原则的迁就，无根据的吸收，或不加分析地苟同。孔子提倡一个道德高尚的人，善于运用自己的正确思想去吸收与扬弃他人的东西，绝不能追求简单的统一、同一、相加、添加或附和。正是"和而不同"的观点使孔子思想在我国社会大震荡的春秋时代，成为一个坚守自己，包容百家，兼收并蓄的开放的思想系统。"和而不同"具有深刻的哲学内涵、高度的思辨性和鲜明的批判精神。它的意义所指对比较教育研究的方向有着哲学上的规定作用。

万物的发展变化是千姿百态的，依"和"而生，依"和"而长，依"和"而繁而荣。老子也十分重视"和"的思想。他认为："和曰常，知和曰明"（《老子》第五十五章）。他强调"和"是规律，掌握这一规律使人富于智慧。"和"在老子这里是一个具有纲领性的思想。他要求"以今之道，以御今之有"，即用自己坚守的道理去吸收与扬弃所获得的东西，促进事物的发展。

我们从事比较教育研究就是要实现跨文化对话，探索不同国家民族文化语言条件下教育发展的特点、趋势、典型经验和杰出思想、理论，研究其背景与条件，促进我国教育的改革与发展，并为世界教育事业的共同发展作出自己的贡献。孔子提出的"和而不同"的深刻思想，启示我们在比较教育研究过程中，对发达国家的东西不能盲目崇拜，不加分析地全面肯定；不能对国外制度、理论、模式生搬硬套；不是简单拿来，更不是要求把国外教育思想不加分析地在我国教育实践中加以运用。在这方面，我们应该汲取历史上曾经有过的沉重教训。建国以后的一段时间，我国曾经简单地把苏联的经济学、教育学等作为指导我们实践的理论，走过一段弯路。近些年来，我们在对发达国家的教育制度、思想、理论、经验等进行比较教育研究中，在比较教育学科建设中都取得了过去根本不能比拟的巨大成就。但同时又不能不看到，在这种研究中还存在某些"同而不和"的现象。这是深入开展比较教育研究应该引起注意的问题。

比较教育应该是一个开放系统，面向世界，研究国际教育的优秀思想与先进经验，兼收并蓄。这种研究与学习应当是在深刻了解本国经济与社会发展，了解本国教育现状的基础上，有分析、有批判的，也就是有原则的吸收，这就是"和"，不是盲目引进，不是"同"。开放改革以来，我国比较教育研究为我国教育改革与发展作出了重要的贡献。这里面也包含着比较教育研究者的辛勤劳动。在新的历史时期，为了保证我国教育改革深入健康的发展，比较教育研究需要探索和总结"同而不和"的教训，取"和"而去"同"。

在二千多年前孔子提出的"和而不同"的思想，经过我们的解读，则可以哲学层次上更突出、更集中地反映我国比较教育研究所应坚持的方向。

孔子和老子在他们的时代不仅提出了和的思想，孔子更提出"和而不同"，而且还指出了达到"和而不同"的重要途径。这就是"毋意，毋必，毋固，毋我"(《论语·子罕》)。这句话的意思是不要妄为臆测、不绝对肯定、不拘泥固执、不自以为是。孔子这四毋，不是要淹没自我，萎缩自我，这里面蕴含着朴素而深刻的唯物论与辩证法的因素。孔子这里强调实现"和"要有一个实事求是的态度，既虚怀若谷，又冷静灵活。需要补充一点，孔子是十分注重人格修养和理论勇气的，《易·乾》言："天行健，君子以自强不息。"孔子又言："朝闻道，夕死可矣!"(《论语·里仁》)他把这些视为探索真知，寻求理解的核心问题，成为"和"的哲学的有机组成部分。

孔子这些话对我们的启示是：从事比较教育研究应当有一个严肃的学风和端正的态度，对国外教育现象切不可作主观臆测，或绝对肯定，或绝对否定。当然，这里绝不是降低描述性研究的价值。这种性质的研究是比较教育研究的一个基础的、重要方面。同时，要使中国的教育建立在世界现代文明的基础之上，而不是无视国际教育提供的经验，另辟蹊径。只要我们对国内教育与对象国教育都有深刻的把握，那么这种以本国教育为潜在比较对象的描述性研究的成果就会具有典型意义，就会对本国的教育发展发挥积极的作用。

“和”的哲学是中国传统哲学的核心之一，孔子及老子关于“和”的论述是其最具代表性的内容。和而不同则又是其中的要义。它产生于过去，成为中国传统文化的精华。同时，它又作为不断展开的文本，正被赋予新的生命力，促进包括比较教育学在内的中国人文学科的崛起。与“和”的哲学对话，遵循和而不同的方向，是中国比较教育面向世界的必由之路。

近代，主要西方国家首先开始了现代化的历史进程，从古典文明的边缘一跃而成为世界发达国家。由于这种历史的变迁，比较教育研究理论首先产生在西方，并在那里获得了很大的发展。西方比较教育学理论对中国比较教育研究和学科建设起到了重要的推动作用。我国几代学者为引进与介绍西方比较教育理论做了大量有益的工作，为建设中国自己的比较教育理论创造了良好的条件，贡献卓著。但是，中国教育改革的实践呼唤着中国自己的比较教育理论，我们应该运用和的哲学，努力构建植根于中国优秀文化传统之中的比较教育理论。

1. 运用“和而不同”的哲学进行比较教育的理论建设，就要有一个积极开放吸纳的态度。对西方的各种比较教育理论都应该认真学习与研究，但这种学习与研究绝不是止于无分析的介绍和简单地拿来，不是用西方的比较教育理论来取代中国比较教育理论的建设，不是“同”。西方比较教育之根本在西方哲学，它具有自己独特的优长之处，又有各自的局限与不足，如西方比较教育理论的实证精神，这既是一种研究者的思维立场，又是方法论的一个特点。这种实证研究在比较教育了解调查中有着明显的长处，但是，这种实证方法是在一种对现行制度、权利结构做最优的假设情况下进行的。所以这种研究很难对教育现象进行深刻的剖析，很难在教育改革与发展中提供有很高价值的成果。在20世纪70～80年代，西方比较教育学曾注重以人力资本论为研究框架，人力资本论使人们认识到教育不是消费事业，它对经济发展有巨大的作用。但是我们不加分析地也将人力资本论作为比较教育研究的一般性理论框架，就会产生混乱。

我们积极引进介绍西方比较教育理论是因为比较教育理论首先在西方创立，西方的比较教育理论研究取得了许多重要成果。“和而不同”的哲学思想一方面要求我们不断吸收，不断学习，一方面则要求我们以分析的态度和批判精神建设中国自己的比较教育理论，因此，从理论上讲，用马克思主义指导，在比较教育学科建设上运用“和”的哲学就意味着西方中心在中国比较教育理论研究中的终结。

清人张之洞在《劝学篇·序言》里写到，旧者不知通，新者不知本。当然，我们不能做拉历史倒退的国粹主义“旧者”，也不能做丧失民族文化传统的、让西方理论牵着鼻子走的“新者”。不然，将永远使我们处于比较教育学术的边缘，处于依附状态。运用“和而不同”的哲学，不是将中国的比较教育学建立成一个封闭的理论体系。正因为它是与中国传统文化的精华“和”的哲学联系在一起来的，所以，它应该是一个生机勃勃的开放系统。

2．中国教育的实践与中国比较教育研究的历程证明了“和而不同”作为哲学思想的重要意义。中国自己比较教育理论的形成标志着从西方开始的比较教育理论走向丰富与发展。中国比较教育研究经过曲折的历程，这一历程在某种意义上可以说是“和”与“同”交错作用的复杂过程。其间我们有过照搬美国教育制度和理论而产生不良后果的教训，也经历过照抄苏联教育理论和制度而产生不良后果的挫折。我们在比较教育研究（广义上）“同而不和”带来的教训实在是太深刻了，这是我们应该时时刻刻记取的教训。今天我们要建立具有原创性的中国比较教育理论，一方面应走有容乃大的“和”的路径，超越国学情结和经验主义；另一方面则应从中国的实际出发，结合中国传统哲学的启示，实事求是地对待包括西方在内的比较教育理论。

改革开放以来，在思想解放过程中，我国的比较教育研究得到了迅速的发展，对国家的教育改革做出了重要贡献。其中一个很重要的原因，就是在研究实践中，我国的比较教育学者并不是从西方的比较教育研究理论的本来出发，而是从自己所受的马克思主义教育和自己身上的民族传统文化出发开始研究的。这种民族文化的精髓是传统哲学，其中“和”的哲学又是其中的核心。“和”的哲学已经沉淀在中国优秀学者的心理结构的深处。改革开放以来，我国比较教育工作者以“和”的哲学态度，热情认真的从本国教育改革与实际需要出发，展开了多向的，丰富与生动的比较教育研究。在研究实践中逐步形成一些各有特点的比较教育理论的雏形。这些理论的雏形都是与西方比较教育理论“和而不同”的产物，也标志着在中国比较教育理论研究里的西方中心或西方理论占统治地位的时代正在走向终结。

“和”的精神发挥着普遍的昭示作用，文化的多元汇集是时代的选择。正是在上述背景下，从朱利安、库森开始建立的西方比较教育理论所赖以建立的基础——现代主义正在成为过去。欧美比较教育研究的理论，包括以发展西方现代化模式为宗旨的结构功能主义、人力资本说、世界分析等都在经历严峻的挑战①。西方比较教育正处在危机之中，或者说是处在新理论的酝酿时期。从一定意义上讲，比较教育理论研究的西方中心的解构是历史的必

① Rust Val.D., Postmodernism and Comparative Education, Comparative Education Review, No.11, 1991, p.494.

然。当然，我们仍应继续注意研究西方比较教育理论发展的动向，与此同时，我们更要认真学习发展中国家比较理论研究的成果，“和而不同”的哲学思想将有利于教育的国际理解，有利于世界比较教育理论的平等对话与交流，发展与繁荣。

二、比较初等教育：比较教育的重要领域

比较教育拥有众多的领域和研究方向，如比较高等教育、比较成人教育、比较课程论、比较教学论、比较教师教育等。比较初等教育是比较教育的一个重要研究领域，是初等教育的一个重要研究方向。

（一）概念与目的

比较初等教育就是对当代不同国家和不同文化条件下的初等教育，或世界初等教育进行研究。这里就包含了比较初等教育的研究对象：当代不同国家和不同文化条件下的初等教育，或世界范围的初等教育改革与发展的理论与实践。比较初等教育研究就是不断加深对全球和本国初等教育的理解，站在全球的高度思考教育理论与实践。这对我国初等教育的改革与发展具有重要的理论价值和实践意义。本书选择了美国、英国、德国、俄罗斯、法国、印度、日本为比较初等教育研究的对象国。美国、英国、德国、法国作为西方发达国家的代表；日本作为东方发达国家的代表；俄罗斯作为由计划经济向市场经济转型国家的代表；印度作为发展中国家的代表。希望这些国家的选择有助于了解当代世界初等教育的大概面貌。

学习比较初等教育的目的是什么呢？

从以上对比较教育学科的概要介绍和从比较教育角度对初等教育发展宏观线索的叙述，我们可以得出这样的结论，当今时代人类社会经历着十分深刻的变化，和平与发展成为当今世界的主题；经济全球化一方面迅速密切了各国的经济联系；另一方面又大大加剧了国家间的经济竞争；以计算机为代表的新的科学技术对人类的智力、道德伦理提出了尖锐的挑战，文化多元化的发展给各国带来了新的变化。教育，包括初等教育在今天的社会中应当是什么样的，初等教育如何回应时代的要求，学校教育怎么改革，课堂要变成什么样子，儿童怎样才能健康成长和谐发展，这些重大问题为世界各国所关注，并且成为教育实践领域、教育学术领域、教育政策领域所努力探索的问题。因此，学习比较初等教育有以下一些主要目的。

第一，开阔视野，增长知识

我们每一位教育工作者都是在各自的学校、教育部门从事自己的教学、科研或管理工作。每时每日接触的是当时当地的教育现象。学习比较初等教

育可以使广大初等教育工作者的目光从自己的学校、自己所在的国家扩大到别的国家，乃至整个世界；可以了解国际教育的新经验、新思想、新理论和新政策，开阔自己的教育视野，增强自己的教育知识。

在全球化和地方化互动的时代，教育的国际视野，这应当是初等教育工作者必须具备的基本素养。而比较初等教育则特别有助于这种素养的形成。

第二，形成教育改革的自觉

半个世纪以来，教育的改革此起彼伏，一浪高过一浪，正是改革在不断推动着包括初等教育在内的整个教育事业的发展。改革已经成为当代教育发展的主旋律。学习比较初等教育，会从世界范围的教育发展实践，深切感受到初等教育改革的必要性、迫切性。有了这种感受就会增强广大初等教育工作者积极投身改革的自觉性。而我国初等教育的发展正是需要形成这种教育改革的自觉。

第三，改善对教育的理解，改进工作

学习比较初等教育，通过对别国，乃至世界当代教育的了解，观察到国际初等教育的新实践、新进展；体会到教育发展的趋势、初等教育改革的新动向，这些都会在不同程度上改善我们对教育的理解，增进学习者对初等教育的目的、培养目标、课程改革、教学过程、学校评价等内容的认识，特别是加强对生动鲜活的初等教育实践和现存弊端与问题的认识。

同时，他山之石，可以攻玉。其他国家教育的宝贵经验可以借鉴，失败的教训也可以吸取。这对于拓宽思路改进工作是很有益的，我们国家许多小学积极借鉴国外经验，形成了自己办学的新思路，促进了学校的发展。

第四，促进初等教育的国际理解和国际交流

学习比较初等教育会增强学习者对国际初等教育理论、政策与实践的理解。开展比较初等教育的研究会使我们站在全球的高度，放眼我国和其他国家的教育，走近发达国家和发展中国家，介绍我国的教育经验，参观了解国外教育状况，我们也可以邀请国外初等教育领域的行政管理人员、教师、学者到我国讲学或交流经验。中外的初等教育交流是我国初等教育走向世界、获得深入发展的必要条件。

（二）知行合一：学习比较初等教育的基本态度

知行合一是学习比较初等教育，有志于初等教育事业的人应有的态度。“知行合一”是中国传统哲学的重要内容。正如张岱年先生指出的：“中国哲学在本质上是‘知行合一’的”。[①] 孔子把言行一致作为重要标准来区别君

① 张岱年著：中国哲学大纲，中国社会科学出版社，1997年，第5页。

子与小人，《论语·宪问篇》言："君子耻其言而过其行。"孔子哲学思想把知和行的统一，看作是做人的根本态度。

王阳明（1472～1528）是我国明代著名哲学家。王阳明的"知行合一"说突破了程朱理学禁锢天下的局面，高度重视人的主观能动性的发挥，重视独立思考，给当时沉寂的思想界注入了活力。他认为，人的心为天地万物的主宰，强调天地万物对人的依赖性，提出心即理，在"存天理灭人欲"对人的主体精神造成高压和摧残的社会里，极大地强化了人的主体自觉性。

王阳明认为朱子之学将知行割裂，提倡知先行后，危害甚大，他认为仅强调先知后行，结果经常是在知上过分用功，而忽略了行，以致终身不行，造成知行脱节。所以，他强调知而比行，知行并进。王阳明将知和行的关系，确定为相互依赖，密切联系。"知是行的主意，行是知的功夫；知是行之始，行是知之成。若会得时，只说一个知，已自有行在；只说一个行，已自有知在。古人所以既说一个知，又说一个行，只为世间有一种人，懵懵懂懂的去做，全部解思维醒查，也只是个冥行枉做，所以必说一个知，方才行得是；又有一种人，茫茫荡荡，悬空去思索，全不肯朝施躬行，也只是个揣摩影响，所以必说一个行，方才知得真。"① 王阳明认为知行是相互依赖，互相促进，统一而不可分割的一对范畴。知是行的指导，行是知的实践。知和行是同一个行为的不同的两个方面。但他强调的是行，行比知要显得更重要。

王阳明的"知行合一"说对主体意识的重视、对知行关系的重视，特别是对"行"的重视，为今天中国比较教育研究者提供了宝贵的思想材料。我们应从中吸收营养，将比较初等教育的学习更紧密地与教育改革实践联系起来。为此，学习比较初等教育要有主体的意识和自觉，将研究与行动结合起来，既是知者，也是行者。

"知行合一"中的"知"含有的意义是丰富的，包括认识、研究、理解等多重意义。所以，知行合一的知不能简单地只理解为认识。

现代哲学的转向包括从传统哲学抽象的精神王国转向事物本身，从科学主义世界回归生活世界，从本质主义转向生成性思维。哲学的这种现代转向启发人们确立一种"实践的思维方式"，以消解传统哲学的本体论思维方式。"实践观点"和"主体自觉"的哲学运思，将克服以往哲学对"现实世界"、"生活世界"的遗忘，成为真正理解哲学的起点。现代哲学从人的生存、理解与对话等活动方式出发，突破传统哲学唯我论的狭隘界限，消解主体与客

---

① 王阳明：《传习录上》，《王阳明全集》卷1，第45页，上海古籍出版社，1992年版。

体的对立，建构“主体间性的世界”。这些哲学新成果要求我们打破远离生活的僵死的抽象概念，进行活生生的交谈、对话。马克思在批评旧唯物主义者时就反对他们“对对象、现实、感性，只是从客体或直观的形式去理解”，而主张要“把他们当作感性的人的活动，当作实践去理解”，要“从主体方面去理解”①。正是马克思主义哲学把传统本体论哲学的知性概念思维转变为实践论的思维方式。正是基于这一观点，实践被突出了。而实践是具体的，其核心是“做”。“做”即是“行”。而这又突出地表现为对生活世界的关注。生活世界是胡塞尔后期现象学的一个重要概念。他既厌恶传统思辨哲学对实体形而上学僵硬的表述，也不满意科学主义冰冷的逻辑，从对人生的关怀出发，提出了从科学世界和逻辑世界向前科学的生活世界回归。而后，哈贝马斯等人又将生活世界引入交往行动等理论。对实践的高度关注成为现代哲学的突出特征。

由于人们的存在与他们的现实生活过程是同一的，生活世界就是人的世界，转向实践就是转向生活世界，也就是转向在一定历史条件下社会人在生活世界里的“做”与“行”。这里就产生了中国传统哲学的知行合一与现代哲学沟通的可能性，产生了知行合一在新的历史场景中实现现代转换的可能性，产生了知行合一成为学习比较初等教育的基本态度。

学习中重视对比较初等教育研究成果的理解与实现，从重“知”转向力“行”，“知行合一”，高扬接受者的主体意识。在教育改革与发展的实践中，主动吸纳新思想、新观念和新经验，不断反思与建构，实现自身教育实践的创新。也就是说，在“行”中“知”，在“知”中“行”。

比较初等教育的学习者应当“知行合一”，应当具有主体意识、行动意识，不仅要有理论自觉，更要有实践的自觉，在比较初等教育学习中要勤于思考，同时还必须起而行之，积极投身于教育改革的生动实践。研究意义的实现，在比较教育理论中由此而占有十分重要的地位。这一点集中反映了现代哲学的实践转向。学习比较初等教育应当逐步从单纯的认识论转向对实践的重视，对现实教育的生活世界的重视。这也是从重“知”向力“行”的转移时期。比较初等教育的学习者更深入地走进具体的教育实践，将立说与力行结合起来，知行合一，在中国教育改革的实践中努力工作，借鉴国际教育经验，努力探索，为我国初等教育的改革与发展作出可贵的贡献。

① 马克思：《关于费尔巴哈的提纲》，《马克思恩格斯选集》第一卷：人民出版社，第83页。

三、世界初等教育发展的宏观线索

现代化是社会、经济、政治体制的现代类型变迁的过程。现代化的世界历史进程始于西欧，而后又越出欧洲，走向世界，大致经历了三次浪潮。现代初等教育便在这三次浪潮中产生，并不断获得发展。现代化第一次大浪潮是从18世纪后期到19世纪中叶，由英国开端然后向西欧扩散的工业化过程。这不仅是经济与技术问题，而且如卡洛·M·奇波拉在《欧洲经济史》中所说，实际上是可怕的非常复杂的政治社会和文化大变动的问题。作为现代教育制度一级的初等教育就产生于现代化的历史进程中。300多年以前发生的工业革命，创造了现代生产力，即工业生产力，产生了以往人类历史上任何一个时代都不能想像的工业和科学的力量。这次大浪潮以使用非生物能源(蒸气)，粗质量机器大生产和初级技术水平为特征。由此，西欧从世界古典文明的边缘跃进为近代文明的中心。资本主义经济发展，包括大工业生产与商品的流通迫切需要劳动者接受初步知识与技能的教育。这种根本性的需要使首先踏上现代化之途的欧美国家和日本先后建立了国民教育制度。国民教育一词首先就是由法国人拉·查罗泰斯（Caradecela Chalotais）提出来的。

16世纪末到19世纪初英国在上层阶级教育结构之下，酝酿并产生了国民教育制度，出现了初等教育的普及，课程为基本的读写算知识和道德教诲。英国在1750年与1870年之间成为世界第一个工业化社会。英国经济起飞有许多因素：如16世纪末开始的长时期技术革新；17世纪的科学进步；丰富的炼铁资源；殖民地资本积累等，但不能忽视教育是个重大因素。而这个教育“绝不是地主贵族古典课程”。当时，对英国工业生产力起重大作用的是民众的识字率高。到1770年，农村青年男子能读写的人已占50%，而这应归功于初等教育的最初发展。国民教育制度建立之后相当长时期内实施的初等教育是大众教育，以读写算为主，与中等教育不衔接，成为双轨制的一轨。需要特别指出的是，这一时期初等教育超越了其低下社会地位的局限，为当时主要发达国家资本主义经济的迅速发展，作出了另一轨教育无法替代的根本性贡献。19世纪下半叶到20世纪初，现代化在欧洲、北美主要国家取得巨大的发展（当然，从今天看来这种发展也带来了沉重的负效应)，从而超越其原发地区向地球的广大异质文化区域传播扩散，形成了现代化发展的第二次浪潮，西方化或欧化成为这一浪潮发端时期的历史潮流。第二次浪潮的物质技术基础是电与钢铁。当然，这次浪潮也伴随着国际政治和经济的强烈震荡。这一历史时期对欧美发达国家国民和人才的素质提出了更高的要求，国民教育制度第一次出现了重大的改革。另一方面中国、印度、埃及等古典文明国家对西方侵略扩张作出了强烈的反应和深刻的思考，开始探寻追求民族独立、解放和发展的现代化之途。在中国，许多先进人物便想从欧洲现代文明那里探求富民强国的道路，而这就成为此后相当长一个时期教育变革的主题，并由此开始了近代中国教育充满曲折和艰难的发展。我国小学教育之开设，始于光绪二十一年盛怀宣在天津奏设中西学堂。当时分设头等和二等学堂各一所。史料称：二等学堂“此外国所谓小学堂也”。而自光绪二十八年颁布钦定学堂章程开始，我国形成了最早的初等教育制度。这一时期，作为现代教育制度组成部分的初等教育不再是欧美一些国家和日本的专利，它获得了世界范围内的大发展。这种大发展促进了发展中国家民族意识的觉醒和民族独立运动的兴起，乃至民族的解放与独立。

现代化第三次大浪潮出现在“二战”以后，这是一个影响波及人类社会所有领域的变革浪潮。正如美国经济史学家罗斯托所言：从历史的观点来看，战后的发展或许是自 18 世纪英国出现第一次产业革命以来最重要的事件。这改变了国际经济生活乃至政治生活的均衡状态和结构，并使之不可逆转。这一时期以电子计算机为代表的新技术革命兴起并获得迅速发展，全球经济一体化和文化的多元化成为引人注目的趋势。冷战结束后和平与发展成为主题，世界政治格局也发生了深刻的变化。这一切都极其深刻的影响着教育思想与实践。1944 年，丘吉尔联合政府通过了“巴特勒法案”，这是英国教育发展史上丨分重要的教育改革法，它开启了发达国家“二战”后颁布教育改革法的先例。

现代化进程里初等教育的发展证明了：初等教育是大多数教育制度的入门阶段和基石。它比其他各级教育招收更多的学生，同时，用去任何国家的一半的教育资源。所有国家都有令人称道的初等教育目标，即对百分之一百的学龄儿童实施教育，尽管许多国家远没实现这一目标。非洲 6 至 12 岁儿童中，只有不到百分之五十的儿童接受了初等教育。

实践证明：1. 对初等识字计划进行投资的国家比那些没有优先发展初等教育的国家，在经济上发展的要快。

日本和韩国就是典型的例子。现代经济增长中的技术传播依赖于同正规学校教育发展相联系的学习潜能，这一事实已为经济历史学家所证明。这一研究与如下的发现是一致的，即在所有各级教育中，（相对于费用而言）初等教育具有最高的经济效益。在发展中国家，初等教育的所谓投资收益率在百分之二十五左右，而高等教育的投资收益率为百分之十二。这样一种收益率虽不能表明一个国家应该只对初等教育进行投资，但却意味着应该向初等教育倾斜。如果一个国家百分之九十的农村妇女是文盲的话，那么把国家预算中的百分之四十用于高等教育，情况又会怎么样？相反，应该优先创办和装备初等学校。

2．扩充初等教育需要很长的时间，而提高整个人口的识字水平则需要更长的时间。

这一时间是用几十年而不是用几年的时间来衡量的。第一步是提高入学率，也就是说，让6至12岁的儿童入学。这一步（包括设计学校、建造校舍、培训师资、招收学生、允许学生重读、毕业）至少要用10年时间。第二步包括等候扩充初等教育来影响成年人的识字，而且入学的一代人在20年后仍然未达到他们最佳的工作年龄。

更经常的是，规划者和政治家们忘记了比较初等教育研究提供的教训，他们制定了不现实的目标。最典型的事例是1961年召开的亚的斯亚贝巴教育部长会议，会议决定到1980年要实现普及识字这一目标。1980年早已成为过去，但要实现上述目标还有很长的路要走。对于当代的教育规划者或决策者来说，应该记住比较教育研究提供的教训：他们必须尽早增强小学系统的能力——仅有良好的意图是不够的。

上述世界教育发展的经验使世界各国十分重视初等教育的改革与发展。在当今时代尤其如此。

从比较初等教育的角度观察，对各国初等教育进行研究，首先要着眼于社会大背景。20世纪80年代以来，人类社会正在以指数的方式，发生迅速而深刻的变化。政治、经济、科技、文化等方面的巨大发展，对教育提出了新的要求。

政治多极化是冷战结束以来世界政治格局最突出的特征，各国按照国家利益发展教育，使当代教育紧密地与各国政治联系在一起，成为各国政治战略的重要组成部分。

全球经济一体化一方面加强了各国间的联系，另一方面则进一步加剧了国家之间的经济竞争。为经济竞争准备人才成为教育发展的一个重要目的。

以电子计算机为代表的科技革命迅猛发展，正在向人类提出严峻的挑战，这种挑战不仅表现在对人的智力的挑战，而且更突出的表现在对人的精神与情感的挑战。主动回应科技革命的挑战成为21世纪教育思考的一个尖锐问题。

当前，世界各国越来越努力地寻求对自身文化的体认。文化的多元化，各民族保持发扬各自的文化特点成为一种强烈的国际性倾向，同时，各种不同民族文化接近、包容和融合也正在成为一种引人注目的趋向。教育民族化与国际化成为当代国际教育发展的重大课题。人们的教育观念正发生着深刻的变化。

在全球化的浪潮冲击下，世界各国的教育改革此起彼伏，20 世纪 50～70 年代的国际教育改革主要是在科学主义思潮影响下进行的，并没能解决教育存在的许多问题，没能达到人们曾经寄予的期待。不仅如此，还引发了一系列亟待解决的新问题、新矛盾。

正是上述诸多方面因素的综合作用，使各国从战略的高度对当代教育问题进行再思考，以通过改革，开辟 21 世纪教育新时代，促进本国经济与社会的发展。

法国、德国、俄罗斯、美国、日本等发达国家，中国、印度、巴西、韩国等发展中国家都相继开展了规模空前的教育改革。初等教育改革是其中的一个重要的基础方面。与此相应，当代世界的初等教育的目的、制度、管理、课程、教学、教师的教育等诸多方面都发生了巨大的变化。

（一）初等教育目的有了引人注目的深刻转变

在许多国家初等教育的目的已不再是掌握劳动与谋生所需要的知识与技能了。儿童个性的全面和谐的发展成为初等教育的主要目的。生长与发展成为初等教育目的的关键词。初等教育制度不再是双轨制的一轨，而是整个教育系统的基础一环，这样的初等教育不再是终结教育或一次性教育。初等教育目的和制度上的根本性变化都反映在这些国家的法律文本和政策文件上。1996 年 7 月日本第 15 届中央教育审议会提交了一份《关于面向 21 世纪我国教育的发展方向——让孩子们都有“生存能力”和“轻松宽裕”》的咨询报告。该报告发展了 20 世纪 80 年代日本“临教审”提出的培养自主地适应社会急剧变化的能力的观点，明确提出了今后日本初等教育改革的目的和方向是培养儿童的“生存能力”。这一目标与方向是日本对现代化历程中教育的反思，是对明治维新以来近 130 年教育价值观的挑战，具有转折性意义。它代表了发达国家试图摆脱现代化第三次大浪潮中日渐加深的教育危机的又一次尝试。正是教育目的的这一根本性变化，引起了全球性的不间断的初等教育各方面改革。我国在 20 世纪 90 年代提出的素质教育思想大大地推动了初等教育的整体改革与深入发展。愉快教育、金色童年等丰富多样的小学改革探索使我国初等教育呈现出前所未有的生机盎然、蓬勃发展的局面，深化了人们对现代化与儿童发展问题的思考。

（二）公共教育和义务教育的关系在初等教育领域发生了重要的变化

我们叙述的初等教育是公共教育的一部分，公共教育就是从建立公共的初等教育开始的。公共教育是现代化进程的产物，在 16～19 世纪中逐步形成。公共教育的本质应在于“普遍性”、“平等性”。

1. 普遍性　公共教育应能够满足社会政治、经济、文化等各方面的发展对所有公民的一般要求，是每一个公民都掌握相应的基本素养，都得到一定程度的发展。

2. 平等性　在公共教育中，应保障所有公民受教育机会的均等。它包括公民及其子女根据自己的特性、能力、意愿选择就读学校或教育形式、教育内容等方面的自由和平等。

为了保障上述“普遍性”、“平等性”，在公共教育的组织上应坚持的原则主要是：义务性——国家保障公民受教育机会均等、满足所有公民的一般教育需要而在机构设置、经费保障等方面的义务；无偿性——即保障所有公民不会因费用的问题而失去受教育的机会；中立性——公立教育作为公民的一般的、普遍的教育在宗教、政治等方面保持中立。

当然，公共教育的平等性并不是公共教育诞生时就具有的，它是近代民主制度的产物。公共教育的普遍性以及各组织原理的含义，在不同的时代也有所不同。

他们代表着公共教育在目的和对象范围上的追求。在相当长的时间里这就是初等教育的追求。“义务性、无偿性、中立性”只是保障“普遍性、平等性”得以顺利实现的组织原理。初等教育又是首先用义务教育组织起来的。可以说，初等教育和公共教育、义务教育之间有密切的联系，初等教育必然具有公共性。

义务教育是国家按照法律规定，对所有公民的子女强制实施的某种程度的学校教育。而义务教育制度是为了有效地进行义务教育的制度，它包括：(1) 父母（保护人）使子女上学的义务。(2) 国家、社会设置教育机构——学校的义务，它包括设施、师资、学校、班级规模等的保障和管理。(3) 国家、社会对儿童上学的保障义务。这主要是指教育经费的保障。国家除了要保障设置足够的学校，充足的设备，还应该保障每个儿童不会因经济问题而失去受教育的机会。(4) 企业不能雇用义务教育阶段的儿童，以免妨碍义务教育的顺利进行。

义务教育，如上所述，也是一定历史阶段的产物。因此，以上对义务教育的界定仅仅是对已有制度的描述。随着公共教育的发展，义务教育本身的地位、含义也会发生革命性的变化。

在上述关于公共教育的界定中，有“义务性”这一组织原理。而人们也习惯于将具有强制意义的义务教育看成是公共教育的核心甚至把它等同于公共教育。这样就造成了初等教育即公共教育，即义务教育的思维惯势。我们知道，公共教育和义务教育的关系也是一个动态过程，义务教育也不一定总是公共教育的核心。

公共教育和义务教育的雏形都可以追溯到原始社会部落对青年男子举行的入社式。到了奴隶社会，古希腊雅典和斯巴达对自由民的男子进行的军事化教育可以看成是公共教育和义务教育的制度雏形。柏拉图则在《理想国》中对这种国家管理公共教育的制度进行了理论上的探讨。16 世纪宗教改革运动中各教派实施的普及初等教育，也可以看成是公共教育、义务教育，尤其是以德国为代表的绝对主义公共教育、义务教育的前奏。

德国是义务教育制度和公共教育制度确立最早的国家。1691 年德意志魏玛公国公布的学校法令规定父母必须送 6～12 岁男女儿童入学，接受统一的教育。于是，世界上正式有了以国家为保障的公共教育和义务教育制度。之后，其他邦也纷纷效仿。但这还不是现代国民教育制度中的公共教育和义务教育。

在这种公共教育制度中，关于教育的权利与义务，只强调国家的权利，而所有国民只有服从上述权利的义务，以贯彻国家的意志。公共教育的中心内容之一是利用义务教育、宗教教育等，为培养国民对国家的忠诚服务。直到 1919 年的魏玛宪法，教育法规中只有要求强制执行的义务教育而没有“公共教育”一词。

大革命前的法国，国家把公共教育，主要是初等教育委托给教会（尤其是天主教会），是教会掌握民众的精神世界，以巩固国王的绝对统治。因此，天主教会对法国公共教育的影响非常大。法国大革命后，为了排除旧社会的王权及教会的影响，制宪议会于 1789 年将公共教育的管理权归世俗权力机关。此后，1791 年制定的宪法的第 102 条规定：“一切市民共同的、一切人不可缺少的公共教育部分，要创设、组织无偿的公共教育”，从而提出了创设共同的、无偿的公共教育主张。将“共同、无偿的教育”限制在初等教育阶段。孔多赛提出公共权力的正义；雷佩尔提强调孩子的权利。这些思想当时并没有实现。

19 世纪 60 年代，法国迅速地完成了产业革命，有宗教支撑的法国变成了产业社会，并在政治、经济、教育等各方面实行了与产业社会相适应的政策。历史学家丢勒就任文相后，面向国民的公共教育，尤其是初等教育更是得到显著的发展。丢勒认为，繁荣是每个人的自由不可缺少的条件，而资本的续集是经济繁荣和社会进步的基础。因此，所有国民都应参加经济活动，并受到能满足自己所属阶层的职业要求的教育。丢勒认为，为了在全国彻底地普及初等教育，必须制定初等教育的免费、义务法案。

而从 1879 年到 1886 年由教育部长费里（Jules Ferry，1832～1893）等

领导制定的法制被称为第三共和国学校事业的法制框架。费里及其之后的戈柏莱（Goblet R.，1829～1905）教育部长使大革命后就被作为国民教育指标的免费、义务、世俗的初等教育加以逻辑的整合并使之法制化。由于资产阶级大革命以后教育自由思想几乎成了法国资产阶级的教育传统。法国公共教育的三原则“义务、免费、世俗（中立）”对世界影响很大。

在绝对主义时代，公共教育几乎与义务教育的内涵相等，强调的也只是公民（国民）对国家、对统治者的义务；而在现代发达国家，都不再把义务教育只认为是家长的义务，而更强调国家提供保障的义务。这个时期，终身教育思想也影响到公共教育，要求将学校教育纳入到终身教育系统中，显示出阶段性和连续性。公共教育和作为公共教育基础的初等教育，又称为连续的终身教育的一部分，事情有了变化。

但是，对公共教育系统冲击最大的还是以英美等国的新自由主义为代表的对统一的、公立的、义务的学校制度的冲击。如美国著名的经济学家米尔顿·弗里德曼在50年代中期发表的《资本主义与自由》一书中以保守的或者说是新自由主义的经济、政治观点分析了公共教育，认为具有强迫性的义务教育本身就和共和制下保存自由的原则相冲突，而且还妨碍思想自由。因此，至少在初等和中等教育中，应实行公立和私立学校联合的办学方式，教育经费则和教育行政统一：政府按照每个孩子在每年中所能花费的最大数量金钱发给家长作为孩子入学的“票证”，这样，既能维护家长选择教育的自由又防止了教育经费浪费和教育行政官僚化。

二战后，日本实行义务教育，充分发挥义务教育的强制性，取得了很好的效果，为日本经济的恢复和发展做出了巨大的贡献。在日本第三次教育改革中，临教审在审议过程中曾认为，要突破“先进国病”的现代工业社会局限性就必然要对广为现代国家采用的“义务教育制度”、“公共教育制度”、“学校制度”作根本性变革，而这些变革观点又都汇集到义务教育制度改革中并形成了一个潮流。人们认为义务教育，尤其是强迫教育在家长选校、选班、选教室时，在学校上课时以及在教育内容等方面都受到限制，还影响到尔后学习阶段的质量。因此，必须强调的是国家保障受教育权的义务。为了转变观念，必须把“义务教育”转变为“保障教育”；而在学校形式上，由国家垄断的公立学校划一、封闭、僵化，因此应平等地对待公、私立学校，在教育行政、财政上予以保障。也就是说，私立学校也要作为公立教育机构的一部分，受到公费资助和一些公共调解。

许多研究则从宪法、教育基本法关于义务教育的条款规定入手，认为受教育机会均等是指平等地具有受教育机会而不是受同等教育的机会，从而主张按照每一个人的能力、特点等个性特征进行公共教育。

当代发达国家作为公共教育的初等教育的改革首先指向的是以统一的公立学校为代表的义务教育，尤其是强调义务教育，理由是现在的义务教育已经失去了“强制”的历史意义。于是，初等教育是现代公共教育的一部分，普遍与平等的原则得到了坚持和深入。但是，初等教育的义务性在许多国家开始改变其强迫的性质，而使儿童入学具有了选择权，包括是在家里学习，还是在学校学习；是就近入学，还是选择适合的学校；是进公立学校，还是私立学校等。从许多国家来讲，初等教育是公共教育，但可能不再是强迫性的义务教育了。在初等教育领域里，公共教育和义务教育关系的微妙变化引起了各国政府的关注，因为这种变化将使初等教育在学制、体制上发生重大的变革。

（三）初等教育办学模式获得了多样化的发展

办学模式的多样化源于当代经济与社会与人自身的要求。与上述内容相关，首先从现代社会经济上讲，在自由市场经济中，市场机制要能够有效地发挥调节经济运行的功能，除了需要以企业的分散决策为前提之外，一个完备的竞争制度也是必不可少的基础条件。也就是说，分散的经济主体之间的自由竞争，是市场机制发挥有效调控功能的前提。如果竞争受阻，企业不能自由进入市场，生产要素不能在各个生产部门和地区之间自由流动，市场机制就会发生扭曲变形，削弱乃至丧失调控功能。西方新右派理论主张将市场机制引入公共教育，引入公立学校之间。为此，他们主张一方面给各个学校放权，以使其类似市场竞争中的独立企业一样，拥有可以进行创造性劳动的充分的自由主权和独立性，另一方面扩大家长替子女选择学校的权利与自由，实施家长选校计划，以使家长、学生如同顾客、消费者一样，成为推动学校间展开竞争的主要力量。他们企图以此激活公立学校，提高教育质量。于是首先在英美一些国家出现了租赁小学、承包小学和教育有限股份公司等众多的办学模式。另外，更为重要的一方面是：从社会与个人发展的需要来讲，从世界范围来看，初等教育领域出现了许多新型学校。它们多是以儿童的个性健康发展为目的，试图克服现代化进程产生的弊端。以招收 3—14 岁儿童的美国圣巴巴拉社区学校为例。该校的办学思想是：自由是至高无上的善；人们，包括年轻的人们，有享受自由的权利，并且一般说来自由的人比被暗示、被操纵、被命令的人会更加开朗，更加仁爱，更加聪明。在美国这类学校有开放学校、无围墙学校、合作保育学校、新社区等。再如俄罗斯教育科学院的学者创办新型初等教育学校模式的目的是：1 帮助学生不仅在智力上，而在精神上和体力上获得发展，实现自己的兴趣和才能，养成个人的道德判断；2 创立条件使学生在义务教育系统中顺利地向其他学习阶段过渡，使学生发展独立的创造性思维，使不同能力学生都受到教育，并满足学生的精神需要；3 教给孩子集体生活方式，让孩子学会对周围环境的爱护；4 鼓励学生的自我表现和信心，能对自己的行为负责。俄罗斯这类新型小学拥有两种知识系统，一是学科内容系统，一是学习学科内容的方法系统。这两种系统是师生注意的对象。新型的小学还有一个特点是更充分地培养并形成儿童的学习能力。这种能力是建立连续教育体系不可缺少的。新的小学教育体系的中心是儿童，以儿童个性定向，按照儿童智力发展阶段，尊重他们认识活动的特点。

与上述公共教育与义务教育关系的重大改变有关，与新自由主义和新保守主义经济观点在教育上的影响有关，更与初等教育自身的问题有关，家庭学校运动在一些国家有了较大的发展。美国常年有 150 万儿童在家中接受教育，而在加拿大，自 1990 年以来，全加拿大在家庭学校学习的人数以每年 10%的速度增长，目前已达到 4 万人，占加拿大全部学龄人口的 1.5%。近年来，这一在欧美国家兴起的家庭学校运动甚至也波及到亚洲的一些国家，泰国在 1999 年 11 月修改了教育法，以法律的形式确定了家庭学校作为一种教育制度的存在。家庭学校运动兴起的原因有很多方面。一方面在于很多家长对制度化的学校教育中的呆板、忽视个性的做法表示不满；另一方面也在于学校教育的质量产生的危机使家长产生了担忧。

综上所述，我们可以再次感到教育目的的深刻变化是当代初等教育办学模式的多样化发展的驱动力，也说明了初等教育制度正在酝酿深刻的变化。从某种意义上可以说，这是当代经济与社会深入发展的必然结果。

（四）初等教育管理的民主化和科学化水平有了很大的提高

在当代管理的科学化和民主化受到广泛的重视。一些新的管理理论如学习性组织理论等对社会各部门的管理思想变革发挥了积极作用。教育，包括初等教育管理的科学化、民主化的水平在不断提高。

从宏观上，集权的国家重视下放给地方和学校一些权利，编制的教育标准也是具有指导性的，而不再是指令性的。这方面俄罗斯比较突出。分权的国家则重视对教育，包括初等教育的干预，制定全国标准，促进整个国家教育质量的提高。这方面美国比较突出。

世界很多国家从国家到地方到学校都建有不同层次的参与机制。如在学校董事会、学校委员会就有教师、家长、职员、社区代表等参加。管理科学及其在教育管理上的应用理论正在对初等教育管理产生巨大的推动作用。同时小学校长和其他管理人员的培训受到空前的重视。在培训中特别注意教育理论和教育研究新成果的学习和实际管理能力的提高。

（五）初等教育的教师教育发生了巨大变化

教师专业化和教师专业发展成为这种巨大变化的主导方向。由于国际政治、经济形势的巨大变化和科学技术的迅猛发展，教师教育目标再次经历深刻的变化，并呈现全面性趋向。在对过去教师教育目标进行深刻反思的情况下，当代教师的目标也已经超越学科知识、教育理论和教学能力的范围，扩展到教师专业发展的所有方面。美国就提出，教师教育应当把教师培养为民主社会的好公民，教师不仅在文理基础知识和专业知识水平方面应该是第一流的，而应该广泛地接触社会，参加社会的实践活动。教师教育应重视培养教师的个性品质、政治素质、社会能力、理智行为、健康体魄、渊博的知识、独立思考的能力、对儿童的热爱和了解、对学校社会的责任感，以及对教育事业和美国生活方式的忠诚。初等教育教师培养要求与规格有了很大的提高。许多发达国家都要求小学教师接受大学本科教育，一些发展中国家如印度等国也提出了小学教师必须接受高等专科教育。小学教师教育的课程已在很大程度上改变了学科中心的课程体系，特别是建立了以教师发展为中心的课程体系。美国 20 世纪 70 年代中期提出教师专业化的号召，以提高公共教育质量，推动教学成为真正的专业。1976 年美国教师教育大学联合会报告预言，教学能够并将自我实现为专业，同时激励为此作出专业的和有组织的努力。20 世纪 80 年代以来，美国教师专业化出现了三次浪潮，第一次浪潮以《国家处在危险之中教育改革势在必行》（1983）的调研报告为起点自上而下推行。第一次浪潮追求教育的卓越，对教师引进职能测验，由教育行政机构实施职能升迁制度。第二次浪潮始于 1986 年霍姆斯小组的报告书《明日教师》与卡内基教育促进会报告《国家为 21 世纪准备教师》。提出，公共教育质量只有到学校教学发展到一门成熟专业时才能得以改善。第二次浪潮追求教师的专业化，以教师的自律为基础从大学与中小学合作的角度进行有创意的改革，美国认为教学是使所有其他专业成为可能的重要专业，是形成今天教育和美国未来的专业。20 世纪 90 年代中期以来美国教师专业化出现了第三次浪潮。美国教师教育改革将教师专业发展作为取向，在各个不同层面上深入开展，出现了由行动研究向思想研究，由可观察的行动研究向策略和理解研究，由刺激反应的简单模式向更加微妙的，将背景、内容、认知融为一体的复杂模式的重要转变，取得了明显的发展。美国教师专业化发展运动对国际教育产生了很大的影响。许多国家或直接或间接地将教师发展纳入研究和政策视野。在美、英、俄罗斯有关教师专业化的研究中出现了教师发展阶段理论、反专业化思想、再教师专业化理论、教师开发理论、教师发展权论、教师专业轨迹模型论、师范教育文化观等不同的研究成果。教师专业化的研究与实施有力地促进了国际教师教育和基础教育改革。英国学者指出，自从20世纪70年代教师专业化思想出现开始，英国教育的情况发生了彻底的改变。[①]

目前，教师专业化已发展成为当代教育理论的运动、教育实践的创新和新型教育文化的铸造。它已成为世界各国教育发展的共同目标，是国际教师教育改革的重要动向，反映了当代教育运动的重要规律。

同时，初等教育方面的教师教育出现了新的模式。这种新模式理论揭示了在培养教师的事业中高等学校和普通中小学的共生性，并将后者作为教师教育的基地。所以，这种新模式称为以中小学为基地的教师教育模式。这种教师教育模式的出现，为教师教育的改革与发展提供了新的参照。

（六）初等教育课程改革进一步深化

世界各国初等教育的发展都十分重视课程改革。因为二战以来形成的初等教育课程体系已经不能适应时代的要求。当代人类社会经历的深刻变化，对新人的培养提出了新的要求。初等教育的目的与任务如前所述，也随之发生了重大变化。因此，初等教育课程就必须为回应这种变化，推动新人培养的事业而进行改革。在初等教育课程改革过程中，课程概念得到拓宽，不再只是囿于学科课程，或活动课程，课程被看作是为完成一定教育目的而设计的教育计划。20世纪80—90年代以来，世界各国小学的课程改革十分活跃。重视基础性、综合性，重视现代人文教育和科学教育，重视道德教育是当代初等教育课程改革的引人注目的趋势。

（七）初等教育教学领域出现了许多突破性进展

教学内容突破了读写算范围，增加了计算机教育、环境教育、技术教育等；教学方法开始走出讲授法和发现法的对立，走向综合与多样，教学组织突破班级授课制的局限，出现了许多不同类型的教学组织形式，如小组教学、不分年级制、个别教学等；教育技术则由于多媒体等现代技术的运用也有了新的突破。罗荣渠先生说，广义的现代化作为一个世界性历史过程，是指人类社会从工业革命以来所经历的一场急剧变革，这一变革以工业化为动力，导致传统的农业社会向现代工业社会的全球性的大转变过程，它使工业主义渗透到经济、政治、文化、思想各个领域。现代生产力导致社会生产方式的大变革，引起世界经济加速发展和社会适应性变化的大趋势。从根本上

① Christopher Winch, Teacher Professionalism, Educational Aims and Action Research: the evolution of policy in the United Kingdom, Teacher Development, Volume 4, Novmeber 2, 2000.

说，现代化是指近代以来人类精神文化与物质文化发生深刻变化的历史进程。作为精神文化领域一部分的初等教育文化同样面临着尖锐的挑战，经历着前所未有的深刻变化。初等教育文化包括思想与结构的众多方面。根植于现代化实践的初等教育文化决定着初等教育的存在方式与发展方向。

世界初等教育从其胎动到现在已经历了几个世纪。目前，在发达国家与发展中国家，在拥有不同文化传统的区域，现代化的发展正呈现出空前生动、复杂、交错、深刻的历史风景。在人类社会现代化进程中出现了公平与效率、经济与伦理、历史进步与道德完善、科技文化与人文文化、物质文明与精神文明、现代化与民族传统等一系列重大的矛盾与冲突，这种状况又被称为现代文明的失衡与分裂。面向未来的世界初等教育正是在这种文明的失衡与分裂的震荡与反思中，在实践崭新的历史要求中，在对自身经验的总结中，迈入了新世纪的门槛，使世界初等教育的未来发展充满着矛盾与困惑，也孕育着机遇与希望。在21世纪，在邓小平“面向现代化，面向世界，面向未来”思想的指引下，全面推进素质教育，认真分析和研究世界初等教育发展的趋势、经验和规律，深刻理解不同国家、不同地区、不同文化条件下的教育，积极开展初等教育的国际交流，搭建初等教育学术和实践交流的国际论坛，扎根于本国的实际，脚踏实地，和而不同，知行合一，厚德载物，自强不息，我国初等教育必将有一个巨大的进步与飞跃。

◆*思考题*

1. 简述比较教育的概念、发展阶段、代表人物及其思想。
2. 比较教育的主要特征。
3. 理解比较教育中比较的多重含义。
4. 比较教育发展的基本方向。
5. 比较初等教育的概念和学习目的。
6. 理解当代世界教育改革与发展的趋势。

第一章　国际初等教育学制比较

本章提要： 学制是学校教育制度的简称，指一个国家的教育体系，规定各级各类学校的性质、任务、入学条件、学习年限以及它们之间的衔接和关系。本章首先分述了美国、英国、德国、俄罗斯、法国、印度和日本初等教育的学制沿革、现状和改革，最后叙述了初等教育学制改革的若干趋势：1. 初等教育任务发生了引人注目的变化；2. 发展中国家注重全民教育，努力普及初等义务教育；3. 众多实验学校产生。由于本章是第一章，所以所列国家的总体背景、有关初等教育发展的重大决策、重要问题也在这里一并叙述。

第一节　美国初等教育学制

一、历史沿革

美国初等教育学制的沿革我们可以划分为三个阶段：殖民地时期的宗教和慈善的初等教育；独立后公共的和义务的初等教育；义务教育后的改革与发展。

（一）殖民地时期的宗教和慈善事业的初等教育

殖民地时代的美国初等教育可以说是宗主国英国教育制度的移植。而且初等学校都是私立的，并受到教会的控制。

1634～1638 年间，马萨诸塞州法律规定，一切财产都需纳税，以所获税收开办包括学校教育在内的公共事业。这就开了以税收办学的先河。1642～1647 年间，马—州又颁布了强迫教育的法令。

1642 年，马萨诸塞殖民地（Massachusetts Bay Colony）通过了一项法令，规定各镇官员必须查明家长是否履行了他们的教育义务，对那些忽视其义务者实行惩罚。1647 年，该殖民地又通过了另一项著名的法令：《老骗子撒旦法》（Old Deluder Satan Law），要求每个有 50 户人家的村镇必须建立一所初等学校。这些法令奠定了美国初等教育制度的基石。所有儿童必须接受强迫教育，这在近现代史上也是第一次。当时，北方设立的是以英国妇女学校（Dame School）为模式的读写学校（The Writing School）；中部和南方开办的是具有慈善性质的贫民初等学校（The Pauper Elementary School）。除此之外，还有根据以贫民为对象的学徒教育的有关法律开办的夜校（The Evening School）等。

当时作为殖民地的美国没有自己独立的教育体系，也谈不上完整的初等教育制度，只能是宗主国教育制度形式的不完全、非系统的反映。

（二）独立后公共的和义务的初等教育

独立以后，美国于1785年颁布的土地法明文规定，凡以后新建州，而且加入联邦的，政府便赠送一定数量的公地，各州可利用这些公地来建立学校。次年，即1786年美国通过了宪法的十条补充条款，规定宪法没确定的事项作为各州的保留权，可以自行处理。而教育则是宪法没被确定的事项。上述这些情况加上美国宪法上规定的宗教信仰自由，为美国教育沿着分权、世俗方向的发展创造了重要条件。

19世纪20年代以后，美国现代化获得了很大的发展，在美国历史上曾被称为是“教育觉醒时代”。此时，美国资本主义工商业发展迅速，城市化迅速发展。公民的受教育权利在某种程度上得到确认。1834年，宾夕法尼亚州率先制定了《学校法》（The Laws of School），在全美首先创立了公立小学。到1850年，美国各州普遍确立起公立学校制度，为美国普及义务教育和培养输送人才发挥了巨大作用。积极倡办公立小学的马萨诸塞州教育厅长贺拉斯·曼（Horace Mann，1795～1859）则被称为“美国公立学校之父”。

美国公立学校的建立标志着美国独立的教育制度开始确立。此后，马萨诸塞州于1852年，纽约州于1853年分别颁布了义务教育的法令，成为美国各州实施初等普及义务教育的开端。在相当一段时间内美国初等教育的学制为8年，而中学则为4年。1918年美国实现了普及初等义务教育后，学制上有了重大变动，即从8－4制改为6－3－3学制，辅之以8－4，6－6，6－2－4学制的学校教育制度。小学基本上以6年制为主。儿童6岁入学，免费公立小学占多数，私立学校虽有一定发展但仍占少数。

美国初等教育制度在第一次世界大战以后获得了迅速发展，其标志是①实施了征税办教育的重大举措；②消除了贫民学校观念；③废止学捐和柴火费，实现学校的完全免费；④建立视导制度；⑤发展师范学校，培训教师；⑥建立分年级的教学制度；⑦消除了宗派主义。

这一时期，在美国教育史上称为扩充时期。由于采取了征税办教育的措施，包括初等教育在内的各级各类教育的经费有了持续稳定的保证，美国的公共教育制度得以建立。同时，普及义务教育开始被接受，平民学校就逐步地消除了。又由于实现了教会与学校教育的分离，消除了宗派主义，使美国有可能建立起在统一国家和民主的公共教育系统。

19世纪美国普及初等国民教育是创办的平民学校，是依照德国的模式，学制为8年。此后，由于经济与社会发展，在这种平民学校之上又建立了中学，学制为4年。八年制小学的结果之一是把学生进中学的年龄推迟到14岁，因此美国教育全国协会于1908年建议实行6-3-3制；1912年美国全国教育协会（NEA）下设的经济教育实践委员会指出，小学8年过长，中学4年过短，这种状况不利于提高中小学教育质量。据此，该委员会建议将小学减少2年加到中学上，把中学又划分为修业期各为3年的初中和高中。以小学为6年的6-3-3学制正是根据这一建议确立的。但是同时仍然有以小学为8年的8-4学制与之并行，从此6年制的小学和8年制的小学成为美国主要的初等学校。1918年美国实现了初等教育的普及后，6年制小学逐渐成为初等教育的主要办学形式。儿童6岁入学，公立免费小学占多数，私立小学占少数。

（三）义务教育后的改革与发展

完成普及初等义务教育后，美国一些学者曾提出了许多值得注意的改革学制的建议。

美国西华盛顿教育学院教授保尔·伍德林建议初级小学（小学1～3年）不分年级教学，另一位美国教育家德来德则建议把4～16岁教育划分为三个阶段，即：

①初级阶段（含幼儿），4～8岁；

②小学阶段，8～12岁；

③中学阶段，12～16岁。

改建亦可使学生提前2年结束中学学业，使中小学教育与义务教育法（法定学生离开普通中学年龄为16岁，而现行学制学生离校年龄为18岁）要求吻合，使中小学教育能更充分地考虑到现代儿童的特点，并能更好实现幼小、中小的衔接。

上述建议虽然没能付诸实现，但其却丰富了对美国学制改革的构想，具有一定的参考价值。

这一时期美国出现了自由学校，成为初等教育学校制度变化的一个重要方面。

从20世纪60年代开始，随着人们对公立学校诸多尖锐的批评，美国出现了一些新型的中小学校。这些学校力图实现一种新的自由的、民主的、合作的和无结构的教育。这种学校名称不一，但基本的教育主张是一致的。以招收 3～14 岁儿童的圣巴巴拉社区学校为例。该校的办学思想是："自由是至高无上的善；人们，包括年轻的人们，有享受自由的权利，并且一般说来自由的人比被暗示、被操纵、被命令的人会更加开朗，更加仁爱，更加聪明。"① 这类学校包括开放学校、无围墙学校、合作保育学校、新社区等。

二、现状与改革

本书在许多章的叙述中都含有现状与改革的内容，把现状与改革放在一起。这是由于当代社会变化的迅速与深刻的特点，也是由于改革已经成为二战以后世界教育发展的主旋律。现状是改革的结果，改革又使现状呈现出动态性质。把改革与现状放在一起叙述，既反映了各国初等教育的事实，又能从现状中看到未来发展的动向。

现行美国初等教育学制是二战后形成的，是义务教育后初等教育发展的结果。见下页学制图。

初等教育的任务是学制的重要因素。不同时代的初等教育学制，具有不同的任务。现代美国初等教育的任务反映在美国视导和课程编制协会撰写的《我们需要的小学》一书中。该书对初等教育任务做了如下叙述：

①增进儿童的健康和发展儿童体格。小学的教育计划应该适应儿童体格的需要，应使身体缺陷儿童能够参加正规教育计划；

②增进儿童的心理健康和发展儿童的人格。小学的活动要能帮助儿童形成全面的自我概念。注意给儿童提供机会，使他们对所做的事情有成功的经验和成就感。努力创造一个把儿童的紧张程度减到最低的环境；

③形成儿童对社会和科学世界的理解。改进教学教育内容，帮助儿童理解环境，把儿童由眼前世界带入未来的世界，让他们更好地理解遥远和抽象的东西。基本技能和知识的教授应能有利于儿童进一步的学习和今后更有效地生活；

④发展儿童有效参与民主社会的技能。注意引导他们及早参与集体生活，为儿童学习和参与民主社会生活的责任心创造情境，提供多样化的机会，培养他们责任心，学习自我引导和有效地与他人沟通；

⑤发展儿童符合民主生活的价值。这些价值是诚实、尊重个人人格、个人的和社会的责任心、思想言论自由、学习以及使用智慧的方法。社会争端、社会所关注的事情，是课堂经验的一部分，重点放在帮助儿童形成成为

---

① 马骥雄主编：《战后美国教育研究》，江西教育出版社，1991 年，第 41 页。

美国现行学制图

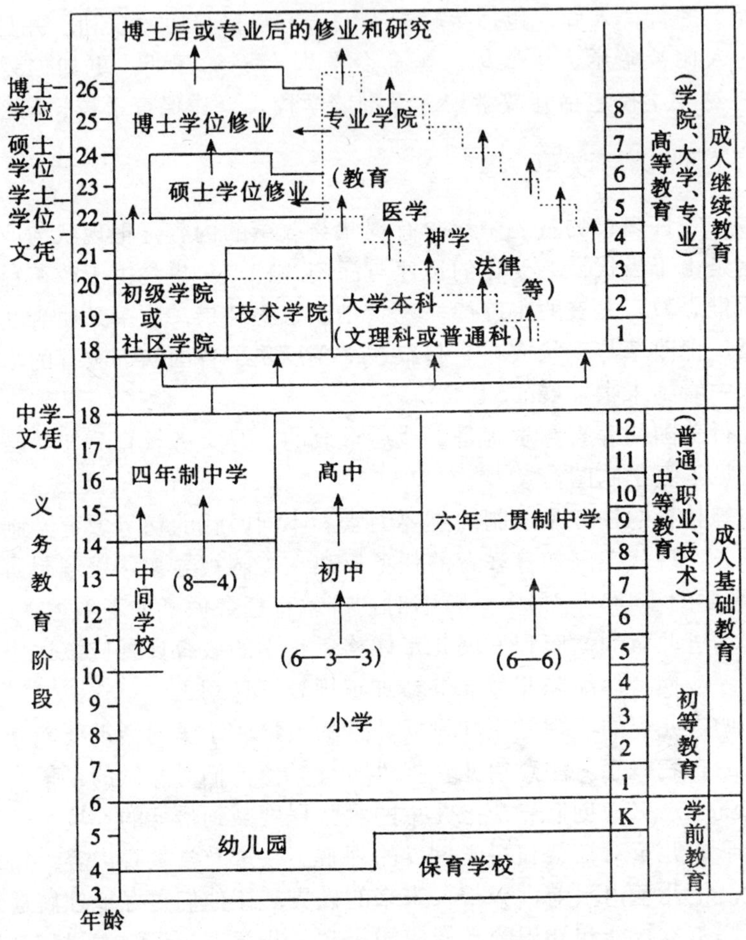

资料来源：Standard Education Almanac，1983—1984，Marquis Who' s Who，Inc.，P.9.

人类有价值的成员的内在动机上；

⑥通过创造性活动激发儿童的创造性。创造性的课堂应对使用各种各样办法解决问题，发表意见，与他人沟通发挥激发和支持的作用。

2001 年美国出台“不让一个孩子落后”的重要教育要求。这个要求对美国初等教育来说是一个重要的进一步改革的文件。具体地说，面向每一个儿童的发展，使每个儿童都能在学校生活中都有进步①，这成为 21 世纪初

① 《美国教育概况》，人民教育出版社，1979 年，第 29～30 页。

美国初等教育面临的重大任务。

当代美国实施初等教育主要的机关是 6 年制小学，同时还有部分 4 年制、5 年制和 8 年制小学。美国的初等教育学制是多样化的。小学的入学年龄各州不同，一般为 6 岁。

中间学校的创办是二战后美国的初、中等教育学制的一次重要变动。

中间学校出现于 20 世纪 60 年代，中间学校最早出现在纽约、费城，接着向各地扩展。目前美国 50 个州都办起了中间学校。建立这种中间学校是考虑到学生在小学后期和早期青年期的生理、心理等方面的特点，当时美国的经济教育实践委员会认为小学八年太长，中学四年稍短，不利于加宽教学内容，提高学业程度，把 5、6、7、8 这 4 个年级组建成中间学校，以便更有效地进行教育和教学。这种学校的出现更切合儿童和少年的身心发育，被一些心理学家称之为儿童期向青春期过渡的桥梁。

21 世纪初，美国初等教育面临着进一步改革的要求。2003 年 3 月，美国联邦教育部部长佩奇宣布了未来五年的战略计划，为美国教育的发展设置六个目标：

① 创建一种实现目标的气氛，通过有效实施 2001 的基础教育改革法案，以及联邦教育项目所依据的实施原则：责任心、灵活性、扩大家长择校的机会等；

② 提高学生成绩，通过阅读优先、促进数学和科学教学，改革中学，提高教师和校长素质等措施，来缩小学生之间的学习差距，并提高所有学生的学习水平；

③ 改善学校环境，加强品德教育，建立遵守纪律，远离毒品的教育环境。培养良好的性格和公民责任感；

④ 教育成为以事实为依据的领域，提倡教育科研，加强教育科研的质量；

⑤ 发展中学后教育和成人教育，提高中学后教育和成人教育的质量，增加学生入学机会，提高办学机构效率；

⑥ 建立优质管理系统，在教育内部形成一种负责的文化氛围。[①]

上述六大目标为美国初等教育包括学制在内的发展指出了方向。

---

① 世界教育信息，2002 年第 11 期。驻美使馆教育处供稿。

第二节　英国初等教育学制

一、历史沿革

英国作为工业革命的发祥地是现代初等教育制度的摇篮之一。英国初等教育学制沿革经历了教堂和慈善事业的初等教育、工厂学校的初等教育、双轨制的基础学校、义务初等教育和后义务教育的不同时期。

（一）教堂和慈善事业的初等教育

在16世纪宗教改革前，英国广大劳动者子女没有接受教育的权利，只有上层社会的子弟才能受到教育。只有教堂附设的天主教的学习场所，即读经班或唱诗班，才容纳贫苦儿童，传播宗教信条，为死去的有钱人祈祷，学一些浅近的阅读与唱诗的知识，僧侣是他们的教师。

1534年，英国摆脱了罗马教皇的控制，建立了英国国教。国王集国家权力与教会权力于一身。从此，英国国教教会直接掌握教育，包括学校的设立、组织与领导。这以后便建立了教区学校，接收劳动子弟，阅读圣经条文，学习宗教知识，教师必须宣誓效忠国教，这是英国初等教育的雏形。此后，由于传播宗教的需要，又出现了教会、私人和慈善团体开办的所谓慈善学校，这是一种初等教育的形式。从事初等教育的学校有乞儿学校、劳动学校、贫民日校、感化学校等。

宗教和慈善团体自17世纪后期开始就在发展初等教育方面发挥越来越重要的作用。1698年，基督教知识普及协会成立，该会在英国各地创办教义问答学校，在不到30年时间里，已为近3万名儿童提供了初等教育。到19世纪初，仅苏格兰基督教知识普及协会就设有学校290所，就学人数16 000人。

18世纪是英国资本主义得以巩固、并经过工业革命获得很大发展的时期。由于经济　政治与社会发展的需要，在这一时期英国初等教育得到了国家的重视，有了新的发展。当时初等教育具有多样化的形式。主要有：

1. 主日学校

这种学校是1781年由传教士罗伯特·雷克斯创办的。招收贫苦儿童或童工，每个星期回校参加宗教仪式，借此机会学习宗教知识和简单的读写知识。1803年英国要求每个教区至少设立一所主日学校。

2. 私立学校

英国经济的进一步发展促进了私人办学现象的出现。当时主要有二种学校：

①普通私校（Common Private School），主要对象为适龄男童，教授读写算知识；

②妇女学校（Dame School），主要对象是女童，一般由妇女在自己家里开办，学习读写算常识，也教一些缝纫技能等。

3. 慈善学校

这一时期由于受法国卢梭民主教育思想和德国巴西多泛爱主义教育运动的影响，慈善学校的规模与数量有了进一步的发展。其重要标志是导生制学校和幼儿学校的产生。

①导生制学校是1798年英国非国教派传教士兰卡斯特（Tones Lancaster，1778～1838）在伦敦创立的。其特点是由教师先教学生年龄较大且成绩好者，即导生，然后由他再教给其他学生。这种学校招收贫苦儿童，教授读写算和教学问答。而同时在印度的英国国教派教士贝尔（Andrew Bell，1753～1832）也举办了类似的学校教学形式，并将其经验在回国后加以传播。在这种情况下，出现了由贵族和国教赞助贝尔组织的"贫民教育促进协会"和由资产阶级、新贵族、非国教派教士资助兰卡斯特组织的"全英及海外学校协会"，这两个组织于1833年都曾同时收到了国会的最初教育拨款。这两个组织的对立与竞争在一定程度上促进了当时初等教育的发展。

②幼儿学校是由工业资本家举办的一种慈善学校。这种学校形式是由空想社会主义者欧文（Robert Owen，1771～1858）在1800年始创的。当时规定，工人子女年满2岁即可入学，由专门教师进行养护教育。6岁起学习文化知识。幼儿学校发展很快，成为一种运动。1824年英国"幼儿教育协会"成立，进一步推动了幼儿学校的发展。

（二）工厂学校的初等教育

1833年英国政府颁布了第一个工厂法。这部工厂法还特别作出了有关初等教育的规定。规定的内容有：

9～13岁童工每天劳动8小时，不得超过9小时；

工厂内劳动的童工每天须保证有2小时的义务教育；

学习内容是读写算基本知识、宗教知识和一定的道德教育；

童工教育由"贫民法律委员会"（Poor Law Board）监管。

1844年工厂法的补充规定要求，童工必须交上学证明。隔年，1846年的工厂法又作出"工厂教育是强制性的，并且是劳动条件之一"的进一步说明。

上述工厂法是从作为统治阶级的资本家利益出发制定的，有深刻的局限性，但在当时还是推动了初等教育的发展，显示了教育与现代生产结合的可能性。

（三）双轨制的基础学校时期

19世纪中期以后英国逐步形成了自己独特的初等教育历史传统。正如英国利物浦大学教育学院的布莱恩在对英国初等教育进行社会学分析所指出的，英国初等教育的传统包括“基础教育”传统、“预备学校”传统，以及“注重儿童发展”的传统。“基础教育”传统和“预备学校”传统，实际上代表了19世纪下半叶开始形成的英国教育制度的双轨性质。“基础学校”（即而后的初等学校的前身）通常是指双轨制时期与公学、文法学校相对的教育体系，主要招收社会下层子弟，以就业为目的。“预备学校”则从属于公学和文法学校，它主要为社会中上层阶级子弟开设，以升学为目的。“注重儿童发展”传统，就是信奉通过教育可使儿童多方面的潜能得到发展的思想传统，这种传统对英国初等教育目的与目标设立产生了巨大影响。基础教育传统对于英国整个初等教育的发展最具影响力，预备学校、基础学校是二次大战前英国公立初等教育的主要形式。因此，在论述英国初等教育的传统时，基础教育制度的形成及其特点应是一个重点。

英国19世纪下半叶开始形成的基础教育制度是与英国当时的社会经济变革密切相关的。其外部促进因素就是工业革命影响。英国是西方最先开始工业革命的国家。工业革命的一个重要结果是日益兴起的工厂对受过训练的劳动力以及具备读、写、算能力的职员和技工的迫切需求。随着生产的不断发展，分工日趋精细，程序更加复杂，对劳动者文化素质提出了一定的要求。在这种情况下，迫切需要通过学校为劳动人民子弟提供适当的基本技能教育，同时培养他们良好的生活习惯和工作态度，如自我控制、勤奋、严守作息制度等，这些被认为是工厂和办公室工作的重要条件。此外，当时对工人阶级子弟进行教育还有一个更为重要的目的，即维护维多利亚社会根深蒂固的阶级划分结构，防止那些受到教育、政治意识逐渐觉醒的劳工的革命。

基于上述原因，英国基础教育制度恪守经济、实用和维护现存社会秩序的原则。1862年英国枢密院教育委员会副主席罗伯特·洛厄主持颁布了《修正法规》，其目的就是为了确保教师所教的和学生所学的东西能符合这些原则。其中规定读写算教学是课程的核心，其基础学校在生活准则上表现出权威主义倾向，教师是课堂的中心，儿童只能顺从。课堂组织形式方面，一般都实施50～60人的大班教学。

（四）义务初等教育时期

1870 年英国“初等教育法”即“福斯特法”颁布（Elementary Education Act－Foster)，标志着英国国民教育制度的正式形成。

该法主要内容有：

①国家拨款以资助初等教育，在缺少学校的地区开办公立学校；

②全国划分学区（School District)，由“学校董事会”监督学区的教育工作；

③各学区有权对 5～12 岁儿童实施强迫教育；

④承认教会举办的学校为国家教育机关；

⑤在学校里实施宗教与教学分离。所有接受国家补助的学校即公立学校（Board School）不能强迫学生上宗教课。

初等教育法的对象是劳动者子弟，该法及尔后对它进行的各种补充都规定了家长送子女上学是义务，1880 年又实行了免费制，1893 年又规定 11 岁以下儿童必须入学。1899 年义务教育年龄提高到 12 岁。当时，公立学校获得了很大发展，同时存在着私人团体开办的学校。但初等教育从总体上说已是国家教育制度的一部分了。1899 年建立了教育署，加强了国家对教育的管理。

1902 年，巴尔福尔教育法（Balfour Education Act）出台。该法令废除了初等学校由学区董事会管理的办法，而改由郡议会、郡独立市建立地方教育局进行管理。这标志着英国形成了以地方教育机构为主体的包括国会、教育署和地方教育局在内的，以地方分权为主，又有中央权力的国民教育领导体制。

第一次世界大战结束以后，1918 年英国再次颁布了初等教育法令，即以当时文教大臣费舍（H. L. A Fisher）命名的费舍教育法（The Fisher Act)。此法令对初等教育的规定有：

①禁止使用 12 岁以下的童工，并把童工劳动时间限制为 6 小时；

②义务教育年限扩大到 5～14 岁：

初等学校分为 2 个阶段，即 5～7 岁阶段和 7～11 岁阶段。

由于经济与社会的发展、科学技术的进步和人人有权接受中等教育的教育民主要求，1926 年哈多爵士为主席的咨询委员会发表了《青年教育》报告，报告指出应将 11 岁以下儿童的教育一般称为“初等教育”，而将 11 岁以上儿童的教育一般称为“中等教育”。这样，《青年教育》报告的发表，标志着作为教育的一个阶段的“初等教育”概念正式得到了确立。

然而只是到了 1931 年，初等教育才受到特别的关注。在这一年，哈多委员会发表了《初等学校》报告，当时哈多委员会的职责范围是对适合于基础学校11岁以下儿童，特别是农村地区这类儿童需要的课程进行调查，并提出报告。哈多委员会的《初等学校》报告从根本上看是当时盛行的进步主义教育思潮在官方的反映，其中权威的教育哲学对它的影响尤深。

该报告同意1926年《青年教育》报告提出的以11岁为界，将教育划分为初等教育和中等教育的观点。报告指出，19世纪形成的以读写算为主的基础学校课程已逐渐为当时的实践所抛弃，初等学校作为教育制度中的一个独立机构被正式采纳，因此有必要对7～11岁儿童的课程进行新的探讨，而这种探讨要考虑到在当时经济和社会条件下初等学校对于影响一个人的生活所起的特殊作用。该报告认为，初等学校的主要任务是提供儿童所需要的教育。在编制初等学校的课程时，一方面必须要建立在幼儿学校的基础之上，另一方面要做好和中等教育的衔接。该报告特别强调向7至11岁儿童提供在这一特定发展阶段中对于他们身心和道德发展不可缺少的东西。此外，随着工业化的发展，社会生活的基础发生了变化，以阅读教学为主的学校应拓宽其教育目标的视野，转而教会学生如何生活。正是出于以上考虑，该报告提出了下述著名观点："应该根据活动和经验，而不是那些需要掌握的知识和需要贮存的事实去考虑课程。"

哈多委员会的《初等学校》报告是在《青年教育》报告提出的初等教育和初等后教育明确划分的基础上，总结了当时使传统的基础学校向现代的初等学校转变的那些心理学和教育学思潮，提出了更加广泛的初等教育目标，重视活动课程的设置。该报告的公布，为英国在初等教育中实施儿童中心教育创造了条件。

19世纪以来形成的基础教育制度的主要特征——狭隘的教育目标和机械呆板的教学方式越来越受到冲击，初等教育的概念得到正式的确立，初等教育的目标日趋广泛，教育方法也逐渐更加多样化。

如上所述，初等教育制度的形成与19世纪社会经济政治背景是密切相关的。然而进入20世纪之后，这种制度开始受到了挑战。基础学校儿童所接受的那种狭隘的技能教育逐渐不能满足变化着的职业模式及其特征的需要。因为更多的体力劳动逐步实现了机械化，工厂主越来越需要雇员接受生产发展需要的特别训练。各种职业日益需要劳动者具备一定的文化素养，而不仅仅是一种通过长期学徒制所获得的实际技能。因此，在雇主眼里，学校成了培养人的适应性和灵活性的普通教育，这使得基础教育的培养目标和课程设置不可避免地受到抨击，随之而来的是对权威主义的批判，因为上述的变化在方法上要使儿童领悟、理解和批判地接受所学的东西，这些显然与权威主义是格格不入的。

在这种情况下，提倡更加自由和灵活的教育方式的进步主义思想逐步在英国发展起来。一般说，这种思想源于自卢梭以来历代进步的思想家和教育家重视通过教育使儿童多方面的潜能得到自由发展的思想传统。对20世纪初英国所出现的各种新思想、新理论也为这种趋势提供了强大的理论基础。首先是英国社会中一种民主主义教育哲学的兴起，其次是心理学家麦克杜格尔和弗洛伊德等人的理论。他们的理论力图证明儿童中心教育的合理性。

英国进步主义教育可以回溯至19世纪末，当时出现了所谓的“激进学校运动”。1889年，雷迪在德比郡创办的近代第一所进步主义学校——阿博茨霍尔姆学校。该校注意为儿童创设适宜的环境，重视学生的实际活动。一次大战后，在英国又陆续出现了许多实施进步主义方法的学校，如伦德库姆学校、达廷顿学校、霍尔学校、萨默希尔学校以及比肯希尔学校。

（五）后义务教育时期

第二次世界大战接近结束的1944年，英国联合政府公布了巴特勒法案。巴特勒是当时英国的教育署主席。该法令是英国教育发展史上由国家颁布教育改革的法令，它既是英国教育改革的指导文件，又开创了发达国家战后国家直接颁布教育改革政策法令的新的教育发展时期。

“巴特勒法案”的中心是调整教育领导体制，加强国家对教育的领导，把原只负责督导的教育署改为教育部。同时改变英国教育的双轨制状况。教育部有责任监督与领导地方教育事业。一切教育的重要决定，包括地区教育计划。地方教育当局主要官员的任免、地方教育命令的公布均需由教育部长批准。由此，英国开始形成了中央集权与地方自治结合的教育领导体制。

同时，该法令把初等教育变为新成立的由三个连续发展阶段教育（初等教育、中等教育和继续教育）构成的普通学校教育体系。该法令规定三种学校实施初等教育：

①保育学校（Nursery School），收2～5岁儿童，不含在义务教育内；

②幼儿学校（Infant School），为5～7岁儿童开设；

③初等学校即小学，招收5～11岁儿童。可为7～11岁儿童单独开办初级学校（Junior School）。

该改革法规定，11岁以上儿童接受中等教育。初等教育与中等教育衔接。这些中等学校分别为文法学校、技术中学和现代中学，年满11岁儿童通过国家规定的“11+”考试，根据年龄、能力、性向，即3A（Age Ability Aptitude）分别进入上述不同中等学校。其中现代中学是以为学生就业、走向生活做一般的准备为宗旨，学生15岁离校，且不允许参加大学考试，此类中等学校学生多为劳动者子弟。

20世纪60年代英国社会和经济状况出现了一个令人振奋的局面，充足的就业率，社会保障事业的迅速发展，经济的高速增长，这些为英国教育的大发展奠定了良好的物质基础。英国初等学校在60年代发生了一些积极变化。可以说，60～70年代英国经济为教育的发展注入了活力。同时，初等学校班级的规模和师生比例的改善，为60年代英国开放教育的实施创造了有利的条件。

60年代之前，英国初等教育的发展主要是与1931年《初等学校》报告明确提出的进步主义教育倾向和在11岁考试制度束缚下初等学校实践之间的矛盾联系在一起的。在这期间，儿童中心的进步主义教育思想对于实践的影响主要限于幼儿学校。只是到了60年代，随着背景的变化，进步主义的教育实践才在整个初等教育领域传播开来。

60年代英国初等教育中的进步主义教育实践主要体现在当时风靡全国的所谓“开放学校”之中。这种学校的特点是：在课程方面，抛弃了传统的学科划分以及各学科相应的教学大纲，根据儿童的活动组织课程；在教学组织形式上，以小组活动或个别活动代替传统的班级教学；打破儿童的年龄界限，实施“垂直式分组”；废除学校传统的固定时间表，以“整合日”作为组织基础；在教学方法上，崇尚儿童的自发学习，教师的任务就是为儿童提供各种材料，创设各种环境，让儿童自己从中去发现。

二、现状与改革

1964年英国取消了1944年成立的教育部，设立教育和科学部。到20世纪70年代现行的英国教育体制基本形成。见下页学制图。

初等教育学校中既包括公立学校，也包括私立学校，有：

1. 幼儿学校（Infant School），接纳5～7岁儿童，主要进行体力的锻炼，良好习惯的培养，创造性和独立学习能力的培养；

2. 初级学校（Junior School），招收7～11岁儿童。目的是教授基本知识，使学生形成基本能力，培养文明习惯和道德品质。初级学校内按学生的智力水平分成A、B、C三组，实施分级教学；

3. 预备学校（Preparatory School）招收8～13岁中等以上社会阶层的子弟，这类学校属英国独立学校系统，从私立幼儿园（3～8岁）开始到预备学校，直到公学（13～18岁）。此间的预备学校教学重视学术性的古典文化课，其目的就是为升入公学做准备。

英国现行学制图

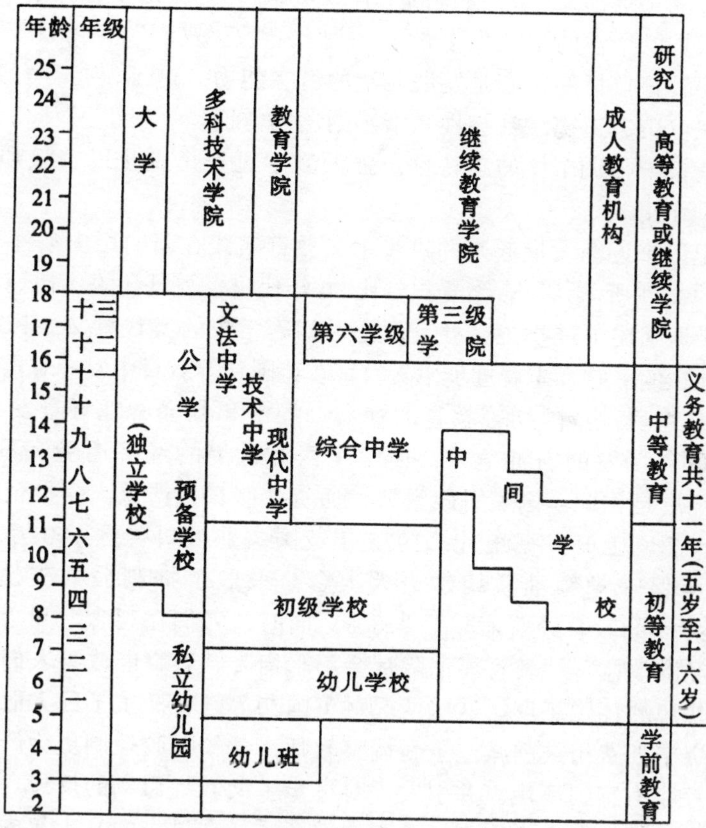

资料来源：参考《别国的学校和我们的学校》第177页绘制

这里需要说明一下，英国以前存在的为使没考上中学的儿童修完义务教育年限而设定的高等小学或高级小学部已不复存在，已于1945年初被英国教育部改为现代中学，5年制，招收小学11岁毕业生。

现在，英国小学每年9月初开学，每周学习5天，约35学时，每天上课时间从8:10到9:15不等，这是考虑到儿童、家长、教师三方面的情况。每学时为25～45分钟，星期日、星期四休息。每年9月初至次年6月底为一学年。一学年又分为3个学期。假期2次，一次是圣诞节假27天，一次是复活节假15天。

1966年，以普洛登女士为主席的英国中央教育咨询委员会经过几年的深入调查，递交了题为《儿童和他们的初等学校》的报告，这是战后惟一的一个有关初等教育的报告，其主要观点有：①不论是出于就业的目的还是个人发展的目的，英国社会都应日益重视人的理解、批判性思考、适应性和灵活性；②每个儿童都是一个独特的个体；③儿童本性是积极的和充满好奇的；④儿童是以个性的形式发展的；⑤对儿童，“发现”学习优于“接受”的学习；⑥教育目标的核心是发展儿童的潜在能力。这不仅指智力方面，而且也包括在审美、道德、社会性和情感的培养方面。

普洛登报告强调个体的独特性，强调教学过程个别化以及教师的顾问、指导和激励作用。

本世纪以来逐渐发展起来的进步主义教育实践在新的历史条件下再次为官方出版的文件所承认。普洛登报告比30年代哈多委员会的《初等学校》报告更进一步地阐述了进步主义教育理论对初等学校的实践意义，其影响也是前者无法比拟的，它标志着进步主义教育在英国初等教育中发挥着重要作用。

70年代以后，英国初等教育的社会、经济和社会心理背景发生了重大变化。1973年爆发的石油危机，使整个西方世界的经济遭受沉重的打击。英国的状况更是如此，国家财政紧缺，通货膨胀日益严重，一批企业倒闭破产，失业率急剧上升。据统计，1975年英国失业人口曾达100万，财力削弱。1979年保守党领袖撒切尔夫人上台，采取了抑制公共支出的政策，1978～1984年间教育经费缩减了9.8%。同时，人们在观念上开始对“教育具有直接经济效益”，“教育能消除社会不平衡”，“教育能改善人们生活”等说法持有普遍的怀疑态度。这些情况对英国初等教育产生了巨大而持续的影响——师资培训费用被削减，重新调整教师，学校财政控制更为严格，人们对学校教育能力感到怀疑，并引发了对进步主义教育思潮的反思。

在当时的新右翼人士看来，英国的教育质量在过去的几十年内出现了惊人的下降，他们在报上大肆宣扬英国学校中的种种不良现象。他们认为，60年代以来的改革，特别是进步主义的教学方式及综合化原则的引进，应该对教育水平和儿童基本技能水平的下降负责，因为它们缺乏一种社会纪律性，使学校和职业相脱离。另外，伦敦大学教育哲学教授彼得斯出版的《普洛登报告评析》，对该报告的哲学、心理学和社会学基础提出责难。新闻界所发起的对学校教育的批评运动以及雇主们对就业者读写算水平的下降所日益表现出来的关注，都对当时的政治界产生了极大的影响，促使新的干预出现。1985年4月英国教育和科学部，威尔士事务部向议会提交的一份题为《把学校办得更好》的白皮书。白皮书指出，英国课程计划欠科学，组织不力，学生知识面狭窄，学生选择性过大，学习要求与学生可能脱节，普通教育质量令人担忧。正是在这个基础上，引发了教育大辩论。从此，英国开始加强对教学的外部管理，这种管理首先体现在课程和学业标准方面。同时，这次教育大辩论对颁布《1988年教育改革法》、实施全国统一课程产生了推动作用。

从1976～1981年，教育和科学部发布了一系列有关学校课程的文件，这些文件都是陛下督学处倡导经验研究的结果，代表了官方要求实施由一些有限的学科组成的强迫性核心课程的观点。

《1988年教育改革法》是英国《1944年教育改革法》之后最重要的教育法。前者以体制改革为宗旨，后者以基础教育的教学与课程改革为中心。《1988年教育改革法》的一个主要改革措施是设立全国统一课程。这在英国教育史上尚属首次。其中包括：三门核心课程——英语、数学和科学。该文件以宽广性和平衡性为原则，提出了10门必修课、7门基础课程——历史、地理、工艺学、艺术、音乐、体育以及一门现代外国语。除现代外国语科目外，其余都适用于初等学校。全国统一课程的设立以立法的形式规定了学校的基本教学内容，它动摇了英国长期以来初等教育课程的多样性以及教师在课程方面的自主性，使英国学校课程走向统一。

《1988年教育改革法》在教学目标上提高对学生的要求，注重课程的整体性与连续性，把5～16岁中小学课程作为一个整体设计，每学科都编制成绩目标，每项成绩目标又划分为10个水平与一定的年级相适应。与全国统一课程相联系，该法还为三门核心课程和七门基础课程分别制订了成绩目标，规定了四个关键学习阶段，即在7岁、11岁、14岁和16岁时应该掌握的内容，在这四个年龄段分别对学生进行四次正式评估，包括全国规定的考试。1944年教育法颁布后，在英格兰和威尔士通常是在11岁或12岁对儿童进行评估，以决定他们应进入的中等学校。《1988年教育改革法》的这项规定无疑是对这种传统的重大改革，它有助于政府对整个学校教育系统学生学业成绩的了解，从而加强中央政权对学校教育的控制。

《1988年教育改革法》的颁布，是英国自70年代以来不断加强政府对学校教育控制的最终立法成果。英国初等教育制度开始从60年代盛行的自由主义实践朝集权化方向发展。

1988年英国教育改革的另一个主要方面是管理制度的改革，这一点特点表现在教育内容的制定上。《1988年教育改革法》明确规定教育国务秘书负责监督教育内容。这就意味着中央机构从地方那里获得了部分功能。教育管理的集权还表现为在一些问题上学校权力的加强。该法一个重要内容就是建立直属教育部而不是地方教育局的对教育内容决定权。保守党政府采取这种措施是为了让学校从地方影响下摆脱出来。

学校校长必须保证落实新的教学内容，并把这个内容贯彻到具体的教学大纲中去。学校必须自己解决如何教授国家教学计划规定学科的问题。

英国《1988年教育改革法》也提高了家长在小学教育活动中的作用。他们从提供的学校工作报告中了解学校的状况，并在与教师的个别座谈中、在家长会上表达自己对学校的支持或不满。他们拥有为自己孩子学习选择学校的权利。

英国当代初等教育学制方面的改革与探索主要表现在：调整初等教育任务，以儿童的成功定位初等教育的任务、面向全体儿童，缩小学生学习成绩的差异，鼓励举办特色学校。

尽管如此，进入20世纪90年代以来英国政府和教育界正在采取新的改革措施进一步完善本国教育。在20世纪90年代初期以J·沃尔顿为主席的国家教育委员会在P·赫姆林基金的赞助下开展了制定教育目标与政策的巨大工作。

1993年该委员会公布了题为《学会成功》的报告。这个报告的题目明显地受到了1972年联合国教科文组织以《学会生存》为题的著名报告的影响。报告《学会成功》的副标题是《对今天教育的基本观点与明天的战略》。这个长达458页的报告对英国教育状况作了详尽的分析，并指出了今后发展的战略方向。该报告指出应该不仅为生存与生活教育学生，对学生施教，培养他们，而且是为了他们的成功，他们的成就。

该报告认为现在是知识革命的时代，需要有知识的工人，知识丰富的职业工作者，但当代的知识不能脱离知识的运用。

该报告还指出，教育的目标比简单地保证经济的发展要广阔。《1988年英国教育改革法》阐述了学生精神道德的、文化的、智力的和体力的发展的必要性。英国国家教育委员会认为，教育应该将如公正、尊重人、责任感、关心人等这些传统观念和文化代代相传。

该报告强调，重要的是使儿童能成长为民主社会的公民，懂得他们的职责，了解自己拥有的权利和义务，受到忍耐和自由精神的教育。该报告作者认为，教育，这不仅是知识的传授，而且是力量的培养——道德的、情感的和精神力量的培养。

好的教育的最重要的任务就是善于成功，取得成就。该报告指出："在我们下一世纪的教育视野的中心问题是使所有儿童从小就学会成功，并且永远成功。"而在学校中形成学习能力与学习愿望，对自己力量的相信，这是儿童今后生活成功的保证。

1997年5月英国工党新政府上台之后，立即着手制订教育发展的目标和策略。布莱尔在1997年大选中宣称"教育、教育、教育"是新工党的头等要务，把教育放到了优先发展的战略地位。布莱尔上台后工党政府接二连三地发表教育白皮书、绿皮书。1997 年 6 月政府还成立了标准特派组（Standard Task Force）为教育政策提供建议。新任教育和就业部（Department for Education and Employment）国务大臣大卫·布伦基特（David Blunkett）也不断发表演说阐述新工党的教育政策。布莱尔在《第三条道路》一文中强调指出："教育是急需优先考虑的重点……有效的新投资推动着学校的根本改革，对那些衰落的学校预定目标并加强干预，从而使未来所有的公民都具备工作需要的基本技能，并使大多数人获得更高的水平。"① 在 1997 年 7 月发表的第一份教育白皮书《追求卓越的学校教育》（Excellence in Schools）中新政府指出英国教育的问题在于两极分化现象比较突出。虽然英国一流的学校和学生完全可以与任何西方国家一流的学校和学生相媲美，但是一般学生的学业水平却不尽如人意。因此新政府宣布今后的教育政策将着眼于大多数学生而不是少数学生，同时还宣布对学生学业水平低下现象采取"零容忍"政策②。学生学业表现不良的教育薄弱地区和薄弱学校成为新政府教育改革的一个突破口。白皮书《追求卓越的学校教育》成为新工党以后制定教育政策的主要依据，白皮书为工党政府所设定的目标是为所有人提供均等的教育机会并提高教育标准并规定在 2002 年来临之前工党政府要致力于提高学生的学习成就标准。为了克服经济与社会的不利因素实现教育机会均等，政府要尽力负责消除处于不利地位学生的学习成就偏低的状况。随后全国掀起了一场提高教育标准的运动。与撒切尔主义影响下的教育政策相比，"新工党"的教育政策更加注重教育机会的均等，更加注重教育的民主化、全民化。

教育与技能部在 2001 年成立之后，于 9 月出台了题为《学校——迈向成功》的白皮书，确定了提高中小学质量标准的工作目标。11 月 22 日，议会通过了《2001 年教育法案》，明确了教育与技能部的基本职责。法案的主题是革新，它指出：政府要"给予学校尝试新观点的自由，赶超其他学校，并与其他学校共同工作，努力促进中等教育的变革。"③

根据白皮书和《2001 年教育法案》的精神，教育与技能部又发表了《教育与技能：2006 年战略》，其中关于 5～11 岁的初等教育，教育和技能部提出 11 岁学生的学业成绩必须超出 2002 年的目标，不同学生之间学业成

---

① 参见杨雪冬，薛晓源，"第三条道路"与新的理论［M］北京：社会科学文献出版社，2000。

② Great Britain. Department for Education and Employment,（1997）Excellence in Schools.

③ DfES. *Education Bill 2001*. DfES Publications. 2001. P.2.

绩的差别要缩小。在丰富国家课程方面将继续扩大小学生的学习机会。初等教育的具体发展目标是：提高11岁学生在第二关键阶段英语和数学测试中达到4级水平的百分比，到2004年英语和数学分别要超过80%和75%的目标；确保11岁学生英语和数学测试的4级通过率分别达到80%和75%，缩小成绩差别。为了实现初等教育的发展目标，教育和技能部采取的发展策略有：通过推行识字和计算策略（Literacy and Numeracy Strategies），让更多的11岁儿童能够读、写、算，为接受中等教育打下良好基础；通过进一步丰富国家课程，为学生学会运动和乐器技能提供机会，同时也为更多的学生学习外语创造条件；通过儿童基金会的新投资，为面临被社会排斥危险的儿童提供保护性服务。

2003年5月20日英国公布了小学教育发展计划《优秀教学和愉快学习——小学教育发展策略》。该文件强调培养各小学形成自己的特色，鼓励小学在形式上和风格上的多样化。如教会学校突出其宗教特色；一些学校让成人参与可以成为特色；有的学校还可以在音乐、戏剧或体育运动方面表现突出；还有一些学校在满足特殊教育需求方面有特色。优秀的有特色的学校都积极为社区发展服务贡献力量。

第三节　德国初等教育学制

一、历史沿革

德国初等教育经历了宗教初等教育、公共和义务教育、后义务教育的历史沿革。

（一）宗教初等教育时期

德国以教育国著称于世。宗教改革运动领袖马丁·路德首先倡导国家兴办学校，实施义务教育。德国一些邦和城市从16世纪中期就陆续颁布了普及初等义务教育的法令。德国最大邦国是普鲁士。1717年普鲁士国王腓特烈·威廉一世颁布义务教育法，要求父母必须送4～12岁子女上学。否则将受到严厉惩罚。该法促进了初等教育的发展。腓特烈·威廉一世被称为“普鲁士小学之父”。19世纪初，在摆脱政治与经济落后状态、振兴民族的急迫需要推动下，德国的初等教育有了更大的发展。1809年，语言学家洪堡被任命为普鲁士教育大臣。他把初等教育看成是国民教育，整个教育的基础。他亲自派人赴瑞士向裴斯泰洛齐学习。重点学习裴氏的献身精神和高贵品德。在洪堡的推动下，德国的初等教育获得了更快的发展。19 世纪下半叶，由于消除了封建割据的局面，德国的经济得到迅速发展，在工业生产方面跃居欧洲第一位，世界第二位。德国从其自身的利益出发十分重视教育，特别着眼于经济发展与国家政治需要，当时德国重视实施强迫的义务教育，1872 年颁布的普通学校法明确规定 6～14 岁儿童的 8 年初等教育为义务教育阶段，适龄儿童必须接受这种教育。1872 年普鲁士作出新的规定，将 8 年制的国民学校分为两个阶段，各为 4 年，一为基础学校，二为高等国民学校。也是从 1872 年开始，普鲁士开设了中间学校，学制 6 年，水平略高于上述的高等国民学校，但低于 4 年制的中学。这类学校以普通教育为主，辅之以职业教育。该类学校按规定要收费，但费用不低于中学，且可以自由转入中学的相应年级（这种自由转入可能很小）。

（二）公共和义务教育时期

1919 年德国废除了君主政体，建立了联邦共和制度。这是以资产阶级为主体的，与贵族联合专政的新时期。从此，德国开始了现代教育的建设与发展。

首先，根据 1919 年魏玛宪法提出的民主原则，学校教育的双轨制被废除。1920 年 4 月 28 日德国颁布法令建立统一的初级国民学校，即基础学校，取消了作为中学预备教育的家庭教育或小学教育。魏玛宪法 146 条规定"必须建设共同的学校系统"，"基础学校是为全体人民而设，为中间学校及中学校的基础"，"各校招收学生，应视其能力与志向如何而定，不得因其父母的经济和社会地位或宗教信仰的派别而有所歧视。"[①] 依据这些精神，1920 年 4 月 28 日的法令明确要求，不论贫富贵贱，所有 6～14 岁的儿童必须进 4 年制的基础学校接受教育，毕业不能升入中学的，则必须接受 4 年高等国民学校的教育。

由于广大劳动者经济地位的低下，多数劳动者子女仍无法升入学费昂贵的中学，而 8 年制的基础学校条件往往很差。所以，这种统一的普通的学校在当时德国的实施具有很明显的阶段与历史的局限。

1922 年德国依照 1920 年全国教育会议的决定增设了上层建筑学校（Aufbagymasium）和德意志中学两种学校，前者招收国民学校 7 年级毕业生，学制 6 年，毕业可报考高等学校。而德意志中学则是建立基础学校之上的，入学要求与其他中学一致。但这类中学实行的是日耳曼民族沙文主义的教育。

---

① 钟鲁斋：《德国教育》，商务印书馆，1932 年，第 47 页。

在1934～1945年的纳粹统治期间，高等国民学校与中学一样减少了一年，整个初等教育阶段变成7年。与其他教育一样，初等教育也被纳入进行法西斯侵略战争的轨道，对学生进行法西斯教育。

(三) 后义务教育时期

二战后，德意志联邦于1949年制定了作为新宪法的《波恩基本法》。该法规定，教育由各州管理。全国性的教育问题由州教育文化部长常设会议协商解决。该常设会议的主要任务是为德意志联邦具有统一的教育而做准备。1964年10月18日各州总理在汉堡签署了《联邦共和国各州关于实行教育统一的协定》，简称《汉堡协定》。该协定形成了一直延续到现在的德国学制。附带说明一下，为进一步扩大联邦政府对教育管理的权限，1969年5月德国对《基本法》进行了修改，同年10月第一个教育科学部建立。这标志着统一的联邦德国教育系统的建立。

二、现状与改革

(一) 现状

1970年2月，德国教育审议会提出了《教育结构计划》。该计划确定把整个教育体系划分为初等教育领域、中等教育领域、高等教育领域、继续教育领域和初步教育领域（3～4岁），把义务教育年限延至10年，并提前到5岁实施。1973年6月，德国教育和科学部所属的联邦与州教育计划委员会在《教育结构计划》基础上，提出了《综合教育规划》，具体规定了实施《教育结构计划》的具体措施与办法，并用了15年的时间，到1985年才完成该规划，这为德国初等教育现行学制奠定了基础。按照汉堡协定的规定，初等教育不含幼儿园，因为幼儿园的管辖权不在教育机关，而在私人、宗教和福利团体。初等教育学制为4年，由基础学校实施，6岁入学。该阶段相当于其他国家的小学，属义务教育。那些年满6岁而被确认为没有做好上学准备的儿童，要进入学校幼儿园。在这里教师帮助他们克服个人弱点和困难，使他们能胜任小学一年级的学习。儿童在学校幼儿园学习的年限不在义务教育的时限内。基础学校毕业后进入为期两年的中学学习，称为观察期，相当于初中。在该阶段通过职业指导的教育和选择，学生进入不同的学校。多数学生进入主要学校，这种学校是由原来的高等国民学校演变而成的，有不少学生进入实科中学，还有一部分学生经过严格选拔选入完全中学。1975年联邦德国把主要学校、实科中学和完全中学合并为综合中学(Gesamtschule)。其中内部按照程度与能力分班，再现了原来三种不同学校的不同教学目的与内容。

小学是德国整个儿童教育系统的第一个基础阶段。州宪法和学校法规定德国小学的任务主要有：

① 促进所有儿童的发展，给所有儿童以同样的关心，考虑儿童性格发展对其形成社会行为和他们的学业与实践能力的不同特点的影响；

② 教给儿童基础的技能和知识，所教内容与方法应适应儿童各自的学习能力；

③ 帮助与鼓励儿童逐步地掌握系统的学习方式，为今后的学习打下基础。

德国小学实施普及和免费制度。在每学年开始的 8 月份，凡在 6 月 30 日前年满 6 岁的儿童，经确认为健康者均需进入 4 年制基础学校。此外，在 12 月 30 日前还有一个申请期。那些认为其孩子在智力与体力上能胜任学习的家长可以在此期间向学校当局证实这一点。柏林和勃兰登堡州设有 6 年制的小学，汉堡则为 4 年制。德国各州学校、学生数量也有很大的不同。

在初等教育的改革与发展中，德国小学的气氛开始变得权威性不那么重了，多了一些轻松和自由。儿童们分组上课，教学是以学生为中心的。读写初步和基础数学是最重要的学习内容。德国小学教育的目标是使学生掌握知识，获得当代世界的经验，并帮助他们了解周围的环境。德国小学有些还建立了专门照顾双职工子女上课的组织。这些儿童可以在专设的儿童看护人员照顾下，上午放学以后留在学校，参加一些有组织的活动、游戏，在老师指导下完成家庭作业，克服学习上的一些困难。

另外，德国提出要改善小学教育的师生比例，使之成为1∶19～23，主要通过减少初等学校注册人数以达到此目标。

德国多数小学生只是上午上学。针对这种状况每周 5 天全天上学的呼声逐渐升高。这也是由于教师、学生和家长越来越多地参与学校管理，他们要求建立“人的学校”，即学校不仅应当是教学机关，而且还应当满足学生和社会的整体性需要，特别是让儿童有一个愉快童年。

目前，德国各州都在小学内设立学前班。这是德国州教育局进行的教育实验，其目的是扩大基础教育机会，缩小幼儿园和小学的差距。

同时，1991 年起联邦德国对新并入的原民主德国专区改建的 5 个州进行了学制上的改革。初等教育学校一律为基础学校，除勃兰登堡州与柏林一样实行 6 年制外，其他 4 个州均为 4 年制基础学校。而且，除了勃兰登堡州实施十年义务教育外，其他 4 个州均实施九年义务教育。这些州与联邦德国其他州一样实行文化自治，设立自己的文化教育部，制定自己的教育法规。

(二) 改革探索

德国经济与社会发展在20世纪90年代取得了不少成就。但是，德国初等教育在学制、体制、教学思想等方面都存在亟须解决的问题。辍学、留级和不能毕业的现象在德国中小学十分严重，且“社会歧视”现象依然突出。在国际中学生学习成绩的比较中德国中学生的成绩在参加测评的32个国家中处在中下水平。德国几乎是倒数第一。这些情况引发了德国教育界的思考。基础教育进一步改革已经成为刻不容缓的事情。

在21世纪初德国初等教育酝酿并已开始新的改革。改革的基本指导思想是：用普遍主义的促进代替精英主义的筛选；用开放代替封闭；用人本化的调控代替官僚主义的管束。

正是在上述思想指导下，2000年德国联邦教育与科学部组织了旨在深化改革的教育论坛。2002年1月论坛结束，提出十二条教育改革建议。该建议正在对德国包括初等教育在内的整个教育发展产生积极的影响。

该建议认为初等教育的任务是面向所有儿童，要求消除掉队现象。在学制方面明确提出关注个别促进和社会学习为重点的全日制学校。以往，德国绝大部分学校都是半日制。在半日制学校里，学生早晨7点半或8点到学校上课，中午12点或13点就放学回家。学校半日制不仅使德国学制过长，同时也是产生社会问题的一个重要因素。现在，德国再次提出要发展全日制学校。具有新的教学方案的全日制学校是改善德国教育制度的一个重要手段。它要求人们以个别促进和社会学习为重点重新修订教学计划。在联邦政府的推动下，德国已经兴建了一批全日制学校。德国政府已经决定投入40亿欧元，在2007年前新建、扩建一万所全日制学校。

建议中有关小学部分的内容主要有：

① 开发儿童的多种兴趣，特别是对自然科学、技术、外语、音乐及创造活动的兴趣；

② 注重个别促进。发展以注重个别指导和社会化学习为重点的全日制学校；提供专业性的诊断和咨询，使个别促进得以落实。让更多的残疾儿童在普通学校读书，并提供更好的个性化帮助，发展个别促进教育学，并纳入教师教育；

③ 让年轻一代学会承担责任。支持发展校园民主文化，进一步落实促进学生团队能力、社会活动能力的资助计划，发展合作性小队工作方案，在社会和经济生活中，实施促进学生独立能力和自我负责能力的计划；

④ 提高学生素质。提高数学和自然科学在中小学的吸引力，加强数学和自然科学课程的问题指向和实践倾向；通过开发新的课程方案及新的评估

系统，促进学生跨学科能力的发展，建构一种新的成绩评估制度和相应的考试制度，增加有关理解力和问题解决能力的考核内容；

⑤利用新媒体。在幼儿园和小学，让所有学生都接触新媒体和国际互联网；通过教学研究与实践，发展和调整多媒体学习的教育教学方案；为在职教师提供新媒体的教育与继续教育；进一步开发学习软件，提高其使用的友好性；

⑥ 消除“掉队”。开发新的课程方案和教学方法，避免学生的厌学拒学行为；进一步改善“问题学生”的教育；

⑦ 加强移民教育。特别是对于移民新生代，要从幼儿园开始就加强德语的学习，使其在进入小学时达到合格的德语水平；吸收有移民背景的人进入教师队伍，加强对他们的指导；

⑧ 开放学习场所。通过增加投入、开展教师培训等措施，促进学校成为“学习之家”，鼓励和支持家长参与学校工作；支持学校向社会各界，特别是经济界开放；促进区域性的社会组织、文化机构、企业与学校的合作，吸收社会各方力量参与教育工作；

⑨ 下放权力。让学校拥有更多的自主权，特别是在其发展学校特色以及有关人员、房产和设备的配置方面；通过继续教育，提高校长的领导和管理能力；调整国家监督的方式方法，增强督学对教师工作的咨询能力；加强教育质量的内部与外部评估工作。

“十二条教改建议”的一个重要的指导思想是“给予每个人以个性化的促进”把学校定义为“学习场所”，并加强学校与社会的联系。要加强“学习场所的开放与连结”，不仅是教师、学生、学生家长及学校相关的生活世界建立联系，将生活以及“道德体验”融入学校的教育过程中。德国的中小学所拥有的“自我管理权”要小得多。有人形容德国教育行政管理制度是“多中心的集权主义”。加强质量控制，重视在评估中学习。①

第四节　俄罗斯初等教育学制

一、历史沿革

俄罗斯初等教育学制的发展经历了教区学校时期、双轨制的初等教育时

① 参见周丽华：德国基础教育的改革理念与行动策略——解读德国教育论坛“十二条建议”，比较教育研究，2003 年第 12 期。

期、苏联的普通义务教育和后义务教育时期和现行的俄罗斯的后义务教育时期。

(一) 教区学校时期

俄国于17世纪中叶在莫斯科公国的名义下统一起来。17世纪末至18世纪初，彼得一世（1682～1725）在位期间，为使俄罗斯像英法一样强盛，对俄国政治、经济、军事、文化、教育等各方面都进行了重大的改革。彼得一世教育改革的一个重要内容，就是发展初等教育。1714年俄国政府颁布命令建立初等学校，但当时的初等学校以读写算为内容，其中特别重视数学学科的学习，所以也称为计算学校。

(二) 双轨制时期

18世纪后半期俄罗斯教育在经济增长和法国启蒙运动的影响下有了进一步的发展。叶卡杰琳娜二世（1762～1796）仿照奥地利，在省城设立5年制中心国民学校，在县城则设立2年制的初级国民学校。后者相当于省城中心国民学校的前2个年级。这两类学校一律免费。

1802年俄罗斯成立了教育部，并于1804年颁布了具有进步性质的教育改革文件，其中对初等教育作了如下规定：

①在教区的城镇乡村各设一所教区学校，一年制，所有儿童都可入此种学校。该学校毕业后，便进入县立学校学习，经费由地方承担；

②在县城设县立学校，2年制，招收教区学校毕业生。按1786年（国民学校章程）设立的初级国民学校改为县立学校；

③建立由教区学校——县立学校——中学——大学相互衔接的统一学校制度。作为初等教育机关的教区学校和县立学校则处于该制度的基础部分。

1804年的教育改革规定各级学校均不收费，面向各社会阶层招生，不受信仰、身份和社会地位的限制，有统一的学制，这些都在一定程度上显示了该改革的进步性质。因此，这种改革也遭到保守势力的激烈反抗。

随着保守势力在欧洲的复辟（神圣同盟的形成）和俄国国内宗教势力的抬头，1828年沙皇俄国颁布了《大学所属各级学校规程》，命令将1804年规程废止，取消了各级学校之间的相互衔接沟通的统一学制，并对各类学校的招生对象作了限制，具有明显的等级性，形成了双轨学制。其中一轨是面向下层居民子弟的教区学校（1～2年）和主要招收手工业者和商人子弟的县立学校（3年）构成的初等教育系统；另一轨是面向贵族子弟，经家庭教育或预科进入中学，进而考入大学的教育系统。

19世纪中叶，沙皇俄国废除了农奴制，同时开始对教育着手改革。在1860至1864年间先后颁布了四项法规，即1860年的《国民教育部女子学校章程》、1863年的《大学章程》、1864年的《初等国民学校章程》和《文科中学和中学预备学校章程》。这些章程中关于初等教育的内容有：

①在省和县建立教育委员会，教育委员会由教育部门、地方自治机关、城市议会代表组成，拥有国民学校的管理权，而原来这种权力属于县督学和文科中学校长；

②除政府之外私人和社团都可以办国民学校；

③国民学校可招收各阶层儿童，修业3年，其课程和教学大纲根据地方不同条件，由各地安排；

④保留教区学校；

⑤建立女子初等学校，学制6年。该类学校主要由私人和社会团体举办。这里俄国第一次用政府文件规定设立女子学校。

此间，在1864～1874年的10年间，地方自治局与农村协会合作开办了1万多所乡村初等学校。十月革命前俄国学校教育系统正是在19世纪60年代教育改革基础上建立的。

十月革命前俄国初等教育最完备的文件是1874年颁布的《初等国民学校章程》。该章程肯定了贵族、僧侣对初等国民学校的监督和管理作用，重视教区学校的发展，限制地方自治区举办的初等学校，成立部（教育部）立的地方初等学校，教会也可以开办初等学校。这一文件反映了沙皇政府为了限制与镇压革命，处心积虑地限制进步教育事业的发展，加强对广大教师的思想控制与迫害，压制初等国民学校的发展。

从这以后俄国的初等教育还是发生了一些变化：

①19世纪90年代教区学校修业改为3年；

②办学形式增加了由铁路系统和工厂开办的铁路小学和工厂学校；

③举办了两级初等学校，前3年为初级班，称作一级小学；后两年为高级班，又称作二级小学。当时按1874年（初等国民学校章程）设立的地方初等学校也称为一级小学；

④以前建立的县立学校改为城市学校，面向城市手工业者、小职员、小商人的子弟，进行二级的初等教育。修业期为6年。课程与上述两级学校相同，适当增加了一些实用科目。1912年改为高等小学校。

（三）苏联的普通义务教育和后义务教育时期

十月革命以后沙皇俄国的教育制度被彻底地改造成为社会主义教育制度。

建国初期进行的本质性的改造主要表现在以下一些方面：

1. 对国民教育的领导权和管理体系的改造。1917年11月9日令宣布成立了国民教育委员会，该委员会担负着制定新的国民教育制度的重任。同时，中小学管理归于地方工人、士兵和农民代表大会——即苏维埃。1917年12月11日苏俄公布了《关于把教育事业从教会转移给教育人民委员会领导的决议》。所有的过去在教会控制下的学校改造成为世俗学校，并由人民教育委员会领导。

2. 消除沙俄时期的民族的和妇女不平等现象。1918年5月苏俄教育人民委员会决议实行男女同校制。

3. 苏俄开始筹建新学校体制的工作。当时提出了两种不同的改革方案。一个是由莫斯科的教育人民委员部委员Π·H列别申斯基（1868～1944）提出的统一劳动学校。这种类型学校主要进行综合技术教育，所有儿童必须参加体力劳动，努力培养社会生活能力，取消教科书、教学大纲、班级授课制，实行分组制。没有假日假期，突出体力劳动的地位与作用，主张新型的不同于沙皇时期的学校应当具有“劳动公社”的性质。列别申斯基提出的这一方案被称为“莫斯科方案”。同时，列宁格勒教育人民委员会提出的改革方案，与“莫斯科方案”在一些问题上有不同主张，后被称为“列宁格勒方案”。

1918年8月全俄教育工作者代表大会经过激烈的辩论，通过了“莫斯科方案”，并于同年10月公布了《统一劳动学校规程》和《统一劳动学校基本原理》（又作《统一劳动学校宣言》）两个重要文件。这些文件中与初等教育改革有关的主要内容有：

①6～17岁儿童进入统一劳动学校学习。6～8岁入幼儿园，此后进入二级的统一劳动学校学习；

②男女合校，实行义务免费教育；

③禁止在学校内进行宗教教义的宣传和举行宗教仪式；

④把生产劳动当作学校生活的基础；

⑤每年有三次假期，即寒假、春假、暑假，但星期日不休息；

⑥取消考试，禁止惩罚，不允许布置作业，用分组制代替班级授课制；

⑦实行由全体教职员工和学生的学校集体自治的管理方式。

以上两个教育改革的重要文件对包括初等教育在内的苏俄新教育的理论与实践产生了重大的作用，它既是对帝俄时期旧教育的严厉批判与深刻改造，又是对新型教育的十分有益的实践。尽管其中有一些重大缺陷和理论上的缺失，但仍可以说是具有进步意义的教育改革实践。

4. 进行学制改革工作。1920年末苏俄召开首次关于教育的俄共（布）党的会议。该会议决定把1级学校改为4年制，把2级学校改为3年制，把原来的8～9年级逐步改为进行专业教育的中等技术学校。当时就形成了一种新的学校系统：8 岁入学的 4 年制初等学校；四三分段的七年一贯制学校；实行四、三、二分段的九年制学校，以及七年级毕业的中等技术学校。这种学校系统的形成反映了摆脱外国武装干涉和内战造成的贫困的紧迫要求，也反映了经济恢复时期对人才的急切需求。

20 年代苏联学校教育的理论与实践系统探索生机勃勃。但是其在理论上受极左思想和实用主义的影响，以及设计教学法的运用，导致了教育教学质量低的不良结果。而这种状况无法适应本世纪 20 年代末开始的苏联社会主义工业化和农业集体化对人才的要求，无法满足经济建设高速发展和文化建设的要求。

1930 年苏联颁布了《关于普及初等义务教育的决定》的法令，该法令促进了初等教育的进一步发展。到 1934 年苏联已基本上完成了普及小学义务教育，并开始实施普及七年制义务教育。

1935 年 5 月 15 日苏联又颁布了《关于苏联中小学结构的决定》。该决定对苏联的学校制度进行了相应的调整。新的学校系统包括：4 年制小学、7 年制不完全中学、10 年制完全中学、4～6 年制的大学，并包括有年限不等的中等专业学校、中等技术学校。这一学校系统一直延续到 1958 年。

1957 年，苏联著名的教育学家、心理学家 Л.С. 赞科夫，经过科学实验，提出小学生完全能够在 3 年的时间里完成传统四年制的教学计划。为了有效地节约时间，避免机械性重复，提高教学速度和教学质量，1958 年苏联又将 4 年制小学改为 3 年。

然而随着知识总量的剧增，苏联在 1984 年教改中提出：延长初等普通学校的学制 1 年，即把普通学校的学制由原来的 3·5·2 制改为 4·5·2 制，并相应提出将儿童入学年龄从 7 岁提前到 6 岁。但是 1984 年教改开始实施后，并未取得理想的效果，工作进展缓慢。儿童提前一岁入学的条件尚未充分具备，给各地造成很大的困难，有的学校不仅出现二部制，而且还出现三部制。

为此，1989 年 7 月苏联国家教育部又发布了《苏联普通中学暂行示范条例》，提出把 1984 年教改的 4·5·2 制重新规定为 3～4·5·2～3 制，即初等教育阶段为 3～4 年。这体现了其灵活性和有区别的教育原则。在儿童入学年龄上，又把 1984 年规定的 6 岁改为 6～7 岁，取决于儿童的成熟程度。

二、现状与改革

1930 年七月苏联通过了《关于普及初等义务教育的决定》，要求完成四年制小学的普及工作。1930～1934 年间苏联完成了普及四年制小学教育的任务，并开始实施七年义务教育。而 1958 年苏联教育法就宣布完成了七年义务教育，并决定实施 8 年普及义务教育，1991 年苏联解体后，俄罗斯成为苏联遗产的最大继承者。俄罗斯继承了苏联的教育制度，并在其经济、政治、社会的深刻变动中改革与发展原有的教育。所以，俄罗斯的初等教育学制是在后义务教育条件下实施和发展的。

俄罗斯初等教育的任务是：使学生获得必要的学习技能和技巧，学会读写算，掌握理论思维的要素，培养举止言行的修养，形成个人卫生和健康生活方式。

俄罗斯普通教育学校分为三个阶段：第一阶段为初等普通学校，相当于我国的小学；第二阶段为基础普通学校，相当于我国的初中；第三阶段为中等普通学校，相当于我国的高中。前两个阶段为义务教育共 9 年。

初等普通学校学制基本是 4 年，是义务教育，在一些农村或者较为落后地区仍然实行 3 年制。初等普通学校目的是：

初等普通学校分为单独设校和设在中等学校内，包括基础或中等普通学校、专科学校在内二种。学制为 11～12 年的文科中学包括初等普通学校。而学制为 7～8 年的文科中学则不包括初等普通学校。专科学校是一种高级职业学校，往往包括小学即初等普通学校。1995 年 3 月 14 日俄《教师报》报道了有关非国立奥布宁斯克专科学校情况，在这所学校学习的就包括了从 3 岁到 16 岁不同年龄段的孩子，他们从小就在这里接受教育。

当今科技的飞速发展，知识总量的激增和新兴学科的不断涌现，使俄罗斯的初等学校面临着一系列尖锐和复杂的矛盾，如知识量扩充的无限性与初等教学计划的局限性之间的矛盾；科学知识整体化的客观趋势与分科教学之间的矛盾……所有这些矛盾都向俄罗斯三年制的初等教育提出了挑战。在教学时间明显不足的情况下，却仍然强化教学过程，最终导致了学生“超负荷”的学习。

为此，俄罗斯教育界在 20 世纪末重新提出将初等学校延长至 4 年制。俄罗斯普通职业教育部第一副部长 В.Д. 沙得利果夫指出：“四年制初等教学能够消除孩子对学校的畏惧紧张情绪，促进孩子顺利平稳地从学前教育向小学教育过渡，有利于其身心健康和情感的培养，并能持久地保持对学习的兴趣，从而为增加培养美感和身体素质训练的课程提供可能。”①

---

① Шадриков.В.Д.：О срока обучения в начальной школе//Письмо первого заместителя министерств министра образования рф №818/14－12 от 20.06.1997г С.：Начальная школа，1997г，№9，С.47.

俄罗斯当代著名心理学家 B.B. 达维多夫也谈到“初等教育应延长至 4 年，甚至于 5 年”，并指出“延长至 4 年制的学校将会解决一系列重要的教育任务：[①]

1. 有利于更合理地在四个学年内进行学科分配，并对每一年级大纲的绪论与结束语部分进行重建。

2. 清除在已有大纲中有关掌握知识、技能、技巧方面与初等教育规律不相适应的地方。

3. 通过游戏使孩子对学习活动产生兴趣以后，教师可以有更充裕的时间去解决学生发展的特殊任务。即教学不是促进学生现有可能的外化，而是在教学最初阶段就开始通过组织探索的学习活动使这种可能逐渐提高到更高的水平上去。‘科学概念’的运用就是作为形成这种活动的最重要的手段。

4. 通过使部分必修课转变为选修课，从而为教学促进学生发展的实际水平奠定更广阔的基础。

5. 可以有更充裕的时间增加练习类型的多样性及其数量，有利于更加详尽地研究学生的主导活动——学习活动（尤其是在初级阶段的教学中）。”

因而，初等教育过渡到四年制必将有利于真正实现教学的发展性。然而，1984 年和 1989 年两次教改提出的初等教育实行四年制，和小学入学年龄为 6～7 岁的规定都没有得到有效的实施。根据 1996 年末俄联邦教育部调查显示，初等学校教育呈现以下趋势：学校锐减；学生数量减少；6 岁儿童不能上学。导致这一趋势的主要原因是：教育经费严重不足；教育干部严重缺乏；对 6 岁与 7 岁儿童同时教学缺少相应的措施；一些家长不愿意把 6 岁的孩子从幼儿园送到学校。上述这些原因就导致了俄罗斯初等教育无法实现由三年制向四年制的顺利过渡，因而俄罗斯初等教育大部分是三年制，四年制只占 36%（1996 年）。

为使初等教育顺利实现向四年制的过渡，俄罗斯取消了小学入学的不同年龄标准。根据俄罗斯最新的 242576－96 号卫生条例规定，小学入学的年龄应是 7～8 岁。对于 7 岁入学的孩子在新学年的 9 月 1 日以前不得小于 6 岁半，小于 6 岁半孩子的教学应在专门条件下（即配有玩具、卧具的幼儿园学校）进行。初等学校在由三年制过渡为四年制时将遵照最新的规定，即入学年龄从 6 岁半开始，而不再是 6 岁，这样就解决了四年制初等学校的存在与 6 岁孩子入学的现实矛盾。目前，俄罗斯已经基本在城市实现四年制初等

---

① Петрова. И. А: Переход на четырёх летнее начальное обучение в образовательной системе Д. Б. Эльконина－В. В. Давыдова. // Начальная школа, 1999г, №7, С.3－11.

教育，在农村和落后地区仍然实行三年制的初等教育。

在基本实现四年制的初等教育基础上，俄罗斯正在为建立新型的初等普通教育学校制度进行实验与探索。

俄罗斯著名教育家达维多夫（В.В.Давыдов）、倍什卡拉（А.М.Пышкало）和茹洛娃（Л.Е.Журова）提出了6年制初等学校模式的构想，并进行了长期的实验。

俄罗斯教育科学院的学者认为新型初等教育学校模式的目的应该是：

①帮助学生不仅在智力上，而且在精神上和体力上获得发展，实现自己的兴趣和才能，养成个人的道德判断；

②创造条件使学生在9年义务教育系统中顺利地向其他学习阶段过渡，使学生发展独立的创造性思维，使不同能力学生都受到教育，并满足学生的精神需要；

③教给孩子集体活动方式，让孩子们学会对周围环境的爱护；

④鼓励学生自我表现和信心，能对自己的行为负责。

新型小学拥有两种知识系统，一是学科内容系统，一是学习学科内容的方法系统。这两种系统是师生注意的对象。因为有效的教学不仅与可获得的信息量有关，而且也和学生掌握能力的活动方式方法有关。

新型小学还有一个特点是更充分地培养并形成儿童的学习能力。这种能力是建立连续教育体系所不可缺少的。

新的小学教学体系的中心是儿童，以儿童个性定向，应该按照儿童智力发展阶段，尊重他们认识活动的特点。

儿童认识能力发展和形成与发展学习活动的规律相一致，小学的教学必须从有计划的系统的培养开始，从综合课程的学习开始进行。此时应该划分出两个综合化条件：在准备阶段和在综合化第一阶段教学开始，通过学科间联系来实现综合化；在新型小学的第一和第二阶段实现统一课程的内在的深刻联系来实现综合化。

在少年早期应逐步向学科教学过渡。因为正是在这个年龄段学生开始对个别学科发生兴趣。

新型小学的一个最重要的要求是消除教师认为教学与教育之间有本质区别的陈旧观点。如果教学主要是传授知识，那么教育不可能在个人关系之外、在与人交往之外实现。教育应该通过在这种交往过程中建立良好的条件，以丰富学生的精神生活。

小学阶段可划分为三个阶段，第一阶段是学前阶段；第二阶段为初级小学阶段；第三阶段为高级小学阶段。这三个阶段小学教育的教学与教育应规定出以下任务：

①教学以儿童个性、个性发展，形成并发展学习活动定向。这种活动既包括个人动机因素，也包括活动操作因素；

②注重5～12岁儿童的教学、教育与发展的充分连续性。

对目前俄罗斯初等教育实践发生了实际影响的新型初等普通学校结构包括如下阶段（见下表）。

俄罗斯新型初等普通学校结构表

阶段	学生年龄（岁）	阶段名称	学习期限（年）	完成本阶段学习的年龄（岁）
1	5～6	准备阶段	1	6～7
2	6～7	初级小学	3	9～10
3	9～10	高级小学	2	11～12

说明：第三阶段 Младшая средная школа 译为高级小学。

第一阶段（5～6至6～7岁）。该阶段完成儿童的学习准备。在5～6岁，儿童逐步地、系统地、有计划地进入学习活动。该阶段也属于义务教育，一直持续到下一年5月。

第二阶段（6～7至9～10岁）。这一阶段为初级小学的教学教育。

第三阶段（9～10至11～12岁）。这一阶段学校为小学生向基础普通学校学习过渡做好准备。

对上述新型初等普通学校构想的实验早在1992年在莫斯科市、莫斯科州、加里宁格勒市、普斯科夫市、普斯科夫州就开始了。1994年俄罗斯出版了《实验教学大纲总汇：1～6年的小学教育》一书。该书的出版推动了俄罗斯6年制小学模式的实验。

2002年10月2日俄罗斯国家杜马会议讨论了基础教育标准，而后正式颁布。该标准目的在于保障形成俄罗斯统一的教育空间，促进教育现代化，提高教育质量。该文件强调要为全球化条件下工作做好准备，发展信息技术，解决存在的问题和弊端。这是俄罗斯21世纪初等教育学制改革的重要文件。

第五节　法国初等教育学制

一、历史沿革

法国初等教育经历了双轨制时期、公共和义务教育建立和发展时期和后义务教育时期。

(一) 双轨制时期

法国现代初等教育学制改革始于19世纪末。这种学制萌生于法兰西第三共和国。当时建立的是一种双轨制的学校教育制度。一轨的母亲学校——初等小学——高等小学——小补习班系统；另一轨则为幼儿园——国立中学(Lycee)或市立中学(College)的预料——本科——以大学为代表的高等教育系统。前一轨是为贫困阶层子女开设的，初等教育是终端教育，毕业后多从事工农业生产。后一轨则是为富裕阶层子弟建立的，目的是接受中等以上教育，成为国家统治集团和中上阶层的成员。这两轨是平行发展的，反映着教育的强烈的阶级性质，无平等可言，一开始就引起了法国劳动人民和进步人士的不满。

1881年,法国政府颁布了以当时教育部长的名字命名的法案——《费里法案》,对国民教育制度做了重大的改革,提出了三项原则。这三项原则为义务、免费、世俗化。次年,法国政府颁布了实施6～13岁的义务教育的法令。但是,这些法令并没有从根本上告别教育双轨制状况,初等教育主要的形式——小学仍与中学不衔接,上中学仍然是少数富裕阶层子弟的一种特权。

拿破仑执政时期的公共教育委员会员，著名哲学家特拉西(Destutt de Tracy)早在1800年就曾说过，必须有两套绝不相同的学校，一套给劳动阶级，出来后当工人、农民；一套给所谓学者阶级，出来后升大学，做统治阶级人才。

现代法国小学体制建于1886年12月30日和1887年1月18日颁布的教育法令，法令决定招收6～11岁儿童，设立5个年级。需要指出的是，初等教育的概念，它的制度与目标已在长期的社会演进和教育改革中有了根本性的变化。

(二) 公共和义务教育时期

20世纪初期，法国人民的民主呼声日益高涨，“新大学联合会”(Les Compagnons de L’Education anouvelle)建立，该组织由教师和社会进步人士组成，倡导新教育，主张延长义务教育年限，扩大免费范围，特别是要求废除双轨制，建立统一的学校(Ecole unigue)，目的是使所有儿童在初等教育阶段接受统一的教育。作为双轨制的最初动摇，1923年法国的中学预科的教育内容与小学开始接近。1925年，初等教育阶段设立统一学校的目的开始得以实施。1936年法国规定国立、市立学校一律免费。1937年当时的法国教育部长翟(J.Zay)进一步提出了初等学校相衔接；获得初等教育证书者进入中学的预备阶段，即“指导班级”，进一步发展儿童的能力兴趣。

二、现状与改革

法国初等的现行学制是在二战后经过几次改革才得以确立的。见学制图。

法国现行学制图

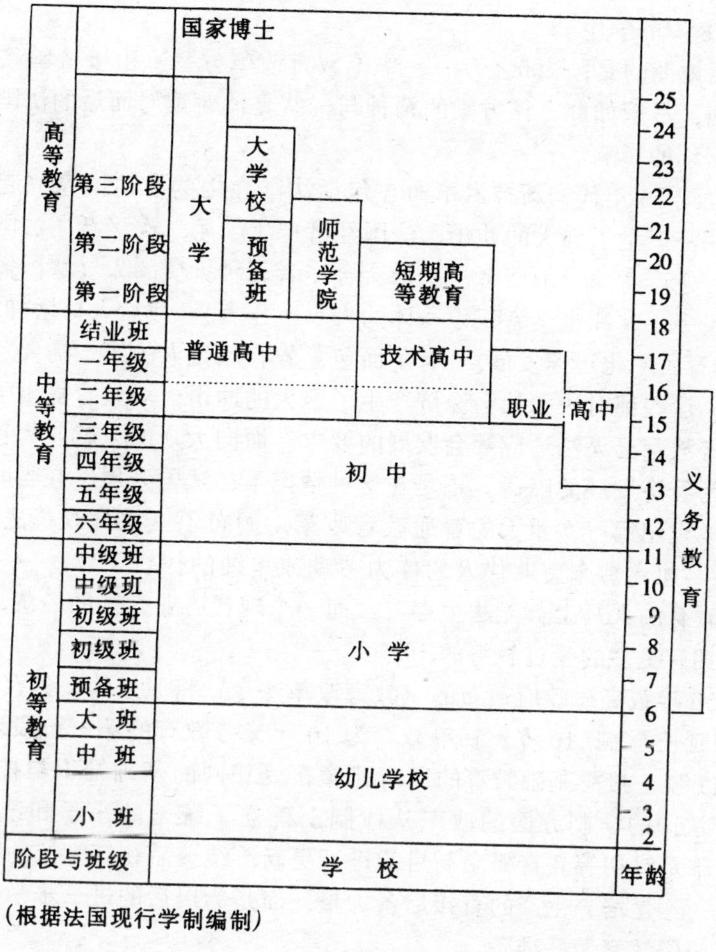

（根据法国现行学制编制）

第二次世界大战以后，法国经济与社会的各方面都发生了很大的变化，教育现代化、教育民主化的进程又有了新的发展。1947年法国公布了《郎之万——华伦教育改革方案》，这是为培养法国社会需要的现代生产者与公民所进行的“完整的教育改革”。该方案再次强调了所有儿童都有受教育机会，都有平等受教育的权利，要认识儿童的心理与个性品质，并尊重儿童的性格，发展才能，对他们进行全面的教育。该方案还把教育分为两个阶段。其中第一个阶段是强迫义务教育（6～14 岁）；第二阶段为高等教育。初等教育（6～11 岁）则属于第一阶段的第一教育时期。而第二时期为 11～15 岁的指导时期，该时期教师要观察儿童，按其兴趣与能力对其今后学习与升学进行指导；第三个时期则为分科教学（实际科、职业科、理论科），对象是 15～18 岁的学生。

需要说明的是，《郎之万——华伦教育改革方案》由于法国政局的变动未能实施，尽管如此，该方案的精神与一些具体对策对而后的法国教育改革产生了深刻的影响。

本世纪 50 年代初新技术革命在包括法国在内的发达国家兴起，这对法国社会经济产生了强大的冲击，法国经济产生了第二次飞跃，法国社会提出造就具有生产者——消费者——社会合作者三种素质的人（法国需要劳动者——公民——共和主义者三位一体的人——作者）。战后人口增加，“婴儿爆炸”，教育民主化迅速发展，“有了面包，教育就是人的第一需要”成为时髦的口号，这些都对法国社会经济产生了强大的冲击，对教育提出了挑战。双轨的初等教育已无法适应社会发展的要求，面向大众的以就业为目的的初等教育成为经济发展的障碍。正是在这种情况下，法国开展了在当时教育部长主持下本世纪第一次重大的普通教育改革，颁布了《教育改革法令》。该法令确认：“机器愈来愈取代人的体力劳动或单纯的执行工作，……一个只具有初等教育的人马上会无法生存”，“而一个现代工业大国的经济，要求比传统社会拥有更多的受过教育的干部。”

1959 年戴高乐政府颁布的《教育改革法令》将原来的义务教育年限从 6～14 岁延长至 6～16 岁。初等教育为 10 年义务教育的第一阶段，学生年龄为 6～11 岁，接受基础教育的所有儿童接受相同的基础知识与技能的培养。1959 年法国的学制方面的改革从体制上确立了统一的小学和统一的初中。体制改革是对初等教育概念与目的进行更新，统一后初等学校的教育目的不是就业，不是培养生产的直接后备力量，而是为以后的进一步学习，为将来接受高一层教育做好准备。

1959 年教育改革法颁布后，法国初等教育在统一的体制下获得了一定的发展，对经济与社会的发展产生了有利的影响。

50 年代末至 70 年代初，在皮亚杰、布鲁纳教育理论和欧美课程综合化运动影响下，这一阶段法国初等教育的改革主要目标是教学与方法的改革，学制基本上保持稳定。

1975 年法国议会通过了题为《法国学校体制现代化的建议》的文件。

这是一个重要的法令，一般又称为哈比改革（哈比为当时的教育部长）。该项法令在初等教育方面的改革主要有：

①入学与升级不受年龄上的严格限制，儿童入学后可以跳级。重在看学生个人智力发展水平与接受知识的能力；

②小学预备班，即小学一年级调整了课程设置和教学计划。原则是增加数理、实验科学与技术方面的课时，减少语言与人文课时；法语则由10课时降至9课时，而包括有自然常识、社会环境认识和科技基础的启蒙课则增加了一课时。

目前，法国小学是法国初等教育的主要机构，招收6岁儿童入学。6～11岁儿童在小学接受初等教育，为十年义务教育的前五年。这五年分为三段，即一年的预备班，二年的初级班和中级班。小学毕业不经考试即可进入中学学习。与此同时，法国在农村开设高级小学班（11～14岁）和结业班(14～16岁)，为不能升入中学的学生提供进一步的普通教育，为其就业打下基础。

法国初等教育的目的是比较稳定的，也就是传授基础知识，发展能力与技能，使学生得到较为完备的基础教育。

法国初等教育面临的主要问题是教育质量下降，影响了法国中、高等教育乃至社会与经济的进步。法国接受20世纪60年代末因教育结构为象牙塔式，重视尖子教育，轻视大众教育所产生的教训，到20世纪70年代末，在教育民主化浪潮中，提出了在2000年高中毕业的80%学生应通过会考升入大学的宏伟目标。由于条件限制，该目标的实施又出现了重视数量而轻视质量的现象。1975年的哈比改革强调初等教育要适合每个儿童的“节奏”，加强同幼儿学校和初中的联系，尽量避免留级。最近10年里，法国又进行一场波及面广、内容深刻的改革，其目的就是重振法国的世界大国地位，保障法国能够迎接21世纪的国际竟争和挑战，而初等教育改革是其中的重要组成成分。

法国1989年的《初等教育方向指导法》中提出的学习阶段是：将幼儿教育三年与小学五年合为一体，建立三年分段的新体制。第一阶段称为初步学习阶段，包括幼儿学校的小班和中班，儿童年龄是2至5岁；第二阶段是基础学习阶段，从5岁至8岁；第三阶段称为深入学习阶段，学生年龄为8至11岁。在后两个学习阶段中教学活动不再以学生的年龄为标准来划分，而是以学生的智力发展水平和能力为依据进行分组。这种水平组也不是固定不变的，一学年内有两次调整。学生在每个阶段通常学习三年，学习节奏快的可学两年，提前进入下一阶段学习；学习节奏慢的可延长一年，达到教学目标转入下一阶段，而多学的这一年也不再被称作留级。在这种新的教学体制下，由于每个阶段都有明确而具体的目标，并且充分注意到了学校中学生的个别差异，允许学生按照不同的速度来达到这个目标，因此，使课程更适合于学生的学习，体现了教育个性化、教育民主化的原则。1991 年 1 月该法令首先在 33 个省实施，从 1992 年起逐步在更大范围内推行。目前既显示出这项改革的意义，又面临着许多问题和困难。

1995 年 9 月法国政府组建了法国学校思考委员会。1996 年 6 月 20 日该委员会向法国总理朱佩提交最终报告，题目为《为了学校》。该报告对法国未来教育提出了 21 条建议。这些建议不少内容涉及到初等教育改革包括指导思想在内的许多方面。

《为了学校》提出建议的第一条是使所有的法国人掌握起码的知识。其中包括：法语方面能正确的读、写和准确流利的讲话；在数学方面会计算、能识别平面与立体图形、掌握比例和数量序列；能在实际环境中确切地把握时空概念；学会观察有生命的物体；学习简单制度所需要的价值观念和行为。

上述建议实际上为包括初等教育在内的普通中小学教育改革提出了指导方针，那就是改革应该以使所有法国学生掌握基础知识和基本能力目标。因为这样才能使学生在社会的变化与科技的发展中具有广泛的适应能力与创新能力。

第六节　印度初等教育学制

一、历史沿革

印度初等教育经历了漫长而曲折的历程：包括殖民地时期的初等教育、独立后普及义务教育时期和全民初等教育时期。

（一）殖民地时期的初等教育

在英国殖民者入侵前印度拥有自己的学校教育系统。当时广泛流行的是伊斯兰的麦可达布（Madtab）学校教育和印度教的帕斯沙拉（Pathshala）学校教育。这些学校多为一师学校（即只有一名教师承担学校教学任务的学校），课程内容为读写算。

随着英国殖民统治的建立，基督教传教士在印度建立了不少初等学校。印度殖民地时期的教育制度是英国殖民者政治思想、教育文化的产物。本廷克（Bentinck W.）曾任印度总督，1835 年在所签署的决议中称英国政府的

"伟大"目标是在印度居民中提倡欧洲的文学和科学，拨给教育的所有款项只能用于英语教育。而东印度公司则根据英国议会的决议负责对印度儿童实施所谓基础教育。但初等教育发展迟缓，"学龄儿童占人口的15%，但是其中仅有1/6多一点的有机会接受初等教育"①。

初等教育在长期英国殖民统治期间发展缓慢的原因主要有：

①侵略者毁坏了印度原有发达的学校系统；

②根据麦考莱（Macaulay. T. B. 1880～1859）的所谓渗透理论，英国殖民者更重视发展高等教育，培养作为其统治工具的管理人才；

当时印度的初等教育学制为5年，实施初等教育的机构为小学。

1838年英国官员威廉·亚当首次建议在印度实施初等义务教育。1852年温哥特上尉建议印度收入的5%用于保证农民初等义务教育的普及；1858年T·C·霍普建议应以地方自己的税收来举办初等教育。上述建议都没有真正地付诸实践。1882年教育委员会建议将初等教育由县委员会负责，但并没有完全实施。

随着印度人民民族意识的觉醒，印度国民大会党的成立，出现了像斯瓦密·维卫卡南达这样的领导人，这些政治因素促进了初等义务教育的发展。

1910年高黑尔（Shri Copal Krishna Gokhale）提出了通过地方实体实施义务教育的提议，但遭到当时政府的反对。

1917年颁布了印度最早的《孟买初等教育（县、市）法》。

1918年后，甘地（Mahatna Gandhi）开始成为印度民族的领袖。他领导了一系列的民族运动，作为其中一部分的初等教育义务教育的普及成为很迫切的任务。与此相应，1918～1930年间所有的省立法机构都通过了普及初等义务教育的法案。但在英国殖民统治下不可能取得满意的效果。

1937～1938年间甘地通过他的基础教育计划倡导实施七年义务教育。甘地的基础教育思想主张教育免费，使印度所有阶层的儿童都能接受初等教育，这种教育以手工劳动为中心，强调劳动教育，这对于印度民族教育发展有积极作用，但其农业乌托邦的社会理想是与人类社会的现代化进程相违背的。1939年第二次世界大战的爆发和国大党退出政府，中断了印度的基础教育运动。1944年萨金特报告《印度战后教育发展》建议在40年时间内完成对所有6～14岁儿童进行普及的、免费的和强迫的教育。将初等教育分为初级基础阶段（6～11岁）和高级基础阶段（11～14岁）。前一阶段面向所有的儿童；后一阶段则为准备上中学的11～14岁的儿童提供教育。

---

① Dr. V. K. Kohli, Lndian Education and Its Problems, Publishers, 1990, P. 60.

(二) 独立后普及义务教育时期

1947年印度独立后大力发展民族教育事业，特别是初等教育的普及。1950年通过的印度宪法规定："国家将努力从宪法公布之日起的10年间向所有14岁儿童提供免费义务教育。"这一巨大的步骤为民族初等教育的发展注入了活力。但由于包括英国殖民者长期统治造成的恶果在内的多种因素的影响，到1960年还没达到11岁学龄儿童初等教育的普及。

第五个五年计划期间印度建立了部分时间教育制度。如儿童不能在全日制学校就读，必须进入部分时间教育系统，接受义务教育。部分时间教育从第四个五年计划期间开始已发展成为一种教育制度。另外，印度政府制定优惠政策，帮助贫困家庭子女入学，包括对他们提供免费的教科书、学习材料、午餐，甚至服装。特别注意解决家庭中长女入学难的问题。因为印度家庭的长女不得不照看弟弟妹妹，这是一个很普遍的问题。

第六个五年计划期间印度实现了在乡村居住地1.5公里范围内小学生率达到93%的目标。同时印度教育部门大力发展非正规教育和部分时间学校系统，其目的是使那些9～14岁的学龄儿童能接受初等教育，同时印度还为提高初等教育质量采取了一系列措施：

①引入社会实践生产劳动；

②进行课程改革，把教育与环境联系起来，使之与儿童关系密切，并且使之让儿童产生兴趣；

③使假期设置与气候和农业生产情况相适应；

④加强设备投入；

⑤提供价格便宜且实用的教学设施；

⑥改善教科书的质量；

⑦采用动态的教学法与评价方法；

⑧强调语言、算术与科学的教育；

⑨进行科学意识与科学态度的教育；

⑩改进教师在职培训工作。

从第七个五年计划开始印度的初等教育通过改革进入了一个新的发展时期。在这一时期初等教育得到了更大的扩充，为实现6～14岁年龄的儿童的普及义务教育做了新的努力。在实现这一目标的过程中印度运用了正规教育和非正规教育结合的方法，把重点放在解决女童和社会贫困阶层子女上学难的问题。为此，在实施普通小学教育同时，还举办非正规教育中心和成人教育中心来普及初等义务教育。

二、现状与改革

目前初等教育属于10+2+3学制中的一部分。10+2+3学制是印度教育结构改革的产物。这种思想酝酿已久。

加尔各答大学委员会即萨德勒委员会（1917～1919）报告首先提出了以10+2+3的形式改革印度教育结构的建议。

印度大学教育委员会（1948～1966）在S·拉达克利什南倡导下重新研究10+2+3的教育结构模式。

1986年印度政府出台的重要教育改革文件《国家教育政策（1986）》，以政府名义要求在全国推行10+2+3的学制。

10+2+3的学制包括10年的普通教育，2年的高级中等教育，3年的高等教育第一级学位阶段。其中普通教育10年中有8年的初等教育。8年的初等教育为义务教育，1～5年级为初级小学，6～8年级为高级小学。

10+2+3学制最终形成的一个重要原因在于印度对教育与其民族前途关系的深刻认识。独立后印度摆脱了英国殖民者的政治统治，但其国内的民族冲突、宗教冲突、语言冲突不断，成了被尼赫鲁称为精神危机的重大社会问题，这个问题直接影响着印度经济发展、社会进步和民族自立。印度政府认为教育在解决这一问题过程中能发挥巨大的积极作用。要实现民族团结和睦和国家一体化，必须实现不同民族、不同的宗教、不同的语言人民的共同认识，实现所谓“情感一体化”，而教育的统一与一致能为此发挥关键作用。大体一致的教育结构有助于加强国家统一，“印度需要一致，要使大家都意识到教育是一个整体，全国教育结构的一致，很明显地表明了新学制属于同一个国家，干同样的事业，要求同样的标准，为了同一个目的，走向同一个目标。”[①] 正是这种思想最终促成10+2+3学制在全国的实施。

10+2+3的学制中规定现行印度初等教育的目标。现行印度初等教育的目标比之以前的要宽阔和丰富得多。其中主要有：

①与现实相连的教育：教育必须与生活与人民的需要与希望相联系；

②实施数学与科学教育：数学和科学应该以丰富与合理的方式教授给学生；

③社会正义和国家一体化：教育必须为促进社会意识的觉醒，民主价值观的形成和社会正义与国家一体化感情的实现而努力；

④民族意识与民族理解：促进民族意识的形成与发展民族理解的教育必

① 朱勃等翻译：《印度比较教育学》，北京师范大学出版社，1986年，第34页。

须同时完成的过程；

⑤劳动体验：劳动体验应该得到发展，并且以科技的运用和工农业生产过程定向；

⑥三种语言的公式：应该认真的实施三种语言的公式，即语言必须作为印度复杂文化的基础价值判断的最主要的工具之一；

⑦艺术体验与表现：要提供机会与条件发展学生的艺术体验与表现；

⑧健康与体育：促进儿童的身体健康，体育应是以加强肌肉、训练神经系统和感官为目的所必须开设的科目；

⑨性格锻炼：教育必须培养人的性格和人的价值；

⑩基本素质：教育必须培养诸如同情、忍耐力、勇敢、决策能力、理智情感、尊重他人、团体精神、诚实、忠诚、忠于职守等基本素质。

以上这10方面的内容反映出当代印度初等教育的基本目标。进入90年代，印度8年制初等教育改革又有了新的进展。

1992年印度政府又修改了1986年国家教育政策，决心在进入21世纪前实现所有未满14岁儿童的免费义务教育。

三、印度普及初等教育的基本经验

印度在长达半个世纪的普及初等教育的努力中，积累了许多有益的经验。这些经验主要有：

（一）根据本国情况不断调整普及初等义务教育时限，以达到目标与结果的平衡

普及初等义务教育，作为发展基础教育重要的一环，理所应当地受到发展中国家的高度重视。印度独立后不久，1950年通过的印度宪法第45条就明确提出要在10年内解决所有不满14岁儿童进行免费义务教育的问题。

但是由于印度幅员辽阔，经济、文化发展极不平衡，民族问题异常复杂，所以印度宪法提出的目标没能按期实现。这种结果使印度政府认识到普及义务教育目标的设立必须从国情出发。因此，60年代曾任印度中央邦公共教育部副主任的帕哈利尔在《教育需要现实主义思想》一文深刻地指出："理想如果与观察到事实和日常的经历没有十分密切的关系，这样的理想是不能激起或鼓起人民信心的。理想的成分过多只会造成目标与结果之间的不平衡。"为了取得这种平衡，激起人民受教育的信心，印度开始逐步地调整普及义务教育的目标。

1966年科塔里教育委员会提出要在最短时间内实现14岁以下儿童的义务教育。这里只提"最短时间"，而没规定出具体时限。

在第四个五年计划（1969～1974）中，印度政府又谨慎地提出“应该为6～14岁年龄组儿童的义务初等教育进行适当的准备”。这里只提到要做“适当的准备”，是因为充分考虑到印度人口增长过快、宗教偏见、种族歧视、对女性的歧视、经济基础薄弱、人民贫困的基本事实。

印度在第五个五年计划（1974～1979）中则提出了两步走的建议：即1975～1976年实现6～11岁年龄组的初等免费义务教育；1980～1981年实现11～14岁年龄组的免费义务教育。但这一目标并没有实现。紧接着的第六个五年计划则只提出要“以最大努力去实现免费义务初等教育的目标”，而主要是在具体实施上增加力度，一是投入90亿卢比用于初等教育的发展和改进；二是在中心区创造初等教育示范区以推动各地义务教育的发展。同时，印度国民经济发展十年计划（1980～1990）提出，为全部14岁以下儿童提供最低程度的基础教育，把普及8年教育放在优先地位。

1986年公布的印度国家教育政策又对上述决定进行了重要修改。该政策强调14岁以下儿童入学的普及和巩固，强调教育质量的实质性提高。在目标上则做了如下调整：1990年完成向6～11岁年龄组儿童提供普及教育；1985年实现对14岁以下儿童普及义务教育。1950年印度宪法规定的应在1961年完成的义务教育目标仍未真正完成。

印度普及义务教育目标设置的多次调整，其中既包含着制定目标脱离国情而产生的深刻教训，又显示着印度努力促使义务教育目标与结果平衡，努力发展初等教育的积极尝试。

（二）把非正规教育作为普及初等义务教育的必要的和重要的形式

印度根据本国经济发展和人文环境的特点，特别是从广大农村生产落后、生活贫困、许多儿童不得不从小参加劳动维持生计这一现实出发，在发展初等教育过程中十分注意非正规教育形式的运用。

印度小学、初中学生入学后巩固率很低。其主要原因有两个，一是流失生多；二是留级生多。印度全国第三次教育调查表明：在100个进入小学一年级的学生中，到5年级只有32名，到8年级就只剩下25人了。1～5年级学生流失率为60%，在1～8年中，退学率达75%。面对这一严峻事实，印度政府不得不发展大规模的非正规教育。

印度非正规教育的实施主要是通过乡办机构和乡村自治机构创办各种非正规教育中心来进行。同时，印度有关政策又明确规定：对民间的志愿力量（包括社会活动团体）办学应给予鼓励，进行适当的管理，并提供财政帮助。对于为教育商业化而建立的教育机构要采取措施加以制止。

早在28年前，科塔里教育委员会就曾提出开展非正规教育的建议。该建议提出：为降低基础教育学生的流失与教育的浪费，应提供多种多样的业余教育，并给它们以拥有与普通学校同样设施的保障。

1969年印度旁遮普邦初等教育法专门提出必须对落后地区提供实施业余教育的必要保证。如果儿童由于家庭环境的原因无法上全日制普通学校学习，则必须接受非正规教育。这种非正规教育向学员提供可移动的学校、实验室、图书馆、流动的教师，进行课堂教学。这主要是为了适应广大劳动阶层子弟接受基础教育，使他们不致因经济贫困或参加劳动而失去学习机会。

1986年印度公布的国家教育政策把发展非正规教育作为一个重要内容。该文件指出：大规模的、系统的非正规教育将用于流失生，用于居住地没有学校的儿童的教育，用于因参加劳动而无法上学的儿童和不能进入全日制学校读书的女孩，应用现代技术手段改进非正规教育中心的学习环境。那些有才能的、有责任心的当地社区青年男女应该被选派做教师，要特别注意对他们进行培训。在条件允许时，还要采取步骤使他们进入正规教育系统。该文件提出要采取一切措施保证非正规教育质量与正规教育质量相当。该文件还指出，应提供一个与国家核心课程相一致的课程框架。编写时要根据学习者需要与客观环境。应提高教材质量，并免费提供。应建立并发展非正规教育中心与成人教育中心和普通学校之间的联系。

运用非正规教育形式促进初等教育的发展，包括对过早失学青年的扫盲教育，是发展中国家教育改革的一个重要方面。印度根据本国实际情况开展非正规教育，积累了一些经验，值得重视。

（三）把重视并认真发展女子教育作为加强初等教育的重要措施

独立前，由于英国殖民者的愚民政策，再加上传统观念和宗教意识对女子的歧视，印度女孩很少有机会接受起码的初等教育。这种情况在独立后的印度仍然有广泛的影响。事实表明：印度女孩的入学率明显低于男孩，而女生流失率则又大大超过男生。据统计，女孩失业数几乎占未受过学校教育人口总数的2/3。因此，不解决女孩，特别是广大农村女孩上学难的问题，就根本谈不上初等教育的普及，更谈不上初等教育的全面发展。

为此，印度政府和有关机构一再强调女子教育的重要性，并采取了一系列的有力措施。印度独立后第一年建立的大学教育委员会曾指出："没有受过教育的女子，就不会有受教育的人民。如果普通教育不得不在男女之间选择，那么机会就应该让给女子。因为这样做会使普通教育更有可能传给下一代。"1968年印度教育和社会福利部公布的国家教育政策指出："女孩子的教育应该受到重视，这不仅是基于社会公正的原则，而且还因为这将加速社会改革的进程。"

同时，为了发展女子教育，印度相继成立了一些专门机构。首先是成立了全印度女子教育委员会。该委员会强调应把男女教育差别当做一个特殊重要的问题加以解决。为此应提供足够的经费。1959 年又建立了名为“女子教育全国会议”的机构。该会议的主要作用是就女子教育问题向政府提出意见，对扩大改善女孩和成年妇女教育提出政策性建议、计划和目标。1963 年女子教育全国会议又成立了专门委员会负责加强地方女子教育工作。该委员会在学校开设上特别强调推广男女合校制，同时增加女子学校数量。委员会还提出为女孩免费提供教科书和学习材料等主张。

为了鼓励女孩接受主要包括初等教育在内的基础教育，印度还采取了一些其他措施。其中有：向女孩支付少量入学助学金，设立女生出勤奖学金，免费向女生提供午餐等。

独立后印度对女子教育的重视，不仅推动了初等教育的发展，而且促进了妇女社会的地位提高和整个社会的进步。

第七节　日本初等教育学制

一、历史沿革

日本初等教育学制演进包括现代初等教育学制确立和初步发展时期，完成义务初等教育普及时期和后义务教育时期。

（一）现代初等教育学制确立和初步发展时期

日本大规模地实施初等教育是在明治维新（1868 年）以后。在此之前，其国民的教育主要由以下几种教育机构承担：①藩校：藩主、藩士及其子弟们学习儒学和习练武艺的教育机构；②乡学：大藩、强藩在自辖藩内为藩士及其家臣子弟开办的学校，是藩校的延长。乡学的学习内容与藩校相同。幕府末期大多数乡学向一般平民开放了门户；③寺子屋：寺子屋因最初办于寺庙而得名，是为平民子弟学习日常生活所必须的读、写、算而开设的学校。寺子屋在明治前期遍布日本全国各地，是日本近代以后普及初等教育的基础。

明治维新后，日本政府即把学习西方、举办教育作为“立国之本”，开始了规模浩大的普及初等教育的举动。1872 年日本近代第一个教育法令《学制》颁布，该法对日本教育的行政管理和学校制度做出了以下明确的规定：

全国分为8大学区，各设大学一所；每个大学区分为32个中学区，各中学区设中学一所；每个中学区又分为210个小学区，各小学区设小学一所。实行中央集权的大学区制，由文部省（1871年设立）统一管辖。文部省内设有普通学务局、专门学务局、实业学务局等，以加强对教育各方面的管理。

《学制》标志着日本近代学校教育制度的建立，也是其实施初等教育的法律依据。《学制》明确宣布了从小学抓起、实现“邑无不学之户、家无不学之人”这一普及初等教育的方针和依靠先进的科学文化知识置产兴业、富国强兵的教育目的。

《学制》制定颁布后，全国各地的寺子屋立即被废除，普遍开设西式学堂。小学的学制为8年，分为寻常（普通）小学和高等小学两种，各4年。此外，各地还因地制宜开设了诸如女子小学、村落小学、贫民小学等简易的学校。儿童6岁入学接受初等教育，开始相当长的一段时期内实行收费制。1880年以后，政府先后实行16个月、3年义务教育制。1881年《小学教学纲要》制定发布，废除了小学的4－4制，定为初等科3年、中等科3年和高等科2年的3－3－2制，统一了全国小学的学制。1885年《学校令》（包括《帝国大学令》、《小学校令》、《中学校令》和《师范教育令》）制定颁布，到1894年全国有小学24046所，就学率达61.7%①。1900年（修改）《小学校令》规定寻常小学学制4年，为义务教育阶段。1899年《小学教育费国库补助法》、1900年《市町村立小学教育费国库补助法》先后公布，这些政策的出台为义务教育的确立提供了法律保障，至1907年，4年制义务教育就学率超过97%②。

1908年，按照前年公布的（修改）《小学校令》的规定，寻常小学的学制由4年增至6年，为义务教育阶段，高等小学有2年、3年或4年各不等。这个制度一直延续到二次大战结束。1919年以后，6年制小学入学率达到99%强③，不足半个世纪，日本便实现了国民初等教育的普及。

（二）完成义务初等教育普及时期

1941年3月，《国民学校令》及《国民学校令施行规则》公布后，以往的寻常小学和高等小学统一改称为国民学校，学制8年（其中初等6年、高等2年），为义务教育，由此，义务教育阶段在原有基础上又延长了2年。

---

① 刘建民主编《日本通史》复旦大学出版社1989年P180。

② ［日］久保义三等《现代教育史事件汇集》东京书籍2001年12月P78。

③ ［日］多贺秋五郎《近代学校的历史》东京中央大学消费生活协同组合出版局1960年P57。

但是，由于战争，这一学制并未得到实施，只停留在法律条文上。但它为战后6－3制的制定打下了基础。

然而，日本在普及教育的同时推行天皇制教育，使其教育走向军国主义、帝国主义的邪道。1879年和1890年，明治天皇分别下达《教学圣旨》和《教育敕令》，将“忠君爱国”作为教育的根本，大肆宣扬“神道”和“忠孝”思想，使其以后的各级教育均涂上了强烈的封建主义和军国主义的色彩。国民学校时期的教育更是强调锻炼“有皇国的使命感、为弘扬国运献身”的少年国民。忠于天皇的道德精神深深地渗进国民的头脑，对日本走上对外扩张的军国主义道路产生了不可低估的影响。

二战后，日本在占领军的监督指导下进行了脱胎换骨的教育改革，改革的根本在于废除战前国家主义、军国主义的教育，建立民主主义的教育制度。

1946年《日本国宪法》、1947年《教育基本法》和《学校教育法》相继制定公布，这些法律明确了国民“受教育的权利”（《日本国宪法》第26条）、“教育的机会均等”（《教育基本法》第3条）和实行9年制免费义务教育（《教育基本法》第4条）等有关事项。

《教育基本法》是战后日本教育的根本大法，它遵循《日本国宪法》的宗旨，明确了教育的根本理念，制定了“建立民主、文明的国家，为世界和平和人类幸福作出贡献”这一民主主义国家教育的理想目标。这种指导思想对战后日本的教育起到了极其重要的作用。

《学校教育法》规定了6－3－3－4制，公布了各级学校的教育目标。其中开设小学的目的为“适应儿童身心发展，实施初等教育”（第17条）。小学教育的目标为（第18条）：

①基于学校内外社会生活的经验，教育学生正确理解人与人之间的相互关系，培养学生同心协力和自主、自律的精神；

②引导学生正确理解乡土和国家的现状及传统，进而培养其国际协作的精神；

③培养学生理解日常生活所必需的衣、食、住及生产等方面的知识，并掌握基本技能；

④培养学生正确理解和使用日常生活所必需的国语的能力；

⑤培养学生正确理解和处理日常生活所必需的数量的关系的能力；

⑥培养学生科学地观察和处理日常生活中的自然现象的能力；

⑦培养学生养成健康、安全、幸福地生活的习惯，以促进其身心和谐发展；

⑧培养学生理解能使生活明朗快活、丰富充实的音乐、美术和文艺的意义，并掌握基本技能。

修学年限（第19条）：6年

监护者的义务（第22条）：监护者负有使其子女从满6岁时的翌日起的最初的学年开始直至满12岁为止，进入小学、盲童学校、聋哑学校或养护学校小学部就学的义务。

战后教育改革中诞生的《教育基本法》和《学校教育法》对日本传统教育制度中的集权主义和国家主义是一种沉重的打击，它使日本的教育从此走向民主、自由的道路。

二战后，日本实施9年制义务教育，即小学6年、中学3年。但在实施的过程中遇到了困难和障碍。为了解决这些问题，中央教育审议会（1953年成立，以下简称“中教审”）于1953年7月发布了《关于义务教育的答询报告》。该报告重申了战后教育改革所提倡的民主主义的理念，指出义务教育的实施过程中，很多地方并未收到预期效果，必须做出进一步的努力。该报告还强调要坚持六、三制度，并努力完善、充实教育设施和内容，如改造旧校舍、取消二部制等。

(三) 后义务教育时期

日本在后义务教育时期首先是对包括初等教育在内的学校教育的任务作了重大调整。20世纪60～70年代日本出现了快速发展的经济增长。

延续60年代学校教育改革的动向，中教审于1971年6月发表题为《为充实和调整将来学校教育的基本措施》的答询报告，提出了第三次教育改革的构想①。报告指出“教育的目的是完善人格，只有人格——综合了人的各种素质和能力——才是最根本有价值的，这是永远不变的原则。”

在初、中等教育学制改革的问题上，报告书指出“战后的学制改革确立了9年制义务教育，促成了教育的机会均等，提高了我国的教育水准，对我国的社会、经济发展做出了毋庸置疑的贡献。但是，今日的学校教育面临着要适应学校由量变到质变这一巨大变化”，因此“要站在反省过去、迎接新的课题这一立场上去探讨学校教育的问题”。为此，报告提出要开发适应人的发展全过程的学校教育体系，与初等教育相关的教育体系改革的设想有：

①让4～5岁的幼儿和小学低年级学生在同一教育机构里接受一贯的教育，以提高幼儿期的教育效果；

---

① 第一次是明治教育改革（1872年《学制》）、第二次是战后教育改革（1947年《教育基本法》）。

②改变小学与初中分割的方法，有效地进行各阶段的教育；

③实行从小学到高中一贯的课程制度。特别是为了使小学阶段基础教育得到很好的效果，要精选教育内容、研讨学科方向。

除上述中教审的答询报告外，政界、财界的一些组织也针对学校教育、特别是初、中等教育的改革提出了诸多方案或建议，使文部省对一些方案开展研究，探讨如何对整个教育制度进行改革。

二、现状与改革

1984年中曾根康弘上任日本首相以后，把教育改革与行政改革、财政改革并列作为内政的三大决策，并把教育改革作为战后政治总决算的一环。同年，成立了直属于首相的临时教育审议会（1984年8月～1987年8月、以下简称“临教审”），在首相的直接领导下对教育状况做调查研究、并提出改革方案。临教审从1984年9月到1987年8月提出四次答询报告，对日本教育改革的培养目标、指导思想、教育内容、实施方法等进行了详细系统的阐述。

临教审《关于教育改革的第一次答询报告》（1985年6月）提出此次改革的原则是“重视个性，它是改革所有内容的基本原则”。报告指出面向21世纪教育的目标是“在确认教育基本法精神的基础上”，“分析教育的历史和现状、展望教育的未来、向终身学习体系转移、扭转学历社会的弊端”等，在初、中等教育问题上提出要开展活性化的学校教育、充实德育课程、加强健康教育、改善学校制度。

临教审《关于教育改革的第二次答询报告》（1986年4月）提出面向全国21世纪的教育的目标为：

①广阔的胸怀、健壮的身体、丰富的创造力；

②自由、自律和公共的精神；

③世界中的日本人。

报告分析了教育荒废的社会现象，指出日本的学校教育已危机四伏，恶作剧、校园暴力、不良行为等教育荒废的出现，反映出儿童心灵的荒废。因此提出要改革初等教育、充实德育课程、提高教师的素质，特别指出终身学习体系下的家庭、学校、社会三方协作的重要性。并在初、中等教育行政、财政改革的方案中提到要大力促进私立中小学的开设。

临教审《关于教育改革的第三次答询报告》（1987年4月）和《关于教育改革的第四次答询报告》（1987年8月）共同强调终身学习体系下各级教育的对策和改革措施，如教育评价多元化、适应国际社会等。对于初、中等教育提出要加强基础教育、改革教科书制度等。

总体来看，临教审的四次答询报告主要从教育的指导思想这一层面上促进了日本现代初等教育学制的改革和发展，并成为日本现行初等教育学制的主要内容。从施教机构和修业年限来看，日本现行初等教育主要机构仍然是小学，6岁入学，12岁毕业。

20世纪90年代以后，日本的教育虽然按照临教审教育改革的指导思想进行了调整和变革，但仍有一些基本问题并未得到很好的解决，如小学生负担过重、交往能力减弱、道德水准下降、欺侮弱小、厌学、拒绝登校等。同时，高速的经济发展赢得了富裕的生活，也带来了新的问题。人们失去了往日生活的从容和宽裕，家庭的本来面貌发生了变化，社区地域关系整体意识减弱等，这种社会环境的变化也给初等教育提出了尖锐的课题。

为了适应社会的变化，解决初等教育存在的问题，1996年7月，第十五届中教审提交了题为《面向二十一世纪我国教育的发展方向》的答询报告。该报告提出培养生存能力是日本儿童教育的基本问题，这是与联合国教科文组织90年代发出的“学会生存”的提倡相应的措施，也是日本基本教育所面临的课题。

进入新世纪以后，日本针对国际社会的变化和儿童身心发展的需求制定出一系列政策和措施（如中教审《关于促进青少年的奉献活动、社会体验的措施》，2002年7月，中教审《与新世纪相适应的教育基本法和教育振兴基本计划》，2003年3月等）。

2003年4月，文部科学省[①] 发出了《促进文教、科学技术发展的措施——2003年度的展望》，其中提到在学校完全双休日制度下，社区要与学校联手共同促进学生的奉献活动和社会体验，以充分发挥社会的教育力量。文件针对初、中等教育提出了“努力实现新课程标准的目标”、提高学生“扎实的能力”、充实“心灵的教育”。

提高学生“扎实的能力”是因为经调查了解到日本的中小学生还没有养成良好的学习习惯，对学习内容的理解能力不高，因此建议开展个别指导，展现“易懂的课堂教学”，以促进学生学习能力的增长。

充实“心灵的教育”是基于“教育的根本在于丰富学生的人格”这一基本点。文件指出由于接触生活、社会实践的机会减少，家庭和社会的教育力量不足，导致日本儿童道德判断能力下降。为此，要充实德育课程，开展

① 文部省于2001年改称为“文部科学省”，专司教育、文化、体育、学术研究、科学技术等事务。

“心灵的教育”，在儿童心灵深处养育道德的种子，使其成为具有丰富人格的人才。

文件还强调要培养“能说英语的日本人”、推行环境教育、开展技术教育等，所有这些均反映出新世纪日本初等教育的现状和发展方向。

第八节　国际初等教育学制发展的若干趋势

一、初等教育所担负的任务发生了引人注目的变化

从以上对七国初等教育学制的叙述中，可以看到：初等教育制度不再是双轨制的一轨，而是整个教育系统的基础一环，这样的初等教育不再是终结教育或一次性教育。21世纪初很多国家初等教育都进入了后义务教育时期，初等教育的任务不是就业，而是发展；小学不是终结性教育，而是基础性教育。初等教育注重面向全体学生，注重个性培养，注重儿童的学习成功，注重高质量初等教育成绩的取得。在许多国家初等教育的目的已不再是掌握劳动与谋生所需要的知识与技能了。儿童个性的全面和谐的发展成为初等教育的主要目的。生长与发展成为初等教育目的的关键词。初等教育目的和制度上的根本性变化都反映在这些国家的法律文本和政策文件上。1996年7月日本第15届中央教育审议会提交了一份《关于面向21世纪我国教育的发展方向——让孩子们都有“生存能力”和“轻松宽裕”》的咨询报告。该报告发展了20世纪80年代日本“临教审”提出的培养自主地适应社会急剧变化的能力的观点，明确提出了今后日本初等教育改革的目的和方向是培养儿童的“生存能力”。这一目标与方向是日本对现代化历程中教育的反思，是对明治维新以来近130年教育价值观的挑战，具有转折性意义。它代表了发达国家试图摆脱现代化第三次大浪潮中日渐加深的教育危机——人的危机的又一次尝试。正是教育目的的这一根本性变化，引起了全球性的不间断的初等教育改革。1993年，英国发表了《学会成功》的报告。该文件认为目前正处在知识革命时代，急需能运用知识的知识工人和知识工作者。文件强调，教育目标不能只限于经济发展，还必须针对学生和社会的精神道德、文化、智力和身体发展。为此，教育的任务应该是一代一代地传递诸如公正、尊重人，对团体和社会的责任感、关心他人等人类共同的价值观，传递全人类的文化遗产。该报告认为21世纪英国教育的最重要任务就是从小培养儿童具有成功的能力并且永远成功。在上述思想的基础上，该报告提出课程应该发

现和发展每个儿童内在的一切美好的东西，并把此作为课程内容设计的最高标准。2003 年 5 月 20 日英国公布的小学教育发展计划题目就是《优秀教学和愉快学习——小学教育发展策略》。

2001 年美国出台了《不让一个儿童落后》的重要教育文件。随之，颁布了一系列法令确保该要求的落实。

世界各国都看到：为了每一个儿童的教育和为了社会的教育，为了每一位学生的教育和为国家发展的教育两者存在着协调的可能。21 世纪知识经济的到来，全球化的迅速发展，各国经济与社会的变革都要求初等教育必须面向每一个儿童的成长与发展。这是初等教育发展的时代特点。

当代初等教育任务的上述变化对当代初等教育学制、管理、师资、课程、教学，乃至整个初等教育的发展都在产生深远的影响。

但是，初等教育任务的这种变化内部蕴含着矛盾和冲突。如果任务偏重于学习成绩，创造高质量的有竞争力的初等教育符合国家的要求，但这会忽视儿童个体的差异和他们和谐健康的发展。重视儿童个体发展，注重每个学生潜力的开掘，使所有学生都有进步，又会使国家的统一要求落空。各国初等教育的学制在学校任务这一维度上，如何处理好上述关系仍然是一个严峻的课题。

二、发展中国家注重实施全民教育以推动初等义务教育的普及

许多发展中国家还不能提供更多的机会来满足所有人受教育的愿望，普及初等教育很困难。在这样的背景下，由联合国教科文等国际组织在泰国召开了“世界全民教育大会”，并提出了“全民教育”的新概念。全民教育坚持人人都有受教育的权利，提出要满足所有人的基本学习需要，主张从普及初等教育、扫除成人文盲、重视女性教育等方面进行教育改革，以消除教育上的不平等。全民教育对发展中国家在更大范围内普及初等教育，开展非正规教育扫除文盲发挥了积极作用。

在此过程中又出现了全纳教育的思潮和实践。全纳教育要求公共教育，首先是初等教育尊重残疾儿童，给他们提供同等的学习机会和条件，关注他们每一个个人，关心他们，爱护他们，使他们获得健康的发展。全纳教育使初等教育的普及更加全面，更加深入。同时，全纳教育也给各国包括初等教育在内的各级各类教育提出了新的课题。

三、众多实验学校的产生与发展

初等教育是基础教育的基础，它受到各国的高度重视。同时，由于初等

教育距离竞争激烈的高中和大学比较远，内部环境相对宽松，所以，从世界范围来看，小学的教育探索积极，思想活跃，充满生气。许多教育家在初等教育领域进行了长期的教育探索，建立了各式各样的实验学校，使初等教育的主要机构——小学富有生机，不断进步。以下我们以布鲁塞尔生活学校为个案做一具体叙述。

在20世纪诞生的众多教育实验学校中，比利时布鲁塞尔的生活学校至今仍闪烁着夺目的光彩。

比利时布鲁塞尔生活学校始建于1907年。当时正值以新型学校运动为旗帜的国际教育改革在欧洲蓬勃发展的时期。这所学校的创建人是比利时著名教育家奥维德·德可乐利（1817～1932）。德可乐利曾被称为“教育学说史上最革命的人物之一”，生活学校是德可乐利根据新思想创建的，这所学校是德可乐利教育思想的实验学校。

德可乐利教育思想主要是通过对传统教育理论与实践的批判而形成的。他的教育思想虽然有明显的唯心主义倾向，但不缺乏深刻与丰富的论述。

德可乐利指出，在儿童教育过程中应以培养教育其个性为中心，以儿童自我发展为原则。他主张“自由教育”，提出了“从儿童出发”的著名公式。德可乐利否定传统旧教育权威传统，力主发展儿童的创造力、建设力。

在提出上述的有关教育教学目的及教育对象的重要观点的同时，德可乐利对学校教育做了一系列阐述。他认为道德教育是学校的首要任务，教学应当同自然紧密地联系在一起，依靠儿童的活动来完成。学校应当和学生家长保持经常接触，德可乐利认为，儿童天生就拥有某种蓝图和形象，丰富它们是学校的一个重要任务。学校应该让儿童通过自己的才能施展自己的才能来最大限度地表现自己，得到充分的发展。

德可乐利根据他对儿童认识特点的理解提出了整体化综合教学和兴趣中心的教学理论。他强调，儿童的逻辑不同于成年人。儿童所感兴趣的不是对孤立事物的了解，不是对事物某一方面的了解，而是对物体整体的认识。因此，学校教学必须符合儿童的这一认识特点。为此，应多组织如观察、测量、寻求合作等活动，而这些活动应当以兴趣中心（兴趣中心是指一个完整事物所包括的，应该引起学生兴趣的各个主要方面）统领起来，即根据儿童逻辑使儿童掌握周围世界的学习，把上述这些活动有机地联系起来。学校教学应当尽可能地用兴趣中心来实现教学的综合作用，使学生对事物有一个整体的逐步加深的认识。

与此相关，德可乐利认为，儿童的基本要求是饮食、安全、与他人的合作与团结、共同劳动和休息、自我完善等。教育必须把这些基本要求同儿童身边的社会、学校、家庭的环境联系起来进行综合教学。

为了贯彻德可乐利的教育思想，比利时布鲁塞尔生活学校在建立之初就宣布自己为世俗学校，该学校的工作具有民主的、反教权主义性质。

在20世纪90年的发展过程中，布鲁塞尔生活学校坚持发展了德可乐利的教育思想，愈加焕发出它的光芒。

在招生方面，该学校入学自由，没有入学考试。惟一的困难就是地方不够。该校幼儿班还接受智残和体残的儿童。其中的大多数在到达小学入学年龄时都能顺利地通过适应的过程，不良习惯也能得到矫正，达到正常水平。该校也向各民族和其他国家移民子女开放。其办学的一个基本方针就是对任何民族及其信仰、观点都持容纳的态度。

在教材方面，布鲁塞尔生活学校里没有传统教育那种教科书。在教学过程中学生们使用的是家庭、学校和市立图书馆的书籍和报刊。学生们所查到的资料和其代表的观点常常是不同的，有时甚至互相矛盾。针对这种情况，现任副校长N·伯维卡尔认为："这很好。这会使孩子再次确信，书籍并不是神圣的，对待任何知识都要有批判的能力，不要为自己制造偶像。"

在教学的基础上，布鲁塞尔生活学校如前述是以德可乐利教育思想为指导，以兴趣中心和整体化综合教学为基础的。如《饮食的需要》为题目的教学大纲就包括下列兴趣中心：我们怎么吃，动物吃什么，植物以什么为食，家庭和校内的饮食，消化器官与消化过程，道德与卫生问题，动物性食品，植物性食品，从大地与空气中得到的食品等。通过对上述兴趣中心学习，达到对饮食需要这一问题的整体理解。另一个题目为《安全需要》的大纲，其兴趣中心则包括：自我防卫（呼喊、逃跑、打击等）、社会安全机关（警察局）、寻求他人、甚至动物的帮助。在整体化的教学过程中，依据兴趣中心展开的课业逐步增加其复杂的程度。

关于教学过程，首先布鲁塞尔生活学校十分重视根据不同年龄儿童的特点进行教学。1990～1991学年度有几个年级学习《食品的用处》。学前部用的是"意外礼物"的教学方法。孩子们围成一个圆圈儿，中央放着一个塑料包，里面放着什么暂时保密。一个小男孩拿起这个塑料包，嗅一嗅，想知道里面到底是什么。在老师和同学们的帮助下他一步步的猜起来了，里面原来是橘子！然后，把橘子拿出来孩子们就开始了关于柑橘类和其他种类水果的讨论。老师也就利用这个机会，从橘子开始想方设法去丰富孩子们关于植物世界的知识。而1990～1991学年度小学毕业生11岁左右的儿童学习有关食品的知识则是通过观察、描述来掌握知识。他们收集到了有关食品的各种知识。老师要求他们把这些知识与学习语文、数学、地理、自然结合起来，他们所有人都对比利时家庭最受欢迎的传统食品干酪进行了观察。他们的作业反映着这种奶制品从加工、保存到出售的整个过程。关于课程，除了上述一些与儿童日常生活密切相关的综合课程以外，还开设了一些特殊课程。该校开设的《交往因素》，目的是培养能进行人道主义的积极交往的文明人。老师和学生在创设的问题情境里理解报刊、文艺作品、影院、电视和人际接触的作用，列举了一些伟大作家、艺术家和学者的名字。这种课程已成为丰富学生一般文化的形式，促进学生接受人类精神财富和科学成就。

关于教学活动，布鲁塞尔生活学校开展的是丰富多彩的活动教学过程。为此，该校采取了多项革新措施，如出版学生报刊、创办学生自我管理组织"清洁工俱乐部"、定期举行节日庆祝活动等。早在20世纪20～30年代该校学生就用印刷机印刷并出版自己的报纸。这台印刷机现已安放在学校博物馆的突出位置上。现在该校创办的杂志名为《信使》，运用的是现代印刷技术。《信使》的出版是对学生创造性的一种鼓励，十分有利于学生效仿能力的培养。该刊编辑部通常都由13～14岁学生组成。小编辑们从筛选材料开始，处理办杂志的一系列工作。《信使》成功地、积极地促进了学生个性的发展，开发他们的想像力，培养他们的幽默感。

◆*思考题*

1. 分述美国、英国、德国、俄罗斯、法国、印度和日本的现代初等教育学制。
2. 叙述全民教育的发展和印度普及初等义务教育的经验。
3. 简述当代初等教育任务的变化。

第二章　国际初等教育管理

本章提要：教育管理是指国家和地方政府对教育事业及学校的组织、领导和管理，也包含学校领导对学校内部事务的管理。教育管理又可划分为教育行政管理和学校管理。本章从历史与现状结合的角度，首先分述了美国、英国、德国、俄罗斯、法国、印度和日本初等教育管理，然后概括了当代初等教育管理改革与发展的主要趋势：1、重视校长培训；2、现代管理理论的影响不断扩大；3、社会参与水平不断提高；4、择校运动的产生；5、私立学校的新发展；6、家庭学校运动的兴起；7、校本管理得到了重视。

第一节　美国初等教育的管理

美国初等教育管理职能主要由州和学区承担。因为美国教育制度的一个突出特点便是管理与财政的地方分权。美国中央教育行政及其与地方教育行政的权力和关系经历了历史的演变。初等教育的管理受到了这种演变的深刻影响。

一、中央教育行政

美国行政区划包括50个州和哥伦比亚联邦区。每州又由区组成，全美国共有3041个区。区传统上被称为县，县下面又划分为市和镇。全美国共有19078个市和16734个镇。在城市和乡村都实行地方自治管理。为了贯彻包括初等教育在内的教育政策与实行教育管理，美国又划分出14，859地方学区（http：//nces.ed.gov)。学区的分界线常常与市镇的区划不一致。

联邦教育机构虽然在教育管理上发挥一定的作用，但并无多大权利。联邦教育机构主要集中在对全国教育的改革与发展施加影响，确保全国教育水平和标准。与此同时，近25～30年以来美国教育管理逐渐显示出集权化的一些倾向。

上述美国教育权力的划分是以美国宪法、相应的法律条文，以及州宪法、州立法会议的法律为基础的。

美国国民教育（national education）的发展是从初等教育开始的，是按照地方政权和州政府的倡议，并由地方负责发展起来的。所以，1787 年通过的美国宪法中没有提到关于在教育方面公民的社会经济权利，是由罗斯福总统于 1941 年 1 月题为《我们面向未来》的致国会信中阐述的，而后在 1944 年经济学法案中得到完全的确立。

美国宪法第十个修正案确认："现行的美利坚合众国没有赋予的，并且没有指定给个别州的权力，相应的留给各州和人民。"这样每一个州都拥有教育立法权，有权建立和发展适合本地条件、符合本地居民利益和需要的教育体系。

州宪法是美国各地教育法律的基本依据。州宪法确定以前，地方机构和政府就已经参与了国民教育的工作。因此，与联邦宪法不同，州宪法明确地规定了地方在教育发展中的职能。在联邦水平上对教育进行管理的法律基础则是美国国会通过的各种专门的法律文件。有关法案收集在《美国法律大全》34 卷（教育卷）中。

在美国国会制定法律的工作中起主要作用的是常务委员会和专门委员会，其中包括拥有 33 名成员的教育与劳动委员会和儿童、青年和家庭事物专门委员会。

常务委员会的主要职责是准备法案文本，保持与联邦政府有关机构的接触，实施对其活动的监督，对所感兴趣的任何问题举行听政会。专门委员会是由众议院建立的，旨在完成某种具体任务，但实际上一些专门委员会具有常务性质。常务委员会包括分委会，分委会在委员会一般权力的范围内处理比较专门的问题。如在参议院的劳动与人力资源委员会就下设有教育分委会。在众议院 8 个分委会中有一个教育总分会和初、中等教育和职业教育分委会。分委会主要制定法律文书的草案，供委员会讨论，最后提交众议院审定。

由于教育没有作为联邦政府职责写入美国宪法，所以联邦政府干预教育在 20 世纪 50～60 年代以前一直是很有限的，且具有偶然的性质。如，美国第一个对教育进行财政资助的规划目的是发展职业技术教育。该规划由国会每年拨款。这个规划是在斯密特——休斯法基础上于 1917 年通过的。

关于联邦对教育领域干预的问题，实际上贯穿于美国教育的全部历史，至今仍然是一个热点。

援引美国宪法第十个修正案，确定州拥有对教育的责任，保守的美国政治活动家，包括共和党右翼至今仍然反对联邦政府参与教育，认为这是违反宪法的。

而联邦干预教育的拥护者则认为，教育制度像其他社会制度（如保健制度）一样，其运行和发展决离不开国家的支持。他们认为，即便是从法律的角度，宪法第十个修正案也认为联邦政权可以在教育领域里发挥积极的作用。在争取公民权和反对教育种族隔离的斗争中，一些学校和国家团体不得不越过地方政权，直接寻求联邦政府的支持。[①]

尽管地方政权对联邦干预教育的思想不满，但美国教师全国教育委员会的影响、联邦政府对教育的干预还是逐渐扩大。

如在经济危机的20世纪30年代，青年失业成为全国性问题。为解决这一问题，不得不编制一些对青年进行专门教育的计划，而这就事实上扩大了联邦对教育的干预。50年代冷战时期，为了实现联邦对教育的大规模干预，美国政府以保证国家安全为由，进一步增强了其在教育领域中的影响。1957年苏联人造卫星上天之后，美国于1958年公布了《国防教育法》，该法的一个重要之处就是联邦政府可以通过提供实施具体教育计划的经费，对地方教育政策实行监督，地方教育当局可以不必接受联邦的经费，但实际上很少有人拒绝，因为大多教学区的财政状况迫使地方不得不寻求联邦政府的经费资助。

联邦政府在教育管理中作用的增加还有一个重要的原因，这就是50～60年代争取公民权利的运动。该运动的参加者主张在学校消除种族隔离，反对地方当局的种族歧视政策。

联邦政府在教育管理方面参与的扩大，事实上使教育成为国家政治的一个重要因素。从60年代起所有的总统候选人在竞选演说中都注意到了教育问题。与此相连，强化或削弱中央对教育的管理不仅受客观因素的影响，而且也受白宫对这个问题态度的影响，特别是共和党、民主党，以及其代表——美国总统态度的影响。

从1958年起尼克松政府扩大对教育专项计划《生涯教育》等的财政支持。1972年根据尼克松的建议成立了国立教育研究所。而与此同时却又缩减了对生活困难者接受教育的财政支持。

1976年入主白宫的卡特政府主张强化联邦对教育的管理。经过卡特政府的策划，1979年美国国会通过了建立独立的联邦教育部的法令，新成立的教育部取代了保健、教育、社会保障委员会。

---

① Meuaker J., School Law: Theoretical and Case Perspectives, Englewood Cliffs, Prentice Hall, 1987

P.17. Spring J., The American School, 1642～1985. N. Y. 1986. P.258.

在这一时期，地方教育官员和保守团体开展了大规模的反对联邦干预地方教育的活动。其中对体残智残儿童教育法的通过遭到特别尖锐的批评。他们认为，每一个这样的儿童都有权接受个别化的教育。

在1980年和1984年的总统竞选中各政党第一次为自己的候选人确定了明确的教育政策，以及自己在教育领域里的选民。民主党依靠两个最大教师组织——全国教育委员会和美国教师协会的支持，他们都支持扩大联邦对地方学校的财政支持。

共和党及其总统候选人里根则在不满联邦对教育干预的人中寻求支持。在共和党的方案中就包括了减少联邦的教育经费，甚至主张撤销联邦教育部。但是通过这些建议将导致由于各州财政状况不同造成的学校之间不平等现象更加严重。所以共和党执政的第一阶段便与其主张相反，逐渐增加了联邦的教育拨款。在80年代末国会在民主党和共和党左翼影响下，对初等教育、中等教育的拨款再次增长，1988年达到210亿美元，占国家总支出的6.4%。

1989年布什就任总统后，美国致力于增加联邦政府在教育方面，特别是在中小学教育方面的调节作用。1989年9月在弗吉尼亚州的夏洛茨维尔召开了一次教育问题特别会议。布什总统、州长、教育部长等人出席了会议。会议的重要议程便是使各州在对教育问题以及解决其途径上达成共识。会议文件强调了制定国家教育标准、提高教育质量的重要性。

在1991年4月公布的名为《2000年美国教育战略》文件中强调了中央政府与地方政权之间进行平衡的关系，即联邦政府在实施这一战略中作用是有限的，但实现这个作用是坚决的。

这一时期有关教育的许多决议都超出了“州与地方学区”的传统范围。新的教育政策是以《州——联邦》为轴心展开的。在教育规划、师资政策、资源分配等方面，初、中等教育的管理已走出地方的局限。

美国教育史专家拉维茨城这样描写与联邦在教育方面相互关系的变化：“在1945年好的学区长或校长与市长、市议会和地方教育委员会保持良好的关系。而在80年代一个好的教育行政工作者则不得不了解国会、联邦教育部、法院、州行政的情况，以便弄清是否又有可以得到经费资助的新的教育计划出台，或有哪些计划被取消了。学校政治从整体上更像是美国政治，不同的利益集团为获取经费游说，寻求与国会委员会的特殊关系，与资金的竞争伙伴争斗。”

100年来美国联邦参与教育管理的具体过程如下：

1867年美国第一次建立了美国教育办公室（U.S Office of Education）。

1953 年 4 月根据国会法令建立了美国健康、教育和社会保障部，其中教育司是最大的部门。它由总统任命的教育委员会领导。

60～70 年代教育司进行了改组，并进一步扩大，增加新的部门和人员。就在这一时期建立了在教育司领导下联邦层次上的新的教育机构。1965 年建立了国家教育统计中心。1972 年建立了国家教育研究所。其任务是在国家资助下对研究工作给予支持和领导，并传播教育研究成果。为了领导这一研究所，制定教育研究的国家政策，又建立了国家教育研究委员会。

从 60 年代初开始在国家水平上部门之间的协调在教育管理方面发挥了不少的作用。这主要是由联邦专设的教育联合委员会来实施的。该联合委员会有近 30 个联邦部门和组织，特别是国务院各部（国防部、司法部、内务部、农业部、商业部）的代表，国家科学院和国家科学基金会的代表，以及国家航天管理局、环保机关、国家人文科学基金会的代表。该委员会下设分委会专门研究教育的现实问题。

当时建立的联邦教育机构职能十分有限，只是局限于收集、发布教育统计和有关事项，而后开始承担对州实行财政资助，平衡教育所得，从国家研究经费拨出专项费用等任务，制定相应的建议和计划。

联邦教育管理机构的作用在 80 年代以前主要是对国民教育的现实问题发挥作用，代表广泛的国家利益，对所有公民免费接受社会教育和教育机会均等的权利提供保障。

由中央拨款的大规模的国家计划有：双语教育，生活处境不利人群的教育，成人及扫除功能性文盲的教育，对美国大学生急需求学的资助等。

联邦国民教育部门还负责国民教育的统计，在国家水平上对教育结果和质量进行测量，组织教育研究。

联邦教育管理机构上述任务和职能反映在其结构中。在 1979 年 10 月 17 日国会通过了建立独立的教育部的法令。这个部从原来的保健、教育、社会保障部分离出来后即具有内阁部一级的地位，其领导人即为内阁的部长。它是由总统在取得参议院同意后正式任命的。免除该职也须由总统本人实施。教育部长要为总统提出教育政策建议做准备，对实施所通过的教育计划与措施的内阁机构和人员进行一般领导。教育部长拥有一个第一副部长、三个副部长和七名部长助理。

教育部第一副部长在部长不在时履行部长的职责，完成部长交给他的任务，协调联邦教育机构与州的关系，直接联系部属机构，如社会事务局、私立教育局等。每一位副部长和部长助理负责领导一个主要的局。

教育部内设 7 个局：公民权利局、初等和中等教育局、中学后和高等教育局、专业教育和复权局、双语教育和小语种事务局、教育研究与教育改进局。

其中对初等教育宏观发展起重要管理作用的主要有：公民权利局、初等和中等教育局、双语教育和小语种事务局、教育研究与教育改进局。

教育部自身的工作由6个行政局承担，即内部管理和人事总局、计划、预算和评估总局、政府间和部门间事务管理总局、总督学局、立法和国会事务总局、司法总局。其中：

内部管理和人事总局负责处理财经和行政管理问题，保证日常领导工作的进行，并就上述问题在部内协调。同时该局也负责部内的财会工作，监督基金使用，进行核查工作。

该机构的工作主要有财经管理、资助和签订合同、人事管理、行政资源管理、信息资源管理、财经监督。

计划、预算和评估总局协调内阁所属的预算机构，在国会做预算咨询，组织教育部的长期计划，协调对联邦教育部的计划和活动实施的评估，根据评估结果为国会编制每年一度的教育部报告。同时，该局还要向部长、总统班子和国会提交专题分析。

政府间与部门间事务管理总局负责教育方面国际接触、联系与合作，负责建立与联邦其他部门和部门以及与教育有关的社会团体的有效关系。协调咨询委员会、部内的职能委员会、办公室工作。承担起具体工作的还有分散在全国的地方局。

总督学局对教育部的计划、活动实施调查监督。视导的任务也包括提高部的工作效率等问题，向部长提出建议，对部内的管理国民教育中滥用职权现象提出警告。

立法和国会事务总局负责协调理顺教育部与国会的关系，回答国会就有些问题提出的质问，参与向国会提交预算咨询和法案草案的准备工作，协调向国会派遣人员和出席听证会的工作。

司法局（或称司法咨询总局）为教育部及所属所有机构提供法律咨询和建议，提供所有与教育计划以及活动的书面和口头的法律解释，对教育部的文件草案作法律鉴定。两名副局长负责教育部服务处和计划服务处。

教育部的计划局通过资助系统，主要是根据需要和教育部提议向州提供财政资助。提供资助的机制是很明确的。首先，所有资助都是由教育部相应部门根据国会同意的拨款预算来实施的，然后资助的确定与获得的技术性问题都可以在国会通过的相应法律文件（《美国法律大全》）中得到解决。

公民权利总局主要是了解接受联邦资助的学校、机关、内阁的活动与计划遵守联邦反歧视法的状况。该局监督这些法律的执行情况，调查就这方面问题提出的控告，必要时可以通过法院采取强制性行动以执行法律，对反歧视和隔离提供技术上和财政上的帮助。该局还包括有分析资料、了解执行有关法规情况和提供有关技术帮助的方面的服务。

初等和中等教育局负责学前、初等和中等教育，向州和地方教育部门提高中小学生学习成绩的计划提供经费帮助，向低收入家庭儿童、侨民和印第安居民子女及反吸毒教育计划等提供帮助。

双语教育和小语种事务局的工作目的是向有关阶层和种族子女提供平等的教育机会。此外，该局还负责实施移民教育计划。

教育研究与教育改进局负责收集、分析、传播国内教育情况的信息、教育统计、组织和支持教育研究，传播研究成果，举办教育优秀成果的展示会，为改善图书馆事业的计划和图书馆教育提供资助。

为确保教育部与州国民教育机构的联系，美国在实施联邦教育计划、成功达到国家教育目标过程中向州提供帮助。

教育部还有其他一些机构对包括初等教育在内的公共教育发挥影响，如美国教育部内设的一系列咨询和协调的联邦——社会委员会。除此而外，根据立法和联邦政府颁布的命令还建立了有社会人士参加的在某一教育领域里发挥作用的职能部门的专门委员会。这样的委员会有 20 多个。

尽管上述教育机构的权利和作用都很有限，但它们在制定国家教育政策，为不同阶层居民接受教育提供有利条件方面都做出了自己的贡献。

二、地方初等教育行政

美国初等教育主要属于地方系统。见下图。

美国地方教育系统简图

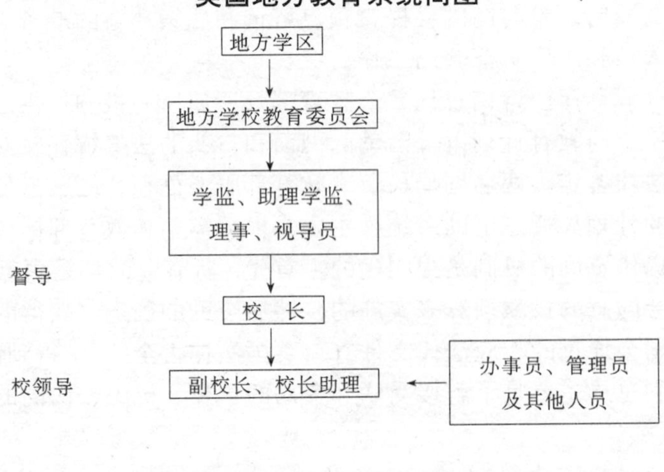

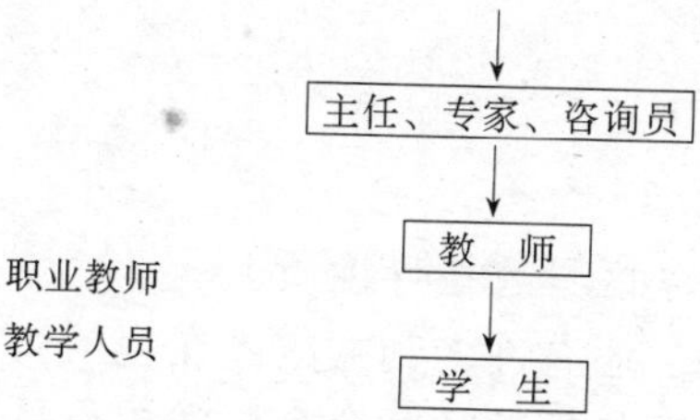

美国宪法规定，教育的权力保留给州政府。州有权确立和发展自己认为合适的教育制度。因此，可以说州政府首先对美国教育政策负有责任。这是由州权力的殖民地模式变化来的。美国各州教育行政机构设置是很不一样的。这突出体现了美国地方分权的特点。

（一）州教育委员会　　美国有 49 个州教育委员会。在一些州，州教育委员会是综合性实体，负责普通教育、职业教育、高等教育等。在 36 个州，由州长任命州教育委员会成员；在 10 个州，州教育委员会成员是经选举产生的。在华盛顿由地方教育委员会选举州教育委员会。有 2 个州教育委员会成员由立法机构指定。最小的州教育委员会仅由三名成员组成，最大的则多至 23 名成员。一般为 7～12 名成员不等，多数为 9 名。任期一般为 6 年，长的为 7～9 年。

（二）州教育厅　　州教育厅是公共教育、有时也含高等教育的主要行政管理机构。该机构设在各州首府，在规模较大的州还下设 1～2 个地方机构。教育行政首长为州教育厅长（CSSO）。州教育厅有工作人员 200～400 人不等。

州教育委员会和州教育厅的关系各州也不一样。上述的纽约州董事会成员要依据法律，其权力很大，要负责初等到高等的各级教育，不仅是行政事物，还包括选区、履行法律权力等。与此相反，加利福尼亚州教育委员会除了依照法律程序颁布法规、对地方学区发布训诫、撤消教学证书外没有任何其他权力。

一般来说，美国 50 个州的州教育厅拥有以下权力

学校财政

教师资格

教科书选定

教学标准

考试

资料收集和发放

执行联邦计划

设施和运输

调节非公立学校等

各州教育厅的法规政策对地方学区具有指导性质。

除州教育委员会、州教育厅外，还有许多利益集团在包括初等教育在内的教育管理活动中发挥作用。这中间包括教师联合会、学校委员会等行政组织；双语教育、数学、英语教学的专业教育团体；还包括家长教师协会、女权联盟、青少年组织；还包括纳税人协会、商业联合会、农业展览馆等。这些州教育利益集团越来越多地参与政治活动，正在成为战后美国教育政治色彩的一个重要标志。

（三）司法部门　另外应该说明的是法院也对美国教育管理发生着实际影响。州法院对政策的解释也负有责任，拥有很大的仲裁作用并在很大程度上负责处理州的很多有关教育的决定。

学校财经案件一直是需要解决的重要问题，但州法院有关学校服务、学生纪律、种族隔离、辞退教师等决定也是很重要的。

（四）地方学区　学区是美国包括初等教育在内的学校教育管理的基层单位。在美国教育管理体系中占有重要的地位。

美国现有14，859个地方学区（http：//nces.ed.gov），这些学区又拥有84 000所学校，组成了美国公共教育实践的基础单位，这就是小学和中学。在学区内实施课程计划和教学，也正是在这里学校行政人员开始自己的事业，积累工作的经验。也正是在学区一级，美国的教育制度才最具有可见性，美国公众才会形成对学校教育成功或失败的看法。

中间学区是一个介于州和基层学区之间，在州监督下指导基层学区工作的教育行政区，原则上没有独立设置和管理学校的权力，一般被认为是州教育厅的派生机构。中间学区的作用为：①为本学区特别是小规模的基层学区提供服务。它一般设有情报资料中心、教师阅览中心、教师培训中心等；②收集学区内各基层学区情况，向州教育厅报告；③分配州政府下发给学区的经费，指导它的使用。

美国地方学区情况是复杂的，不同学区区别很大。纽约市有近100万学生。洛杉矶有66万多学生，而有的学区则连学生都没有。有的学区只有几平方公里，而有些学区则覆盖18 000平方公里。

地方学区有的只有一所学校，有的则拥有上百所学校。有的只有1～6或1～8年级，称为基础教育学区。

在大多数州还有中间性质的单位，有些是以县为基础的；有的还包括一个以上的县。如在加利福尼亚州有县教育局，在得克萨斯称为教育服务组合，纽约则有合作教育服务局。这些机构向地方学区提供各种专门服务。

事实上，美国的地方学区并不是政府的一部分，也下属市议会。人们经常搞不清楚，常常认为这是政治家错误的安排。所以，牛顿·爱德华得（Newton Edward）指出：严格地讲，地方学区不是市行政机关，而是一个准社团。

在美国正是地方学区主要负责包括初等教育在内的基础教育管理，即所谓“州的责任，地方的工作”。

学区的行政官员称为学监（CEO），同时也是教育督导的最高长官。1990 年美国有近 13 000 名学监。学监由州教育厅长提名，学区董事会任命，任期 4 年。从过去的调查中发现学监往往是男性，白人，中等年纪，教师出身，30 岁左右开始从事教育行政，6 年后成为学监。学监都有大学文凭，80％以上持有硕士或博士学位，其中多数，约占 55％是学习英语、社会科学、自然科学、商业管理或人文学科的。25％则是以教育或体育为专业的。一般来说，许多学监是在农村和小城镇培养出来的，并继续为这些地方服务。他们工作时间长，一般每周工作超过 56 小时。他们都热爱自己的工作，70％的人在问卷中表示如有可能，他们会再选择这一职业。他们的平均年薪 93 000 美元。学区越大；学监的工资越高。

美国学区的督导由学区中心办公室负责。由学区董事会任命督导长和助理督导长，以及在其领导下的负责某一具体领域教学的指导员。督学、评估员、咨询员等对初等教育的计划、行政、课程、教学、科研等方面进行具体的督导。

三、学校管理

学校委员会是直接对小学教育进行管理的组织。该组织的建立与发展是学校管理民主化的重要标志。该组织成员有家长、教师、校长、社区代表、工会和工商界代表（在中学才有学生代表）。家长的比例很大，可达到 50％。同时，还设有家长委员会，参与学校管理。

美国小学规模不一，但一般都不大，班级平均学额为 10～25 人不等。除校长外还设助理或秘书，并聘请一些专家。校长在招聘中产生。先由学监发出招聘文件，后应聘人经过学监考察，学区理事会审查批准。

根据美国教育管理学者的看法，美国小学校长工作的目的与目标有：

①由于学校是实现教育基本目标的场所，所以，校长的首要职责是实行教育领导；

②校长的领导行为应该有利于教师的教和学生的学；

③好的领导应能通过对个人的尊重的行动表现出来；

④校长应该善于确认目标，客观地分析和解决冲突，并能经常培养与发展这些能力。

美国小学校长的主要工作范围包括执行学校教育委员会决议，负责实施学校计划，推荐教师和为教师继续教育提供条件，决定课程设置和进行教学管理，支配与使用上级拨款等。

美国学者认为学校管理不仅要达到教与学的目标，而且还应该成功地保持教职员的高尚道德、校内秩序和纪律、与社区的合作。

四、教育经费

美国教育经费情况前面已有所叙述。美国教育经费都是由联邦、州和地方分担。地方学区是公立学校经费的第一承担者。美国独立征收教育税。所有学区都有独立的征税权。教育经费主要来自居民的财产税。包括小学在内的公立教育基本上都是公费支出。其他来源如捐赠、学费等所占比重甚小，仅为1%～2%左右。随着教育对美国经济与社会发展的作用日益重要，美国与初等教育有关的教育经费管理出现了一些新的变化。这些变化主要表现在：

①教育经费的分担上，联邦和州的经费负担比例均有所增加：据统计，1985年美国教育经费为199 372美元，占国民生产总值的4.9%。1990年美国教育经费为292 944美元，占国民生产总值的5.3%。同时，私立小学学生和图书馆均可得到联邦和州的资助。

②采取新的措施增加教育投入。这主要是指州和联邦政府的行为。1997年12月2日美国伊利诺州通过了教育经费改革议案。该议案改变了过去主要靠提高房地产税增加教育经费的办法，采用了增加销售税的办法来增加教育经费，使在校生均教育经费达到每年至少4 225美元。该议案增加了州对包括初等教育经费在内的中小学教育经费。所以，该议案的通过被称为是“儿童的胜利”。

③学校财政与教育目标挂钩，各州为达到学生成绩目标必须提一个基础的学校财政制订计划和方案。美国各州推行以学校为基础的管理，在财政的预算制度上采取地方分权制。

五、改革动态

美国初等教育管理20世纪70年代以来一直处在不断的改革探索中。这种改革探索在体制上主要集中在扩大义务教育的选择性、家庭学校运动的发展；在学校自身管理上则出现要求确立学校标准认证的呼声。

（一）体制上的改革——择校运动的兴起与发展

20世纪70～80年代由于石油危机引发了战后第一次周期性经济危机。传统工业出现结构性危机；失业率激增；通货膨胀；增长停滞。新自由主义是在垄断资本主义固有的各种矛盾不断变化，国家直接干预经济方式无法稳定资本主义经济并导致一系列新的严重问题下发展起来的经济自由主义学说，是20世纪70年代以来，作为对抗凯恩斯主义的经济干预政策而在西方世界广泛兴起的一种经济思潮。

斯密从经济自由主义和“看不见的手”原理得出的政策结论是，应当采取自由放任的政策，鼓励自由竞争，每个人只要不违反“正义和法律”，都应给予“完全自由”，让其选择自己的方法，以其劳动及资本同任何人、任何阶级进行自由竞争；政府的作用应当是采取措施，反对垄断和共谋，维护自由竞争；保护国家的主权和安全；负担那些无利可图因而私人资本不愿承担的公用事业和公用工程，也就是说国家的干预应限制在最小限度。

新自由主义思想中的自由正是18和19世纪古典自由主义意义上的自由，即物品和服务的分配与提供依靠资本主义市场，辅以最少量的国家干预满足最大多数个体的要求和希望。

根据新自由主义的原则，政府对经济的干预策略应当是货币政策而不是凯恩斯计划；诸多福利国家结构必须被“摧毁”。因此，国家服务（或公共服务）的私有化与调节货币供应系新自由主义国家政策的两大支柱。新自由主义的代表人物有英国的哈耶克（Friedrich A. Von Hayek）、美国的弗里德曼（Milton Friedman）、德国的欧根（Rudolph Eucken）等人。

新自由主义虽然在经济领域里与传统自由主义存在着广泛的一致，但对教育的看法却有着截然不同的观点。新自由主义主张教育等公共部门也应引入自由市场机制。因此，新自由主义的改革建议是：通过扩大和加强“家长选择学校的自由”，来促进、带动学校间的自由竞争，从而达到搞活学校教育，提高教育质量的目的。新自由主义者“家长自由选校”的建议可被放入一个连续的统一体之中，一端是教育证券计划（Educational voucher plan），一端是公立学校开放招生方案（Public school open enrollment options）。贯穿于这一统一体始终的是人们对学业质量的潜在的或显在的关注。

弗里德曼的思想归结起来就是：政府应该在确定标准（如学校计划必须维持的最低基准等）、为贫穷家庭的子女提供证券资助方面发挥一定的作用，余下的交由市场来完成，私立学校市场将会有效而又协调地提供教育。

20世纪80年代以来，具有弗里德曼思想传统的“证券计划”改革建议不断涌现，如美国的约翰·查勃（John Chubb）和特里·摩尔（Terry Moe）在《政治、市场与美国的学校》（1990年）、英国的亚瑟·塞尔登（Arthur Seldon）在《证券之谜》(1986年）中皆阐述了类似的思想。

新自由主义者的教育改革建议并不局限于“证券计划”上，他们还提出了其他一些将“自由市场”竞争引入公共部门的方法，其中就包括公立学校开放招生方案。公立学校开放招生方案与证券计划的不同之处在于：后者的家长选择的范围是包括私立学校在内的所有学校，在将市场机制扩展到教育领域方面进行得更为彻底；而前者将家长选择学校的范围限制在公立学校范围内，通过为公立学校建立一个类似市场的竞争环境，即让各公立学校实行开放招生，促动各学校间为争得资金和学生而展开激烈的竞争，从而达到改进学校教育的目的。

20世纪80年代美国在中小学兴起的一场“选择学校运动”，使公立学校实行开放入学，通过竞争促进学校教育的发展，改变公立学校日益严重的平庸现象和安于现状的局面。这些改革增加了家长和学生选择学校的自由度，这种自由度表现在：①打破按学区招生的传统办法，学生可以到其他学区学校上学；②特许教师和其他有志于办学的人开办和管理公立学校，允许家长和学生在原来公立学校和新公立学校之间进行选择。

选择学校打破了传统的招生办法，给家长和学生以选择的自由，也大大地刺激了公立学校的自我发展。自由选择也使教育的地方权利削弱，州一级教育行政得到加强，选择学校给教师以更多的自由和权力，它会对初等教育学制产生深远的影响。下面介绍一下一种选择学校——特许学校和上级接管公校和公校私营的改革措施。

1. 特许学校

自20世纪80年代美国开展大规模的基础教育改革，各种类型的选择学校开始出现。其中很多是公立小学。特许学校是较为成功的一种尝试。第一所特许学校是明尼苏达州的两位教师在1992年创办的。1992～1993学年，全美只有3所特许学校，而2000～2001学年，有34个州开办了共计2069所特许学校。

特许学校的设立程序如下：

建立法规

由州议会通过有关特许学校的立法。各州通过立法对州内特许学校的权利和责任进行规定。

申请人提出申请

教师团体、社区组织、企业集团或教师个人等都可申请开办特许学校。至于受理机构则依各州规定。如密苏里州规定学区教董会、4年制公立学校、公立社区学校是特许学校的审批机构。

签订特许契约

申请获得批准后，由申请人与地方教育局签订契约。契约主要内容有：学校任务、组织结构、管理机构、财政计划、年度审计、人事工作（含教师培训等）、招生计划、校历、教学效果及评估标准、教育目标和课程、学生学业标准和达标措施、学校管理的操作模式等。为避免特许学校只关注自己的偏好，并以此来选择学生，有的州通过立法人为限制承办人在招收学生上的偏好或歧视。例如，密苏里州特许学校法规定，特许学校必须招收1/3以上的辍学生和"处于犯罪边缘"的学生。并规定特许学校不得有种族歧视或依学生成绩决定入学的做法。

特许学校的绩效责任（accountability）

特许学校在获得相当程度自治的同时，必须对学校办学质量和学生学业成绩负有责任。特许学校绩效责任主要表现为：一是对教学实践、学生成绩、学生行为、学生到校率、学校任务的完成、学校管理、学校财政及与特许立法规定保持一致等方面实行监控。二是向相关机构——学校管理委员会、授予其特许地位的机构、学生家长提出有关学校进展的报告。三是进行学生评估。特许学校的主要责任之一就是提高学生的学业成绩，为此对学生成绩进行评估就成为办学过程中不可或缺的一项任务。几乎每一所特许学校都使用了标准化评估来衡量学生的学业进步。

特许学校为了和私立学校竞争，大部分特许学校依赖于慈善机构和投资家，政府资助很少。校舍和设备存在着许多问题和隐患。

特许学校的主要特征是学校规模小和自治性强。在1998～1999学年度，特许学校的平均每校学生数仅为137人，而全部公立学校的平均学生数是475人。学生人数超过600人的特许学校仅占特许学校总数的8%，而这一比例在普通公立学校则达到35%。

2.上级接管公立学校和公立学校的私营管理

自20世纪80年代，美国出现了成绩低下学校（Low－performing Schools）或学区[①]。该类学校或学区主要是指那些长期以来未能有效地对学生实施教育教学，以使他们达到规定的学业标准和要求的学校或学区。

1997年，美国有22个州通过了类似"学术破产法"（Academic

① 赵中建，"上级接管公立学校"，《比较教育研究》2002，9，P47

Bankruptcy Law）的立法，明确了州对那些失败学校或学区进行干预的权力。对失败学校采取的往往是“学校重组”（School Reconstitution）的措施，而“上级接管”（takeover）一般针对学区而不是个别学校。当一个学区成为失败学区后，州政府将根据相关的立法对其实行接管。具体做法是先给“黄牌”警告，限期整改以达到目标，而州政府则给予相应的经费和技术帮助。这类学区一旦从“黄牌”变成“红牌”，则由州委派学区教育局长或委任学区教育委员会对学区实行领导和进行改革，学区教育委员会不再由地方政府任命或经选举产生。2000 年 5 月 10 日，宾夕法尼亚州通过了《教育授权法(the Education Empowerment Act)》，成为第 23 个允许州根据“学术破产”对公立学校学区实行“上级接管”的州。

世纪之交，美国的“公立学校私营管理（Private Management of Public School，简称公校私营)”成为美国初等教育改革的一个亮点。

美国公校私营目前主要包括两个方面：一是一些称作营利教育管理组织(For－Profit Education Management Organization，英语简称 EMO）的各种私营公司，它们自己创办并管理特许学校，或接受其他特许学校的委托来管理这些学校，这种管理特许学校的形式目前占着公校私营的大部分；另一是通过与地方学区的教育主管部门签订承包合同，来管理传统的公立学校。这些管理学校的私营公司以总部位于纽约的爱迪生学校公司（Edison School Inc.）为其主要代表。

(二) 家庭学校运动的发展

当代的家庭学校教育源于对有组织的公共学校教育制度的不满。

家庭学校教育在其兴起的最初几年，出现了家长和公共学校管理者之间的矛盾斗争。进入 20 世纪 90 年代，随着接受家庭教育的儿童人数稳步增长，逐渐取得了一定的合法地位，目前在全美 50 个州都是合法的，而且许多公共学校允许家庭学校教育的学生使用公共教育设施。

“正规学校教育”有系统的课程，以教师为中心的课堂教学，以及外加的惩罚和奖励，提供了一个培养学生依赖“外在动机”进行学习的框架；与之相反，“教育”则意味着学习者的自由发展，包括由学习者自己决定学习内容，这种“教育”强调的是学习的“内在动机”，它减少了学习过程中有组织的活动，增加了直接而丰富的个人经验，家长们把客观世界当作孩子们学习的实验室和学习目标。因此，这种家庭学校教育无论在学习内容上还是在教学过程上都与有组织的公共学校教育有明显的区别。

美国教育部《1998～2002 年教育发展战略》提出的教育目标之一“学生及其家长将有更大的择校权”，无疑对美国家庭就近就读公立学校的传统带来更大的冲击，也是对各种蓬勃开展的特许学校、磁石学校等民营办学模式的肯定。特许学校的一些基本经验，如相对自治、强调责任、鼓励竞争等，都值得我国在基础教育改革中吸收借鉴。

2003 年 3 月美国提出的未来五年的战略计划，将扩大家长择校的机会等作为为美国教育的发展设置的一个目标。

（三）尝试推行企业管理标准

ISO9000 认证管理是对跨国公司在世界各地的分号所生产的产品进行质量检验的一种标准。检验工作由指定的审计公司执行，每六个月审核一次。

美国宾夕法尼亚州的兰开斯特学区正在进行一项重大的管理试验：这个学区的 19 所公立学校将按照国际标准化组织 ISO9000 管理标准进行验收。这意味着该学区将成为世界上第一个以企业管理标准实行管理的学区。

把 IS09000 用于衡量学校的教学，将可以促进行政经费的大幅度节约及加速学生档案管理的科学化。但是，制定一种化一的标准来衡量学校教师的学术水准及学生的学习成就将是很困难的。

第二节　英国初等教育的管理

一、历史演进

古代英国教育主要是由贵族与僧侣管理教育，国家不管教育。18 世纪产业革命的迅速发展，促进了初等教育的发展。

1906 年英国议员怀特布雷（Mr. Samuel White Briad）提出了教区学校议案，建议国家在每个教区设立学校，进行管理，并建立由公共基金支持的国家初等教育体制。该议案事实上已由下院通过，但遭到上院，特别是国教代表的顽固反对。尽管如此，这是英国向实施国家管理教育道路上迈出的第一步。几乎同时，英格兰教会和新教组织都同意支持宗旨为普及初等教育的自愿协会。

英国国家直接干预初等教育始于 1833 年。当时国会通过了财政部长阿尔索普（Lord Althorp）提出的教育补助金法案。该法案决定每年拨款两万英镑资助对贫苦儿童实施初等教育的学校校舍建设。1839 年该项拨款增到 3 万英镑。同时，英国设“枢密院教育委员会”直接负责已成为逐年拨款的该补助金的分配，并规定所有接受补助的学校，必须接受政府委派的视学官的监督与指导。

1870年英国枢密院教育局长福斯特提出并获得了国家通过的重要教育文件，即《初等教育法》，亦称福斯特法案。该法案实现了英国政府管理初等教育的重大转变。从此，英国才开始有了公立初等教育系统，并奠定了英国国家的教育制度传统。作为这一法案的重要结果，在英格兰和威尔士建立了初等教育的双元管理系统，即由国家和前面提及的自愿协会共同承担初等教育学校的管理。这就是发展至今的英国初等教育管理制度的源头和雏形。这里顺便提及一下，许多资料涉及1870年英国福斯特法案的普及初等教育内容，实际上该法案并没涉及这一方面。当时英国许多地区学龄儿童数大大超出学校所能容纳的学生数。实施普及初等教育的条件不成熟。只是1876年由于自愿协会和学校教育委员会的努力，小学校舍获得了迅速发展。1880年英国政府开始采取具体措施普及初等教育。

1899年英国议会通过重要法令，决定建立国家教育委员会（National Board Of Education），管理初等教育、中等教育和职业教育，在英国历史上第一次实现了国家对初、中等教育的统一管理。

1902年，英国保守党政府首相巴尔福（A. J. Balfour）提出了有关教育补助金分配等问题的议案，议会讨论通过《1902年教育法》，即《巴尔福教育法》。该法第一次将初等教育和不含大学在内的中等教育等放在一起论述，为它们的发展提供了财政上的保证，并形成了国家教育主管部门与地方教育局相结合、以地方教育局为主的初等教育的管理体制。该法规定了给地方教育局管理初等教育的法律责任，而对初等教育以外的教育则只是由地方教育局提供财政帮助。

第一次世界大战后，为了进一步完善本国的教育制度，1918年，英国颁布了《1918年教育法》，亦称《费舍教育法》。该法案的制定者为当时的教育部长费舍（H.L.Fisher）。该法要求地方教育局负责向公立初等学校年龄较大和有能力者提供更深的和更实际的课程。这是英国教育历史上第一次初等学校有权提供超出初等教育水平的教育。这也是国家教育管理开始向延长普及教育年限方向迈进的前奏。

二、现状与改革

（一）宏观管理

1944年英国统一的初等教育制度正式确立。同年通过的巴特勒教育法案第8条第1款将初等教育定义为“适合于小学生发展需要的教育”。同时该法案规定5～15岁为义务教育年龄。尽管该文件没有对初等教育结构作出明确规定，但从招生对象上可分为：①初级学校，只招收7～11岁儿童；②

混合学校，这种类型学校将幼儿部与小学部放在一起。另外，从经费和校舍来源上可分为：①郡立小学，由地方教育当局提供经费和校舍；②民办小学，主要由各教派团体举办，地方教育当局给予一定资助。

1964年英国成立了教育和科学部，取代了1944年成立的教育部，设教育和科学大臣，但只负责英格兰的包括初等教育在内的各级各类教育。威尔士、苏格兰、北爱尔兰的教育则分别由各自的事务大臣负责。中央行政主要负责制定国家教育的方针和政策，编制全国教育标准，对教育计划提出指导意见，对各级各类教育进行检查和评估。英国在地方一级设地方教育局，负责本地的教育。初等教育和中等教育一样，主要由地方教育局管理，管理的范围包括制订计划、聘用教师、校舍修建、设施提供等工作。同时，教育督学系统也是中央和地方共同管理教育的重要环节。英国在中央设立女王督学团，实行分区管理，共有60名督学，分布在教育科学部的七个部门。初等教育是其中的一个部门。女王督学团负责初等教育的督学，要就初等教育的现状、水平、发展前景向政府提出建议，每年要考察1/5的公立小学。地方教育局设督导处，协助地方办好中小学教育，其职责是了解情况，督导评价，帮助改进管理，提高师资质量，参与教育改革。

《1988年教育改革法》颁布后，在全国实施了统一的国家课程，从而中央一级增加了课程和考试的管理权，而这一权力本来一直归学校所有。原木归地方教育当局掌管的初等教育，国家也加大了干预，根据《1988年教育改革法》规定，任何由地方教育当局管理的郡立学校或民办学校经家长投票同意后提出申请，并经教育大臣批准，即可脱离地方教育当局控制，成为国家直接拨款的公立学校。

1992年，保守党政府首相梅杰改组了教育与科学部，成立了教育与就业部，其行政职能又有所增加，集权趋势更加明显。当年，教育大臣彭定康(John Patten)发布的白皮书《选择与多样化》与随后出台的《1993年教育法》均把维持地方教育系统的重要权力转移到中央政府和由中央任命的特设的管理机构，如教育部为脱离地方教育当局的学校特设了一个拨款机构，同时设立教育标准局（OFSTED），以视察、指导直接拨款学校，这一机构取代了原皇家督学团的全国中小学督导工作。

实施国家课程和加大对初等教育的干预，这对于一个有着长期国家不干预或较少干预教育的传统的国家，各界和民众对保守党政府干预地方教育行政当局的做法均反映出强烈的不满。但保守党政府坚持强行推行这些政策，究其原因，是鉴于原来在课程管理上过于放任而导致课程混乱，教育质量不平衡，而政府加大对初等教育的干预，正是为了更加有效地管理和保障全国范围初等教育质量的平衡与提高，以迎接日益激烈的国际竞争挑战。

（二）学校管理现状与改革

1. 学校董事会的诞生

1944年的巴特勒教育法第17条曾对初等教育学校的行政管理作出如下一些原则上的规定。

①每所小学都成立人数不少于6人的管理委员会，对学校进行管理；

②郡立小学管委会产生方式由地方教育当局负责；

③民办小学管委会的成员由地方教育当局和学校主办团体依照规定的比例任命。

该法第20条规定，几所小学可以成立一个联合的学校委员会来领导。

郡立小学管委会未经地方教育当局批准，不能任命教师。民办小学管委会仅在宗教课教师的任免上有一定的自主权。总之，当时的初等教育学校的管理委员会权力十分有限。这种状况从20世纪70年代后期开始有了较大的变化。

1977年以泰勒（Taylor T.）为主席的调查委员会发表了题为《我们学校的新的伙伴关系》的报告。该报告建议：废除联合学校管理委员会，每个学校设董事会进行管理。校董事会应包括有人数相等的地方教育当局代表、地方社区代表、学校家长与学生代表和教职员代表。校董事会拥有比校管会更多的权力。上述报告中提出的建议于翌年四月，立为法律，即1980年教育法。

英国1980年教育法规定：小学的管理人员称为董事，所有学校至少应当选举产生家长校董事和教师校董事各2名。学生少于300人的小学仅设1名校董事，校长为当然的校董事。该法1981年7月开始执行。英国的初等学校管理机构不干预学校的日常工作。学校的课程、教学、日常工作由校长和教师负责。

由此，公立学校的上级管理机构不干预学校日常生活的组织、课程设置和教学方法，而由学校的校长负责决策，从而使英国校长的权限，以及使用权限的自由，比其他国家的校长要大。校长的任务是在与教师和学生的伙伴关系中，创造一个自治的社会，并使这个社会保持健康状况。

进步主义教育思想对二战后英国初等教育的学校管理产生了深刻的影响。英国初等学校班级规模在二战前曾经是比较大的，一般每班学生为50人左右。战后，随着经济与社会的发展，教育改革的深入，初等学校班级学生数开始下降。据统计，1965年英国初等学校的班级平均人数已降至307名。这就为英国初等教育质量的提高创造了有利的条件。同时，值得注意的是，60 年代中期以后随着综合中学的兴办，以选拔为目的的 11 岁考试逐渐被废除，在很大程度上为初等学校松了绑，使之能更自主地获得发展。

英国初等教育的管理在校内的微观方面以为儿童提供丰富的环境和机会，促进其个性充分而自由的发展为宗旨。传统上的英国小学课程、教学组织、教学方法均由教师自行决定，政府不加干涉，教师享有较充分的自主权。60 年代英国的开放学校运动在教学组织形式上打破了年龄界线，废除了传统的班级教学组织形式，而以垂直式分组、并以“综合日”作为其组织基础，废除了传统的时间表和分科教学制度。如小学生开设环境研究来代替传统的历史、地理、英语、工艺美术、科学等的分科教学。教室被设计成各种不同的活动室。学生不再守在教室的一个固定的地点，而是按照一定规则分成各个非正规小组在教室里开展活动。学生随时可以选择令他们感兴趣的活动空间。一般是一个活动室有两名教师，分工负责，对学生进行必要的指导与管理。教师的一项重要工作就是按照要求记录每一个儿童的进步，不仅记录儿童的学习态度、情感、智力、社会性的状况，还要记录学生的实际体验和所学到的东西。因为只有这样，教师才能适应在这种没有固定结构的自由组织形式条件下做好教育与教学工作。

由于初等教育的课程设置、教学方法及教科书均由小学校长和教师自由决定，所以英国的初等教育质量难以保证，特别是在教育竞争中显得被动，令人不安。为了解决这一问题，英国从 70 年代开始逐步加强了对初等教育的国家控制，特别是课程方面。同时英国 1983 年发表了题为《教育质量》的白皮书，阐述了政府为从总体上加强对教师的管理而颁布的计划。其内容包括教师课堂表现应由校长作出正式评价，表现不好的教师要被解聘等。1988 年 7 月英国议会通过了教育和科学大臣贝克（Baker K.）递交的《教育改革议案》，这就是 1944 年以来英国最重要的教育法。《1988 年教育改革法》首次以立法的形式设立初等教育的全国课程和一套系统的评估制度。该法标志着英国对包括初等教育在内的教育管理正朝着中央集权化方向发展，或者更确切一些说，英国在初等教育管理方面正在以加强中央权力的做法试图克服进步主义教育思想与实践带来的消极影响，而保留其积极方面。因为在初等学校内部教师仍然掌握着对教学进行管理的决定权，同时，进步主义的那种尊重儿童、以儿童为中心、强调活动和经验的思想与操作实践在英国对儿童发展有着良好的积极的影响。

在整个 80 年代，英国保守党政府为了削弱地方教育当局的权力来加大中央对教育的控制，通过加强学校董事会的学校管理权，使之在一定程度上摆脱了地方教育当局的干预，以便于中央政府直接管理。1997 年工党政府执政后，地方教育当局的日子虽然好过了些，但学校董事会仍是学校的主要管理者，两者之间构成的是一种平等的伙伴关系，而不是垂直的领导与被领导关系。

(二) 董事会的职能

在1988年改革的推动下，英国小学董事会的工作范围得到了扩大。其职能包括以下内容：

1. 主席的选举

传统的选举方法是从9月1日开始，以无记名投票形式进行董事会主席或副主席竞选，由教职工们监督主席竞选的程序。从2000年4月1日起，开始采用更为开放和透明的选举办法。执事邀请人们自我提名，然后将这些名字列出。未被列出名字但又想参加竞选的人可以在会上自荐。

2. 罢免增补董事的新权力

虽然《1998年学校标准与框架法》允许地方教育当局为学校董事会选派增补董事，以促进学校质量标准的提高，但实际上，学校董事会在某些情况下可能会罢免当局任命的董事。例如，地方教育当局增派的董事与董事会的其他成员关系紧张得不可调和时，董事会可行使这一权力，不过这一权力不能滥用，而且还得征得地方教育当局的认可。

罢免董事的程序是：整个董事会必须讨论罢免的理由并通过一项决议，14天内举行第二次会议来最终确定。两次会议的决议必须以纪要形式公布。罢免理由必须明确陈述，当事人有机会申诉。所有董事都要参加会议，决议需有三分之二的董事赞成通过才能生效。

这一罢免权实际上是制约地方教育当局干预学校的一个举措。

3. 董事会的事务

董事会主席个人的权限非常有限，一般事务均需由整个董事会来作出决策。一般而言，董事会必须就以下方面作出决定：

为教育行动论坛（Education Action Forum，相当于我国的教代会，行使最高权力）做好安排，以履行董事会的职能；

将董事会权力移交给论坛；

向论坛提出申请中止以它们的名义行使的职能；

该机构要为学校的预算负责，整个董事会必须核准年度预算，这是它决定学校发展方向的重要责任之一。

与校长一起负责课程计划制定与实施教师工作分配等工作，并在许多方面（如性教育方面）决定学校政策。

任何个人或委员会行使所授予的权力，通常要向下届董事会报告自己的所为或决策。

4. 对委员会的审核

学校通常都建有一些委员会，如教职工免职委员会、学生纪律委员会、招生委员会等，董事会至少一年一次（一般在每年的9月）对这些委员会的建立、成员构成等进行审核。任何委员会的主要成员必须是董事会的成员。各委员会的主席可以是非董事的任何在校工作人员。董事会可以决定委员会的非董事成员是否应当拥有选举权。一般情况下，除非委员会的大多数成员都是董事，否则就不能进行选举。

英国小学1992年9月举行了新一届的家长董事会，以加强学校和社区的联系。董事们积极参加培训课程，如小学的现代语文和数学、性教育改革等。过去校董事会每学期召开一次会议，时间为1小时，现在改为每学期2次。有时，该机构还包括几个委员会负责检查课程、财政、计划、人事等。除了正式会议以外，董事们还参加培训课程，这些课程包括从预算管理、注册与选举到课程领域的丰富内容。每一个董事会都是家长、地方教育当局指派人、商业代表、教师董事和校长的结合。政府认为工商业与学校的联系十分重要。工商业可以通过工商业代表与学校建立联系，学校则可以通过与工商业联合向实业界学习。小学校长往往认为，商界代表（董事）不善于了解教育制度现状，只是从大众传媒那里了解教育。

董事会中的地方教育当局代表过去要同时参加4个校董事会，现在经过改革只参加2个董事会工作。因为过去许多学校苦于教育当局代表太忙，影响正常工作开展。目前，地方教育当局准备让政党成员填补上述空缺。

在英国一些地方小学董事会包括一名非教学人员，在这方面学校秘书和护理人员都是可能的人选。有一定技能（行政、艺术、建筑、计算机、图书等）的家长经常成为家长董事或新增董事。

董事会的新作用和新职责使校长、教师董事和地方教育局的关系发生了很大变化。许多校长由于董事在学校生活所有方面的影响不断增加而感到不安。英国正在探索如何建立一种积极的校长与董事的关系。英国小学的学校管理人员主要包括校长、副校长、课程主任，还有包括学校家长联络员在内的辅助管理人员。校长由地方教育局任命，须是有5年以上教龄的优秀教师。校长负责学校的全面工作。

英国有关教育研究人员认为，初等教育学校校长的角色与作用可分为4个主要类型：

①老板型。彬彬有礼，对学校工作和教职员的工作方向、工作情况进行监督，制定决策。工作集中在指示和通知的发布。

②教头型。校长相信并证明，学校的教学是最重要的工作，校长应该以具体行动推动教学以发挥领导作用。

③执行董事型。执行董事更像是官员，分派专家角色和职责，并确定政策的步骤。

④小队领导者型。这种类型的校长和教职员之间社会角色的距离较小，其他教职员的领导作用和潜力得到尊重和鼓励，学校政策往往要集体制定。

副校长的职责有：

① 班级教学；

② 课程领导；

③ 校长交给的一般管理职责；

④ 教师队伍建设和教师精神上的支持；

⑤ 召集会议；

⑥ 实现教师与校长之间的沟通；

⑦ 精神上的关怀；

⑧ 纪律；

⑨ 校会；

⑩ 学校与家长联系；

⑪ 图书馆；

⑫ 临时性工作：校内糖果食品店、节假日等。

根据英国教育管理研究者的看法，英国小学管理结构可以划分为以下 6 类：

第 1 类："我的学校，我的班级型"。这是在校长和班级教师之间经典的劳动分工，每一方都有明确的势力范围。在这种情况下副校长的角色往往是形式上的、象征性的。小规模学校这类结构较普遍。

第 2 类：校长、副校长和班级教师型。这种类型结构仍然是二维的，但有了 3 种的基本角色，而且副校长作用是明确的，他不仅在校长不在时代行其职务，而且还参与政策制定、学校管理与发展。

第 3 类：高级管理队形。随着地方教育局派出的协调员进入学校，一些校长把三个高级岗位的人员，即校长、副校长和协调员作为高级管理队成员，按时召开会议讨论学校政策。

第 4 类：初级的分科主义。由于人们把注意力放在小学的课程上。他们要求每类课程都由一位教师和相应的专家负责。这些课程领导人对整个学校管理结构发生着更大的影响。但是，这种结构本质上仍然是二线的，课程领导人不参与重大的校政事务。

第 5 类：三线结构型。上面 1～4 类都是小学管理二维类型的变形。而在这种类型的结构中协调员和课程领导人成为管理层的补充部分。这些人举行自己的相关会议，制定自己的发展规划，向校长和全部教职员汇报工作，以自己领域的工作对整个学校政策作出贡献。

第 6 类：管理层型。在较大的小学中，校长、副校长、协调员和课程领导人的一些作用由年级主任完成。特别是当学年组比较大时，尤其是这样。这样课程领导和学年主任需要与校长紧密合作，并参与决策，构成了一个管理的母体。

英国重视加强学校与家庭的联系，为改善这种联系，对学校与家庭联系开展了一些调查。里兹市政议会长于 1989 年通过了早期教育支持局（EESA）对学校与家长联系的正式要求。这些要求是：

①为了支持儿童，家庭与教师应该从一开始就帮助儿童起步；

②帮助儿童愉快地掌握必要的技能，使他们能在入学伊始就能有充分的优势；

③帮助培养家长对儿童的尊重，使他们在这一过程中能成为平等的伙伴，以便使儿童在完成作业时，能把父母看成可信任的榜样。

英国家庭与学校经常采用一些联系方式。这些联系方式可归纳为 4 种类型，即：

①顾问与委托人型；

②官员与请求者型；

③平等的伙伴型；

④非正式的相识者型。

1992 年 2 月英国皇家高级督学特里·梅莉亚向国务大臣提交了 1990～1991 学年的年度报告。该报告叙述了 1988 年教育改革法的实施情况。该报告指出，英国小学有 30％仍不能令人满意，在小学高年级课程领域与管理方面还存在许多问题。英国正在加大力度，进一步强化对初等教育的宏观与微观的管理。

（三）教育经费

英国教育经费由中央和地方二级共同负担。英国法定公共教育制度的经费来源如下：

①由议会表决并分配给地方政府的资金。这笔资金来自国家税收所得；

②由地方政府表决并分配的资金。这笔资金来自地方当局在其所管辖的地区内所征收的地方税；

③各种捐赠（有现金也有实物）。包括继续教育学院和大学的学费以及

法律要求各民间团体提供的建筑物的基建费用方面的种种捐献。

初等教育的经费主要由地方政府负责。地方政府根据本地条件与需要划拨初等教育经费。1981～1982 年度英格兰和威尔士中央政府和地方教育当局向小学支付的教育经费为 2 555（百万英镑），其中 4/5 来自于地方。

1988 年，英国颁布的教育改革的规定：

①地方教育当局拥有的有关管理公立学校经费的使用权限应下放给学校；

②以学生人数为标准。一次性向学校拨款；

③规定各学校招生的最高标准，并将经费与学额挂钩。

上述规定实质是英国企图用经费使用政策促进校际竞争，以提高办学质量。

（四）择校的产生与发展

传统的公共教育体制受到挑战。英国几乎与美国同时，在 20 世纪 70 年代末酝酿扩大家长对学校的选择权，并出现了家长选择学校。

撒切尔夫人就任首相的第一任期间，制定并实施了 APS，这是由教育与科学大臣在公款中拨给“家境不宽裕但天资聪颖的儿童”所需之全部或部分学费，使其能够进入某些自治学校（independent schools）的一种计划。《1980 年教育改革法》规定用这一计划部分地取代以前的直接资助计划(Direct Grant Scheme)。

《1980 年教育改革法》中，英国政府就表现出强调家长选校、把教育推向市场的意图。法律规定，自 1982 年起赋予家长对其选择的学校“表示偏爱”的权利，地方教育当局有义务将这种“偏爱”纳入考虑；学校有义务公布有关考试成绩、设备、宗旨、课程等的信息，以便家长可以在此基础上做出选择。最关键的变化是，地方教育当局必须为其拒绝家长的选择提出很好的理由，而不是由提出申请的家长给出合理的理由。

《1988 年教育改革法》进一步扩大了由《1980 年教育改革法》引进的家长选择学校的权利。由于实行开放招生政策，招生的责任由地方教育当局转移到学校。学校可按自己最大容量招生，可以录取地区以外的学生。政府认为，在一所学校真正满额之前，学校不应拒绝任何一个希望入学的学生。英国国家教育政策中所体现的家长选校计划主要有两种形式：一是前面介绍的“资助入学计划”（Assisted Places Scheme，以下简称 APS）中所体现的家长选校计划；一是《1988 年教育改革法》所贯穿的家长选校思想。

《1988 年教育改革法》还通过增加由教育与科学部直接拨款的公立学校（Grant－maintained School）类型来扩大家长选择。法律规定，大型的中小学在家长的支持下可以向教育与科学大臣提出申请，要求脱离地方教育当局管辖，改为由中央政府直接拨款。这一程序可以使教科部直接拨款学校能同地方当局资助的学校（包括郡立学校和民办公助学校）以及私利的学校竞争。保守党政府认为，建立这样一种新型学校有助于“使家长获得新的更大的权利，以便在公立学校范围内行使选择权。学校类型的增加将有助于所有学校提高教育水准。家长和当地居民将有新的机会，促使他们的学校的发展在国家课程的合法框架内适应孩子的需要和他们的愿望。”

《1988年教育改革法》已经颁布了15年，在教育管理体制上对初等教育发挥了很大的影响。在择校方面还存在着许多需要解决的问题。

第三节　德国初等教育的管理

一、历史与现状

德国教育管理具有历史形成的特点，这就是：德国历史上教育事业一直是各州的工作，特别是初等教育（1933～1945纳粹时期除外）。二战后，联邦德国恢复被纳粹统治中断了的文教事业地方权制。这种文化主权主义是联邦内各州独立国家性的基石，而德意志民主共和国则效仿苏联，实行中央集权的统一管理。东西德统一后，教育管理总的是按原联邦德国的模式实施的。

（一）中央教育行政

1990年东西德统一后，上述联邦德国的文教主权制又扩展到东德。联邦德国从政府的角度制定了必要的法律条款，作为各州必须共同依从的原则。同时还成立了一些全国性的协调机构，如联邦——州教育规划和研究促进委员会等。其中最重要的协调机构是各州文教部长联席会议。该机构负责协调各州教育发展，包括努力建立一种相互接近的考试制度。该机构在制定包括初等教育在内的全德教育的共同政策方面发挥着不可忽视的作用。尽管联邦教育部在联席会议上没有席位，但它可通过1970年成立的教育规划联合委员会开展与各州、直辖市的教育合作。

由于国内经济的发展，国际范围内经济竞争的加剧，联邦德国意识到联邦政府拥有对教育影响力的重大战略意义。因此，1969年修改了《基本法》，为联邦政府参与教育规划和高校发展提供了法律依据。1969年联邦科学研究部易名为联邦教育与科学部。不久，1972年研究与技术部又从该部分分离出去。上述种种情况标志着德意志联邦已不存在单纯的文化主权主义，一种联邦政府与各州之间的“合作的文化联邦”体制正在发展。

德意志联邦共和国《基本法》第7条第1款明确规定：“整个教育事业置于国家监督之下。”所以，有关教育发展的基本任务，其中包括初等教育发展的根本问题均由联邦立法。

《基本法》第28条第2款规定乡镇“在自己负责下处理地方共同体的一切事务”。这就是联邦德国的地方自治原则，包括地方教育的自治。但实际情况又比较复杂。

20世纪70年代以后，联邦德国把学校看做是整个法制的一部分，各级政府根据联邦德国《基本法》第7条“学校置于国家的监督之下”的规定，修改与指定一系列有关学校行政管理与内部管理的教育法规。

在联邦一级，立法机构根据联邦宪法法院的“基本性理论”，按照民主原则，由议会制定并颁布涉及国家在学校教育中的组织、计划和领导工作的基本法规。

督察系统：

联邦德国从国家角度对学校的监督有三个方面，即业务监督、职务监督、法律监督。监督的权力广泛，包括学校各方面工作，它通过学校督察机构的督学来执行。督学是教师的上级，负责州教育的人事管理。各督学平均负责150～300名教师。

州教育与文化事务部同时也是最高的督察机关，州教育与文化事务部长由州长任命，由州议会批准。州议会负责制定州教育法规。专区教育行政管理则是由专区主席下设的学校部或专区教育局负责，主要负责完全中学的教育管理。

地方教育行政管理为地方教育局，由一名督学领导。其工作是负责一个县的基础学校、主要学校等教育机关的管理，并对这类学校的教师、校长进行视导监督。

教育管理中的协调与咨询机构：

为了促进各州在教育与文化领域合作，保持教育事业发展的统一，促进教育质量的提高，联邦德国建立了许多重要的协调与咨询机构，如文化教育联席会议、联邦与州教育委员会、德国教育审议会及科学审议会等。在德国教育管理中这些机构发挥着重要的作用。

（二）地方初等教育行政

德意志联邦各州在国家法律和教育大政方针基础上负责管理中小学。州的教育行政管理机构是教育及文化事务部。

州对中小学教育的管理为三级管理体制，即州层次上的州教育及文化事务部，专区层次上的为地区教育管理部门。地方层次上的为市、县的教育局。德意志联邦各州情况不一，有些州和直辖市并无专区层次的教育行政管理机构。

州教育及文化事务部管辖地方教育当局，由地方当局负责开办中小学校，但教学大纲、教科书的选择、教学与考试的监督、教职员的培训与人事安排、甚至大部分资源的分配权都在州教育当局。

德国的州（直辖市）、专区、州辖市、县、乡各级政府中的学校教育管理部门既负责学校的行政和教学工作，同时也拥有督导的职能，对学校教育进行专业督导、行政组织督导和法律督导。初等教育实施机关——基础学校由地方负责管理，主要是由市、县、乡的教育部门管理和督导。

（三）学校管理

作为初等教育实施机构的各州的基础学校由市或县教育局领导。基础学校设校长 1 名，校长助理或副校长 1 名，同时设校长秘书 1 人，实行校长负责制。同时设有校务会议，校务会议由教师代表和家长代表参加。校务会议在学校、管理的过程中发挥着重要的作用，该机构与校长在学校的教学教育中密切合作，并有权对学校重大问题进行裁决。

为了提高基础学校的管理水平，德国重视校长的培训，制定了具体的校长培训方针与计划。

培训课程是在充分了解学校管理情况后设置的。莱茵茨—法耳茨州州立教师进修学院 1995～1996 年校长培训课程有 5 门，即领导艺术、新教学法的开发、教育管理、学校发展、学会交流等。

培训的步骤包括听课学习；在本地区参加该地区进修校长组成的小组讨论与交流；返回原校，在挂名实践中完成学院留给的课题，接受进修系统教师的指导。

培训的形式有上岗培训、专题培训、学历培训和研究班学习等。

校长在教师中选拔任命，任职时必须教课，课时可以减少一半。普通教师一般每周为 28 节课，校长则上 14 节课。

（四）教育经费

包括公立小学在内的公共教育经费几乎都来自普通税收。向各个学校和各种教育事业计划的拨款主要掌握在州教育与文化事务部。但为了保证宪法中关于全国人民享有同等生活权利规定的实施，联邦政府拥有总税收均等的有关措施。

在联邦、州和地方三级政府中，州提供的教育经费占 65％左右。联邦政府的投资多用于高等教育，州政府的投资多用于中等教育，初等教育的投资主要依靠地方政府。

公立基础学校由州文化教育部与地方教育局共同负担其费用。前者负责教师工资等人事费用，后者负责校舍建设与维修等。

私立学校经费往往依靠私人捐助和慈善机构，政府承认的私立学校可以得到一定的经费补助。

二、改革动态

2002年德国联邦教育与科学部组织的为期两年的教育论坛提出十二条教育改革建议。初等教育的管理问题是其中的一个重要内容。

（一）开放学习场所。通过增加投入、开展教师培训等措施，促进学校成为"学习之家"，该建议把学校定义为"学习场所"，并加强学校与社会的联系。要加强"学习场所的开放与连结"，不仅是教师、学生、学生家长及学校相关部门的联系，还要面向社会各界，特别是经济界开放，吸收社会各方力量参与教育工作。

（二）下放权力。德国的中小学所拥有的"自我管理权"要小得多。有人形容德国教育行政管理制度是"多中心的集权主义"。

该建议主张让学校拥有更多自主权，发展学校特色，增强有关人员、房产和设备的配置；通过继续教育，提高校长的领导和管理能力；调整国家监督的方式方法，增强督学对教师工作的咨询能力；加强教育质量的内部与外部评估工作。

（三）加强质量控制，倡导在评估中学习。①

第四节　俄罗斯初等教育的管理

历史上，沙皇俄国的教育管理具有集权的倾向。苏联在教育管理上强调中央集权的统一管理，不论是中央和地方行政管理，还是学校管理都表现出集权的特点，同时这种管理具有僵化和呆板的局限。

苏联解体后，俄罗斯联邦在教育管理方面发生了深刻的变化。俄罗斯初等教育管理随着宏观教育管理结构方面的变化正在逐渐形成新的体制。由于

---

① 周丽华：德国基础教育的改革理念与行动策略——解读德国教育论坛"十二条建议"，比较教育研究，2003年第12期。

作为苏联遗产的最大继承者的俄罗斯国家成立不久，一切都在变化之中。因此，本节主要从改革与发展的角度叙述俄罗斯的初等教育管理。

一、中央教育行政的改革与发展

俄罗斯设教育部及科学——高等教育和技术政策部，取代前苏联的国家教育委员会，对全国教育在国家水平进行行政管理。教育部负责包括初等教育和中等教育在内的普通教育，而科学——高等教育和技术政策部则主要负责高等教育和职业技术教育。1996 年 8 月俄罗斯政府进行了改组，对原机构进行了精简。上述两个部又合并成为一个部即普通教育和职业教育部。设部长 1 人，副部长 9 人，其中第一副部长 3 人，分别主管职业教育、普通教育、科研和科教干部。其他 6 名副部长分别负责有关许可证、认可证和教育证书的工作、教育的国际交流工作、教育的区域政策、教育的物质技术保障、教育检查工作以及教育经费等项工作。

俄罗斯联邦实施中央、共和国、地方三级教育管理体制。中央，即俄联邦通过其权力机构和教育行政管理部门对全国教育进行宏观管理，包括制定并履行联邦的教育法、教育发展纲要和教育政策，编制国家教育标准，规定教育证书的同等效力，制定并批准教育机构的标准条例，确定每年教育拨款在联邦收入中的比例，编制联邦教育预算，对全国教育关系作法律上的调节。

联邦内各共和国的权力机构和教育管理部门依据联邦教育法和教育发展纲要及国家教育标准，制定各自的教育法令、政策，编制民族和区域教育标准，编制该共和国教育预算，规定地方教育税和教育费，为地方教育机构筹措经费，在物质基础方面提供中介服务。

地方自治机构的教育管理主要是保证本地公民接受基础义务教育的权利，实施国家教育政策，编制地方教育预算，设立地方教育发展基金，通过地方教育拨款等。

1995 年 3 月俄罗斯联邦批准了《俄罗斯联邦教育发展纲要》。《纲要》的指导思想是发展选择性教育和开发性教育，实施教育区域化、学校多样化、教育人文化。而俄罗斯联邦教育法则是该主导思想的法律基础。

《俄罗斯联邦教育发展纲要》是指导俄罗斯教育发展的重要文件。它对包括初等教育在内的各级各类教育管理起着指导作用。为使该《纲要》真正能发挥指导性作用，俄罗斯政府决定每年都要进行一次修订工作。

俄罗斯联邦教育议会：

俄罗斯联邦教育议会是在莫斯科、乌拉尔、北高加索、俄罗斯黑土高原和伏尔加河流域等地区社会教育团体的倡议下而成立的。1996 年 6 月 10～12 日举行了筹备大会。

俄罗斯联邦教育议会是一个独立的社会联合会，其宗旨是在教育领域里发挥组织、推动、团结和统一的作用，促进教育事业的发展，推进合理的教育政策的制定，保护学校和教师及学生的利益。

教育机构的鉴定与认可是俄罗斯国家和社会对教育机构所进行的教育活动进行监督的主要形式。其目的是确定教育机构的学生即受教育者的教育教学内容、水平、质量、毕业生的培养是否符合国家教育标准的要求。

《俄罗斯联邦教育机构鉴定和国家认可程序条例》（俄联邦教育部 1996 年 1 月 2 日批准）规定：

颁发教育证书的教育机构须具备相应条件才能予以鉴定。这项条件是通过上一次鉴定后的连续 3 年内，其毕业生的总结性鉴定成绩良好者不得少于 1/2。

新建的初等教育、基础普通中等教育和完全普通教育等普通教育机构的第一次鉴定可以按其层次分阶段进行。

教育机构鉴定的基本原则是客观性、公开性、权威性和教育伦理学准则等。

鉴定每 5 年进行 1 次。

俄罗斯联邦中央教育行政机构——教育部负责鉴定直属教育机构。

教育机构鉴定的其他部门包括：俄罗斯联邦各主体的国家教育管理机关和由俄联邦各主体的法令赋予相应权力的地方自治机关，即该主体境内的其他各类教育机构。

实施鉴定需要教育管理机构成立鉴定委员会。鉴定委员会由以下部门的代表组成：有关的国家教育管理机构、保健机构、地方自治机构、教育机构所属各部及其主管部门、主要教育机构和社会团体。被鉴定机构人员不能成为该委员会委员。该委员会主席及成员由实行教育鉴定机构颁布命令批准。

根据鉴定，国家教育管理机构对被鉴定教育机构作出国家认可与否的决定。国家认可或不予认可的决定应于签署国家认可证书或作出国家不予认可决定之日起 3 周内发给被鉴定单位。

国家认可证书确认被鉴定的教育机构的国家地位、所实施教育大纲水平、毕业生培养内容和质量是否符合国家教育标准，并确认其向毕业生颁发国家规定式样的、具有相应教育水平的证书或专业资格证书的权力。

国家认可证书每 5 年颁发 1 次。

教育机构自被国家认可确认时起便有权向毕业生颁发国家规定的具有相应教育水平的文凭和（或）专业资格证书，有权使用刻有俄联邦国徽图案的国家印章，有权加入国家中央财政网络。

二、地方初等教育行政的改革与发展

俄罗斯联邦中央教育行政机构推行与前苏联的统一教学计划、教学大纲、教科书的集权管理完全不同的政策，旨在加速教育管理的民主化与分权化。俄罗斯联邦内各共和国、边疆区、州、市、区都建立了新的相应的教育行政机构。

俄罗斯联邦中央教育行政机构与各共和国政府及联邦主体行政当局签订关于发展教育的协议，实现教育区域化，发展民族学校，广泛吸收社会力量办学，实施专项计划法等，这在一定程度上也表明俄罗斯教育行政管理正在朝着国家与社会共同管理的方向发展。

俄罗斯联邦各地区以国家教育发展纲要为基础制定本地区的教育发展纲要，推动本地区教育事业的发展。以古比雪夫州为例。

古比雪夫州教育管理总局依据俄联邦教育发展纲要，按照俄联邦教育局关于制定本地区教育发展纲要的指示，制定了《古比雪夫州教育发展纲要》。

古比雪大州教育发展纲要的总纲部分规定的主要任务有：

继续向个性教育发展模式和开放性教育过渡；

编制教育领域内物质经济保障的本地区标准；

在社会经济尚不稳定情况下为教育工作者和学生提供能够适应的社会环境；

使所有教育机构向独立的经济职能机制过渡；

创造条件满足劳动者提高职业技能的需要等。

古比雪夫州教育发展纲要包括总纲和5个专项教育纲要（1996～1997）。这5个专项纲要是：

①基础教学计划的区域部分；

②教育信息化；

③体育、卫生和运动；

④开展教育系统的心理服务；

⑤农场学校。

三、学校管理的改革与发展

俄罗斯初等教育学校有独立设校的，也有相当一部分是普通学校、文科中等学校、专科学校的第一个教育阶段。其作为实体小学的管理与普通学校的管理大体相似。

学校委员会对学校实行总的领导。校长进行直接管理。学校委员会是由选举产生的代表机构。代表产生的范围主要是教师、学生、家长及有关社会领域。这些代表一般占学校委员会的25%左右。这也在一定程度上反映了俄罗斯学校管理民主化的发展趋势。学校校长可由学校选举产生，也可以由学校委员会根据合同聘用。

学校委员会的职能：

学校委员会实施对学校全部工作总的领导，但学校委员会的工作是通过审议、协调的方式进行的。例如它要协调校内各种集体的活动，吸引更多的人参加学校的民主管理，促进学校内教职员人道化的合作关系的形成，推动学生自我管理的发展。在目前教育财政困难情况下，还要发动校内外关心教育的人士、企业帮助解决经费不足的困难。

同时，俄联邦普通学校一般还设有学生会、学生会议（在没有条件建立学生会的学校设立），以及由校学生会或学生会议选出来的学生委员会等学生自我管理的组织，同时也还有教师委员会、教师教学法联合体、教学法委员会等教师自我管理的组织。

四、教育经费

俄罗斯联邦的教育经费主要是靠国家和地方预算拨款。俄联邦《教育法》规定，国家每年拨出的教育经费不得低于国民收入的10%。目前，俄罗斯联邦有三种类型学校：国立的、地方的、私立的。国立学校的经费主要靠国家财政拨款，地方学校主要靠地方财政拨款，私立学校的经费由办学主体自己解决。

在由计划经济向市场经济转轨的过程中，俄罗斯联邦一直为争取教育财政情况好转而努力，但情况是比较严峻的。

以1996年俄罗斯联邦的教育经费为例。

1996年俄联邦预算支出为4 357 500亿卢布，其中含教育经费151 893.601亿卢布，后者占预算的3.6%。(参见下表)

1996 年教育经费分配表

教育类别	教育经费（亿卢布）
学前教育	4733.621
初等和中等普通教育	3 783.798
职业技术教育	321 793.145
中等专业教育	19459.397
再培养和进修	3 556.503
高等教育	86 852.986
其　他	714.151

初等教育和中等教育经费占总教育经费的 2.3%。

1996 年教育总预算与分配大大低于实际的需要。据俄联邦国家杜马教育、文化和科学委员会计算，1996 年需要教育经费为 410700 亿卢布，占国家总预算的 9.43%。而 1996 年实际教育经费与此相差甚远。

由于教育财政困难，俄罗斯教育投资体制已经发生重要变化。这种变化体现在允许学校通过必要途径吸纳补充资金。这些途径包括：

①有偿提供补充教育服务。俄联邦规定学校有权在国家教学大纲、教学计划和国家教学标准外，向居民和有关组织团体提供收费的教育服务，如专业课程开设、为学生提供补习或某一学科的深入学习。国家对这种非经营性活动不征税。这种活动收入用于教育投入和增加教师工资；

②招收自费生，向学生提供贷款。这主要是在高等学校内实行，以解决高等教育经费不足的困难。

③从事经营活动。俄罗斯联邦教育法规定，学校可以从事各项经营活动，但必须遵守经营法，并以不损害正常教育活动为原则。

第五节　法国初等教育的管理

法国从 16 世纪国家增加对教育的干预以后，教育由国家管理形成了传统。在现代化的过程中，教育管理的具体要求几经变化，但是集权制管理的特点始终没有改变。虽然，法国和其他许多国家一样初等教育归地方管理，但不仅在总体规划、而且在学校开办方面国家主管部门都有一定的权力。下面我们从现状和改革的角度对法国初等教育的管理作一个概括的叙述。

一、中央教育行政

法国是一个集权制国家。国民教育部实施议会通过的教育法案和政府出台的教育决策，负责制定并实施国家教育发展规划和改革政策，分配教育经费，领导公立教育机构，指导私立学校，规定、颁布并实施教师教育，协调高等学校的科学研究。

国民教育部设部长1人，教育国务秘书2人，部长及国务秘书（相当于副部长）由总理提名，总统任命。法国教育部长拥有广泛的权力，不仅要领导所有公立教育机构，而且还对私立学校实行监督，不仅在宏观上要处理有关学校教育的发展方向、办学方针和原则的重大问题，而且还要对教学大纲、方法、考试等作出统一的规定。

法国初等教育管理的依据是国家教育立法最权威的法律，通称“法”(Loi)；由总统或政府颁布的规定（ordonance)；由内阁通过，总统或总理签署的法令（de ret)；由行政部门根据法律原则颁布，由部长签署的决定(arrete)，以及由职能部门负责人签发的通知、工作说明等。教育立法实施由督导系统和包括教育部在内的有关行政部门进行监督。法国教育部设学校司，即初等教育司负责处理初等教育方针、政策、制度等方面的重大问题。

（一）咨询审议机构

在各级教育行政之外，法国设立了相应的不同层次的咨询审议机构。在中央设国民教育最高审议会，由教师、教育行政、政府其他部、家长联合会、学生联合会合作组成。其作用是对教育部的政策与活动，以及对教育部长所提出的咨询发表独立见解，同时对教职员的惩罚拥有行政上的最终裁决权。

在大学区一级设立学区审议会，由大学区总长任主席。它主要是对中等教育情况提出意见，处理中等教育教师的诉讼。

对有关初等教育问题的咨询与审议则具体由在省一级设立的初等教育审议会实施。它同时还要向省长和大学区督学提出有关初等教育方面的意见和建议。

（二）督学制度

法国拥有完整有效的督学制度。各级督学协助教育行政对学校的教育教学管理等各方面工作进行督导。

中央设总督学处，由教育部长直接领导。该处包括有国民教育督学处、教育行政管理督察处和图书馆督察处（该处由教育部、文化部双重领导）。其中初等教育制度、教学教育工作、教师培训与聘任等方面问题的咨询、审议和视导由国民教育督学处负责。

中央设的总督学处有总督学 199 名。大学区以下各级督学协助总督学工作。

二、地方初等教育行政

法国地方教育行政最大单位为大学区。法国本土划分为 26 个大学区。大学区总长由教育部长提名，总统任命。他代表教育部在本地区行使权力。法国要求大学区总长应拥有国家博士学位并做过校长或教授。其权力包括对本大学区内各级教育各方面实施权威性的管理指导与监督。在初等教育方面，大学区总长作为中央教育行政机构的代表负责决定初等教育机构的开办与关闭，教师的任命，最高惩罚的实施等。

法国地方教育行政在大学区之下设省督学处。法国本土有 96 个省，省督学即是所谓学区督学，是在大学区督学领导下，代表大学区总长在本省实施法律授予的教育行政权力。省督学不负责高等学校，主要管理省内的包括初等教育在内的其他各类地方教育。

初等教育传统上一直由地方管理。省长为省初等教育委员会主席。学区督学在省长领导下负责对初等教育的管理。这里需要说明一下，所谓学区督学最初是 1808 年帝国大学建立时设置的，领导本省的初等教育。1947 年法国颁布法令规定学区督学即为各省教育部门负责人，所以学区督学已演变为省的教育局长，但仍袭旧称。

学区督学作为本省的初等教育委员会副主席具体地领导和管理初等教育，包括学校及班级的开设和关闭、教师指标的分配、教师及校长的管理、学校总务，以及任命省级考试委员会，审查考题。此外，还包括对义务教育的检查，对小学五年级学生进行学习过程中的方向指导，防止留级等工作任务。在各省初等教育的发展中学区督学起着关键性作用。如：学区督学要负责小学的开学准备。这里面有许多行政工作，也有不少需要协商的事宜。学区督学召开省劳资技术委员会（CTPD）会议，提请审议省内初等教育政策，研究教育部指示和小学经费问题。学区督学，要就下一学年教学的组织、学校和班级的开办、停办、职位分配的指标进行咨询。只有在收到学区拨给省的职位预算后，学区督学的咨询才可能进行。

学区督学要将有关开学的全部建议上报给共和国专员，如这些建议涉及到乡镇开办新学校或班级时，共和国专员则向镇长要求提交保证场所和财力支持的审议报告，如镇议会拒绝，则实施特殊程序。有关开学的一切措施由学区督学制定，并提交国民教育审议会审议。经过协商并通知有关镇长后，学区督学作出关于分配与撤消职位的决定。最后，劳资行政委员会举行会议，根据学区督学决定进行小学教师的人员调动和新教师的任用。

法国小学管理的一个重要特点就是国家与地方政府共同拥有开办小学的权力。

法国1983年7月22日法令第13条规定："市镇议会征求国家代表的意见之后，决定建立小学校、小学班和学前班。"乡镇要负担小学的建筑费用，设备投资，而小学是否开办必须征得共和国专员，即国家代表的同意。而共和国专员一般要采纳学区督学的意见。如国家认为在一个地区有必要开办小学，即使市镇议会不同意也可决定开办。

小学教育活动的计划与组织也体现出中央政府的最高权威。其实质是：国家与乡镇对话，地方国民教育当局把最近开学时接待学生的条件通知乡镇。学区督学总结全省就学情况，并向共和国专员呈报，提交省国民教育审议会审议。乡镇行政当局必须了解本地区和相邻地区的情况。

国民教育地方当局对学生人数进行预测，将就学前景通知乡镇主要官员。乡镇了解学校需要，及时采取措施是很重要的。国家与乡镇就几年以内的教育进行对话协商。对话应先在镇长和校长、镇长和省国民教育督学间进行，然后在镇长和省级咨询机构、镇长和学区督学间进行。

这里需要指出的是，1983年法国公布了一系列法律文件，加强了地方对教育的干预，规定了市镇管理初等教育，负责学校的布局、修建、财务等工作。但教学工作继续由国家统一规划。上述状况是法国教育管理逐步走向分权发展的一个实际反映。

法国承认私立初等教育。实施私立初等教育的是私立小学。私立小学的开办须向镇长、省长、学区督学提出申请。办学者的年龄为18岁以上的教师，私立小学校长年龄应在21岁以上，但没有文凭的要求。镇长或学区督学对条件不具备的私立小学有权提出反对开办，或对已有的问题严重的私立小学依法惩处，直到关闭。

在学区督学下设种类不一的省督学。对省初等教育发挥重要指导作用的是省国民教育督学。法国每40名教师为一个分学区，每一个分学区设一名省国民教育督学。他们在上至教育部下至学区督学的多重领导下，检查教师的教学工作，对学校发挥指导作用。

上面谈到的省初等教育委员会是一个重要的教育咨询机构，它监督检查教学大纲等国家规定文件的执行情况，接受咨询并提出建议，对省一级的初等教育发展发挥不可忽视的作用。

三、学校管理

法国的初等教育学校称小学，规模一般比较小。法国教育部公布的《教育与培训的统计数据与说明》（1990）记载：法国有 8000 多所单班学校，占初等教育机构的 13.5%。小学为市镇举办的初等教育机构，教育行政上隶属所在省的领导。学校设校务委员会，校务委员会由省督学、校长、市镇代表、省教育行政代表、教师代表和家长代表组成，负责制定学校内部规章制度，研究讨论所面临的问题，提出意见和建议。校长负责处理行政、财务、教学等工作，没有另外的职能部门，没有教导主任、财会人员、秘书的编制。但实际上法国小学校长权限十分有限，往往只局限在分配教育任务、检查教学结果，对学生实施停课 3 天以内的处分（停课 3 天以上要由省国民教育督学宣布）等少数方面。法国作为中央集权制的国家，它的初等教育虽然属地方，但统一性很强。教师是国家公职人员，教学大纲由国家颁布。在地方水平上，办学班级的开设、招生、校舍修建、设备购置都需要得到 1～2 个上级主管部门批准，人事、教学工作由省管理，市镇委员会还有权研究解决学校问题。因此，小学校长主要的职责是执行与贯彻各级行政部门颁布的文件，进行常规的校内管理工作。

法国在教育管理上逐步改变中央集权的模式。受此影响，从 20 世纪 80 年代中期开始，作为初等教育主要机构的小学在管理上有了很大的变化，其标志是管理权限的下移。从 1985 年下半年起，小学调整了理事会。新理事会成员由三部分人员构成：校长、市长、负责学校事务的市议员、教师、学生家长。校长任主席，每季度要召开一次会议。该理事会除了建立理事会章程以外，常规性工作是讨论学校作息时间、活动计划、学校经费、儿童课后的看护、帮助困难生、学校与地方关系等问题，并提出自己的建议和意见。

同时，该理事会成员包括教师代表、家长代表、校外人士代表和省的国民教育代表。省督学为负责人。每年召开一次会议，讨论有关中小学联系、班级和学校网建立、困难生学习、教学活动计划的协调等问题。

1987 年 2 月 2 日法令规定，凡在两个班以上的小学，其校长应由小学教师出身者担任。被任命为小学校长至少应有 3 年教龄，为列入能力合格名册者，需接受培训并代理校长职务一学年，任命就职的校长仍属于原来的教师类别。

法国有关法律规定，学区长根据学区督学建议任命小学教师。小学教师的招聘由学区督学负责。1985 年 8 月 21 日法令和 1988 年 1 月 4 日法令规定，学区督学拥有接受教育部长委托管理小学教师的权限。小学教师的晋升、调动、离职、处分等均由学区督学负责。小学教师的短期假由省国民教育督学给予，长期假还要由高等医疗委员会干预。

四、教育经费

初等教育的经费由地方、省和国家三方面负担。经常费用（即新建、重建、扩建、大型维修和设备费）由地方乡镇承担。

1979年1月3日法国设立了全部经常费赠款制度，增加国家对初等教育的财政援助。法国规定：

对于有2000名以上居民的乡镇，赠款列入乡镇或乡镇集团的预算投资科目，为自选的建班、建校工程投资；

对于不足2000名居民的乡镇，国家依工程项目逐个给予援助。议会议员组成一个委员会，确定优先工程项目和补贴率。由共和国专员最后确定接受补贴的工程项目和国家援助的金额。

法国教育部长有开支的主动权。他估算开支总额，经与职能部门协商后向债权人签发付款清单，并颁布拨款命令。当然教育部长这种拨款审核人权力须在拨款法准许范围内行使。

根据1982年12月21日关于资金管理法令，省长为省共和国专员，是国民教育预算的第二拨款审核人。拨款范围包括小学在内的不动产投资、行政设备和学区督学处的投资。而地区首长为地区共和国专员，为该地区的公立教育机构的第二拨款审核人。

学区督学在初等教育经费管理中起着主要作用。学区督学在省国民教育督学协助下把中短期就学预测通知镇长，使之为相应的基建、设备工程做好准备；向共和国专员和国民教育审议会提供上述情况；保证使建筑符合学校工作需要和学前班、初小班的教学需要，组织各种会议，制定出最佳方案，并向共和国专员呈报，拟定优先投资的工程项目表，参加分配设备经费委员会的会议，并提出意见。

1996年，当时的法国总理曾在《教育与经济》杂志上撰文表示法国历来重视教育，教育经费占国内生产总值的7.3%，人均经费1万法郎。小学生和中学生平均费用为每年3.5万法郎，其基本投入都由国家承担。法国认为这是对未来的投资。

第六节 印度初等教育的管理

印度初等教育管理从殖民地时期到独立，再到独立后的发展经历了历史性的改变。教育事业由中央和地方共同管理。初等教育在印度是地方的事业，主要由地方负责管理。下面主要是从现状与改革的角度介绍印度初等教育的管理。

一、中央教育行政

印度教育管理的特点是中央政府与地方共同对教育事业负责。中央直辖区的教育管理由中央政府负责。地方性很强的初等教育也是如此，它的改革与发展的方针政策均由中央政府制定。

印度1976年宪法修正案教育条款规定，中央政府在加强教育的全民性和一体化方面负有更多的责任。中央政府与邦政府应根据宪法制定法令，加强对各级各类教育的管理。

印度国家的教育发展规划由中央和邦共同制定，并通过中央教育咨询委员会和邦教育局长联席会议讨论通过。

印度中央政府1986年取消了教育部，设立人力资源开发部作为中央教育行政管理机关。其职责是制定包括初等教育在内的各级教育的发展纲要，协调全国教育事业的发展。教育部设大学拨款委员会、全国教育研究与培训委员会、全国教育规划与行政研究所等职能部门。

1986年印度颁布的国家教育政策指出，中央教育咨询委员会在检查教育发展状况和为改善教育制度而采取措施中起着重大作用。同时，根据该文件决定印度建立了印度教育服务局作为专门的教育管理机构。

二、地方初等教育行政

印度初等教育主要是地方的事业，主要由邦政府负责。印度各邦根据宪法制定有关法律管理初等教育、普通教育和邦立大学，邦的教育行政机构为邦教育局。邦教育局内设秘书处，由秘书负责日常事务。邦教育局还设有各种职能部门负责管理邦的各类教育。同时还专门设有教学指导委员会，指导、协调、监督、促进各类学校的教学工作。

印度1986年出台的国家教育政策文件决定按照中央教育咨询委员会建立的办法建立各邦的邦教育咨询委员会。

印度认为，初等教育管理必须做到：

①所有有关人员必须参与。各政党，特别是其地方工作部门必须在地方初等教育方面发挥重要作用。

②教师必须参与初等教育计划制定和实施的所有阶段；

③地方社区必须参与到普及初等教育的各项工作中来；

④所有的机构和个人，包括青年俱乐部、自愿者协会、社会积极分子组织、地方发展工作者、退休教师、编外人员都应参与初等教育的工作。

邦初等教育行政组织是一个多层面的政治结构，该结构中的公共教育主管部门是对初等教育政策和财政负责的行政实体。为了加强初等教育行政管理，邦又分成若干学区，由联系公共教育的主任负责。学区又由学校组成。学校教育政策和计划的制定主要是集中在邦一级进行。

学校区主任拥有在初等教育、中等教育和高中教育范围内的广泛权力。他负责调整学校教育活动，提高整个教育系统的标准。每一位学校区主任都要对初等教育进行监督管理。学校区设各种视导员，作为学校区督导助理，协助学校区主任工作。一般来讲，每名视导员负责一个学片，约有 80～100 所小学。视导员定期视察小学，审查学校记录，对教学进行评估，为学校领导提供必要的指导，或向上级部门提出有关建议。视导员要对小学工作进行经常性的管理。

印度邦内不同学校区对初等教育的管理方式也不同。以对私立小学的管理为例。一类私立小学可以从政府得到资助，但内部管理由校长和董事会负责。这类学校在教师招聘、录用程序和提升政策等许多方面一般要遵照政府制定的有关文件。该类学校的学术视导由邦教育局的专家负责。这一类学校称为“资助学校”。印度还有另外一类私立学校，没有政府资助，高学费。这类学校被称为“没有资助的学校”。这类学校内部管理由校长和董事会负责。甚至对这类学校的学术视导邦教育局官员也不负责任。

三、学校管理

印度小学内部管理起主要作用的是校长。印度学者认为，小学校长的主要工作是有效地管理人力资源，包括合理地分配教职员的工作任务，监督与调整学校工作，提供必要的指导与帮助，促进教师职业的进步，提高教育质量。

印度的没有政府资助的私立小学校长拥有较大的权力，学校设管理委员会。校长与管理委员会实施学校的行政管理。接受政府资助的私立小学情况与此差不多，只不过是必须在邦教育当局所制定的规则的大框架下进行学校内部管理。当然，在学术上也要接受邦教育部门的督导和检查。而公立小学在内部管理上则处于自由放任状态。[①]

印度小学校长通过视导其他教师的工作，实现其领导职能。只有拥有 4 名教师以上的小学校长才能有效地进行其视导工作。这种视导一般是通过听课来完成的。印度不少小学校长每月至少听课一次，除此之外还要挤出时间听课或根据教师的要求听课。

印度重视社区参与教育管理。家长与教师协会（PTAS）是印度许多小学建立的社区参与学校管理的组织。家长与教师协会一般每月召开一次会议，讨论社会所关心的小学教育问题，其中包括：

①儿童的学习情况；

②学校设施；

③教学情况；

④文化活动；

⑤经费情况；

⑥儿童失学问题。

除此之外，学校往往还通过社区参与，向社区成员寻求经费的支持。从社区得到的帮助，学校一般用于体育运动和文化活动。

四、教育经费

印度教育经费有 4 个来源，即中央政府、邦（直辖市）政府、地方团体资助和个人捐赠。其中中央和邦政府拨款占教育经费的 80%，其中邦政府拨款又占大部分，学费收入占 18%，地方团体资助占 5%，私人捐赠为 3%。初等教育投资在教育总投资中所占比例较大，1980 年在印度政府的教育经费中，学前、初等教育就占 36.9%，超过 1/3。

1986 年印度国家教育政策要求保证教师能够有机会参与广泛的学校管理活动，强调这对于他们所工作的学校的发展是十分重要的。印度政府要求教师应该参与的学校管理活动包括：编制学校规划，短期安排课程设计和开发等。教师参加这些方面的工作对学校管理发挥着重要作用。因此，印度初等教育领域，特别是小学鼓励教师积极参与教育管理过程。

教师参加教育管理，特别是教育的决策过程，是教育民主化的一个必要的方面。目前，在教育改革过程中，印度初等教育管理方面正在不断地增强

① R. Govinda, N. V. Varghese, Quality of Primary Schooling in India, UNSCO, 1993, P. 82.

教师参与的积极性，探索建立参与的机制，提高参与的水平。[①]

第七节　日本初等教育的管理

历史上，日本教育管理的基本结构包括中央、都道府县、市町村以及学校等不同层次。明治维新到二次大战结束，日本教育行政的管理体制具有高度的中央集权性质，战后，经过教育改革，形成了中央集权与地方教育行政相结合的教育行政管理体制。

以下主要叙述日本初等教育管理的现状与改革。

一、中央教育行政

日本中央教育行政的最高机构是文部省，其在内阁统治之下专管包括初等教育在内的国家教育事务。在日本继明治维新以后的第二次教育改革中，1949年颁布的《文部省设置法》明确了文部省的任务、掌管事务和权限等：

文部省的任务（第4条）：

文部省的任务是振兴和普及学校教育、社会教育、学术和文化，是负有整体管理以上事务及有关宗教等国家行政事务的行政机关。

文部省的掌管事务（第5条）：

1. 表彰教育（学校教育和社会教育）、学术、文化事业的业绩者；

……

10. 计划、援助初等教育、中等教育和特殊教育（简称初等中等教育）事业的振兴；

11. 补助初等中等教育事业；

12. 制定初等中等教育的标准；

……

16. 制作并提供初等中等教育的教材、教具以及说明资料；

17. 通过以下方法，对初等中等教育的学校管理、教育课程、学习指导、学生辅导等各个方面进行专门的、技术性指导和援助：

（1）制作并提供手册、指导书及其他专门出版物

（2）为初等中等教育的教职员主办研究集会、讲演及其他活动

---

① R. C. Srivastava, Indian Education in Transition, National Book Organization, 1988, P. 265～271。

18．审定教科书；

……

21．发行初等中等教育用教科书以及其他教学用书、图书等；

……

1948年7月《教育委员会法》公布，该法规定了教育委员会的组织、任期、权限、事务等事项。根据该法规定，都道府县的教育委员会由7人组成、地方[①] 教育委员会由5人组成（第7条）；委员由选举产生、任期4年、每两年改选半数（第8条）；教育委员会的事务有：学校及其他教育机构的开设及废止、学校的运营及管理、教学内容的编制、教科书的选用、校长和教职员的任免和研修、教育用财产的管理、预算等……（第49条）。

选举产生教育委员会意味着战前中央集权式的教育行政结束，确立了民众统治、地方分权这一战后教育行政的新局面。但是1956年6月《地方教育行政的组织及运营法》公布实施，该法取代《教育委员会法》，规定委员由地方行政长官在征得议会同意后、从住民公选推举出来的人选当中任命（第4条），地方行政长官掌管教育财政（第24条）。教育委员由选举制返回到任命制，且都道府县一级教育委员会的委员长由文部大臣任命，这一明显变化表示教育行政管理重新出现了集中化的事态。

初等教育归属文部省内设的初等中等教育局管理，该局要制定教育规划、教育标准，指导地方教育行政机构的工作，审定教科书，指导教师等。该局设有高中科、初中科、小学科、幼儿园科、职业教育科、特殊教育科和教科书科。据1984年公布的《文部省组织令》规定，初等中等教育局小学科的所司事务包括：学校管理、课程内容和标准的制定、学生指导、学习指导要领的改编、教科书的改编、教学资料的提供及教职员的研修等（第29条）。

除初等中等教育局外，还设有终身学习局、体育局、国立教育研究所、儿童中心、日本教科文组织委员会等，这些机构都从不同角度对初等教育进行宏观的指导与援助。

文部省设中央教育审议会为最高咨询机构，其任务是应文部大臣的咨询、调查审议包括初等教育在内的有关教育、学术、文化事业的基本措施并向文部大臣提出建议。

对地方教育委员会进行指导也是文部省的重要工作。指导包括课程标准、学校管理、教学、教师等，指导的基本方法有：

---

① 地方：指市町村一级。

①向地方教育委员会下发通知；

②对地方教育委员会的工作进行指导，并通过地方教育委员会监督公立小学的工作；

③召开有关人员（校长、督学、教师等）会议，传达文部省文件；

④出版各种教师指南类读物等。

此外，文部省还设有督学，专门监督初等中等教育的工作，并设有各学科专家负责课程和教学方面的指导。

二、地方初等教育行政

日本全国共有一都一道二府[①] 和 43 个县，各都道府县下属又分为若干个市、町和村，各设有教育委员会管理地方的教育行政。

都道府县教育委员会由 5 人组成，任期 4 年，委员长由文部大臣任命。该教育委员会对市町村教育委员会的工作进行指导、帮助和监督，负责资格认定、任命、警告、去留及研修等事务，认可义务教育诸学校的班级编制，指导教科书的选用及提供等。

市町村教育委员会也由 5 人组成[②]，任期 4 年，委员长由所属都道府县的教育委员会批准任命。其主要职责是管理本地区的中小学校，具体工作有：

①设置小学、初中；

②对教职员的任命、警告、资格认定及去留，向都道府县教育委员会提出报告；

③对教职员的工作进行监督；

④负责教职员的研修；

⑤学校班级的编制；

⑥发放教科书；

⑦教科书的选用；

⑧教育机构的设置及设备、手段的提供等。

在地方自治的原则下，日本的初等教育从属地方教育行政的组织与领导，特别是市町村一级的教育委员会直接管理，到 2000 年为止，全国市町村立的公立小学占 99%[③]。但如前所述，文部省为从整体上提高教育的质

---

① 一都一道二府：指东京都、北海道、大阪府和京都府，受中央直属管辖。

② 但规模较小的町村，其教育委员会也可由 3 人组成。

③ ［日］久保义三等《现代教育史事件汇编》东京书籍 2001 年 12 月 P84

量，对初等和中等教育指导和管理的力度仍然很强。为此，1999 年政府出台《为推进地方分权的有关法律的调整法》，规定以往学校管理上的大部分权限转归都道府县教育委员会及市町村教育委员会管理，扩展了学校的处理权。这些缓和规定、分权化等改革现象势必会影响小学管理的发展方向。

三、学校管理

小学是日本初等教育的主要机构，管理小学学校运营的是以校长为首的学校组织。校长以下设有教头、教谕、教务主任、学年主任、生活指导主任、保健主任、事务主任、教科主任等。同时设有作为执行机构的校务分掌组织和作为审议机构的教职员会议等。

校长的职能是贯彻《学校教育法》，负责校务、人事管理、教学管理、设备管理等。校长要根据自己的信念，创造性地开展学校的运营工作。

教头是设在校长下面的一个重要职务，直接向校长负责。其职能有：辅佐职能、管理职能、教育职能、代理职能和代行职能 5 项。即协助校长进行学校运营的各种管理工作；协调校内各部门的工作和儿童的教育工作；在校长外出或因其他原因不在岗位时代理校长的工作；在原校长调出或去世、新校长还未到任之际可行校长的职能。

教谕专管学生的教育，每个年级专设教谕 1 名以上，但特殊情况可由校长或教头兼任。

教务主任的职责是：制定教育活动计划（包括教育目的的具体化，制定教育工作的重点，指导各学科各部分教学计划的编制，课程表的安排等）；承担教育事务工作（包括有关计划的提出，各学年、学级工作方案的提出，教科书的分配，出勤统计，入退学事务等）；教师的研修工作等。

生活指导主任的职责是：根据教育目标设置生活指导目标、计划，并动员全校教职员参加该项工作；校内生活指导（含课程内外全部生活的指导）；安全指导；加深对儿童的理解，采取调查、检查和信息交流等措施，特别注意儿童问题的早期发现，并制定相应的指导对策等；校外生活指导，在家庭、社区的协助下对学生进行校外生活的指导。

学校设有保健委员会，委员会由校长、教头、保健主任、儿童代表、校医（包括齿科医、药剂师）、社区代表等人员组成。该委员会负责保健计划的制定和研究，协调、促进儿童和教职员保健工作的开展，由保健主任具体承担学校保健的事务。具体工作有：学校保健计划的编制；健康诊断计划的实施；保健指导；环境卫生；设施检查；与学校养护人员、校医等有关人员的联系与合作等。

学校设有学年会，负责学年内学科的指导研究，学年事务，对儿童的理解和研究，教材研究，学年内人事调整等。学年主任具体承担学年的指导工作，负责根据学校教育目标编制本学年的具体教育目标，开展学年内的儿童研究，对重大问题的研讨，实现年级与年级一体化等工作。此外，还负责学科领域的活动及生活指导，学级事务，与家长的联系，学年内外的调整等。学年主任还要参加学校运营计划的编制，并协助校长搞好本学年的运营。

学校设有研究推进委员会，负责组织、推动全校的教育与教学活动。该委员会下设全体会、分科会和研究推动组织，研究主任则具体负责研究主题的设定、落实研究预算等。

事务主任作为校长的助理，负责教学以外的学校多种工作，即杂事。包括文书管理、财会管理、物品管理和后勤管理。

教科主任本来与教务主任、事务主任、学生主任一样都是学校的必要职务，但由于日本小学实行全教科担任制，对教科主任这一职务不够重视。教科主任的主要职责是指导学科教学、实施学习指导等。

日本小学内还设有各种校内委员会，如计划运营委员会，教科研究委员会，学校保健（安全）委员会，评价委员会等。如此，全体教职员从不同角度参与学校运营，既可以提高管理的民主化程度，又可以提高工作效率，促进学校运营目标的完成。

日本学校管理的评价分为三个领域：教育活动的运营管理；学校内部组织的运营管理；对外关系的运营管理。

东京都教育委员会对小学管理评价的具体内容作出了规定，其评价指标包括：

① 教育目标：学校教育的目标、年度目标、年级及班级的管理方针；

② 教育课程：教育课程的编制；

③ 生活指导与健康安全：生活指导、健康安全；

④ 教职员：组织、工作、研修；

⑤ 学校事务：组织管理、文件处理、出纳、经营管理；

⑥ 设施设备：学校用地、校舍、设备等；

⑦ 社区：同社区的联系。

其中 1～3 部分为教育指导活动管理，4～6 部分为学校内部组织管理，第 7 部分为学校与社区的关系。

随着教育评价理论的发展，社会学、伦理学、人际关系学的理论对当代日本学校的评价产生着深刻的影响。初等教育学校评价内容也由于教育改革的深入发展，特别将儿童的发展放在十分重要的位置上。

四、教育经费

日本公共教育经费由中央政府和地方政府分别从各自税收及其他收入中支付、共同承担。这是根据《教育基本法》有关“要确立各种设施制度，以达到教育的目的”（第10条）这一规定而实施的。税收的比例中多少用于教育由各级政府决定，一般来说，教育经费中的大部用于学校教育。

有关义务教育的费用，根据《义务教育费用国库负担法》（1952年）的规定，教职员的工资由国库和地方政府各负担一半，此外，国库还要负担教科书、学校设施等费用。

日本初等教育学校经费的来源：

作为初等教育主要机构的公立小学不收学费，而私立小学的开支则由办学者自筹，学生交纳学费。另外，中央和地方财政补助也是其经费的来源之一。1949年制定实施的《私立学校法》认定了“学校法人”（第3条），并规定“中央及地方政府……要对于学校法人给予私立学校教育所必需的补助”（第59条），1975年政府又出台《私立学校振兴补助法》，因此，私立小学可以得到政府提供的办学资助。

日本初等教育经费实际上可以从日本教育经费来源的分布、预算分配中看到。如1986年教育经费来源分布情况为：总经费1，690.1亿日元，其中国库投入42.7%，地方政府投入为57.3%。国库投入的42.7%中包括地方上缴税收为11.9%、国家教育资助为17.2%、国家教育设施和服务为13.6%。

又如1989年教育经费预算分配情况为：教育总支出1，690.1亿日元，小学教育占31.7%、初中教育占19.5%、高中教育占15.6%、特殊教育占2.7%、高等教育占11.7%、成人教育占7.6%、教育行政占10%①。

---

① Basic Facts and Figures about the Education System in Japan, March 1990, National Institute for Education, Tokyo, Japan, P60, 61, 57.

第八节 国际初等教育管理发展的若干趋向

一、重视校长的培训

在初等教育改革与发展过程中，小学校长起着十分重要的作用。美国学校研究与发展主任曾指出："正如拥有高等级演奏家的世界级乐队需要世界级指挥一样，拥有优秀教师的学校也要拥有相应的教育领导。"另外一份有关博茨瓦纳校长的研究报告更具体地阐明了校长作用的意义。该报告认为："学校有效领导不论是发达国家，还是在发展中国家，都是质量与有效性的最主要因素。第三世界国家的教育改革收效不大的一个原因就是忽视了学校管理者的作用。随着教育权力的分散，校长应该成为教育改革最重要的因素。"

因此，在21世纪要求提高初等教育质量的努力中，各国都十分重视对校长的培训。一些国家以立法途径制定有关政策确定参加校长培训是取得校长资格的必要条件。美国加利福尼亚州立法第44681款规定：提供经费，实施为期3年的校长培训计划，目的是改善公立学校环境，对学校与学生进步和教师新观念的形成提供强有力的领导和支持。加拿大安大略省《教育法》第41条分别规定，校长资格和校长资格培训课程申请者的条件。该法规定，校长资格培训由两部分课程组成，一为教师资格课程：二为校长资格培训课程。印度在教育改革文件中也对包括小学校长在内的教育管理人员的培训提出了具体要求和规定。

美国对包括校长在内的所有管理人员在职能与作用上的主要要求有五点：

第一，包括校长在内的学校所有管理人员都应该学会同家长进行合作的技能。美国学者认为，世界水平的学校要求学校全体人员与家长共同合作，分担责任。美国卡耐基青少年发展委员会在其发表的题为《为21世纪培养美国青年一代》一文中明确提出，应该在学校管理中给家庭以实质性地位，号召家长一起参与教育目标的完成，对孩子学习承担责任，并对整个学校工作进行评价。在所有社会部门协调努力改善教育现状的过程中，建立一个富有成效的学习环境是十分重要的。在这方面学校与家庭的合作是根本的一条。所以，面向未来的发展，提高教育质量，学校领导及全体教师必须学会与家长合作的技能。

第二，最大限度地使用迅速变化着的技术。使用新技术是面向21世纪中小学管理人员职能变化的一个重要方面。包括校长在内的所有管理人员都必须学习与教育有关的新技术。为什么会提出这种要求呢？美国学者约翰·希认为，这是因为技术进入教育过程的核心，……技术将使学校管理人员工作更有效，而不是更困难。总之，现代技术已经以整体的态势跨进学校教育的各个领域。而从目前看来，美国有相当数量的校长没有学过新技术，或只是让教师学，让秘书学。这种状况引起了人们的忧虑。美国有关研究强调，未来要求每一个中小学管理人员都必须懂得教育技术，这种教育也不仅是指计算机。校长和学校其他领导都必须在这方面成为教师的榜样。每一位有能力的学校管理人员都必须是教育技术专家。

第三，校长对重建美国教育负有重大责任，他们的管理方式应该从传统的执行型向教育型、革新型转变。美国学者指出，强有力的学校领导绝不是像专横的奴隶主那样去管理学校和教师。有效领导的真谛不在这里。好的校长是靠完成自己的承诺，而不是靠权势来实现领导作用的。教师们追随他，不是因为害怕，而是随时准备共同去完成校长的理想，因为在民主管理的过程中校长的理想已经成为每个教师自己奋斗的目标了。为了成为教育型、革新型领导，校长必须成为教师的榜样，是教学实践的范例，积极支持教师的深造，了解教学上的新发展，在工作中充满创造精神。

第四，校长必须实施临床管理。作为临床管理者，校长要为教师的行为作出诊断并寻找改进的途径。伙伴式的管理作为临床管理的一种也是适用的。好的教师管理应该以改进教学为目标。为此，调换不称职的教师也是必要的。

第五，校长必须同时是教育研究工作者。他们应该为提高教育质量进行理论探索和理论研究。

为了适应这种发展趋势，完成教育面临的紧迫任务，必须对中小学管理人员的培训提出新的要求，美国教育管理国家政策委员会在1989年就提出了改善学校管理人员培训工作的报告。美国一些教育工作者围绕这个报告提出了许多具有研究价值的意见和建议。其中主要有：

①制定任用学校管理人员有效的行为计划，以吸引不同种族、不同性别中的最聪明、最有才干的人。美国有关研究特别强调从最优秀的教师中培养学校管理人员。此外，美国少数民族，特别是黑人和西班牙语民族的教育落后，十分需要在这些民族聚居地区的学校管理者。同时，美国妇女虽然参加学校管理人员培训的人不少，但实际担任学校领导工作的极少。如在美国威斯康星州校领导为女性者占4%。这种状况也有待于改变。

②学校管理人员培训大纲的起点标准必须大大提高，以保证所有候选人员都具有很强的分析能力、高度的管理潜力、突出的教学成绩。应该用国家标准考试来评价准备接受培训人员的分析能力和行政工作的态度。有资格参加学校管理人员培训的是成绩达到四分制最高分段者。此外，还可以用国家证书确定的标准对他们的教学成绩进行评定。

③学校管理人员培训课程应注重一般性知识和主要技能。其中包括：社会与文化对学校教育的影响、教与学的过程、学校工作的改善、组织理论、政策分析的方法论、管理过程与功能、教育政策研究、学校教育中的德育等。

④大学的教育管理系、地方学校、学区、州教育部要协调，努力搞好学校管理人员的培训工作。这种合作关系为受训人员的临床研究、现场实习和知识应用创造了良好条件。

为了确保培训效果，美国教育管理国家委员会还提出了建立保证培训工作质量的机制。其一是：建立国家职业标准委员会，开展国家证书的考试工作，督促各州要求参加学校管理人员培训的候选人必须通过该项考试。其二是：坚持为学校管理人员培训大纲进行国家水准的鉴定。美国学者强调，高标准的培训大纲将会吸引越来越多有领导潜力的优秀教师，相反，低水平的培训大纲不会产生什么吸引力。他们认为，高质量的学校管理人员培训大纲应具有 8 个特点：

①有对培训学校管理人员工作的强有力的支持，有落实的各种机构；②全天离职学习；③与学校管理实际建立密切的联系；④设计合理的课程。保持知识掌握、能力形成和实际运用三者之间的和谐；⑤使用实验学习与合作学习的教学策略；⑥依靠评价中心对工作问题进行诊断；⑦有效地运用现场教学和实习；⑧包含上任后继续接受培训的内容，即对这些人员上任后最初几年给予咨询帮助和全面支持。

美国学者认为，一个高水平的内容丰富的培训大纲十分重要。他们指出，现在"通过的内容贫乏的培训大纲阻碍着新的高质量大纲的制定与应用，各州、大学、有关团体对低质量的大纲如此容忍，实在令人费解"。这种状况无法使学校管理人员的培训适应他们职能发生的变化，更无法选拔出优秀人才成为学校的领导者。进入 20 世纪 90 年代以来，美国这方面的研究正在继续，教育行政当局和教育工作者正在探索制定符合未来要求的、高质量的学校管理人员培训大纲，以克服在学校管理上存在的"危机"。

德国莱茵兰——普法耳茨州州立教师进修学院通过充分调研提供的详实资料，与培训教师、地方教育行政官员、大学专家共同研究制定了 1995～

1996 年最新校长培训计划。设置了领导艺术、开发新的教学方法、教育管理、学校发展、学会交流等 5 门课程。

校长们初到学院培训，首先是请校长们对学校制定的培训计划提出要求和意见，学校据此对教学计划作进一步修改，然后确定正式的教学计划。每门课程都设有教育指导小组。

德国中小学校长在教师进修学院的培训工作分三步进行。

第一步，在学院上课学习阶段；

第二步，返回本地区，再由参加学习的校长组成小组进行交流、研讨；

第三步，回到自己学校，结合解决工作中的问题，完成学院课题。这期间负责培训的教师要到学校进行具体指导。

英国中小学校长经常举行短期培训，培训注重实用性。英国校长协会制定包括 10 个方面的校长培训内容：

①校长个人的价值、视野和领导能力；

重点是：让准备上岗的校长认清其职位的价值；

②上岗后，应对学校进行分析，了解其以前的情况；

重点是：校长应能更好地对学校的优势、弱点进行评估；

③搞好教学管理，提高学生质量；

④交往技巧，如何管理别人；

⑤学校管理策略；

⑥学校政策制订及执行；

⑦学校财务及账目管理；

⑧如何处理好上下级机关的关系；

⑨如何处理好与社区、家长的关系；

⑩正确处理个人所面临的挑战及作为领导的压力。[①]

这些培训内容虽有学术性的理论讲座，但更多的是如何解决学校管理问题方面的内容。其重点是帮助中小学生懂得“如何管理”，而不是“管理是什么”，进行学校管理实际的研究，是一种实用性和操作性的培训。通过这些内容的培训，达到提高校长管理技能的目的。

英国许多中小学校长培训机构，在对校长传授理论的同时，注重与学校管理的实际和校长的需要结合起来，以增强培训内容的针对性。

如纽卡斯尔大学教育系培训校长有四个环节：①实际经验，是指校长在

---

①　庄益群：《英国、德国中小学校长培训经过及对我们的若干启示》，《外国教育研究》，1996 年第 3 期。

学校管理中，在与教师、学生合作中获得的经验。②让校长在培训之前仔细考虑从经历、经验中都学到、得到什么，以加快校长对经验的思考。③让校长形成整体概念。④测试校长在经过几个步骤的培训后，在新的环境如何运用所形成的概念处理问题，让校长掌握思考问题的方法，从而获得新的实际经验。这种培训方式主要是按照“讲授理论专题——学习有关材料，特别是学校管理理论专题——继续让校长学习一些材料——组织校长讨论”的程序进行。

二、现代管理理论对初等教育管理的影响不断扩大

在初等教育管理的各个层次上，不论是中央教育行政，还是地方教育行政，或是学校内部管理，从国际范围看，都在努力朝着科学化的方向发展。当然，当代的教育管理科学化已不再停留在规范、标准、效率、质量这些概念上了，它有了更加深入的发展。其标志就是教育工作者对现代管理理论主要流派的理论作出了比较深刻的分析，并自觉地运用于初等教育管理。以下是几种有影响的管理理论。

（一）古典组织理论

古典组织理论的代表人物有韦伯和泰勒，他们分别代表着不同的管理流派。

1. 韦伯——集权式

这种集权式的组织模式主张：第一，为实现一个组织的目标，要把全部活动分解成各种基本的作业，并分配给每一个工作人员，每一位工作人员都有自己相应的权利和义务，从而形成一个层次级体系；第二，重视规章制度在实施管理中的重要作用，以保证管理的规范化，并不受人员调动的影响；第三，管理人员要有固定的薪金和以资历及成就为基础的升迁制度。

同时韦伯对三种权威进行了区分：①传统的权威。这种权威倾向于继续保持现存的社会要求，而不适于社会变化。家族权威是最好的代表形式；②超凡的权威。这种权威仅属于一个人，其余所有人的感情及忠诚都投向他；③合理——逻辑权威。通过最有权威性的法令使权力合法化。其前提是法规能够正式地通过适当程序予以制定和更改，这种权威最好的代表就是韦伯的“集权式”观点。

当然，这种模式也遭到了多方面的批判。

首先，其原则有负效应。如，应当提倡自由意志的运用及平等的原则，它却把坚持规章制度作为最终的目的，而不是作为一种实现目标的手段；其次，非个性化的原则导致了士气低落；第三，以知识和能力来分工有时会压

抑创造性。同时，我们也应当看到韦伯的这种“集权式”模式忽视了组织成员之间在寻求社会、心理满足方面而产生的相互影响。在复杂的组织当中，行政官员在其有限的权力之中也不是一个全面的专家，因此在学校系统中存在着结构松散的状况。

2. 泰勒——科学管理

泰勒的思想对于20世纪初期的学校管理产生了很大的影响。他的主张是，管理者与非管理者之间的冲突可以通过提高公司的工作效率而得以协调；通过科学地分析时间及动作能够规定出一个人的最大生产效率。泰勒指出，如果在规定的时间内减少肌肉和心理活动的疲劳程度，就可以提高劳动生产率。同时他还相信奖金的重要作用。但泰勒的对提高效率各方面的分析以及通过薪水刺激来激发最适合的工作程序的观点并没有被管理者或工人完全接受。

（二）人际关系理论

这种理论兴起于1935年，其理论的假设基础在于通过满足雇员的社会、心理需求来激发他们更有效地工作。这种理论重视非正式群体在组织中的作用。

这一理论的主要代表人物是梅约·迪克森等，他们通过著名的霍桑实验来说明他们的观点。其中一个实验就是检测一下照明度的变化，生产效率都有所提高。因此，他们得出结论：照明度的变化并不能提高生产率。提高生产率的原因在于被试者对于实验的新奇性产生兴趣和自身受到了注意而产生的结果。这就是所谓的“霍桑效应”，也就是说，效率的提高是与个人的社会和心理的需求受到重视相联系的。

后来他们又做了一个群体实验，实验的目的是考察通过付酬的方式能否提高生产的积极性。实验让14名男工在隔离的实验室里进行交换机的电话接线工作。观察6个月，工作条件尽可能与正规条件相似。结果表明，工人对于什么样的是令人满意的日工作量建立了一个非正式的标准。生产多的在群体中被认为是冒尖，生产少的被认为是不合适的。

霍桑的实验可以说明以下几个问题：①在决定生产率方面，群体的标准是十分重要的；②非经济性报酬是十分有效的；③对于管理水平和报酬的作用不仅反映在个体身上，也反映在群体当中。由这项实验引出的研究包括：参与管理；“民主体制”；群体中存在着正式的和非正式的领导。

这种人际关系理论注重非正式群体在组织管理中的重要作用。而“集权式”和科学管理都侧重于正式群体的各个方面，因此科学的组织管理应当对这两个方面都有所关注。

（三）开放系统理论

20 世纪 60 年代，理论家们开始关注组织内部因素的相互依赖，开始考虑组织与其所生存的环境之间的相互关系，以及子系统之间相互关系。因此产生了开放系统方式，以取代传统组织理论和人际关系理论。这种观点强调输入输出的模式，同时组织要对反馈（feedback）有所反应，这种理论的合理成分源于一般系统理论。

一般系统理论认为组织必须从环境当中吸收能量、材料、信息以求生存发展，因此组织与环境之间的相互作用是十分重要的。同时系统又是由相同目标的众多子系统构成的。如学校当中课程、管理服务部门、食品服务部门可以看做是内部的子系统。而学校自身又是在学校区这一个更大系统与存在其中的最大系统之间相互作用的结果。这种系统的存在有两种状态：①自我平衡，即系统处于一种相对稳定的、平衡的状态；②失衡状态，即子系统失衡或它不能运用从环境中接受的资源。

因此一个组织的有效设计要考虑系统内部子系统之间以及与更大的系统之间的关系。不同的环境适于不同的组织生存，也决定了组织内部的不同关系。环境决定组织结构、类型和行为方式的原因有两个：①资源的依赖性；②自然选择。因此在设计组织的结构时，既要考虑控制环境对其输入，又要注意减少对环境的依靠程度。开放系统方式为科学分析地说明由于系统行为者相互作用而造成系统变化而遭到了批判。

古典组织理论、人际关系理论、开放系统理论对于构建满意的结构和管理模式提供了不同的视角。古典理论的组织结构其最高权力处于金字塔的顶端，同时由于以能力和知识为依据进行分工，所以其更多地关注地位和权力，而不是个人的社会和心理需求。而人际关系理论则注意到这一点了。系统理论试图结合二者的优势而形成最优的组织结构，并注重内、外要素之间的关系。这些模式对于组织管理都有一定影响。

在工业社会中，大规模的组织影响着个人的职能生涯。教育也是如此。韦伯理想的正规组织，是官僚式的，是垂直分布的。韦伯提出的权力的层次安排，雇员任务的专业性，劳动规则的详细与严格等管理思想在专业分工、提高全体人员的工作效率上有一定的作用。泰勒的“科学管理”也影响着正规的组织结构。他强调“工作实效”和“动作研究”，以提高劳动者的生产效率。作为对机械的和技治主义管理概念的一种批评性需要，这种理论强调劳动者作为人的需要，指出在官僚模式和正规组织之外存在着有意义的人际相互影响。人际关系理论开始注意人与人之间的相互作用。到了 60 年代综合集权式与人际关系理论的系统方法又出现了。它强调组织内部因素的相互联系，以及它与大环境的关系。这三种流派对于学校的组织结构都产生了一定的影响。学校既是严密的、同时又是松散的组织，是一个有选择的联系系统。

（四）学习性组织理论

学习性组织理论在20世纪末开始对教育管理的思想和实践产生影响。学习型组织理论最初由美国管理学家彼得·圣吉于1965年提出。由于彼得·圣吉没有就学习型组织的内涵作过明确的界定，著名行为科学家、哈佛大学教授克里斯·阿吉瑞斯（ChlisArgyris）认为，组织学习就是一个发现错误并修正错误的过程；管理大师斯蒂芬P·罗宾斯（StiphenP·Robins）指出，学习型组织是一个不断开发与变革能力的组织；哈佛商学院的管理学教授戴维·加文指出，学习型组织是一个能熟练地创造、获取和传递知识，并以新知识、新见解为指导，勇于修正自己行为的一种组织。学习型组织是组织通过全员创造性的持续学习，培养全新的前瞻性的思维方式，形成组织学习及整体动态搭配的局面，达到深度沟通，努力实现共同愿望，适应不断变化的环境，不断改革、创新，推动组织发展并完善自身。创造学习型组织对于个人而言是对自我的再认识和再塑造，对组织而言是脱胎换骨的改造和不断创新。

阿吉瑞斯的观点是：大多数组织进行的是单环学习。这种学习的目标实际上是适应环境，取得最大效率并延长组织生命，学会如何在相对稳定的环境中生存下去。当组织在学习过程中发现错误时，改正过程依赖于过去的常规程序和当前的政策。而学习型组织所进行的双环学习，是在学习过程中重新评价组织目标的本质、价值和基本假设，并对学习过程本身和学习方式提出质疑。当发现错误时，改正方法包括组织目标、政策和常规程序的修改以对规范提出挑战，其提出的截然不同的问题解决方法有利于实现变革，使组织的知识基础和价值基础发生变化，进而使组织解决问题的能力得到提高。

学习型组织具有如下一些特点：

①学习型组织的学习是组织的学习而不是个体的学习。

②学习型组织的学习是“习”重于“学”。它强调的是以培养能力为主的“习”，“习”重于“学”，是一种反思性的学习。从检查自己的行为开始，它比较注重过程性经验知识的探究和体验，接受知识着眼于提高自己行动的效果。

③学习型组织倡导“工作学习化，学习工作化”。学习型组织的成员将每一项工作视为一个学习的机会，从工作中学习新技能、新方法并促进专业知识的成长。同时，每个成员将学习视作一项必要的工作，每天不断地继续

学习，并培养终身学习的习惯，而不是将学习当作额外的任务与负担。

④学习型组织理论的核心概念是改变或变革。当代社会环境的变化有两个重要的特点：一是不确定性，这是指外部环境变化的各方面无法准确预测；二是复杂性，这是指包括政治、经济、文化、技术等诸多方面环境的变化以及各种因素相互关系十分复杂。这些变化为组织的发展提出了各种综合复杂的问题。而学习型组织理论正是因这种复杂的社会发展变化而产生和发展起来的。学习型组织以改善心智模式、团队学习、系统思考来提升组织的应变能力；以自我超越、建立共同愿景来成就组织，实现组织远大愿望和自创未来的能力。

⑤学习型组织所进行的是一种创新型的学习。由学者们对学习方式的分类可知，学习型组织所进行的是一种启迪智慧、开发悟性、培养能力以及挖掘潜能的学习。学习的过程是一个创造的过程，一个批判、选择与存疑的过程。参加1997年世界管理大会的管理专家认为“未来时代最成功的公司，是那些建基于学习型组织的公司”。

与学习性组织相联学习社团的建设也引起了高度重视。这种社团建设具有重要特点。建构主义学习理论是内涵于学习社团概念中的，它包含了学习者的观点。那就是说，学习社区是建立在一种理解之上的，这种理解是学生通过积极的建构而学习到的知识，而不是只是简单的学到的。关键的特点包括以下内容：

● 重点是在学习的过程，而不是在掌握那些孤立的技术上面，这是一个互动的课程，它在较早的知识中是被证实了有价值的，而且它还寻找到了新的前景。

● 学习被认为是一种社会经验，并拥有合作解决问题的机会。学生与其他学生，同时也和他们的老师交流关于他们的学习任务的问题和一些新的想法。他们也与学校中其他人开展交流，用延伸到教室以外的信息来加强他们的课程学习。

● 关注参与解决真正生活面临的问题。学生被看成是研究者，他们开始主动的学习，自己问自己的问题，而不是消极的等待老师去问他们。这样做使学生发现了新的学习机会，懂得了事物之间的关联，建构了新的知识。

● 学习是一个展示性行为。说明学生必须能够通过解释、创造类比和归纳之类的行为来展示出他们对问题的理解。

● 学生已经能够接触到多样的资源。开放和有弹性的环境，使他们既能够从图书馆，教师和社区中收集信息，也可以通过科技和互联网收集。

● 评估是连续的和在一定背景下的。反思是过程中固有的部分。学生和成年人一起加入到这个关键的活动来改善他们的学习和教学。

●教师角色在“促进学习的过程”与“去说什么事实的和概念的信息已经学过了”之间来回的移动。成年人仍然提问题，但他们这么做是为了唤起好奇心或让学生在思考中展开思维。

下面的表格总结出了反映在传统的和聚焦社团的学习形式中的范例的变化。

范式的转换

传统的和以社团为基础的关于学习和教学的观点的比较

传统的	以社区为基础的
·学生是信息的被动接受者。	·学生是积极的知识建构者。
·焦点放在孤立的技能，最终结果上。	·焦点既放在过程中也放在结果上。
·学习首先是一个独立的活动。	·学习强调社会的参与。
·强调获得少量的孤立的信息。	·强调建立联系，鼓励询问和解决问题。
·训练被看作是不连续的存在。	·训练被看作是与学习交织在一起的。
·课程是围绕着课本和指导建立的。	·课程从对真正生活的担心，学生的问题展开。
·信息的获得大部分限制在教室的信息上。	·信息的获得包括全球的信息资源。
·评价是总结性的和最终的；它聚焦在分数上。	·评价包括形成性评价；它着重于自我的完善。
·如果有任何限制的化，那就是用于反馈的时间。	·反思是过程的固有部分。

当代初等教育学校管理主要在以上四种管理理论影响下向着管理科学化的方向发展。而正在涌现出来的新的管理思想与理论必会使国际初等教育学校管理的科学化水平得到进一步的提高。

三、初等教育管理的社会参与水平不断提高

二战后，特别是50年代以来随着新技术革命的兴起和经济与社会的发展，教育在当代历史进程中发挥着越来越重要的作用，教育受到全社会的高度重视。初等教育作为教育的基本环节理所当然地与社会各方面建立广泛的联系，社会各方面也对初等教育发展给予关心、支持和帮助。在教育民主化的影响与推动之下，初等教育在宏观管理与其他管理层次上都主动地加强与社会组织及团体的联系，提高社区、企业、教师、家长参与初等教育管理水

平。

各种不同社会团体参与学校管理作为一种运动或趋势是20世纪60年代末70年代初首先在发达国家开始的。这种群众性的运动就是社会各界要争取实现学校的现代化、民主化，争取拥有通过自己的代表影响国家包括初等教育政策和小学现状在内的教育管理的权力。

当代教育的社会参与有几个主要特点：

（一）社会团体参与教育管理有法律上的保证

比利时于1970年，意大利于1974年，法国于1975年先后颁布了一系列有关教育管理民主化的法律文件。这些文件为教师、学生、家长和其他社会团体通过建立所谓参与结构参加教育管理提供了法律保证。比如，意大利1974年5月31日总统第416号令规定在教育管理所有层次上建立新机构——参与委员会，包括学校、地区、省的和国家的。

社会团体参与教育管理的权力在一些国家甚至写在宪法里。西班牙1978年宪法有关教育的第27条有两个主要规定。在第5款中规定："公众权力保证每7人拥有通过在有关方面有效参加下制定教育计划和建立教学中心的教育权利。"第27款规定："教师、家长及在相应场合的学生可以参加对所有依靠国家经费，通过法律程序由行政方面举办的教学中心的监督与管理。"

在美国，密苏里州宪法第9条确立了社会团体有对教育现状进行管理和监督的权利，对公立学校教学的监督权委托给州教育委员会。教育委员会由8名非专业人员（即非国民教育工作者—作者）构成。委员会是由州长根据建议提名并由参议院同意，在召开公开听证会后确认同属于一个政治党派的委员不超过4人情况下任命。

许多国家都颁布了一系列专门的法律、法令、条例来保证公民参与教育管理的权利，并对参与机构代表的组成、比例、选举办法和功能都作了详细的规定。荷兰1988年就通过了关于学校委员会的专项法律。该法具体地规定了包括小学在内的各种不同类型学校的委员会的组成人员要求、建立办法和职能。

法国1989年颁布的《教育定向法》就有专门一章《全国性的社会咨询机关》和有关班级委员会、学生代表大会、学校代表大会的专门条款。

（二）社会参与在教育管理的所有层次上都有相应的机构

当代初等教育管理上的社会参与，表现在各种层次的管理上，并形成了相应的机构，发挥着重要的作用。

国家层次上的参与机构：

许多发达国家都建立了全国性教育管理的参与机构。这种全国性的社会参与教育管理大致可分为三种类型：国民教育最高委员会、国民教育某一方面的全国咨询委员会和全国协调的委员会。

例如，法国和意大利的教育最高委员会，美国的教育协调委员会等。

法国根据1989年《教育定向法》的有关条款，为扩大社会团体对教育的参与提供了法律的依据。1990年法国总理颁布了关于建立教育最高委员会的法令。该法令要求把国民教育最高委员会与普通和技术教育最高委员会合并。新的委员会增加了家长代表、学生代表、社会经济领域的代表以及从事儿童校外活动的社会组织代表。

目前，法国教育最高委员会在教育部长或部长任命的主席领导下工作。在最高委员会里有中央教育行政代表、教师、家长、学生组织、家庭和儿童校外活动协会、工会，以及不同地区的代表。教育部长必须就有关国家教育的所有问题与最高教育委员会协商，必须向该委员会提供所有内阁起草的教育法律、法令和条例的草案。该委员会同时又是最高的受理上诉的机构，它要审查对教师和当地教育工作者破坏纪律的指控。

在美国没有上述的机构。但美国1979年开始建立了政府教育咨询委员会。由总统任命20名成员组成。该委员会有州和地方自治机构的负责人、国家公立的初等教育、中等教育和中等后教育行政代表、州教育委员会成员、教师代表和学生代表。该委员会的任务是为政府提供解决教育发展现实问题的建议，协助内阁协调其他各部和有关部门的教育领域内的活动。

除上述参与教育管理的形式以外，各国还有许多专门性的教育咨询社会团体、儿童游戏权利的组织和教师联合会，类型多样，职能不一，但对教育管理发挥着实际的影响。

美国在国家层次上这类专门性的教育社会团体就有30个之多，如印第安教育全国咨询委员会、双语教育全国咨询委员会等。意大利有学校改革社会委员会、家长咨询委员会、学生咨询委员会等。比利时有20个教育咨询委员会。

（三）地方层次上的教育社会参与机构

地方社会团体参与教育管理的水平取决于各地方教育民主化水平，教育集权化取决于各地方教育民主化水平、教育集权化的程度和实际情况。在一些国家地方参与结构的主要形式是咨询机构，不能做出重大的决定，如法国地方的教育委员会，而另一些国家的参与结构则具有权力的性质，如美国。

美国地方参与机构为州教育委员会、学区教育委员会。美国的这类委员会一般拥有较大的权限。

美国州教育委员会建立的办法不一。多数州教育委员会由居民选举产生，另一些州教育委员会由州长经过参议院同意后任命。委员来自商界、自由职业者、科学界、工会活动者等。委员会人数与任期也不一致。一般州委员会由 5～9 人组成，少数州由 10～12 人组成，任期 4～8 年不等。

州教育委员会拥有管理、组织、协调和咨询的功能。该委员会制定州教育政策，监督州所得到的初、中等教育经费是否按要求使用。该委员会每年都要审查州教育厅长及其职能部门负责人的工作报告。在一些州，州教育委员会权限还包括州教育局长等州教育行政首脑的任命。

美国州教育厅作为学校管理的国家机构是在州教育委员会（社会机构）领导之下工作，并且是它的执行机构，负责实施州教育委员会和州立法机关的政策和决定。

在美国，对州教育管理发挥直接作用的还有学区教育委员会。该委员会负责本区学校的创办和教育活动组织。一般由 5～7 人组成，任期 3～6 年不等。委员的产生比照市政选举办法。学区教育委员会的构成与州大致相同。

美国学区教育委员会拥有广泛的权限，事实上对学区的教育负责，在其职权范围内还要向居民征收教育税，分配征收来的教育税和州预算拨款。他们与任命的学校校长一起负责学校的预算，对学校教育过程进行总的监督。

该委员会每年都要制定教育计划和其他教育对策，如在职业定向、学校的医疗费服务、社会的和教育心理辅导等方面采取相应的措施。

意大利教育委员会的人员组成为 36～60 人不等，取决于省学校的数量和管辖范围。省教育委员会主要是协调机构，但它也对教师工作、财政支出、学校委员会等方面实行监督。委员会选举产生主席和学前教育委员会、初等教育委员会。

（四）学校教育的社会参与机构

教育的民主化要求尽可能早地在初等教育机构开始建立参与结构。学校的参与结构是多种多样的。其中有班级委员会、学生代表大会、班级教育委员会、学校教师委员会、家长委员会等。其他成员范围包括教师、学生、家长，还有社区代表、工会代表、企业代表等。这些组织的活动也都有法律的和官方文件的依据。

一些参与结构完全是由选举产生的，如学生委员会、家长委员会。另一些则一部分是选举产生的，一部分是招聘产生的。如班级委员会、家长与学生代表是由选举产生的，而其他在该班任教的老师则不经过选举进入该委员会。

班级委员会是学校参与结构的最基层。其他成员有家长和学生代表、任课教师，主席由校长或教务主任担任。

很多情况下，学校委员会是学校的真正管理机构。学校委员会的工作依照法律和官方文件进行。学校委员会的数量依照学校规模和学校的等级而定。但无论是小学还是中学的学校委员会成员的人数都有严格规定的。丹麦是10～13人，荷兰为9～14人，意大利为14～19人，西班牙为8～21人。

小学委员会一般包括教师、家长和校长的代表。只有中学才有学生代表参加学校委员会。除上述人员以外，学校委员会通常还有地方经济、社会、文化和其他方面组织的代表。有些国家如西班牙、意大利、葡萄牙、法国还有地方教育管理部门和学校的非教学人员的代表参加学校委员会。

学校委员会各个方面的数量、比例都有严格规定，不得改变。如1986年英格兰和威尔士教育法规定：地方教育管理部门机构成员代表占1/4；教育行政、教师和非教学人员（规模大的学校）代表占1/4；学校所在社区代表占1/4；家长和学生代表（小学没有学生代表）占1/4。

学校校长通常是学校委员会成员，但在一些国家如比利时、丹麦、葡萄牙、荷兰，校长在学校委员会里没有表决权。学校委员会设主席，但主席选举范围不一样。多数国家由校长做主席，在丹麦和意大利由家长代表做主席，在葡萄牙由教师代表做主席，在英国则从非学校集体代表中选举主席。

当今多数国家的学校委员会负责学校目标和任务的确定，预算政策的制定，内部程序规则的建立，与家长的联系，学校工作的监督与评价。正如西班牙王国1985年第2376号法令所规定的："学校委员会是管理机构，而不是简单的咨询机构"。

上述的一些国家社会团体参加教育管理的基本形式与结构的情况并不能完整反映世界各地的教育实际。但是它可以使我们对这个问题有一个基本的认识，这就是社会团体参加包括初等教育在内的教育管理是教育民主化的重要途径，对于教育的发展、儿童的成长有着明显的影响和作用。

四、选择学校运动的出现

本章前面在美国初等教育管理改革的部分，谈到了新自由主义对公立学校发展的影响。与新自由主义一起出现的还有新保守主义。新保守主义一方面大力提倡自由市场经济，一方面尤为强调传统、等级制度和道德的作用，它把权威、秩序、维持本民族"共同体"一致性作为追求的首要价值目标，并把它纳入一种新的管理结构体系。新保守主义思想通常是以某种矛盾的心情看待资本主义市场的：一方面把市场看作是财富和收入的生值者，一方面视它为道德与社会秩序的腐蚀者。他们抱怨目前在中小学、高等院校、军队、教会、企业中昔日权威的丧失。传统道德价值观念诸如克己、爱人、礼貌、勤勉、自律等都已荡然无存。联邦德国学者米歇尔·瓦尔采尔讽刺道，新保守主义者是一个膝盖跪下来向市场经济顶礼膜拜，另一个膝盖为被市场经济所吞噬的传统道德痛悼志哀。正因为市场经济的双重性之缘故，是私有财产，以及稳定、传统和贵族行为等高尚之类的概念而不只是市场成为新保守主义思想的内核。

新自由主义和新保守主义在对教育的看法上存在着一定的分歧，但二者最主要的相似点、结合点在于，他们皆认为建立在战后凯恩斯主义共识基础上的大多数教育政策是不妥当的，是影响国家发展的障碍。在教育领域，新自由主义和新保守主义是手拉手、肩并肩地战斗的。正因如此，我们经常看到新自由主义和新保守主义的名称被复合使用（如新自由主义—保守主义，新保守主义—自由主义）或相互替代使用。

20 世纪 70 年代出现的新自由主义和新保守主义思潮首先使一些发达国家开始了择校运动。这一运动波及到许多国家。下面以美国为例来介绍小学择校的情况。美国一些主张教育改革的人士认为，公立初等学校教育质量下降和缺乏生气的关键在于权力过于集中及由此产生的官僚主义。为此，他们主张教育管理权利下放给基层学校，对学校的内部事物不作硬性统一规定，而是让各校在教育和教学方式上有更大的自主权，这就是："校本管理"（School - based management）模式。同时，他们还提出，对学校的费用开支及其使用方式，学校本身应享有更多的支配权，政府官员或教育行政人员不应在这方面过多地干涉。在这种思想指导下，美国各州推出了三种新的初等学校模式。

（一）自由选择学校

长期以来，凡进入公立小学的学生，须"就近入学"。虽然使学生上学更方便，教师与家长联系更便利，学校工作和活动易得到社区居民的协助和支持，但其不足之处也很明显：一方面，"就近入学"使学校在生源和经费上有保障，但学校当局和教师往往开拓进取精神不足，竞争意识淡薄，致使教学质量徘徊不前乃至走下坡路；另一方面，因美国的住宅区贫富差距悬殊，而学校的办学经费又与当地人的财产税收相关，"就近入学"不可避免地造成富人区和贫民窟的学校在教育设施和师资力量方面的"马太效应"，造成贫富差别的再生产。自由选择学校的方式，在各学校之间引入竞争机制，使各校在吸引学生上展开竞争，给学校增加压力，使其在学校事务中勇于开拓进取，负起更大责任。

（二）租赁学校

州政府有关教育机构与个人或某一群体签订一份合同，由后者承担学校的管理工作，租赁者对包括教学大纲、教师聘用、教科书、招生等所有方面负责。租赁学校是在公立学校制度之内寻找的新的办学思路。租赁学校的租赁者在办学上权限和责任都很大，既要保证教学质量，也要满足学生及家长的各种要求。租赁学校既享有较大的自主权，同时在相当程度上受州教育行政的监督。

（三）私人承包学校

由州政府或地方政府与当地或其他地方的私人公司谈判并签定有关承包协议，由后者承包办学。它与租赁学校区别在于：租赁学校仍保留集体公有性质且受州教育行政的监督；而私人承包学校则突出私人两字，根据承包协议，私人公司签下协议后，可以从政府部门得到办学经费，并接管整个学校的管理权和办学责任，因而它的权限和责任要比租赁学校多。

上述三种改革措施正在美国推行。在自由选择学校，学生出勤率和升学率有了明显的上升，平均成绩也有了提高；租赁学校精简了行政人员，提高了教学管理水平，教师有更多的时间和精力从事教学工作；私人承包学校在提高教学质量、提高教学管理水平和发挥教师与学生的积极性等方面也取得了显著成效。

由于取得了这些成效，主张和支持改革公立初等学校的人士便加强宣传攻势，推动他们的改革进程，把这些新的办学形式推而广之。

五、私立学校的新发展

初等教育的学校一般是公立的，即由地方公共团体设立并维持的学校。私立学校是与公立学校相对的一个概念，是指由个人或民间团体开办的学校。这两个相对概念的出现应是在近代公共教育制度确立之后。实际上，在公共教育制度确立以前，具有初等教育性质的国民初步的、启蒙的教育一般都是私立的。例如，日本明治前的寺子屋，随着近代工业制度的逐渐确立而产生的公共教育制度，尤其是义务教育制度，使初等教育学校在很大程度上成为国家利益的代表。它代表国家各地区、各阶层共同利益，反映了现代的历史进程要求的办学思想，然而，公共教育制度从一开始就不仅仅代表国家的利益，尤其在英美国家。有人将公共教育类型分成英美型和普鲁士—德国型两种。英美型公共教育产生之初不仅仅反映了国家的利益，它反映了地方共同体的需要。当然，真正成为国家制度时，它反映了二者共同的需要和利益。而普鲁士一德国型则是由政府当局从上到下制定公共教育制度。首先，主要反映的是国家的利益、意志。因此，在英、美等国，公共教育重视公众群体乃至个体的意向，在设立公立学校的同时，仍尊重教会、民间团体及个人等设立的私立学校；在普鲁士、德国以及二战前的日本，公共教育的“公共”似乎就等于国家，学校系统强调的是贯彻国家的意志，在基础教育中独立于公立学校系统的私立学校是少数。

然而，随着新技术革命兴起和经济与社会的变化，私立学校以其内在的特点重新得到认可，并得到新的发展。在小学，对于入学的义务性、强制性已有所放松，在日本有的地方规定：只要按规定通过公立学校系统组织的考试就行。于是，进私立学校性质的私塾的小学生日益增多。究其原因，有一部分学生和家长是因为要避免公立学校内的暴力等不良行为；有的则是为了进有名大学而就读于私立的小学、中学一贯制的学校；家长对公立学校中严格的规章制度、体罚和管理主义、为适应高中升学考试而进行以学习为中心的生活、教师对工作不负责任的态度等不利于孩子成长的因素深感不安，希望为自己的子女创造更好的成长环境和受教育机会。

20 世纪 70 年代中期美国有 10.6 万所中小学，私立的学校有 1.8 万所，到 1983 年中小学校数量增至 11.2 万所，私立学校增加到 2.75 万所，占中小学总数的 11%。1991 年法国非国立小学占学校总数的 20%。拥有 2 百万学生，占学生总数的 12%，其中私立小学就占了 13%。联邦德国 30576 所中小学中有 1638 所非公立学校，其学校占普通教育学校学生总数的 18%。英国 1979 年 1200 所非公立学校。学生为 40 万名，而 1991 年非公立学校则达到 2500 所，学生增至 62 万人。①

私立学校获得一定发展的原因主要有：

第一，私立学校办学体制灵活多样，能充分考虑学生的特点，能满足不同儿童的不同需要。

第二，学校与国家的相互关系发生了重要的变化，一些国家开始以不同形式向私立学校提供财经支持。早在 1959 年法国根据当年公布的教育法案，私立学校可以与国家教育机关签订合同从国库中得到资助，条件是私立学校应接受国家的一定的监督。

德国私立学校又划分为二类，一类称作替代学校，一类是补充学校，第二类国家不给资助，第一类学校如果能满足地方要求，如修建校舍等，并以此节约了国家经费，便可以得到国家的财政支持。取得国家资助的条件还有如果这类学校能从整体上参与教育体系的发展，接收该学区所有希望上该学

① Annaaire Statistique de la France (1991), P. 1093.

校的儿童，国家资助还提供给学生注册人数占本地区学生数 50%的私立学校。

国家资助私立学校有两种形式，一是从国家教育预算直接拨款；二是间接的，向学校和家庭提供减税的优惠。德国和希腊多采取第一种形式，美国则多采取后一种形式，降低孩子在私立学校学习的家长的税金。

在国家向私立学校提供不同形式的资助的同时，国家也相应加强了对私立学校的监督，20 世纪 80 年代末开始到 90 年代的教育改革中，许多国家教育目标和标准的编制，从某种意义上说，也是国家与私立学校相互关系发生重大变化的一种反映。

私立小学的学习环境一般都比较好，教师的素质比较高，管理严格，学生的毕业成绩突出。与此同时，所有不同类型的私立小学都十分重视道德教育。在英语国家里私立小学往往设立训导员，对学生整个在学期间的活动进行管理领导。这些训导员主要的工作便是进行道德教育。此外，私立学校十分重视学生的自我管理，培养儿童的独立活动能力、责任感。

六、家庭学校教育运动的兴起

在本章第一部分已经把家庭学校运动作为美国初等教育管理改革动向之一作了介绍。当代美国的一种家庭学校教育“Home schooling”及其实践作为一种教育自由选择运动已推及其他国家如加拿大、英国、泰国与台湾、香港等地区。这种“家庭学校教育”指学龄儿童不通过公立的或私立的学校，而以家庭为基础与地点（home - based education），通过家庭的管理与实施而接受教育。父母或者监护人，在家庭或社区承担教育他们的孩子的责任并且开发与实施自己的课程标准。

以美国为例，就可以看出家庭学校运动的发展情况。根据美国国家教育统计中心（NCES）2001 年 7 月发布的统计，在 1999 年春季全美在家接受教育的学龄儿童（幼儿园到 12 年级，5～17 岁）已经达到 85～97 万左右，占同类在校学生数的 1.7%。家庭学校教育的人数还在继续增长。J. 诺尔斯(J.GaryKnowles) 将家庭学校教育发展归结为四个时期：争论、敌对、合作与巩固时期。17 到 19 世纪早期，在美国的殖民定居与西部大开发背景下，大多数父母在家里自己向孩子传递知识与技能，逐渐过渡到所在社区学校对儿童不分年龄地在一起接受教育。直到 19 世纪 70 年代后，国家与各州重视普通教育，建立学校，通过法律保障大众免费接受公众教育。教育的责任转向制度化的学校。到了 20 世纪 50 年代晚期和 60、70 年代，家庭学校教育实践重新受到家长与教育者的关注。一方面，由于公立学校所实施的毫无竞争力的教育活动，学校的教育活动不能满足家长的期望，一些人提出建立松散结构的、开放性的课堂与课程，他们发现社区在教育他们的子女方面可以承担重要的角色；另一方面，以伊里奇（Illich，I）为代表的“非学校化”思潮作为一种教育选择的影响，以及同时代教育改革家杜威（JohnDewey）、莫尔（RaymondMooore）与霍尔特（JohnHolt）等理论与学说大大地推动了家庭学校教育运动在美国的发展。由于学生被家长从学校拉出来，学校与家长为争夺教育控制权走进了法庭，开始相互对抗，大众媒体也反对家庭学校教育活动，许多家庭学校教育转入地下活动的状态。20 世纪 80 年代后，随着诉讼结果利于家长，学校认识到学校教育应该服务家庭，它是儿童应该享有的权利，学校与家长开始建立良好的合作，支持家庭学校教育运动。随着各州制定相关法律支持家庭学校教育、一些组织机构的建立与现代网络教育技术的运用，到 90 年代以后，家庭学校教育迅猛发展。

七、校本管理获得了重视

西方发达国家的“校本管理”是在 20 世纪 80 年代初逐步发展起来的。这个运动在各个国家的名称略有不同，美国称为“School - based Management”（校本管理），英国称为“School - site Management”（校基管理），澳大利亚称为“Self - management（or：governing）School ”（自管学校）。无论称呼如何，它们的实质都是政府向学校下放管理权限，由学校根据自身特点和需要自主地组织有效的教育教学活动，而且各国教育行政当局对于下放权限的内容同样都作了一揽子的规定。

西方发达国家实行这一政策是顺应“公共选择”理论提出的政府“掌舵而不划桨”的行政改革原则，为激发学校活力而提出的。他们有行政改革理论为先导，有企业 - 政府关系变革的经验为借鉴，有成熟的市场经济环境为运作平台，提出“一揽子”的方案有比较充分的执行条件。

“校本管理”的发展经历了三个阶段：第一阶段是整个 80 年代，是普遍在管理体制层面实行“校本管理”；第二阶段贯穿 90 年代，关注到“校本管理”与课程、教学模式之间的联结，即教学成就，但是限于理论探讨；第三阶段是近年来“更具系统的努力去建设学校的能力、去测量和监控学习的成就”。

◆思考题

1. 简述美国、英国、德国、俄国、法国、印度、日本等国初等教育学校管理制度。

2. 简述当代初等教育管理改革的主要趋势。

第三章　国际初等教育的教师教育

本章提要： 教师教育是培养师资，并对在职教师实施继续教育，促进教师成长的专业教育。本章从历史沿革、现状与改革等几个方面分述了美国、英国、德国、俄罗斯、法国、印度和日本初等教育的教师教育，概括叙述了当代初等教育教师教育发展的主要趋势。当代初等教育教师教育发展的主要趋势有：1. 在初等教育改革中影响的全局化；2. 目标演进的全面化；3. 发展的法规化；4. 教师教育的专业化；5. 教师教育课程的广博化；6. 终身化；7. 规格的上移化；8. 教师专业发展的主导性；9. 大学与中小学的共生化；10. 信息素养要求的普遍化。

第一节　美国初等教育的教师教育

一、历史沿革

独立前，美国的教育是宗主国英国教育的移植，没有自己独立的培养初等教育教师的体系。

当时是由新教牧师和学校董事会负责小学教师的申请工作，主要考查申请者的道德品质、宗教的正统性、政治态度和拉丁语、希腊语及基督教方面的知识。

独立后，特别是 19 世纪 20 年代后，在经济与社会发展的推动下，美国公立初等教育学校迅速增加，而后随着各州强迫义务教育法令的相继颁布，兴办并发展当时主要是培养小学师资的师范教育已经势在必行了。

1839 年马萨诸塞州为培养小学教师建立了勒星敦师范学校（Lexington Normal）。这是美国第一所州立师范学校，是美国师范教育的发端。1853 年伊利诺州创办了美国第一所私立师范学校，它要求学生能达到进入高校学习的水平。这些反映了美国西部师范学校的特点。东部注意师范性，西部重视学术性，美国师范教育形成阶段的这一特点在相当长时间内影响了美国小学师资的培养工作。

19 世纪末，培养小学教师的师范学校获得更大的发展，形成了自己的体系。当时师范学校为中等教育，学制 2 年，课程趋于一致。这一时期小学教师教育的一个突出特点就是积极接受裴斯泰洛齐、福禄培尔、赫尔巴特教育理论的影响。

贺拉斯·曼曾在师范学校里推广裴斯泰洛齐的教育理论。

1890～1900 年在美国形成了赫尔巴特运动。1892 年成立了“全国赫尔巴特学会”。德国教育家赫尔巴特的教育理论开始取代裴氏在美国的地位。

另外一位德国教育家福禄培尔的教育著作也对美国师范教育产生了重要影响。

正是由于上述这些近代卓越教育家思想与理论的影响，美国小学教师教育开始具有教育理论的内容与色彩。教育心理学成为小学教师培养的理论课程，裴斯泰洛齐和福禄培尔的著作成为教学的重要内容。

20 世纪初到第二次世界大战前夕，随着工农业的进一步发展和初等教育本身的进步，出现了建立教学专业（Teaching Profession）的要求，呼吁把师资训练变为高等学校 4 年制本科教育。

这一时期美国小学教师教育形成了以大学和文理学院、教育学院为主体的美国初等教育教师的教育体系。（见下表）

年份 校别	1870	1890	1910	1930	1950
师范学校	69	210	258	196	5
师范学院			11	140	138
大学、文理学院和多目标学院	9	25	110	503	765

这一时期的美国小学教师教育由于受到实用主义教育哲学和进步主义教育运动的影响，重在师范性，重在教师的就业准备和教学技能。在课程安排上教育专业课比重大，从 40％到 60％不等。与此同时，当时美国小学规模小，有许多一室学校，一个教师教几个年级、几门学科。所以师范院校所设学科课程浅而多，无法保证教师具有较深的学科知识和较高的学术水平。

第二次世界大战以后，美国出现了师范教育改革浪潮，小学教师教育也发生了相应的变化。

20 世纪 50～60 年代的师范教育改革浪潮是以培养学者型教师为中心的。这一浪潮对战前师范教育中的片面注意“如何教”、重教育轻文理、教学方法陈旧、教师证书制度混乱等不良状况进行了批评。

20 世纪 60～70 年代的师范教育改革浪潮出现在美国社会危机日趋严重

的时候，它是以培养在教育实践上善于处理种种实际问题的临床专家为中心的。这一浪潮对前一浪潮中出现的轻视教育专业训练能力的倾向进行了批评。

斯坦福大学在福特基金会的资助下，提出了“微型教学”(microteaching) 概念，强调教学的专门技能。在斯金纳程序教学理论影响下，出现了“教师能力培训法”和“以实施为基础的师范教育”(Performance－Based Teacher Education)。它们的共同特点是：①注重现代科学技术成果的运用，特别是应用信息论、控制论、系统论来探索学校教育与教学的规律；②以培养具有教学实际能力的“临床专家”为目标；③强调以学校或现场为师范教育基地；④重视现代教育技术的应用；⑤考核重点是师范生的教学行为标准和解决实际问题的能力，而不是以书本为主的传统考试；⑥主张通过临床实践与现场实践把未来教师培养成为“革新者”。

总之，这一次改革浪潮是把师范教育直接引向实践，使师范生通过具有上述特点的培养，成为合格的教师。

20 世纪 70 年代以后美国逐步提高了对未来小学教师的要求，具体表现在对申请教师证书的要求上。如 1978 年美国佛罗里达州通过了以下法律：

①学生必须通过全国范围内学院标准化入学考试，这是获得学习师范教育计划的前提条件；

②申请初级证书必须通过有关的综合考试和州教育厅规定的其他程序；

③只有在完成了一年教学，并且达到满意水平和有关标准，或完成教育厅建议的一年实习期，才能获得正式的教师证书。

二、现行制度

现行的美国教育制度规定，美国初等教育教师均由设在大学的教育学院（系）培养，至少应取得学士学位。

（一）教师资格证书制度

美国教师的培养实行开放形式，只有获得教师资格证书才可在学校被聘任。美国的教师资格证书制度于 1825 年首先在俄亥俄州实行。由于美国分权行政制度的影响，各州的中小学教师资格证书制度不同，但在一些主要方面是基本一致的。

各州小学教师资格证书由州教育厅所属的教师资格委员会发放。一方面申请者可以向有关部门提供各种必要的个人文件和学历证件、专业证书等，证明已达到教师资格的标准；另一方面可以参加学院（大学）教师培训计划，以获得教师资格证书。

认可学院（大学）的教师培训计划是根据州具体政策制定的。1952年建立的全国师范教育鉴定委员会规定上述学院或大学必须能提供初等教育教师所需要的4年课程。此外，还有5%的大学教育院（系）的修业年限为5年。

一般在认可学院（大学）的教育学院（系），按对初等教育要求修完该州的教师许可证书规定的学分，取得学位者即可获得教师资格证书。

初等教师证书的有效期有短期的，4年左右；发给有学士学位的新教师专业证书，有效期8年；永久证书，给有45个月至5年教龄，且有硕士学位者。据统计，美国1982～1983年培养师资的大学教育系（院）有1 260个。只有通过在这些机构的学习，才能获得教师资格证书。

（二）课程

在初等教育教师培训计划里设置了学术课程和专业课程。其中，1～2年学习普通教育课程，然后根据成绩决定是否被录取正式学习。此后，学术课程占45%，教育课程占55%。学术课程要求掌握小学课程的科目，并对该领域有一个基本了解；专业教育课程是指教育学、教育心理学等方面的教学。具体设置情况如下：

①普通教育（又称自由教育）部分占师范教育4年学位课的1/3（40～44学时），包括社会科学、自然科学以及人文学科的学习；②专业教育课，包括教育史、教育哲学、学校本质、心理学、学习心理、教学评估、教学法及教学实习等课程；③学术性专门学习课程，把与基础教育有关的课程作为自己的专业。

普通教育课程在33个4年制课程中，要求39～90学期小时不等，普通教育课程包括普通心理学、地理学、外语等。

专业核心课程包括教育学导论、教育心理学、儿童生长与发展、教育与职业指导、测验与测量、教育社会学、教育史和教育哲学，时数为11～29学期小时不等。

学科教材教法课程包括小学各科教材内容、儿童文学、小学教师语言、体育和卫生、营养学、普通教学法课程、时数为12～29学期小时不等。

主修或专攻课程指主修与专攻教育学科以外的文理科目，有外语、各种理科课程及其他领域课程。时数为14～15学期小时不等。

自由选修课程时数为2～32学期小时不等。

一般要求4年制毕业生总共学习120～136个学期小时。

35所院校培训小学教师的课程计划

学科领域或课程名称	开设这些课程的院校数	不同的学期小时学分数	平均学期小时学分数
教育学导论	24	1至4	2.7
心理学——发展——测量	35	3至17	3.7
社会学——历史学——哲学基础	24	2至6	3.7
课程或教育问题	8	2至6	2.5
教学实习	35	5至14	8.9
普通教学法	9	2至4	2.8
阅读	19	2至4	2.5
语言艺术	27	2至5	3.6
算术	34	1至5	2.4
社会研究	32	1至3	2.3
自然科学	34	1至6	2.2
体育卫生	33	2至7	3.4
儿童文学	23	1至3	2.3
音乐	32	1至5	2.9
美工	30	1至6	3.3
教师语言	6	2至2.7	2.1
书法	3	0.7至1	8
儿童戏剧	1	2	2.0
视听教育	8	0.7至3	1.7
食品与营养	2	2至3	2.5
规定的专业选修课	4	3至4	3.2
小学课程	3	1至4	

资料来源：（美）科南特著，陈友松主译《科南特教育文选》，人民教育出版社，1988年，第416页。

（三）继续教育

美国小学实行的是根据其学位与工龄这些因素而划分等级的所谓“单一

工资制”。各州政府根据有关法律规定把教师的在职进修学分同工资等级挂钩。在纽约州的本杰斯特学区，教师工资从第四到第八分为五个等级。第四级要求具有学士学位，第五级要另外再加三十个进修学分，第六级需具有学士学位并再加六十学分，第七级还需九十学分，而第八级则需要具有博士学位。另外，进修学分也是从教师转为学校管理人员的必要条件。

美国小学教师的在职培训主要形式有：

培训日：每月一次，教师以学校或学区为单位进行教育科学的学习。

必修课程：地方学区按州教育厅的规定，要求教师在取得教师资格之后，继续在高等学校注册研习专业教育课程。

攻读学位：教师采用注册为高校部分时间制学生的方法来攻读更高学位。

暑期学校：这类学校旨在提高教师的一般专业素质。

讲习班：这种形式主要用来解决一个或几个在教学中普遍存在的问题。

研讨会：通过交流工作经验或教研科研成果以解决实际问题或提高教师的专业素质。

美国各地的大学有关机构还通过兴办暑期讲座、星期六——星期日讲座、业余授课等形式来更新教师知识，并使之取得必要的学分。而这些学分往往是和教师的级别、工资的提升相联系的。有的州要求教师在 10 年内通过进修取得研究生学位，并为此提供免交学费的优惠条件和加薪以资鼓励。

美国小学教师的在职培训除了上述的暑假学校、假日学校以外，在终身教育思想的影响下，这项工作越来越受重视，还成立了其他一些专门性机构，提供了一些新的条件。如 1976 年 12 月，美国总统福特签署了一项在各地设置教师中心的计划；1983 年 3 月，美国众议院通过议案，为加强数学、科学教师的在职进修和新教师培训投专款 2 亿 5 千万美元。

三、改革动态

1983 年 4 月美国教育质量委员会公布了题为《国家处在危险之中，教育改革势在必行》的报告。该报告尖锐地指出，“在美国新的数学、科学和英语教师中，有一半不能胜任本学科的教学工作”。《报告》在美国引起了轰动，拉开了美国新一轮教育改革的帷幕，引起了美国对包括小学在内的师资培养问题的重视。为改善师资不良状况，培养适应未来需要的教师，美国先后出台了许多关于师范教育改革的重要报告。美国教师教育的改革，突出反映在教师资格证书制度的改进，全国教师专业化标准的建立、教师专业发展学校（PDS）运动的促进和鼓励大学教育学院与地方合作等方面。

（一）教师资格证书制度的改进

20世纪80年代，美国初等教育面临教师严重短缺的危机。报考教育专业的考生素质低，迫使大学不得不降低录取标准，降低课程难度。与此同时，许多已经取得学士学位并有志于从事教育工作的其他专业人员难以进入教育系统。因此，美国重视教师资格证书制度的改进。

从20世纪80年代初开始，美国实行可选择性教师证书制度，各州大都提出并实施了“选择性教师证书（alternative certificate）计划”。该计划的具体做法是，已经获得学士学位并有一定的从事其他行业的工作经验者提出申请并交验有关证书，通过证书审核及能力测验后，申请人进入一所学校，一边在指导教师的帮助下进行教学实习，一边学习正规的教育专业课程。得克萨斯州申请选择性教师证书的人员，至少要获得18学分，并通过州教育委员会规定的教师资格证书考试、学区和学院（或大学）指导人员和校长的鉴定与评价，合格者将由他所在实习学校的校长、州“选择性教师证书计划”执行主任、学院（或大学）指导教师和学区有关专家推荐，获得单科教师资格合格证书。

美国教师资格证书由各州自行颁发，其证书多种多样，各州对教师资格的要求也不尽相同，这样一来，在具体的操作中出现了很多弊端，给教师在州际间的流动造成了一定的障碍。教师证书在全国范围内的适用性，就成为长期困扰美国教师教育的重要问题。建立全国性的教师标准组织，统一教师资格标准正是达到州与州之间互惠的基本途径。

为了保证教师资格证书发放的专业性和有效性，统一全国教师资格标准，目前，美国已开始在自愿的基础上试行全国教师资格证书考试，实行由独立的专业组织来实施教师资格证书的统一发放。

美国教育部要求禁发临时性证书。美国许多州曾在每学年之初为了解决教师不足的问题，授权各学校自行选定一些不具备教师资格证书的人员暂时从事教学工作，有州或地方学区发给“临时性证书”。这些教师一般在受教育程度上无一定保证，并且未经培训就担任教学工作，难以达到理想的教学效果。1998年，美国联邦教育部部长赖利在全国教育发布会中指出：“要求在未来5年内，所有的州都取消颁发应急授课证的做法。”同时美国许多人呼吁取消永久性证书。目前，美国许多人指责永久性证书制度，认为它是终身饭碗的标志，会使拥有者不思进取，最终导致教育质量的下降。因而，教师证书的期限由终身逐渐向规定期限方向发展。

此外，美国当局认为要加强培训，提高教师标准，奖励优秀教师，制定优秀教师标准并颁发优秀教师证书。

(二) 建立美国教师专业化标准

美国政府和学术界都认识到，高质量的教育标准，能帮助美国在政治、经济、文化等方面做出决定性的改进。建立世界一流教育的关键是教室里必须配备一流的教师，而保证一流教师的培养就是建立全国性的教师专业发展标准。

全国教师教育认证委员会（NCATE）于2001年颁布了《专业发展学校标准》，分为学习社团、责任与质量保障、合作、多元与公平、机构资源标准五部分。2001年颁布了数学教学的标准，2003年颁行科学、艺术、外语教师教学标准，不久英语语言与艺术标准也将出台。美国在教师专业发展标准方面突出反映出以下重要观点：

——强调教师的反思

——强调教师的研究

——重视建立合作伙伴关系

——重视组织教师学习社团

——重视教师来源，教师评估方式的多元化

(三) 教师专业发展学校（PDS）运动

教师专业发展学校（Professional Development School，简称PDS学校）这一概念，最早出现于霍姆斯小组1986年提出的《明天的教师》的报告中。[①] 1990年霍姆斯小组在其《明天的学校——建立PDS学校的原则》的报告中，把PDS学校看作大学与公立学校之间具有伙伴关系的一种新型机构。专业发展学校的倡导者借鉴医学教育中的教学医院的经验，认为为教师职业准备的最好环境是一所联系中小学和大学的临床教学学校。

20世纪90年代，美国出现了专业发展学校。专业发展学校的典型特征在于它的合作伙伴关系。经验丰富的中小学教师与大学教师组成合作小组共同负责对实习生的培养，使实习生有机会体验到教师各种角色的实践。专业发展学校担任指导的小学教师开始走进大学校园，担任一些师资培训课程的教师、辅助教师或客座讲演者。这种交流使得中小学实践具体问题能迅速反馈到大学教育学院，有利于克服大学教育学院重理论轻实践的弊端。

专业发展学校也注意在职教师的培训。得克萨斯工科大学的教师还在PDS学校为中小学教师开设了五门研究性课程。这些课程完全是针对PDS教师的需要和兴趣而开设的。如在一所小学开设的高级语言艺术课程，参加

---

① Holmes Grop. Principles for the design of professional development schools [A]. Tomorrow' s Teachers [Z]. East Lansing, MI: Autuor. 1986.

学习的教师根据他们自己的课堂经验形成了研究项目。

（四）美国小学教师培养新模式：社区学院和大学合作培养

美国现在面临小学教师的短缺问题。早在1997年，美国教育部长就指出：美国未来十年需要新增中小学教师两百万。美国目前的小学教师培养在数量上远远不能满足初等教育对合格教师的需求。造成这种状况的原因大概有四个方面：一、学龄儿童人数增长迅速；二、教师退休比例高；三、小班教学造成的班级数量增加；四、教师跳槽现象普遍。据美国大学教学学会（American Association of colleges for Teaching AACTE）1999年统计，1994年到2006年，公立小学生的入学人数会有不同程度的提高，有的州将提高20%；而许多教师临近退休年龄；师生比已由1981年20.0降至18.4，预计到2006年将降至17:1。其中主要的原因是班级规模的缩小；而使形势进一步恶化的原因则是小学艰苦的工作条件和较低的工资收入。

虽然参与教师培训项目的人数也在不断增加，1991年到1995年，参加教师培训项目的人数增加了6%。这种增加在一定程度上也缓解了教师短缺的问题，但以下三方面的因素预示着教师不足的现象还会继续下去：部分地区教师供小于求的矛盾特别突出，集中体现在农村和城市中心区小学教师的严重匮乏；大量的新教师没有完全取得教师资格；对少数民族教师的需求远远超过实际培养出来的数量。早在1997年，就有一项调查显示，公立小学学生中的三分之一是少数民族学生，而少数民族教师的比例却只占百分之十五。培养更多的少数民族教师，有利于缓解少数民族学生占很大比例的城区中小学教师的不足。

如果说数量不足是美国小学教师培养面临问题的一个方面的话，那么更为严重的是培养出来的小学教师缺乏教学实践能力，造成这种状况的主要原因是：美国小学教师的培养，主要是在本科或本科后阶段的普通大学进行的，而特别注重科研的普通大学的教学气氛淡薄，教师的教学责任感相对较差，而且缺乏对小学教育情境的了解。

为了解决小学教师培养上的数量和质量问题，美国推出了社区学院和普通大学联合培养小学教师的新模式。

美国的社区学院数量众多，分布广泛，遍布城乡地区，其少数民族学生所占比例远远高于普通大学的少数民族学生比例。为了能更多地培养少数民族教师、城区小学教师、乡村小学教师、有志于社区建设的教师，社区学院就设法对对小学教育感兴趣的学生进行教育和引导，使他们最终能走上从教之路。同时，为了保证培养出来的学生具有相当的学术实力，积极寻求和普通大学的联合。从普通大学方面来讲，繁重的科研任务使得学校对本科低年级投入不足，培养出来的未来教师教学实践能力较差。为解决这一问题社区学院和大学开始合作培养小学教师。其中衔接协定（articulation agreement）和伙伴关系（partnership）是普遍采用的保证社区学院与四年制大学联合培养小学教师的运行机制。

衔接协定主要规定学生顺利从社区学院进入合作院校的课程等方面的要求。从历史上看，社区学院学生要进入四年制大学，非常不易。原因是教师资格认证机关要组织单独的课程学习，而不承认学生在社区学院所获得的学分。衔接协定很好地解决了这一问题，使社区学院和四年制大学师生能共享双方资源，即社区学院的教学资源和四年制大学的学术资源；借助衔接协定，也有助于社区学院学生熟悉四年制大学的环境，为以后可能进行的四年制大学学习生活做好准备。

伙伴关系意味着比衔接协定更高水平的合作。更充分的合作是双方设定共同的任务和目标，然后合作开发课程。在这种合作项目中，学生一般先在社区学院接受准专业教育，然后就直接转入该社区学院的合作伙伴——四年制大学继续学习。除了学生可在有协定关系的两所院校学习之外，伙伴关系有时也意味着应用小组教学，或合作学校教师共同教学，共同举办暑假项目，做共同招生宣传，共同进行教学实习等。

美国教育专家等对社区学院参与合作，进行小学教师教育这一问题的看法大致有肯定和否定两种意见。

持否定态度的人士认为，教师教育开始走向更高水平的专业化发展方向，所以要求有更加严格的课程及其他方面的更高要求。教育应像法律等其他专业一样，要求从业者具备研究生学历，并应以文理专业本科水平作基础。他们担心在培养机构紧张的情况下，社区学院仓促上阵，会培养出不合格的教师，并因此有碍于教师专业发展事业。对社区学院的培养教师实力怀疑的同时，也针对出现和将要出现的教师短缺这一问题，提出了折衷性意见，提出：社区学院在必须要参与教师教育的情况下，应对所培养教师的层次和学科做严格的限制。培养小学或儿童早期教育教师；从学科上看，要培养非主要学科（科学、数学、外语、特殊教育之外）的任课教师。来自杰克逊社区学院的专家认为，教师的短缺是由于教学模式的缺陷造成的。他举例说租赁学校（charter school）就借助于计算机，大大降低了对教师的需求量，如果公共学校采用了这种模式的话，那么教师短缺问题将不复存在，这样一来社区学院就无需参与到教师教育之列，而应专心于对学生进行职业培训和进行转学教育。

肯定的一方则认为，“社区学院在教师培养方面的作用被降到了不适当的位置”（McCann，2001，p.4）。社区学院有进行教师教育的优势：根据分工，社区学院几乎没有科研任务，在教学方面有很强的实力，社区学院教师积累了比普通四年制大学还要丰富的教学经验，这对培养未来教师是非常有利的；因为以教学为主要任务，所以社区学院教师更擅长课堂管理，这有利于未来教师的管理技巧培养；社区学院的教学项目比较灵活，不但能自己培养教育学士，而且还能对学士或硕士学位获得者，尤其是对有志于教学的学科专家进行教育课程培训，以让其获得教师资格。另外，一些社区学院对现任教师进行专业发展课程的培训；社区学院的少数民族学生比率远远高于四年制大学，这有利于缓解少数民族教师严重不足的局面，也是和教育专家所倡导的教育力量多样化相一致的。

肯定的一方认为，今后要强化社区学院和四年制大学的合作培养，尤其是要扩大和强化衔接协定和合作伙伴关系。为了保证合作的顺利进行，应向学生提供咨询和支持性的服务。提供咨询的老师应熟悉合作项目的目的要求等。可从社区学院或四年制大学、小学中挑选有经验的教师充当顾问，对学生进行学术或专业上的指导和帮助。在合作培养小学教师的项目中，要在可能的情况下，增加合作的范围，争取小学的合作性参与，这些合作可采取让未来教师听课、实习、做小学教师的助手、做小学生的义务辅导员等多种形式，这样可以让未来的小学教师提前真实地了解小学生的需求、小学教师面临的挑战等，增加对小学教育的兴趣，从而为未来的工作做好充分的准备。

（五）鼓励大学教育学院与地方合作，提高师资质量，改善落后地区教育质量

自 20 世纪 80 年代以来，美国教育还一直面临着一个很大的困境：乡村及贫困地区与其他地区在教育资源和师资上存在极大的差异。同时，2002 年 1 月美国颁布了“不让一个孩子落后”的法案。为了使任何孩子都不落后，就要求所有教师都合格，师资的培养是法案实施的关键。该法案提出，到 2005～2006 学年公立学校教师要全部达到高水准：即大学毕业，达到所有认证标准，通过严格的州一级考试。从上述的师资现状来看，法案的颁布使解决师资尤其是乡村和贫困学校的师资培训问题显得更为迫切，它意味着国家要切实资助困难学校，帮助它们吸收更好的教师。

2003 年 2 月在第 108 届国会上，美国通过了“行动起来让所有儿童接受教育”的 2003 年法案，倡导高校与地方学校以及地方教育行政机构三者密切合作，通过这一途径改善贫困地区师资。法案将于 2004 年实施，它体现了国家对贫困地区师资建设的高度关注。这是美国针对乡村和贫困地区教育改革实施的又一个重大举措。法案提到，教师是影响学生学习成绩的最重要的校内因素。而传统的教师教育使教师难于迎接课堂挑战与困难，加强教师教育已经迫在眉睫。为此国家出台此项法案以改善师资水平。为实施这部法案，从2004年到2009年，每个财政年度国家将拨款2亿美元加强教师教育、改善乡村和特困生学校的教育现状。

第二节　英国初等教育的教师教育

一、历史沿革

英国初等教育的教师教育出现较晚。19世纪初工业革命完成之前，英国还没有出现系统的初等教育教师教育体系。当时基督教知识促进会办初等学校是靠师傅带徒弟的方式培训新教师。A·贝尔和J·兰喀斯特发明的导生制，实际上也是一种培训小学师资的特殊形式。19世纪中期工业革命对人的素质要求有了很大提高。与之相应，英国的初等教育有了迅速的发展。普及初等教育的问题受到英国政府的高度重视。初等教育的师资问题也提到了国家议事日程。1839年，英国枢密院教育委员会主席凯·沙图华兹提出只有加强专职教师的培训才能促进初等教育的发展，进而推动英国经济的发展。他专门派人去欧洲大陆考察师范教育。于是，1840年他以个人名义创办了巴特西师范学校，后归国家所属。当时还出现了其他一些师范学校，多为各教会团体所控制，课程除了强调神学之外，只限于小学课程方面的科目和简单的教学方法，学习期限为几个月至2年不等。

1846年，枢密院教育委员会发布文件，决定用国库教育补助金支付获得合格证书教师的工资。这样，英国小学教育作为一种社会职业开始摆脱由神职人员担任的历史。随后为满足初等教育对教师数量上和质量上的需要，大学开始参与小学教师的教育。1888年克罗斯初等教育委员会（Cross Commission on the Elementary Education）提议大学建立走读学院（Day Teaching College）培训小学教师。此后，英国曾举办了16个师资培训系和走读学院。但时间不长，这些院系均以中学教师为培训目标了，小学教师改归师范院校培养，形成了师范教育的双轨制。

1902年英国开始由公办师范教育培养小学教师。1904年英国开办了第一所地方公立师范院校——赫里福德郡训练学院。1904年以后英国形成了由国家宏观控制，大学、地方教育当局、教会团体参与的教师教育机构，即师范教育体系（包括地方私立培训学院）。培养小学师资的培训学院规模狭小，设备简陋，课程设置不一，师资质量差，社会地位低，这就造成了一段时期内小学教师教育混乱落后的局面。

二战后，随着经济的发展，社会民主化要求不断增长，扩大教育机会、延长义务教育年限、废除初等教育与中等教育的双轨制，以及开展继续教育成为英国教育改革的重要议题。英国公布的《1944 年教育法》，肯定了教育部和地方教育当局对教育事业的控制管理权，废除了教育的双轨制，宣布把义务教育延长到 15 至 16 岁。1944 年 5 月，以 A·麦克内尔爵士为首的委员会（1942 年由英国政府任命）向教育署提交了题为《教师和青年》的报告，该报告被誉为《教师宪章》。该文件为提高教师教育质量提出了 40 多条建议。同时，该委员会还提出了教育质量培训组织的两套方案。

第一，大学教育学院方案。克拉克爵士和伍德等人认为，战后英国教育的发展需要教师必须接受完整良好的普通教育、理论培养和职业培训。原来的师范院校难以完成这一任务，必须使大学运用其优势承担师范教育的任务。为此，①大学必须扩大职能，把师范教育纳入工作范围；②大学建立教育学院，作为本地区师范教育发展的中心；③大学必须改变只培养中学师资的局限，而积极参与小学教师的培训；④利用各种优势，开展教育科学研究。

第二，联合考试委员会方案。委员会主席麦克内尔爵士等人认为，师范学院一定要接受大学的指导，大学并无能力具体承担师范教育的责任，因此，大学和师范学校在联合考试委员会中应是平等的伙伴关系，必须加强二战前原有的联合考试委员会。

二、现行制度

（一）小学教师培养制度

二战后英国政府基本上按第二种方案调整了师资培训的事业。但是，在实际上大学教育学院方案获得了广大教师和社会各界的欢迎，因为它可以改善师范教育，特别是小学教师教育的规格和地位，统一标准，提高师资质量。所以二战后不久，就建立了伯明翰大学教育学院、布里斯托大学教育学院、诺丁汉大学教育学院和南安普敦大学教育学院等第一批地区师资培训组织。

二战后英国小学教师教育的模式主要有二种：

①学术性专业学习和师范性教育专业课程同时进行。教育学士课程就是这样进行的；

②先进行专业学习，获得学士学位后，再接受一年的教育专业训练，加

上述的研究生证书课程和一年制教育证书课程。小学专科教师主要是采用这种模式培养。

英国小学教师培养的标准按 1983 年 9 月英国实行的教师职能培养的新标准文件规定有三：

①教师在接受高等教育和职能训练过程中应有 2 年时间学习专业课，小学教师要学习与小学课程相关的课程；

②接受教学法课程的充分训练；

③小学教师应参与师范生的培养工作。

小学教师教育的课程包括：教育理论课、教育实践课和主要课程（有关学术性专业学习课程）。

教育理论课分必修课与选修课两种。必修课有：教育哲学、教育史、心理学、儿童发展、社会学。选修课有：比较教育、特殊教育、社区教育、多文化教育、教育行政等。必修课一般在前 2 年完成，而后学习选修课。在第 4 年还要学习至少一门研究课程。各科教学法课每周 6 课时，包括“教学材料的准备”、“教科书的使用”、“教案的制定”和“教学评价方法”等内容。教育实践课由教学技能课和教学实习构成。教学技能课包括“学校与课堂教学中的人际关系”、“学生个别差异与因材施教”、“语言交流中的问题”、“学习环境、班级作业、小组作业、个人作业”、“备课”等。教学实习 12 周左右，或集中一次，或分 2～3 次进行。由大学教学法导师和实习生老师负责。教育学士学位课程则要求学生用 140～150 个半天在中小学体验生活。

（二）英国小学教师培训制度

二战后英国逐步形成了现行小学教师培养制度，地区师资培训组织是担负小学教师培养与培训任务的重要机关。地区师资培训组织至少要有一个大学参加。其结构是多层次的，领导机构称“大学教育学院理事会”（Board Delegacy），负责学术标准和教学质量的机构是“专业教育委员会”(Professional. Board)，负责教学及日常事务的是设在大学内的注册处。总务处、科研处和办公室等。此外还有负责各学科教研的各学科教学研究会。

地区培训组织的主要活动有：兼顾“学术性”和“师范性”，统一课程要求及教学大纲和考试水平，保证“教师证书”的权威性；发挥大学的优势，大量开设培训课程，改革课程，加强课程的深度和质量，延长师范教育学制，实行三年制课程。地区培训组织在其存在与发展的 30 年间对英国的师范教育发展发挥了巨大的作用，彻底改变了过去人们印象中的师范学院只教上课那点东西的印象，师资培训的概念终于被教师教育的概念所代替，特别是为小学教师教育质量的提高和师范教育规格的统一发展奠定了一个很好的基础。

1963年10月英国公布了关于高等教育改革的《罗宾斯报告》，进一步加强大学与师范院校的联系，在地方师范院校中实施4年制教育学课程，该课程由有条件的地方教育学院开设，其课程设置、教学大纲和任课教师均由大学认可，学位证书由大学颁发。这样，英国包括培养小学教师在内的整个师范教育取得了大学的地位。以后随着师范教育的发展，1981年，英国完全停止开设低于4年制学位的教师证书课程。

英国现行的小学教师教育的机构有：大学教育学院或教育系，高等教育学院，艺术教育中心，开放大学等。招收高中毕业生，毕业后担任小学教师。

（三）大学教育学院或教育系

英国的综合大学一般都设有教育学院或者教育系。大学教育学院或教育系开设各类师资培训课程，招收已经取得学科专业学位、欲到中小学从教的大学本科毕业生。这种课程一般学制一年，主要学习教育理论课程，与大学本科专业一致的教学法课程，以及进行教育实习。学生学习结业后可以获得研究生教育证书（PGCE)。大学教育学院或教育系学生毕业后多数到中小学担任各科教师，只有20%左右到小学任教，但是目前这个比例正在扩大。

在英国，半数以上的中学师资由大学培养。九十年代高教体制改革后，原来担负师资培训任务的多数技术学院升格成大学，大学真正成为了英国师资培养的最主要力量。

（四）继续教育

英国初等教育教师继续教育的机构有：教师中心、教育研究所、教育学院、综合性大学等。培训的方式有暑期学校、讲习班、研讨会等。在实施进修计划过程中英国还把在职进修与学分、学位、提级、增加工资联系在一起，鼓励教师积极参加在职培训活动。

小学在职教师培训的课程主要有5类：

①补课性的课程，对象为学历不合格教师；

②高级研究文凭课，对象为有3～5年教龄的合格教师；

③教育学士课程，对象为非大学毕业的教师；

④教育硕士学位课程，对象为有意深入学习的在职教师；

⑤短期课程，为解决某些教育教学问题而开设，对象为广大教师。

在上述机构中，教师中心是英国小学教师在职培训的重要机构。该中心始建于20世纪50年代初期。目前该中心遍及英国各地，每个地方教育局都拥有1～2个教师中心，农村地区每个地方教育局都拥有至少3所教师中心。

教师中心在地方教育局领导下从事教师继续教育和地方课程编制的指导工作。教师中心组织的在职进修类型多样，形式灵活，特别是根据教师需要的短期课程，深受广大教师的欢迎。

在英国每所小学一般都设置专业委员会，由副校长兼任主任，成员包括学校的教师代表、地方教育当局的中小学总顾问、地方教师中心或大学教育学院的代表。专业发展委员会的任务主要有：为学校教师专业发展规划提供指导性建议、协调与监控；把教师具体的培训计划与学校整体发展相结合；提出年度的优先发展项目；与教研组组长和年级主任合作为学校教师培训具体内容提出建议。

（李军：《英国教师校本培训概况及动向》，教育科学研究，2003 年 7～8 期）

三、改革动态

20 世纪 80 年代中期以后，英国公众对教育质量日益关注。公众认为，他们作为纳税人，学校的教育成本效益低下，教师的工作状况与学生的学业成绩远远不能达到人们所期望的要求。而且进一步呼吁政府制定、出台提高教师素质、改善教育质量的政策。1983 年，英国教育与科学部以及威尔士事务部共同发表了题为《教学质量》（Teaching Quality）的白皮书。这份白皮书特别表明了政府对教师问题的态度。自此，英国教师教育的改革从来没有间断过，主要表现在：

（一）重视中小学校在教师教育中的作用

随着中小学校在教师培养中的地位和作用逐渐被人们加以重新认识并不断受到重视，中小学校已经不再仅仅是作为大学和高等教育机构的合作伙伴参与师资的培养和训练，而且也作为独立的教师培养实施机构承担起师资培养的任务。

英国初等教育教师培养一般都是由师范院校承担，在这些院校内进行。1991 年英国全国课程委员会发表了题为《国家课程、师范生、试用期教师和证书教师的职前培训》的调查报告。该报告认为，英国教师不适应新的国家课程和考试制度，刚从师范院校毕业的新教师就面临再提高的紧迫任务。由此英国教师职前培训模式从以大学校内分科教学考试为主向以中小学为基地、以教育教学实践为主渠道、以师范院校理论课教学为辅的新模式过渡。目前，在反思的基础上英国重视教师教育中理论和实践的和谐关系。

英国“教师培训署”（TTA）组织了对年满 24 周岁、未接受过本科或研究生教育的中小学在职教师的“毕业生和注册教师课程”（GRTP），采取的形式是参加培训的人员到教师培训署（TTA）指定的中小学校任教，在授课中得到指导和培训。中小学担负着培养和培训的主要责任。教师培训署已经在全国选择了1000多所这样的学校作为培训点，计划最终达到1500所。

中小学校作为教师教育的实施机构独立承担师资培养的任务，是近年来英国教师教育中出现的新趋势，也是教师培养的一种新模式。这种变化说明，教师培养和训练中的专业实践技能远远不能满足教师专业化的要求，从实践中学习，在实践中训练，成为英国促进教师专业技能和专业水平提高，进而提高教师质量的重要理念。

1992年初，英国教育和科学部要求4年制的培养小学教师的教育学学士证书课（GCE）至少有1/4时间放在小学基地进行，1992年6月教育和科学部在补充文件中又明确规定教育学士证书课程在基地学校教育教学实践为五周。

这样，小学实际上成了小学教师教育的主要基地，职业技能的培养受到重视，职前培养的实践环节被放在突出的地位上。目前，这场改革面临来自传统观念、模式和学校资源等方面的重重困难和尖锐问题，如何解决这些困难和问题，完善这一模式是一件很困难很复杂的工作。

（二）重视教师在职教育是英国80年代以来教师教育改革的一个突出特点

1985年3月，英国教育与科学部以及威尔士事务部再次共同发表了题为《把学校办得更好》（Better School）的白皮书。白皮书指出要把加强在职教师培训作为政府发展教师教育的新举措，所有教师必须定期参加在职教育，学校和地方当局要系统地规划。

实际上，英国是最早进行教师校本培训的国家。1972年《詹姆斯报告》就建议教师在职进修应从中小学开始。1988年以后，教师校本培训成为英国国家的教育政策。

英国教师教育改革走过了一条之字型道路。先是教师教育课程以教育学科，特别是哲学、心理学和社会学为主。这些学科是被认为是教师得以提高等级的继续学习的基础。但这些学科基础在20世纪80年代就已失去了自己的价值。其实践方面的原因是这些学科不能为师范生理解他们在教育中面临的问题提供适当的基础。此外，这些学科是从现实生活中抽象出来的，与现实隔离。人们期待给未来教师互相联系的不同学科知识，以有利于改善他们的实践。以大学为基础的课程没有能能够改善他们的实践。

从20世纪80年代初期英国就开始企图建立一个更成功、更有经济效益的教育，解决学校教学成绩低下等问题。为此加强了国家监管和教师能力的培养。1990 年以后几年间英国政府企图弱化教师教育与大学的联系，提出以学校为中心的初任教师培训。这种培训允许学校自己为师范生颁发合格教师证书。

当时，英国主流教育思想认为：每一个学校的体验对未来教师都是一个合适的模式；师范生只有从试教和观察别人的体验中理解、得到成为有能力教师的全面必要知识。换言之，学习教学被认为是纯实践和体验的过程和只有那些从学生反思获得的结果得到的理论才是宝贵的。

这种政策理念只强调教师能力，使教师的责任越加局限于监管学生并培养他们应付考试，束缚了教师的主动发展。而现实是：教师的角色越来越多，不仅是课程专家，而且是技术评价者，课程顾问，要对学校的更广阔的目标做出贡献。而这就要求重新认识教师在新的历史时期的重要作用，重新发现教师，促进教师专业化发展。

经过对这一阶段教师教育的反思，英国学者认为：教师专业化发展只有通过对实践的反思和拥有系统理论与研究才是可能的。学校生产大量学校日常的实践知识。这是学生和教师学习的基础。但这种两种人都需要理论知识，要求对改变实践的思考和操作进行理论思考，而这就要求大学与中小学新的联系。为建立这种联系和这种知识学习框架就应从战略角度来看待教师的专业发展。而这种新的战略角度就是当今时代的教师和教师发展，这也是教师在教育历史场景深度变换中一步一步开始被艰难地被发现的具体写照。

（三）重视校际间合作，促进在职教师专业发展

前面讲过的示范学校计划对英国教师教育发挥了积极作用。示范学校逐渐成为教师教育的基地和教师专业发展的中心，充分发挥了优秀教育实践在教师专业发展方面的积极作用。示范学校计划是依托于学校本身，植根于教师的实践促进教师成长的专业化发展途径。“示范学校”是英国政府授予一些公认的表现良好的学校的称号。这些学校是从全英国表现最好的学校中挑选出来的，代表全国最优秀的教育实践的典型，以共享并传播优秀实践为目的并提供这方面成功案例的学校。示范学校计划的实施正是通过促进教师的专业发展来提高整个学校的办学效果并从长远而言提高学生的学业成绩。在计划逐步实施之后，示范学校逐渐成为中小学校教师专业发展的中心。示范学校与伙伴关系学校的合作主要是通过专业者之间的知识交换所达成的。另外，多数示范学校都通过提供初任教育培训（ITT）、在职教师培训（INSET）、继续教育培训（CPD）和对申请国家校长专业资格（NPQH）的教师培训等课程推进教师专业发展。

英国教育与就业部2001年3月发布的《教与学——专业发展战略》中提到英国各级各类学校中有许多教师专业发展非常优秀的典范。但是相对于全国来说，这些学校仍只是极少数。政府希望有更多更好这样的优秀学校实践。因而政府决定在全国挑选出至少300所“专业发展示范学校”，这些示范学校的特色与专长就在于教师专业发展。此外，2002年示范学校计划的一项重要变化就是政府特别规定了所有示范学校都应将新任教师培训（ITT）纳入各校的示范活动当中，其目的是确保示范学校的成功实践能够传播到那些刚刚进入教师专业当中的新教师那里。

第三节 德国初等教育的教师教育

一、历史沿革

以培养小学教师为宗旨的师范教育在德国产生于17世纪末至18世纪。当时的德国正处于由封建社会向资本主义社会过渡的时期，史称绝对主义的时代。

1753年普鲁士政府通过对“教堂司事与教员训练所”的财政援助，使其变为国家的设施，成为德国最初的国家举办的培养小学教师的机构。

18世纪末到19世纪中叶，由于资本主义经济的迅速发展，民主主义浪潮的冲击，“狂飙突击”文化运动的兴起与发展，裴斯泰洛齐教育思想的深刻影响，为适应初等教育的发展，德国的教员训练所成为培养初等教育教师的一般方式。要想成为小学教师的人，首先要在初等学校毕业后通过考试先进预校（Praparandie），接受3年教育，然后再进入教师训练所接受3年的专业训练，专业训练由于受到裴斯泰洛齐思想和第斯多惠思想与实践的影响，学习内容比较广泛，包括德语及德国文学、数学、地理、历史、自然、物理、教育学、心理学、教学法、科学等。此后，教员训练所变成师范学校，招生的规格逐步提高。1848年德国小学教师要求所有的教师都必须接受大学教育，但是这种要求当时没能实现，相反，在1854年10月普鲁士颁布了针对初等教育和师范学校的《法令》，对师范学校的发展作了严格的限制，规定只能教给未来教师最基本的知识。当时普鲁士政府的反动政策导致了师范教育的倒退。

这一时期，初等教育学校成为国民学校，是国民教育系统的一部分。师范学校在当时则属于初等教育系统，成为德国双轨制教育中社会地位低下的一轨。

20 世纪初至 60 年代末，除了二次世界大战期间以外，培养初等教育教师的职前培养得到了进一步发展，职后培训开始受到重视，实现了制度化。魏玛共和国的《魏玛宪法》中有专门涉及提高小学教师质量的规定。特别是其中的第 143 条明文规定“师范教育一律根据高等教育的原则来进行”。正是在这种情况下，培养初等教育教师开始在高等教育机构中进行，出现了一批师范专科学校（Pedogogische Acedeminen）。这类师范专科学校招收高中毕业生，学制 2 年，课程分为 3 部分，即学术教育、专业职能教育和实践教育。毕业要参加第一次国家考试，合格者须到国民学校实习一年，然后接受第二次国家考试，合格者成为正式教师。

1933 年，师范专科学校改为师范大学，1939 年所有初等教育教师都由师范大学培养，但希特勒法西斯政府使师范大学成为宣传纳粹思想的工具。1940 年希特勒政府又将师范大学降格为中等师范教育机构，将教师作为政治军人培养。

二、现行制度

（一）机构

二战后随着经济的恢复与发展，政治民主化浪潮的冲击，新技术革命的影响，培养初等教育师资的师范教育在人为分裂的两个德国均有很大的发展。联邦德国的师范教育在这一背景下，再次发展了魏玛时期的师范专科教育，招收高中毕业生，为初等教育培养师资。20 世纪 60 年代以后，师范专科学校升格为师范学院，学制 3 年，学术性教育比重加大，开始注重教育科学和学科教学法的研究。1970 年，师范学院被联邦德国大学校长会议吸收为成员，成为学术性高等教育机构的一员。此后，在科技与经济、社会与文化进一步发展的推动下，师范学院逐步并入综合性大学，实现了初等教育教师与中等教育教师培养规格的同一化和机构的一体化。目前，仅在巴腾符德堡州和图宾根州还有师范专业大学。1991 年德国科学委员会通过了革新德国东部师范教育的建议。

（二）课程

在综合性大学接受师范教育的未来小学教师按照与之相应的联邦德国教育职务一级考试章程进行学习和考试。修业期限至少为 6 个星期。所开设核心课程包括教育领域的普通教育学、学校教育学、心理学和社会学科的政治学、社会学和民俗学（任选一门）、哲学和神学（任选一门）。专业课程一门为基础学校教学论，一门为艺术学科或基础执教学科（要求不深）；实习课在假期集中实习 2 次，学期中间实习 2 次。

总的来说，德国初等教育教师培养所设立的课程中教育学科受到较大的重视，德国教育和教养联合会（NBE）曾建议，教育学科在上述课程中至少应占 1/3。

德国特别强调，师范生必须通过学校实践来运用所学的理论和技能，所以十分重视实习，学校实践课部分通过集中分散相结合的形式实施。具体规定为：学校教育实践与教学实践各 12 天。

学员毕业时须参加由国家组织的第一次教师职务考试。考试合格者根据所学专业参加初等学校见习，为期 2 年，进行教学实践方面的学习与锻炼。半年见习后可承担力所能及的其他教学任务。见习期满后参加第二次教师职务考试，包括笔试、口试和实际能力。考试合格即可在有关学校取得教师职位，成为公职人员，年满 27 岁后则成为政府的终身雇员。

（三）教师助理及其培养

德国联邦与州的文件《综合教育计划》建议设立教师助理。其工作范围为行政工作、技术辅助工作、教育助理等项工作。其目的是使教师摆脱日常行政事务，借助技术手段提高教学质量。这一建议后来在联邦德国得到了普遍的实施。

教师助理的具体工作有：对学生进行辅导，准备上课用品，帮助收集信息资料，在分组教学中担任较差一组的教学工作。

教师助理由专门机构培养。这一机构为教育助理学院。该学院招收 16 岁以上、实科中学的毕业生中有成绩优良毕业证书者，也可以是州教育部人事部门认可的同等学历者，经考试合格方可入学。

教师助理培养分 2 个阶段。第 1 阶段在教育助理学院，为期 3 年，其中第 1 年是基础训练；第 2 年在国立学校实习，每周至少上 22 节课，并完成协助教师上课的任务；第 3 年为职业训练。该阶段结束后须进行考试。第 2 阶段为服务准备期，为期 2 年，作为教师助理试用。第 2 阶段结束后进行国家第 2 次考试，考试合格者成为国家雇员。

（四）继续教育

联邦德国十分重视小学教师的在职培训。其在职的机构与组织是多样化的。

①州一级的教师进修机构。这是小学教师接受在职培训的最重要机构。该类机构在各州名称不同。如莱茵兰——法本次州的教师进修所；石勒苏益格——荷尔斯泰因州的学校实践与理论学院；北莱茵——威斯特法伦州的州学校和继续教育学院等。

②民间教师进修机构。这包括教师工会、教师联合会、有关学会等。

③基层教育主管部门建立或组织的教师进修机构与形式。如“教师进修中心”，组织的活动多为课余的短期进修活动，如考察、观察、参观等。

④一些高等学校专门为教师进修开设有关进修课程，这种课程的时间较长。

⑤远距离教育学院，专门负责用大众媒体对教师进行继续教育。

⑥初等学校。初等学校，即基础学校以自己为基地对教师进行在职培训，也是一种重要的形式。有些州规定有“教育学习”，每年 2 次，学校可以利用这段时间组织教师听有关报告，展开讨论，交流认识与体会。

上述几种承担教师在职培训的机构或组织承担着内容丰富的教师进修工作。小学教师在职进修的内容包括：

专业知识的更新与新学科的学习；

教育科学领域内的理论研习和讨论；

与青少年教育密切相关的社会问题的研究。

上述三方面内容可以是分别进行的，也可以是综合的。

20 世纪 70 年代开始，教师的在职培训确定为联邦德国师范教育的第三个阶段。但是前两阶段的职前培养（如前所述）与第三个阶段缺乏有机的联系。为了改变这种状况，奥登堡大学实行了一种“联络教师（Kontalehrer）”制度。这是联邦德国教师教育改革的一项重要措施。所谓联络教师就是由大学选拔、教育行政当局承认并任命担任实习教师指导的实习学校的在职教师。这类教师轮流担任，3 年一届。联络教师每周用 10 小时左右时间到大学参与师范教育计划的编制和组织。通过这种形式，联络教师接受在职培训的同时，又可以使学校的在职实践锻炼与大学里师范教育的理论和学科教育相结合，使实习教师的培训和联络教师的自身提高相结合。因而，这种制度成为实现联邦德国师范教育三阶段相互联系的有益尝试。

同时，为了确保小学教师具有必要的教育科学素养，德国要求加强教育科学教育，加强综合性大学的教育学院建设，保证教育科学课程的足够时间，设立附属小学，为师范生的实践与教育研究提供有利条件。

三、改革动态

教师教育是德国公众十分关心的问题。他们表现出对教师教育的不满情绪。对教师教育的批评集中在其理论与实践脱离上，大学学习的学科知识与中小学教学实际相差甚远，而且学到的知识又不知如何运用到中小学教学实际中去。1993 年汉堡会议对德国师范教育提出了十分尖锐的批评，认为现在的师范教育结构是过时的，师范教育内容的结构很成问题，执教学科的教学要求脱离实际，培养的教师不能正确处理社会问题。近年来不少社会问题，诸如新法西斯问题、排外问题、暴力问题、吸毒问题、艾滋病问题等等，无不反映到学校中来，使学生也深受其害，许多教师没有准备和能力解决这些新问题，这反映在师范教育方面，表明师范生对社会问题学习不够，准备不足。中小学中普遍出现学生学业困难、对学习不感兴趣、恐学症等等现象，而且情况越来越糟，这在某种程度上反映了教师对此无能为力。德国学者将此概括为教师缺乏“教育学理念”。

为克服教师教育的弊端，一些学者提出改革建议：

1. 应增加让师范生了解学校教育目的的内容；

2. 增加学科教学论课时；

3. 同时增加培养师范生的教育学理念的内容。即：组织师范生学习观察了解青少年；把儿童文学作品列入师范教育之中；增加当代关于青少年的形象的采访研究；让师范生或师范见习生把自已对童年和青少年时期的回忆写下来，相互交流阅读。

4. 加强专业化。这就要求进一步促进师范生决策能力的发展。这方面不仅需要对他们在执教学科方面进行深入的教学，而且也需要对他们在学科教学论、教育科学、社会科学方面进行深入的教学，同时应当丰富他们的实践经验，加强他们的实践锻炼。师范生的科学研究训练不应当放在执教学科方面，而应当放在学校教育方面。克服目前师范教育中职前和职后两阶段脱节的弊端，使它们结合起来。这方面加强包括教学内容结构的相互联系，教师的相互联系与合作。

第四节　俄罗斯初等教育的教师教育

一、历史沿革

俄罗斯对小学教师进行专门的培训早在 19 世纪中期就已开始了。19 世纪中期，当大规模的扫盲活动开始的时候，迫切需要小学教师，先后开办了女子神学校，女子中学师范班。同时为了推广农业技术知识并培训出能够对教学过程合理组织并具有广博知识的教师，还开办了中等师范学校(училище)。这些学校的目的就是为小学培养大批的教师。当时这些培养机构的师资水平都是很高的，如在中等师范学校（училище）里工作着圣彼得堡大学、莫斯科大学毕业的学生，著名的作家与记者等，而且他们还经常向俄罗斯初等教育领域著名的教育专家咨询并和他们保持联系。

俄罗斯师范教育发展的第二个阶段是在20世纪初，开办了教师进修班(учительская семинария)，不久又开办了教学期限为3年的教师学院(учительский институт)，学院接收的是小学教师，并且最初只招男教师。当时教师学院同其他的学院一样并不提供高等教育，只是把培训高素质的小学教师作为自己的任务。

对小学教师培养问题的极大关注是在十月革命后的1918年，当时，苏维埃政府宣布人民的受教育权为合法的权力，并首先实行了义务初等教育(直到1930年各地才实现)。这时教师学院提升为高等教育机构，在对学院进行国民教育的改造时，开设了学前教育部、初级阶段教育部。但是不久初级教育部与学前教育部相继被取消。当时人民委员中占上风的观点是必须首先培养学科专业人才，而小学以及学前教育工作者可以由任何教师担任。

自1930～1950年在俄罗斯并没有对小学教师进行专门的高等教育培训，但这不意味着师范学院回避解决这一问题。很多小学教师尽管不能在初等教育系接受专门的培训，但在师范学院的其他系里获得了高等教育。所以，在这一时期就形成了培训小学教师多层次、多级别的体系。小学教师，尤其是农村教师，首先毕业于中等师范学校，或者毕业于教师学院，然后进入高等师范学院函授部学习历史、俄语与文艺等专业，以此获得两门专业知识，从而使他们的专业拓宽。这种情况直到今天仍然存在。(其中教师学院在1950年末解散)

20世纪50年代末教师学院被解散，在小学教师的强烈要求下高等师范学院终于开设了小学教师培训班，后改为初等教育系，不久这个系又被解散。

初等教育系第三次出现是在20世纪70年代。在这之前很长一段时间里小学教师只得去高等师范学院获得某一专业的高等教育。

二、现行制度

原苏联解体后，俄罗斯经济与社会发生了重大变化。市场经济体制的建立对俄罗斯教育提出了多方面新的要求。1992午3月13日俄罗斯颁布了《关于俄罗斯联邦建立多层次高等教育的决议》。根据该文件要求，俄罗斯的高等师范教育体制打破了原苏联单一的、僵化的师范教育模式，建立起灵活多样的高等师范教育体制。

（一）多层次的教师教育

目前，俄罗斯形成的培养小学教师的多层次师范教育体系主要有以下三个层次：

第一层次：中等师范教育（相当于我国中专），招收不完全中学毕业生，修业4年，授予基础教育教师证书；第二层次：高等师范大学初等教育系，学制四年，招收完全中学毕业生，或者，在中等师范学院学完三年，优秀学生也可通过考核进入高等师范大学初等教育系三年级继续学习两年，授予学士学位；第三层次：在第二层次基础上继续学习一年，授予教师研究者专门技能证书。目前初等教育系能够攻读第三个层次的大学生比例还是相当少。这几个层次有机连续又相对独立，这种新的教师培养模式旨在构建合理的学术培养过程，使基础的和专业的知识有机地结合在一起。

圣彼得堡师范大学的小学教育系包括：

1. 不完全高等教育，学制3年，毕业授予不完全高等教育（儿童自由组合和延长日制班级教师）专业证书；

2. 基础高等教育，学制4年，毕业授予“小学教育”硕士证书和小学教师专业证书。现已建议将该学制延长至5年；

3. 完全高等教育，在基础高等教育水平上再增加2年，毕业授予有关专业的教育学或心理学硕士证书。这些专业包括：

加深人文学科培养的小学班级教师专业；

加深数学和自然科学培养的小学教师专业；

加深英语培养的小学教师专业；

指导小学生的社会教育家；

指导小学生的实践心理学家。

上述各种不同水平的教师教育都体现着普通高等教育与教师职业教育的有机结合。

（二）主要生源

师范大学初等教育系的生源主要有：

1. 完全中学（相当于我国高中）毕业生；

2. 在某些师范大学或学院附属下的完全中学的10、11年级（相当于我国高中）开设师范班的毕业生等。

（三）培养目标

俄罗斯小学教师培养目标与俄罗斯小学教育目的是密切相关的。1992年出台的《俄罗斯联邦教育法》中已明确规定：俄罗斯初等教育的目的就是形成小学生的个性，整体发展他们的才能，产生学习的愿望与掌握学习的技能。具体说，就是在小学阶段使小学生掌握必要的学习技能与技巧，学会读、写、算，掌握理论思维的基础，具有文明的语言与行为，培养基本的个人卫生与健康的生活方式。

为此，俄罗斯小学教师培养目标已从原来的培养教育技师，转变成为要求小学教师具有较高的一般文化水平和教育理论知识与技能，并且具有良好个性品质、高度的职业能力以及创造性掌握与运用人类积累的经验的专业人才。因而师范课程必须针对未来教师在教育过程中个人成长，针对考虑师范教育特点，发展学生们的职业思维。① 为此，师范培训的首要目的就是形成教师的个性，其次才是促进他们的师范教育思想和观念的进化，以及使他们掌握作为师范教育活动基础的专业知识。

俄罗斯学者一致认为，培养小学教师的高等师范教育应该遵循以下目标和原则：

1. 注意个性的一般发展与职业培养相结合；

2. 注重有助于学生作为教育活动主体发展的个性品质的培养；具有职业意义的个性品质的培养；

3. 注重有助于学生一般发展和形成适应不断变化条件的职业素质的基础和人文方面的培养；

4. 形成学生接受继续教育的主动性；

5. 专业教学考虑学生的兴趣，并使之能在相应的阶段对某一学科系列进行深入的学习；

6. 职业教育分段进行，使学生能获得不同水平的教育，一方面保证在向更高阶段过渡的考试中具有竞争力；另一方面，又能考虑到学生的现实能力。

如何实现这些原则，培养合格的小学教师，俄罗斯各地都在进行探索。

(四) 课程设置

俄罗斯实行多层次培养的教学内容均包括三个环节，即通识课程，心理学、教育学的课程和专业课的课程。通识课程改变了以往分科过细的弊端，而使学生对人、社会和自然形成完整的世界图画，并且发展学生一般文化；心理学、教育学的强化课程，是培养学生研究教育历史和教育问题的能力以及实践的能力，并学习各专业的普通教学法；作为小学教师的专业课程，在20世纪50年代以前在俄罗斯并没有对小学教师进行专门的高等教育培训，

① 参见 Иноземцева. В: Е: подготовка педагогических кадров в вузах россии//Педагогига. 2000 г. №6. C57－64

很多小学教师进入高等师范学院函授部学习历史、俄语与文艺等专业，以此获得两门专业知识，从而使他们的专业拓宽。这种情况直到今天仍然存在。

然而这种做法并不符合对现代小学教师的广博性与研究性的要求。为此，俄罗斯小学教师培养的专业课程设置，在削减了专业知识的难度与深度的同时加大了知识的广博性、综合性，并且对于已攻读完学士学位的有能力的大学生，又增加了一年学习时间以培养研究型的专业人员。

这种多层次的师范教育新调整的学制和课程结构，体现了深化整合学术教育与师范教育的新尝试，反映了时代对教师的新要求，提高了未来小学教师的质量。下面我们来了解一下俄罗斯的具体课程设置。受俄罗斯联邦教育部委托，由莫斯科国立师范大学于 2000 年编辑出版了初等教育与教学方法专业的五年制专业课程教学大纲，大纲中规定初等教育与教学方法专业的专业必修课为：①

1. 俄罗斯语言 2. 俄罗斯语言教学法 3. 儿童文学 4. 文学概论 5. 数学 6. 数学教学法 7. 普通自然地理学与地方志 8. 以保护动物生态环境为基础的动物学 9. 以保护植物生态环境为基础的植物学 10. 自然课教学法 11. 音乐教育教学法 12. 造型艺术教育教学法（包括绘画　雕刻　木刻等）13. 劳动教育实习课。这 13 门专业必修课总课时为 3480 小时，此外还有专业选修课与教育心理学培训的必修课与选修课，总课时为 4920 小时。另外，初等教育与教学方法系的发达的选修课系统是当代小学教师教育课程广博性的一个重要体现。这些选修课帮助未来教师开阔眼界，掌握交叉学科的知识。选修课程开设有逻辑学、伦理学、美学、地方志、动物世界、小学新教学体系、民族教育学、价值哲学、心理诊断学、20 世纪文艺史等等。这些选修课程努力最佳地发挥地方特色和针对学生个人的特点，有利于发展未来教育工作者的创造性才能和实行个别教育。

同时，为了顺应人们在科技发达时代的回归人文精神的呼吁，俄罗斯联邦推行“人文化”文化教育方针。削减了自然学科的课时比例，增加了人文学科的课时比例。在新的俄罗斯联邦中小学课程方案中，人文学科的课时比例已明显提高。在初等教育与教学方法专业的 13 门专业必修课程中人文学科所占比重也已超过 50%。

俄罗斯要求初等教育系实行国家教育标准反应了俄罗斯对培养专业人才

① Данилова. В. В: Программы дисциплин предметной подготовки по специальности 031200 – педагогига и методика начального образования // Москва. Издательство《Флинта》. Издательство《Наука》2000г

教育的重视和对未来的小学教师个性兴趣培养的重视。这样就有可能实现培养具有充实的人文知识、教育心理学知识和学科课程知识的专业人才。

（五）继续教育

据统计资料显示，1998～1999 学年大约有 10%的城市小学教师和 17.5%的农村小学教师未受过高等教育。显然，对于他们实现再培训和提高职业技能是一项重要的任务。俄罗斯于 1992 年 7 月颁布了《俄罗斯联邦教育法》，重申了教师进修制度，强调有针对性的、有成效的教师培训工作是改革学校教育的前提与保证，要求俄联邦各共和国必须不折不扣地贯彻执行"教师进修条例"。"条例"规定：每位在职教师有权利和义务参加每年暑假举办的约 80 课时的必定进修（与专业有关），有权提出申请经所在学校批准之后参加与其工作年限、业务水平相称的各种层次、各种类型的非必定进修（非本专业进修）。而且，教师参加在职培训可获车旅费及伙食补贴。

当前对在职小学教师的继续教育机构有从中央到地方的各层次的教师进修学院、师范大学（学院）、区、市的教研室。这些机构形成了教师从事教研、科研的网络。这一网络在俄罗斯教师继续教育过程中发挥主要作用。

俄罗斯初等教育教师进修活动的形式主要有：

①不定时进修，如报告会、研讨会、进修日等；

②短期进修，从 1 个月至 1 年不等；

③长期进修，形式有函授、脱产学习、自学等。

三、改革动态

（一）教育文化概念的提出与发展

教育文化概念教师教育观念上教育文化概念的提出具有一定的意义。教育文化的概念丰富了俄罗斯的教育理论，同时又称为俄罗斯教师教育新的具有民族特点的理论基础。

早在苏联时期，1958 年著名学者 G.N. 沃尔科夫就曾经提出过教育文化这一概念，他指出："这是与儿童教育直接相连的人民的物质文化和精神文化的环境；这是摇篮和摇篮曲；是玩具和童谣；是儿童的服装和游戏；是儿童的劳动工具和儿童的劳动；是儿童的饮食和儿童的营养……是儿童的节日，是他们传统的创造形式，年轻母亲的劝告，是老一代人的嘱咐，是青年人体育和其他类型的比赛，是学习方法，也是人们对培养新一代走向生活的观点的总和。"[①] 这里提出的是一个很有意思令人深思的问题。

① G.N. 沃尔科夫，教育文化的提出、内容和意义，《教育学》2003 年第三期，第 3～7 页。

但这里只把教育文化看作是人的意识形成的手段显然是不够的。教育文化这一思想在 20 世纪 90 年代初苏联解体以后，在俄罗斯的教育中得到了高度的重视，俄罗斯著名的教育家 E.B. 邦达列夫斯卡娅对教育文化作了四个层面的理解：第一个方面教育文化是社会领域，是保持代际关系，传授社会教育经验的手段；第二，教育文化是全人类的和民族精神文化的一部分，是包括教育理论，教育思维，教育意识，文化样式，实际事业在内的教育价值范畴；第三，教育文化是教师专业领域，它包括社会对教师工作的要求，教育的规律；第四，教育文化是所有从事教学和教育工作人们的个性的总和。此后，2002 年，俄罗斯学者 I.E. 维德特又进一步提出，教育文化是历史地发展着的社会教育财富的总纲。它包括社会教育理想、与之相适应的形式、方法、教育文化的主体。其中社会教育理想一方面反映在民间文化上，包括谚语，传说，童话，寓言，也反映在科学，理论和构想中，还反映在国家的制度和文件中；教育文化主体有种族，共同体，家庭，国家，社会，教师，家长，一定社会结构的代表，有关社会机构。教育文化包括三个维度：历史的，现实的和潜在的。历史的包括以往社会生活上建立起来的教育观点，规范和教育过程的手段与形式。第二个方面就是现实的维度，它反映着今天教育空间的特点，这是根据社会要求建立起来的教育活动的样式，其内容，形式和结构都符合按当时与当下的需要进行建设的原则。这种教育改造会形成一些僵硬的规范和要求，这种规范和要求是对于一定条件下学什么，怎么学考虑得不多。这就是功能主义教育水平，它是由广泛的，有组织的教师教育专业实践来完成的。第三种水平，包含着面向未来的思考，这是教育的首创，其目的是使教育制度符合未来的要求。但是，这些思考并不为当代人所重视，因为他们看不到明天或者不欢迎具有根本性的个性活动。

在俄罗斯师范教育改革与发展中对教育文化的深入研究和讨论时非常具有积极意义的。在理论上对于丰富师范教育思想，在实践上对于促进教师专业发展都会发挥重要作用。

（二）中等师范学校——师范大学的一体化的改革

近些年实行了中等师范学校——师范大学的一体化的改革，即不完全中学（相当于我国初中）毕业后可考入中等师范学校，学习 4 年，毕业后可再考入师范大学或师范学院初等教育与教学方法系，但可直接入 3 年级学习。也有个别学生中等师范毕业后，考入师范大学的其他系，对某学科进行深入学习，但这种情况比较少。这是因为初等教育与教学方法系培养的是复合型的人才，也就是培养的小学教师能够针对小学生年龄的心理、生理发育的特点，有能力进行多门课程的教学组织工作。完全中学毕业后，可考入中等师范学校，并从2年级开始学习，共学3年，这种形式事实上实现的很少，这是因为这种形式不如不完全中学毕业就考中等师范学校的节省一年时间。

（三）努力将培养小学教师的大学初等教育系建设成教学与科研的综合体

俄罗斯在努力从事教育科学研究的同时还着手创建培训高质量的小学教师的最佳体系。自1996至1997学年高等师范学院的初等教育系纷纷与其附近的中等师范学校建立教学——科研综合体，即《中等师范学校——师范学院》合作办学。中等师范学校的优秀毕业生通过面试被选拔入大学后直接升入大学三年级。这样既保证了未来小学教师的师范性，又为培养未来小学教师的科研能力创造了条件。

从以上的介绍中我们可以看出，俄罗斯对小学教师的培养是始终关注，并强调应重视学科教学。但也并没有回避解决这一问题，多数小学教师仍然获得了高等教育。据统计资料显示，1998～1999学年大约有90％的城市小学教师和82.5％的农村小学教师已受过高等教育。

（四）进一步发展小学教师培养模式的多层次性

目前，俄罗斯师范大学（学院）在小学教师的培养与培训中正在发挥越来越大的作用。各院校都在努力探索小学教师继续教育的新形式、新途径。这包括小学教师在中等师范学校毕业并工作一段时间以后，可考入师范大学或学院的初等教育与教学方法系的函授部继续深造，函授形式与我国大体类似，即平时是自学，定期交作业，假期进行面授。此外，也有人考入师范大学或学院的其他系，如历史系、数学系等接受高等教育。

（五）重视形成教师培养学生个性的能力

由于当前俄罗斯初等教育中对小学生的个性培养极为关注，为此，俄罗斯普职教育部着手组建各种类型的“发展性教学的教学法与心理学再培训中心”和“致力于个性发展的教育工作者再培训中心”。“再培训中心”的工作就是对愿意按新体系培养小学生个性的小学教师、各区教育机构领导者进行培训，并提出教学法建议以及帮助设计出对教学大纲和教科书鉴定的方案。

第五节　法国初等教育的教师教育

一、历史沿革

1684年法国天主教会的“基督教兄弟会”人士拉萨尔在里摩日开办了训练小学教师的讲习所，并附设专供实习用的“练习学校”。该练习学校没有得到承认，并且遭到强烈的反对。但是讲习所作为一个基础教育的组织还是获得了发展，师资训练工作也在不间断地进行。拉萨尔建立了法国第一所专门的初等教育教师的培训机构，这是法国乃至欧洲最早的师范教育设施。但其主要是维护法国封建专制统治，利用扩大教育影响，来打击具有资产阶级启蒙思想的新教派。

不久，1660 年在巴黎的圣·撒尔俾斯教区，天主教向路易十四陈述了在每一个教区建立培训男女教师的培训学院的必要性，要求恢复罗马天主教的信仰。可以说初等教育、初等教育师资的培养从一开始就与法国政治历史发展紧密地联系在一起。1794 年，即在法国 1789 年大革命后第 5 年，巴黎师范学校建立。巴黎师范学校中“师范”（normale）一词源于拉丁语 norma，意为判断事物所依靠的标准，本义为木匠的尺规。该词用于教师培训，把教师学校称为师范学校的背景是：在神圣罗马帝国天主教地区，主要是在哈布斯堡王朝的奥地利、意大利和德国，学校依然是传统与保守的，处在教会的强有力的控制下。奥地利女皇玛利亚·特丽莎（1740～1780 年在位）命令阿伯特·费尔卑格（Abbot·Feleiger）根据普鲁士新教学校建立培养教师的学校。阿伯特·费尔卑格 1774 年在西亚把他的奥地利教师学院称为示范（既师范）学校（Normalschule）。巴黎师范学校正是受了上述影响，才冠以“师范”一词，该校的一个宗旨就是建立教学能力得以评价的标准。当时规定，学生在巴黎学习 4 个月以后就返回原地进行教师培养的实践训练。

1831 年法国教育部长基佐主持制定了“大力发展初等教育和师范教育的法案”，并于 1833 年公布实行。该法案规定，为了培养初等学校所需求的师资，根据哲学教授 V·库森“教师创造学校”的思想，要求所有小学教师必须接受师范教育，决定由各省设立师范学校，由国家在地方设立小学教育鉴定委员会，由国家直接掌握教师资格的标准，废止了 1830 年以前宗教团体和教会推荐教师、颁发教师证书的权力。而进入师范大学的学生都属法国第二级教育系统。这一级系统的学生根本没有机会取得业士学位，更不可能升大学。如果他们想成为教师，就只有去师范学校接受必需的培训而成为小学教师。这就是两种教育制度造成的培养小学教师的师范教育制度。与接受大学教育的中学教师相比，正如汉斯（Hans Nickolas）所言，这是两个法国。此后形成的法国的教师培养体制是十分复杂的，由于历史上法国教育制度是典型的双轨制，一轨是上层阶级的子女在家庭教育的预备学校之后，进入中等学校，准备升入大学；另一轨是社会下层百姓的子女在初等学校、高等学校的基础上，升入职业学校或师范学校。这种制度决定了法国师范教育要与之适应，也形成了双轨体制。一轨是社会上层阶级子弟凡有机会接受大学教育，愿担任中学教师者，可通过培训或参加相应考试获得执教资格；另一轨则是社会下层百姓子女接受师范学校的教育。因为他们没有机会读业士学位，更不可能升入大学接受高等教育。法国师范教育实行严格的证书制度，接受不同层次的学历教育，获取不同的资格证书。按教师所受教育的类型和学历划分为等级，不同等级在不同层次的教育机构任教，其社会地位和经济待遇也有很大差异。在 20 世纪 80 年代后期，大多数小学教师隶属一个独立的与社会党有着密切关系的“工会”。由于他们的职业文化不是建立在“大学”的基础上，因而在教育上更加“信奉教学实践”。相反，作为具有大学毕业学历的中学教师，他们支持“学术派”。他们强烈认为，与教学实践有关的“教育实践”会“大大降低知识分子的地位”。这即造成了法国中、小学教师在地位、等级、学历、待遇等方面的严重差别。①

法国绝大多数共和传统的拥护者始终把初等教育的发展、初等教育教师的政治与学术地位与争取社会进步、政治民主的变革运动联系在一起，并为之进行了不懈的努力。

在法兰西第五共和国时期，戴高乐政府于 1959 年 5 月颁布了“教育改革法令”，奠定了法国现行学制的基础。该法令决定进一步延长义务教育年限，1986 年前，法国师范学校把获得业士学位的高中毕业生，作为招生对象，并对他们进行为期一年的职业学位培训。而未获业士学位的高中生要接受 1～2 年的业士学位的预备教育，然后再进行一年的职业培训。1968 年以后小学教师的职业训练延至 2 年。不久，1975 年法国通过了“法国学校体制现代化的建议”，进一步消除了教育制度中的保守主义影响。

正是法国教育改革的上述发展对师范教育提出了新的要求，这种新的要求集中表现在小学教师的素质上。因此，20 世纪 70 年代末，在双轨的教育制度被抛弃、双轨的师范教育制度被批判的条件下，以培养初等教育教师为目标的师范学校，在招生对象、学习年限、学历水平等方面逐步接近中小学教师的职前培训水平。

1969 年法国政府决定：小学教师培训机构为各省的师范，招收取得业士学位的高中生，学期为 2 年。这与原来有很大不同。过去师范学校开始只招收小学毕业生，后来“基佐法”规定师范学校招收对象年龄为 16 岁，持有地方发给的品行优良证明书，并没有明确学历要求。1932 年法国政府才规定只有初中毕业生有权参加师范学校的招生考试，学制 3 年，结业学历相

---

① 参见 The Reform of Initial Teacher Training in France . Journal of Education for Teaching, Vol.22, No.3, 1996

当于高中毕业。1979年法国教育部公布了教育改革计划。该计划规定了新的改革计划，规定了学前和小学教师培养的新方法。

1986年法国教育部对师范学校做了进一步的改革，规定师范学校只招收至少受过2年高等教育者，这就把招收对象的学历要求提高到前所未有的大学专科水平。同时该改革要求对录取者进行2年职业培训，即初等教育教师也必须接受4年的高等教育。而这就把原法国第二级教育系统中师范教育的学历层次提高到大学本科水平，从而使师范教育制度的双轨在教育层次上一致起来了。

经过半个多世纪的发展，法国以培养初等教育教师为目标的师范学校已经在相当高的水平上与中学教师培养水平趋同。

二、现行制度

（一）培养目标

1988年公布的勒逊报告描绘了未来面向21世纪教育发展的所需要教师的形象："一个因其知识与才能而受聘并全力以赴投入职业的人，一个不断获得职业经验或社会经验的人，一个能够完成相当多令人振奋的任务的人，一个富有真正的创造精神的人，一个准备承认从事吸取经验教训的人；一个能以其工作影响其工资待遇及职业生涯的人；一个从人品到职业都受到尊重的人。"①

法国小学教育的目标是保证学生在智力、道德和身体等方面获得全面的发展。法国初等教师教育的目标便是培养能实现小学教育目标的教师。在科技日益发展的当代，法国小学教育目标增加了使学生初步了解有关计算机和程序编制的知识。与此相应的初等教育教师的培养目标便增加了具有一定的计算机知识与能力的因素，为此，法国开办了计算机培训中心，对在职教师进行有关培训。

为了适应法国学校教育的宗旨与目标，面向未来，进一步提高教育质量，法国提出要发展真正的教师职业培训，并且明确规定了教师共同的基础培训的目标：

①掌握为设计、控制和更新学与教的情境所必需的知识、技能；

②了解学校和学生以及学生所处的经济、社会与文化环境；

③具备交流和信息技术方面的能力。

---

① 雅克·勒逊：《法国教育和明天社会》（苏文平译），《教育参考资料》，1988年第10期，第17页。

1989年法国教育改革中提出的教师教育的上述目标，强调了教师驾驭现代教学过程的动态能力；突出了对教师不仅要了解学校与学生，而且要了解宏观社会环境，特别是微观社会环境的要求；突出了掌握现代教育技术与手段的重要意义。因此，该目标体现出现代社会中小学教师职业培养的现代特征。

（二）机构

在世界范围的教育改革浪潮中，在欧共体经济与社会发展的背景下，法国在20世纪60年代进行多次教师教育改革的基础上，1989年进行了一次重大的改革，改革的宗旨是提高未来教师教育的质量，改革的中心便是教师教育机构的一体化。

如前所述，由于历史上形成的法国教育的双轨制，以及适应这种制度而建立的教师教育的双轨制已经远不能满足现代法国对教师的要求。二次世界大战以后，在改革教育双轨制的同时，法国以不断提高小学任职资格标准的办法来改革教师教育的双轨制。但这些在新的世纪对法国教师量与质的要求面前都显得无力，因此，1989年出台的法国教育改革方案为真正提高教师，特别是小学教师质量，提出了教师教育一体化的重大举措。这种举措主要是建立统一的教师教育机构。

1989年法国《教育方向指导法》第17条规定："自1990年9月1日起，在每个学区创办一所培训小学教师的学院，这些高等教育机构各自附属于本学区一所或几所在人员和资金上保证其法定职责得以履行的大学。……这些学院根据国家规定的方向进行师资的起始职业培训。这种培训包括全体教师需共同接受的基础教育和教学水平设置的专业教育。"[①] 该文件要求废除现行培养小学教师的师范学校教育制度，其中也包括地方教师培训中心，对法国各地初等教育教师培训与进修机构进行改造，使新建立的大学教师学院（IUFM）成为小学教师培养的唯一类型的教师教育机关，它使小学教师的理论培养、现场实习、教育实验结合在一起，统一由所设立的大学教师培训学院（IUFM）承担。法国17个大学区每学区各设一所大学师范学院。其最高决策机关为"管理评议会"，由该大学区行政长官担任议长。大学教师培训院院长由教育部长从该评议会提出候选人中确定。

1989年出台的、并从1993～1994年度开始实行的这一重大改革措施使"整体的法国教师教育第一次完全在大学墙内进行"，[②] 这样，法国首次实现

---

① 《法国教育改革》，第675页。

② GuyNeave，The Teaching Nation，1992，P，38.

了各级教师教育在完全高等教育水平的一体化。其变革的哲学就是：教师不论是中学的，还是小学的，它作为一种职业应该是一个完整的系统。其一体化的主要标志有：

1. 小学教师教育，包括职前培养、职后培训在机构上与中学教师的培养一体化。1989 年法国教育改革方案规定：大学教师培训学院不仅承担小学包括幼儿园教师的职前培养，还负责在职教师培训任务，承担教育科研、教师录用考试的指导工作。过去各种类型、不同层次的师范教育机构便不复存在了。

2. 小学教师培养在招生对象上与中学教师的一致化。根据 1989 年法国教育改革方案规定，不论是培养小学教师，还是中学教师，大学教师培训学院都只招收持有业士加 3 年（学士）学历者。大学教师学院又译为大学师范学院成为建立在 3 年制大学学习基础上的高等职业教育机构。这一方面统一了招收对象条件，又进一步提高了入学要求，即比小学教师职前培养招收对象从业加 2 年大学文凭又提高了一步，而与中学教师职前培养要求相一致。所有的报考大学教师学院者都必须拥有大学学士证书或同等文凭，这成为教师培养的最低标准。法国近年来一致强调教师职业要有一个相同的标准，主要就是针对基本学业资格而言的。教师教育生源的一致则从一个重要方面保证了教师职业的同一标准，推动了教师作为一个职业的整体发展。

3. 小学教师职前培养中的教育职业训练年限与中学教师统一化。1989 年法国教育部颁布的教育改革方案明确规定：不论是未来的小学教师，还是中学教师，在职前培养阶段均必须接受为期 2 年的教育职业训练。特别应当指出的是，这一规定把过去中学教师专业培养从 1 年延长到 2 年，表明了教育改革与发展对中学教师的职业知识与能力提出了很高的要求。

4. 毕业后所获得的学历文凭水平相同。1989 年法国教育改革方案规定：凡大学师范学院毕业者均获得相当于文学士的学位。过去多层次、多规格的，由不同师范教育机构颁发的文凭、证书，双轨制的不同师范教育的界限从此便消失了。中小学教师教育的学历水平上的完全一致，为提高初等教育教师的政治上、经济上、学位上的地位，为实现法国进步人士近百年的理想，进而为法国教育进入 21 世纪创造了有利的条件。目前法国已开始改变过去学校中长期存在的一种现象：学历高的教师职称高，所教的年级高，工资高，但承担的课程却很少。法国师范教育制度从双轨到一体化的发展，反映了经济与社会发展对教师要求的提高。

（三）课程

法国小学教师培养课程有 4 个方面。

1. 教育理论与实践

理论教学为389课时，实践部分为486课时，共875课时，占总课时的46.3%。这方面课程内容有：

(1) 理论部分

教育哲学、教育史、教育社会学、普通教育学、心理学、幼儿教育、残疾儿童的适应与一体化、外国和外籍儿童就学问题。

(2) 实践部分

幼儿教育学校实习

小学低年级实习

小学中、高年级学习

初中实习

责任实习

这方面课程内容与法国师范学校长期使用的法国教育部1953年规定的教育课程相比，在理论部分增加了教育哲学、教育社会学及涉及社会所关注的儿童教育具体问题的内容，在实践部分增加了为了解中小学衔接的初中实习等。

2. 学科教学

内含小学教育、幼儿教育所开设的各学科的知识和教育法，具体包括如下内容：

法语

数学

科学技术（其中有计算机教育70课时）

历史、地理、公民教育

体育

艺术教育

师范学校这方面的课程内容与1953年规定的课程相比，增加了科学与技术，删去了军事技术教育，而且课时大有增加，其课程数为795，占课时的42.1%。

3. 初等教育教师的行政与社会作用

这方面内容的设置也是一个改革。改革的目的就是将过去课程中教育制度与教师职业道德方面的内容再加上教育环境的内容成为一个新的师范教育课程范畴。其课时为120，占总课时的6.3%。该类课程内容如下：

(1) 理论部分

教育制度与职业道德

教育环境经济、社会、文化问题及其对学校的影响

学校的其他教育活动及成人教育

（2）实践部分

娱乐或文化中心的实习

劳动部门的实习

这方面课程与1953年开始实行的师范学校专门教育课程相比，突出了学校在变化中社会的开放性及教师在开放性学校中应有的适应能力。

4．选修课

选修课100课时，内容有：

第一类、第二类中的一门

一种外国文学和语言

一种地方文化和语言

幼儿教育

选修课即指在某一门课程领域里进行更深入的学习。这对于满足师范生个人兴趣与特点发挥，对于他们的能力培养有积极作用。

此外，欧共体委员会曾建议把欧共体国家的发展列入教育培训课程。这些课程建立的目的是培养教师做好移民子女的教育。不少移民子女掌握不好所居住的国家语言，并因此出现心理障碍。这部分学生数量不小，据1986年统计，在法国他们竟占小学生总数的17%。

（四）继续教育

20世纪50年代初期，法国提出了在职教师培训的两个不同的、互相平等的目标。其一是教师教学的革新与职业发展；其二是教师的个性发展。同时，法国提出只有实施制度化条款，教师在职培训工作才会有效。法国一方面强调在职业培训首先要在业余时间通过个人活动进行；一方面明确规定教师接受教育的权利，认为继续教育是教师职业活动的必要活动，至少应占工作时间的10%。

1989年7月，法国政府颁布《教育方向指导法》规定建立大学师范学院。大学师范学院就成为替代师范学校的小学教师在职培训工作的重要的组织者与实施者，对90年代法国小学教师继续教育发挥优势作用。

法国小学教师，在职期间享有一年在职进修的权利，可连续使用，也可以分期进行。20世纪80年代，法国各省建立的初等教育委员会积极参与了初级教师培训计划的制定和具体工作的组织。

法国小学教师进修的形式有：

1．长期综合进修（时间为3个月）。这种形式的进修由县督学和师范学

校（现在为大学师范学院的有关部门）共同管理。在一学年的第一学期，学员在师范院校参加为期12周的进修。其间，学员用一周时间返回原校实践其所学的知识与技能。然后再回到师范学院接受下一段的培训。该学员原来承担的课程由该师范院校二年组学生担负，作为师范生的正式实习课。

这种长期综合性进修课程分为5个不同的阶段。第一个阶段将进修学员划分成小组，组织参观有关学校、听课，并在课后举办讨论会，分析现存教育教学问题，确立进修的明确目标；第二个阶段根据前一阶段提出的重要问题，确定学员所进修学习的内容，将这些内容组织进课程进行讲授；第三阶段是学员回原学校进行实习，把在第二阶段进修学到的教育理论应用于教学实践，积累新鲜经验；第四阶段学员重新回到进修机关，接受针对他们实习中取得的经验与产生的问题所进行的专门教育，这一阶段具有很强的教育科学研究的性质，通过开展多种活动，进一步提高学员的教育理论素养和教育工作的实际能力；第五阶段是本期进修活动的总结和下期培训工作准备的开始。法国这种长期综合性的进修课是教师继续教育的好形式，实现了教育理论与教育实践的积极结合，十分有利于在职教师理论素养和实际能力的进一步提高。

2. 中期特定进修（时间为6周）。这是指教师在接受上级指定学科和课题的集中培训。这种形式还包括暑期大学。暑假大学原为20世纪20～30年代盛行的教师互教互学的、提高在职教师水平的形式，后逐渐消失，80年代后这种形式又重新获得重视，并发展很快。

3. 形式多样的短期进修班。这种短期训练形式的进修时间1～6周不等，进修内容根据教育事业发展的需要和教师本人的要求而定，包括教育哲学、教学法（学科），也包括对具体教育教学中问题的探讨与研究（如中小学的衔接，移民子女教育），还包括新的科技知识与能力的补充。1984年7月成立的法比尤斯政府，以社会的现代化和团结国民为原则，大幅度地改革教育内容，特别是强化计算机教学。1985年法国提出了“大众计算机计划(PIPI)”，从小学4年级开始，把“计算机入门”列入“科学与技术”课作为必修内容，并拨款20亿法郎购置电脑，以实现“学校电子化”。为了适应教育事业这一新发展要求，法国在20多座城市里设置了在职教师计算机操作能力的专门进修课程。

三、改革动态

1989年以来，法国教师教育改革是一场文化革命，是将至今为止相互封闭的两个世界、两种文化、两种传统碰撞与结合。所以，该改革方案的实施不可避免的出现不少困难与阻力。法国初等教师教育的改革就是在克服困难与阻力中展开的。这些困难和阻力主要表现在三方面：

其一，教师教育制度一体化使师范学校和大学的教育行政人员与教师都面临急剧的转变。师范学校教师不愿离开自己的学校，大学不能像以前那样只负责国家会考和中学教师合格证书考试的准备课程和考试了，还要承担培养初等教师的责任，这也是个困难，是不情愿的转变。所以，不少教师都存有思想上的顾虑与不安全感。

其二，由于大学附设的教师培养学院刚刚建立，所以很多事没有来得及做准备，使得教材推迟出版，住处缺乏，教学小组组织尚未就绪。另外，新设机构往往分散，设施不足，交通费过多。这些给一体化改革造成了许多困难。

其三，大学附设的教师培养学院是一个庞大的教育机构。人员管理困难。如法国里昂大学附设教师培训学院就有 4000 名工作人员，实习教师、外来教师，以及直接在新机构工作的中学校长还不计在内。这些人每年要培养 25000 名大学生。对这样一个庞大的教育机构进行管理是很不容易的。

尽管困难重重，法国教育坚持改革，努力使法国教师教育的整体化、初等教师教育制度一体化得以巩固和发展。

目前，法国对初等教育教师的培养主要包括下列内容：

（一）针对学年末教师聘用会考来设置和组织课程

布瓦提埃学区大学教师学院第一学年的课程，明确提出，第一学年开始就要构建会考所要求的职业能力，希望所有学生都通过这一考试，以获取第二学年的学习资格。但是国民教育部颁布的会考内容及目的要求在很大程度上控制了各大学教师学院的课程设置。

（二）课程设置强调理论与实践的结合

大学教师学院对教师的培养更加强调要立足教学实践。表现在课程的设置安排上，十分重视教学实习，将教学实习系统化和制度化。学生在两年学习中将进行三类教学实习。即感受实习，目的是让准教师们初步了解未来的工作的环境，认识学校的组织运作、教学时间安排等各方面，为将开始的师范培训建立一种感性基础；指导实习，主要是对任课教师的教学实践进行观察和分析，同时可由指导教师安排进行少量的教学活动；责任实习（stageen responsabilit），目的是使实习教师尝试和体验独立展开教学活动和班级管理。

（三）注重中小学教师的相互衔接与交流

法国近年教学改革的重要措施之一，就是加强各级教育之间的相互衔接。大学教师学院向未来的母语（幼儿或学前）教育教师、小学教师、中学教师提供培训，在2年的学习中有目的、有计划的创造中小学教师之间的交流机会，使他们在职前学习过程中就开始了解其他不同年级教育的特点，建立起教师间相互沟通的意识。

（四）注意新技术和外语的引进

布瓦提埃学区大学教师学院为培养未来教师的各种技术能力（如资料使用技术、视听设备使用技术、多媒体技术和计算机技术等），在小学教师培养的一年级，安排了20学时的技术模块课程。

外语学习在布瓦提埃学区大学教师学院的课程中，受到相当重视。初等教育师资第一学年外语自由选修课占40学时；第二学年的外语补充或加强课有20学时。由于欧洲交流政策的实施，大学教师学院部分二年级学生有机会到其他欧共体国家进行为期三个月的教学实习。

第六节　印度初等教育的教师教育

一、历史沿革

作为一种专门的教育活动，初等教育师资培养在印度是从18世纪开始的。当时英国殖民者侵入印度，印度教育开始了殖民化的发展，并逐步感到需要受过正式训练的教师。

1852年公布了东印度公司管理董事长伍德的急件。

伍德急件从英国殖民主义者立场出发，对印度教育发展作出了许多政策性决定，而这些政策影响了印度教育整整93年，直到1947年印度独立。伍德急件称："我们需要毫不迟疑地在印度的每一个管区建立教师培训学校或培训学校或培训班。"[①] 该文件要求印度每个地区都建立这样的师资培训学校。

1929年哈尔托格（Hartog）委员会建议进一步提高小学教师的普通教育水平，延长教育训练时间，开设"更新课程"，以加强教师的在职教育。

1937年以后，印度的基础教育运动强调教育要适应社会的需要，适应生活的变化，而不应像以前那样单纯强调书本知识，这导致了学校课程的变化。教师训练课程大纲为使教师能在变化中发挥其应有作用，也做了相应的

① Dr. V. K. Kohlj, Indian Education and Its Problems, Vivek Publishers, 1990, p.222.

调整。但在殖民地时期，印度无法实现小学教师教育的真正进步。

二、现行制度

1947年8月14日，印度摆脱了英国殖民者的长期统治，宣告独立。初等教师教育同印度整个教师教育事业一样开始了一个崭新的发展时期。经过了几十年的实践，印度初等教师教育已发生了巨大的变化。

（一）目标

印度的初等教育教师培养的目标内容比较广泛，根据印度学者乌地·山卡尔的说法，它主要包括有：

1．教师首先应接受学术培训。因为教师必须把健康的和适宜的知识传播给学生。而知识是不断增长的，学校课程迅速丰富，学校教师为适应新的具有挑战性的任务，必须有更高的普通教育水平，必须保持知识的先进性。

教师通过培训应该具有诸如清晰的语言、优美的书法、标准的语法知识等交往方面的能力。

2．在专业技能方面，接受教师教育的学员首先必须接受的是教学法培训。学员应该学习把课上得生动有趣、富有成效，使孩子们能把精神集中到课业上，激发出他们更大的学习兴趣。但是这种教学艺术不能靠长期的理论教学来获得，必须在有指导的情况下经过较长时间的教学实践才能逐渐掌握。

3．未来教师应具有尽可能多的有关儿童的心理知识，了解儿童心理活动规律、基本的需要、学习过程以及人在各个方面发展的完整过程。只有这样才能使教师在课堂上更好地管理孩子，使他们有一个良好的心境，并使每个儿童按照他们各自特长有节奏地生长。

4．教师必须具有明晰的教育目的观。教师培训必须使学员通过讨论、课业、自学、内省获得对教育目的和人生哲学的正确的了解，并使之指导自己的教学生涯。最终使每个学员通过教师教育能更充分地走向生活、参加社区活动做好准备。

5．教师必须了解儿童表现出来的社会性行为的原因和类型。他应该具有组织教学和其他教学活动的实践经验，他应该了解非正规教育的意义，善于组织和实施这种教育。

6．教师培养应该使未来教师了解如何把学生培养成为忠于印度民主社会制度的未来公民。教师应该有能力培养儿童对我们生活方式和我们所珍视的价值的热爱。他应该逐渐地向儿童的头脑中灌输对印度社会与文化遗产的热爱之情，尊重并保护环境资源、国家财产和历史古迹。

7. 教师教育的一个重要目标是培养学员乐于给儿童亲切的帮助与指导的民主作风，使儿童视之为仁慈的父母，而不是令人生畏的独裁者。未来教师应该对成长中的儿童抱有积极热情的态度。

8. 未来教师应该养成解决课堂问题的能力。对儿童争吵的解决具有客观、公正、无私的态度，他应能对儿童的学业或课外活动的表现作出正确的评价。

9. 通过教育应使未来教师具有组织游戏、运动、戏剧、讨论、展览等课外活动的能力，通过开展这些课外活动，未来教师学习培养儿童在体质上、情感上、社会上、美学上健康成长，儿童教育并不只是由学习课程构成的。印度教师教育大纲强调要组织和参加各种不同类型的课外活动。

10. 未来教师应该掌握设计与改善教具、视听设备的技能。印度认为，学校教学绝不仅是嘴加粉笔的事业，教师教育的一个重要目标就是培养未来教师参与实践，具有动手操作能力，能把自己的想像变成现实，促进教学问题的解决。

11. 因为学校都处在社区，教师需要和家长及社区其他人员打交道。教师是学校和社区之间的联络员，应该具有参加社区活动的能力，学校为社区的需要服务，教师应该了解学校的作用，了解自己在不断变化的社会中的作用，应该致力于把社会变得更美好，因此，从一定意义上讲教师是社会文化在社区的代言人，也是社区的指导者。

印度初等教育教师培养的目标在20世纪80年代中期开始的教育改革中有了一些新的变化，印度在实施1986年颁布的国家教育政策过程中强调要通过培养教师新目标来使“教师培训得到总体上的改造”。

这些新目标要求未来教师具有以下品质能力：

同情心和对来自社会落后阶层儿童需要的了解；

理解妇女在社会中应有的地位和将两性平等观念贯彻到教育所有方面的必要性；

拥有在认知、情感和心理运动领域所有方面进行教育的能力；

认识教育在社会中的干预作用，能赋予这个作用以操作意义；

具有整个教育过程职业化的准备性，以及学术学习中综合性的工作能力。

拥有革新能力和从事创造工作的能力；

有在诸如学前教育、残疾儿童教育、继续教育、综合评价、活动中学习、掌握知识和科学方法等专门领域工作的能力；

对其在教育管理的分权与参与的模式中的角色有敏锐的理解。

（二）机构

印度现行的初等教育教师教育制度一方面是印度教育发展的产物，另一方面也是印度教师教育自身发展的一个过程。独立后，经过47年的不断努力与曲折发展，形成了由以多层次、多类型教师教育机构系统为中心的印度自己的初等教育教师培养制度。

目前，印度初等教育教师培养有两种形式，职前培养和在职培养，并由以下机构具体地承担上述两种任务。

1. 教师培训学校（后升格为教师学院）

2. 邦教育学院

3. 邦英语学院

4. 教育综合学院

为了提高小学教师的培养标准，根据科塔里委员会建议，印度一些地方建立了教育综合学院，该学院培养多种不同层次的教师，它拥有教师教育的全部课程，如学前教师培训班、初级基础教育培训、教育学士课程、教育硕士课程等。这种机构有助于打破各种教师教育课程相互隔离的状态，使各种不同类型教师有机会在一起自由交换思想。

（三）课程

小学教师教育课程包括：①理论学习；②选修课；③教学实习；④手工艺；⑤新生活大纲；⑥课外活动大纲等。上述课程大纲由教育部或中等教育委员会或教育局（在马哈拉斯特拉邦）负责编制理论课程（必修），各邦都一样，每周用3～5小时学习这些课程。这些课程有：

1. 教育原理，各邦内容不一，有的与心理学结合，有的则与教育史、学校管理结合；

2. 教育心理学；

3. 数学、理科、社会科学和语言教学的教学法；

4. 学校组织与管理，在如希马查尔、普拉迪什、喀拉拉邦和德里等地。社区发展（作为课程一部分），在如乌塔尔、普拉迪科、德里等；

5. 在一些邦还有不同的其他课程，如艺术理论、美术、手工艺、家政、商业等。

多数邦设有选修课，一些邦设选修课只有一门。另外，一些邦还增设一些其他学科，如道德教育、视听技术、瑜珈、教育指导、教育统计等。

一些邦的小学师资培训还包括有手工工艺，农业、木工、编织、印刷、剪裁、泥塑、雕塑、书籍装订、竹制工艺等等。

6. 考试和评价

最终考试在许多邦是由邦教育部（局）组织的，并授予文凭或资格证书。

在一些邦全部是由校内考试，在另一些邦则校内校外两者都有。在教学实习、手工工艺和社工活动方面则各种情况都有。

（四）继续教育

独立以后的印度认为，教育是一个终身的过程，教师应该在其整个一生中不断地学习。真正的教师在一生中又是学生。1985 年公布的印度《全国教师委员会报告》就已明确指出："对每一个教师来说，应该使在职培训成为强制性的措施，每 5 年至少一次，这种培训的主要内容包括培养咨询和研究的能力，编制课程指导和丰富课外活动等。"① 1986 年印度颁布的教师在职培训纲领指出：邦教育研究与培训委员会对在职教师培训负有重要责任，它们将在各级教师、督导人员和其他方面教育工作者的在职培训工作计划的设计、实施、评价中发挥主要作用。

在印度教育改革深入开展的过程中，小学教师的继续教育工作受到了高度重视，拥有各种专门的教师培训机构设置和灵活多样的培训形式。

从 20 世纪 60 年代初开始，印度陆续建立起多种同时并存、各负其责、灵活务实的小学在职教师继续教育机构。

印度小学在职教师培训机构有十几种之多，其中包括扩大服务部、教育学院、邦科学教育研究所、地区英语学院等。

扩大服务部是印度 20 世纪 60 年代创办的一种组织中小学教师进行在职培训的机构，扩大服务部有两种形式：一种是扩大服务中心，一种是扩大服务组。两者的区别仅在于行政建制、财经状况和工作范围。它们都是在印度国家教育研究所监督下进行的。

除了扩大服务部和继续教育中心外，与小学教师继续教育的有关机构还有：

①地区教育学院。②邦科学教育研究。③地区英语学院。④印度教育研究和培训全国委员会所属教师教育部，该机构除了检查，评估、协调邦教育和大学的教师教育外，还要为邦教育学院成员提供定向培训和更新课程，为培训学校校长举办研习班、研究会、更新课程、为完善教学进行实验研究等。⑤函授部门。这是 1996 年以来发展较快的一种教师教育机构。它担负着一部分教师在职培训的工作。

多样化是印度扩大服务部等在职教师培训机构活动形式的一个特点，其

① 《印度、埃及、巴西教育改革》，第 388 页，人民教育出版社。

主要活动形式有：

更新课程；研讨会；研究小组活动；学术会议；实验；职业写作；研习班；扩大教程；间接培训，主要包括阅读教育杂志、教育文献资料、收听教育广播、收看教育影视；函授培训。

三、改革动态

印度初等教师教育在不同时期其改革的重点也不一样。归纳起来，印度初等教育教师教育的改革主要集中在增加数量、统一标准、提高规格和加强继续教育等方面。

（一）增加培养小学教师教育机构的数量

在教师教育改革中印度努力增加和扩大教师教育机构，20 世纪 80 年代以来，印度涌现出一些高水平的、具有示范作用的地方教育学院。这些教育学院都是该地区先进教育经验传播的中心。它们拥有高质量的教师、良好的物质技术条件。其任务主要是“培训中小学领导、教师教育机关的教师，提高在职教师素质，制定并贯彻中小学教师教育的内容与方法，与邦主管部门与综合性大学合作，在教师教育中执行与保证国家水平，为中小学编写并发放教学资料。[①]”

（二）提高教师教育机构的规格

在不断增加和扩大教师教育机构过程中，根据经济与社会发展对教育不断增加的要求，印度在 20 世纪 70 年代以后的改革中都十分重视小学教师教育规格的提高，教师教育的规格包括其机构的规格和培训人员应达到的学历与学位水平。

印度对小学教育工作者和教师的学历要求越来越高。仅在 20 年前，8 年级的任何一个毕业生都有可能得到小学低级教师职位的空缺。但是，这里需要指出，而后持有大学或大学以上文凭的教育工作者增加并没有给印度教育质量带来多大的提高。

为了提高小学和非正规教育的质量，1986 年公布的印度国家教育政策要求把部分教师学院改组为县教育学院。这类教师教育机构的任务就是为小学和非正规教育培养师资，提高在职教师的素质，培训小学教师教育人员，进行小学教育科学研究，提供小学教学材料和直观教具。

（三）缩小差别与不平衡

教师在学习期限、学科设置等各方面都有很大的差别，很不平衡。因

① Regional College of Education, Bhopal, p. 7.

此，标准化成为印度教育改革的一个重点，印度在教师教育的改革中关注了内容标准化这一重要问题，并确立了教师教育必须具备的基本成分及其要求，这一改革促进了印度初等教师教育质量的提高，当然，目前仍存在着一些有待解决的教育内容标准方面的问题，需要在今后教师教育的改革与发展中逐步解决。

（四）加强继续教育

加强在职教师的培训始终是印度初等教育改革的一个重点。

1986 年印度颁布的国家教育政策指出："鉴定教师教育的重要作用，新教育政策要求在教育改革中首先彻底更新以往的教师教育。"① 目前，在印度社会的整体发展背景下，其小学教师的培养与培训在"彻底更新以往的教师教育"的改革中努力解决上述困难与问题，不断提高自己工作的质量。

第七节　日本初等教育的教师教育

一、历史沿革

明治初年，为了摆脱内外危机、追赶西方先进国家，日本政府提出了"富国强兵"、"殖产兴业"和"文明开化"的三大国策。其中，"文明开化"是指包括近代资本主义思想、文化、科学技术的启蒙运动，而教育的近代化、初等教育的普及是其重要的内容。因此，开办教师培养机构作为当时急需解决的问题被列入政府的议事日程。

1872 年 4 月，文部省下发《建立小学教员指导场所的呈文》，提出创建师范学校是一项紧迫的任务。同年 8 月，《学制》颁布实施，其中指出"除小学之外，还要有师范学校，在此种学校教授小学的教学原则和方法，实乃当务之急"（第 39 章）。《学制》还规定"小学教员，不论男女年龄必须在 20 岁以上，具有师范学校毕业证书者"（第 40 章）。

1872 年 5 月，东京师范学校成立，葛信澄被任命为第一任师范学校校长。同年 9 月，师范学校开学，由美国人斯科特（Scott Mscion M）为外国人指导者，坪井玄道为翻译，使用美国的教科书和教具。由此，日本的师范教育走上了正规化。

1881 年，文部省发布《师范学校的教育大纲》，这是日本第一部关于师

① Aational Oplicy On Education－1986，Programme of Action，p.191.

范学校教育课程的专门法规。该法规定师范学校内设立 1 年的初等师范学科、2 年的中等师范学科和 4 年的高等师范学科，分别培养小学初等科、小学中等科和小学高等科教员，并规定了相应的课程。

1886 年 4 月，文部大臣森有礼主持制定了《师范学校法令》，该法明确师范学校的目的在于“培养教员应有的品质和学识，并培养其顺良、信爱、威重的气质”，这反映了当时日本国家主义的教育观。随后，政府公布了《普通师范教育的学科及其程度》和《高等师范学校的学科及其程度》，如此，包括初等教育教师在内的师范教育制度得到确立，这种制度一直延续到第二次世界大战结束。

1897 年，《师范学校令》制定公布，该法令规定将普通师范学校改名为师范学校，承认女子高等师范学校成立，并就师范学校、高等师范学校和女子高等师范学校的办学目的做出具体规定，体现了政府要扩大师范教育规模的意图。

1937 年，教育审议会（1937 年 12 月～1942 年 5 月）讨论将师范学校升格为专门学校。翌年 11 月，《师范学校纲要》颁布，规定师范学校的入学资格为初中及高等女子学校毕业生，学制为 3 年。

1942 年 1 月，文部省向各地方行政长官下发《关于改革师范学校制度事宜》，表明要将师范学校统一为官立并升格为专门学校的意图。1943 年《师范教育令》修改公布，师范学校被正式定为官立并升格为专门学校，该法还规定每府县至少要开设一所师范学校。

综上所述，创办于明治初期的日本师范教育制度，在短短的 70 年间，其规模不断扩大、质量快速提高，取得了飞速的发展。二战结束前期，师范学校升格为专门学校也充分说明了这一点。但是，这种师范教育只限定于师范学校，是典型的封闭型师范教育。同时，师范学校的教育宗旨是培养忠君爱国、顺从的教员，带有浓重的封建主义和国家主义的色彩。

二、现行制度

（一）目标

20 世纪 90 年代日本为本国教师教育的发展奠定了基本方向，为教师教育职前培养、录用以及在职研修的改革提供了基本出发点。

1997 年 7 月，日本文部省教育职员养成审议会对新世纪教师所应具备的素质提出了新要求。第一，重申了 1987 年提出的任何时代教师都应具备的基本素质，即：具有教育者的使命感；具有对于人的成长发展的深刻理解；具有对于教育的热爱；具有关于学科的专门知识；具有广泛丰富的教养以及建立在这些基础之上的实践指导能力。第二，重点阐述了教师在新时代为适应社会发展以及教育改革所须具备的素质，报告指出，教师在对地球、人类未来的发展方向有独立思考的同时，必须具备广阔的视野来从事教育活动。由于教员职业自身要求要高于一般标准，如须具有高尚的人格，具备较高的辨别能力等，因此教师必须在具备作为生活在变化时代的社会人所应有的素质的同时，还应具备与教师职业直接相关的多样的素质。第三，特别强调了培养具有特长和丰富个性的教师的必要。

咨询报告指出，为能培养出具有"生存能力"的人才，未来教师应具备多种素质：(见下表)

站在全球角度行动所需的素质

- **对于地球、国家、人类等有正确的理解**

  如：地球观、国家观、人类观以及对个人与地球及国家的关系的正确理解、在社会、集团中的规范意识
- **丰富的人性**

  如：尊重人和尊重人权的精神、男女平等的精神、体谅之心、为社会事业志愿服务的精神
- **在国际社会中所必需的基本素质**

  如：具有接受不同的思维方式及立场、尊重多样的价值观的态度、为国际社会做贡献的态度、理解和尊重本国及本地区历史、文化的态度

生活在变化时代的社会人所应具有的素质

- **关于解决问题的能力**

  如：个性、感性、创造力、应用能力、理论思维能力、解决问题的能力、不断自我教育的能力
- **关于人际关系的内容**

  如：社会性、处理人际关系能力、交流能力、运用网络的能力
- **具有适应社会变化的知识和技能**

  如：自我表现力（包括外语交流能力）、运用媒介的能力、计算机基本应用能力

（续表）

教师职务必然要求的素质
对于幼儿、儿童、学生以及教育的正确理解 如：幼儿观、儿童观、学生观、教育观（包含对在国家发展中教育作用的理解）
对于教师职业的热爱、自豪感及认同感 如：对于教师职业的热情、使命感、对于孩子的责任感以及兴趣、关注
学科指导、学生指导所需要的知识、技能以及态度 如：关于教师职业的意义以及教师作用的正确知识、培养孩子的个性以及解决问题的能力、对孩子投入体贴的情感、生活指导的能力以及处理特殊情况的能力、与社区和家庭建立紧密联系的能力。

资料来源：1997年教育职员养成审议会咨询报告《新たな時代に向けた教員養成の改善方策について》（http：//www.mext.go.jp）

新的教师素质要求，反映出日本社会对教师专业发展的高标准、高要求，代表了教师专业发展的方向，它是综合的、全面的、理想的目标。

二战后的教育改革和《日本国宪法》、《教育基本法》、《学校教育法》等一系列法律的出台，为日本师范教育制度的改革提供了法律依据。

1948年6月，《新制国立大学实施纲要》公布，明确了“一府县一大学”的原则，要求过去的官立诸校合并为新制大学（四年制大学），并在这些大学均要开设培养中小学教师的系科。

另一方面，随着6－3－3－4制的实施，中小学教师的需求量不断增加，成立专门培养教师的大学成为当务之急。为此，教育刷新委员会经过反复讨论，建议在旧制师范学校中选出若干所合并组成以培养中小学教师为主的大学，以解决中小学教师短缺的燃眉之急。这样的大学被称为“学艺大学”①。

1949年5月，《国立学校设置法》颁布后，全国有7所学艺大学成立，另19所普通大学开设了教育系，26所普通大学开设了学艺系。1953年，各学艺大学及普通大学教育系和学艺系的首届毕业生步入中小学第一线。至1990年，日本的小学教师中近一半毕业于4年制大学，这些均有利地促进了日本初等教育及其教师教育的发展。

培养初等教育教师的机构有：

（1）国立大学、公立大学（含学艺大学及综合大学的教育系）。这类大

① 学艺大学：相当于我国的师范大学，后部分地区也称教育大学。

学根据规定设置初等教育教师的培养课程，学生修满学分，即可取得初等教育教师的资格证书；

(2) 私立大学、短期大学，初等教育教师的培养规定同上；

(3) 其他指定的教师培养机构。

接受初等教育教师培养的条件与普通大学的招生条件相同，入学考试均为学科考试，以笔试成绩作为录取标准。

(二) 培养课程

战后师范教育的课程依据 1956 年 10 月颁布的《大学设置基准》的规定，普通大学的课程分为“一般教育科目”、“外语科目”、“保健体育科目”和“专门教育科目”四大类（第 19 条），教育课程的各科目按照“必修科目”、“选修科目”和“自由科目”这三类分别编制（第 28 条）。同时，培养教师的大学、机构要根据 1949 年公布的《教育职员资格证书法》的规定，设置有关教育的专门学科，否则，学生就不能修得足够的学分，从而无法获得教师资格证书。

初等教育教师的培养课程一般包括国语、社会、数学、理科、外语、体育、音乐、美术等。初等教育教师的课程不按学科分别进行，促进其一专多能、承担多科教学的能力是宗旨。

师范大学具体的课程内容，例如，东京学艺大学[①] 1995 年以后，小学教师培养课程分为共同科目（公共必修）、教科科目（分科教学）和专业科目（专业必修）三类。共同科目中的综合学艺类设有社会（亚洲的民族和国家、现代社会和人类、日本国宪法、人权和正义的思想等 24 门）、文化（语言和文化、文学和社会、音乐和历史、欧洲文学等 29 门）、教育（日本的教师、性教育的理论、幼儿的玩耍与生活、对残疾儿童和残疾人的理解等 19 门）、环境（环境和自然科学、野外教育、环境和设计、人际关系的体验等 19 门）、信息（计算机操作和资料分析、应用信息处理、电脑音乐制作等 12 门）和自然（自然科学中的数学应用、宇宙、地球、人等 6 门）六大科目。

教科科目中的有关教育课程科目主要是指教学法，包括初等国文教法、初等数学教法、初等社会科教法、初等音乐科教法等 9 门课程。

专业科目中的有关学科的科目当中包括国文研究、书法技巧、基础理科研究、家庭科研究、手工科研究、生活科研究及音乐科研究等 30 门课程。

其中“学校教育”专业方向的必修课设有教育学、教育心理学（共 8 学

① 东京学艺大学：1949 年成立，设有小学教师培养课程、中学教师培养课程、特殊教育教师培养课程、特殊学科教师培养课程和幼儿教师培养课程。

分），选修课程包括教育基本文献选读、教育学研究、教育史、教育方法论、教育思想史、日本教育史、外国教育史等（共14学分）①。

（三）资格证书制度

1949年5月，《教育职员资格证书法》制定公布，该法明确了战后日本教师培养制度的两大原则，即"大学制"和"开放制"。其中开放制原则是指在任何一所大学，只要修满学分就可以取得资格证书。《教育职员资格证书法》公布实施至今，进行了数次修改。1953年6月公布的《教育职员资格证书法》（修改）根据各地方教育委员会的强烈要求，确定了"课程认定制度"，即只有通过课程认定的大学才有资格颁发教师资格证书。认定包括科目名称、学分修得方法、教师队伍、图书资料、教学设施等内容，要求从1954年开始，要申请认定的大学必须提出"教师培养课程认定申请书"，以取得文部大臣的认定。

1954年的《教育职员资格证书法》（修改）对初等教育教师资格的最低要求做了新的规定，即学士学位成为基本资格要求，最低学分要求教育学科为16学分，专业学科为32学分。

但是，由于课程认定制度在很大程度上限制了教师培养的开放型，因此，1988年12月公布的《教育职员资格证书法》（修改）为这一制度加入了特例，即如果毕业于没有经过认定的大学、又进入取得资格认定的大学继续读书的话，则以前大学的学分将被承认。

为了进一步提高教师的质量，日本从1989年开始实行新的《教育职员资格证书法》，该法将以往的普通资格证书分为三种，即（1）专修资格证书；（2）一类资格证书；（3）二类资格证书。专修资格证书要求硕士学位，一类资格证书要求学士学位，二类资格证书要求短期大学毕业程度。

另外，1997年制定的《小学及中学教职员的教育职员资格证书特例法》特别加入了要取得小学教师资格证书者，必须具有看护过障碍者、高龄者的经历这一义务规定。

（四）继续教育

在日本，包括教师在内的公务员的继续教育叫做"研修"，是"研究"和"修养"的缩写。战前，日本的教师就有研修的历史，小学教师、师范学校的教师每5年相互间要进行相当一段时期的研修，但那是为"皇运无限隆昌而尽力"的研修。

战后，日本教师的研修始于1949年1月《教育公务员特例法》的公布。

① 选修课从开设的近70门课、170学分中选修14学分。

该法规定“教育公务员为履行其职责，要不断地进行研究和修养”、“教育公务员的主管人员要设置教育公务员研修所需的设施、制定研修的奖励制度，保证研修的实施”（第19条），“要给予教育公务员研修的机会”（第20条）。此外，一般公务员的研修《国家公务员法》（1947年10月，第73条）和《地方公务员法》（1950年12月，第39条）中有相应的规定。这些条文是日本教师研修的法律依据。

1. 研修的种类

研修的种类有以下三种：

（1）行政研修，即由校长、教育委员会根据工作需要所决定的指令性研修。这种研修按在职计算，可以领取各种费用和津贴；

（2）免除职务负担的研修，这种研修不享有研修待遇，但经主管部门批准可以不扣工资或领取津贴；

（3）教师业余时间的研修。小学教师的研修形式灵活多样，其中有以下几种：

到有关大学补修学分；

参加教师资格证书讲座或教师资格证书函授学习；

不同时间、不同期间、校内校外、国内国外等不同形式的研修。

2. 接受研修的主要机关

（1）大学。它们受教育行政部门的委托开展小学教师的培训活动，如讲座、专题研究等。教育大学则招收有实践经验的教师研修，合格者可获得硕士学位。文部省鼓励这部分教师结合教学的实际问题在研究生院进行研修，修完相当于硕士课程者，可获得“专修资格证书”。

（2）都道府县专设的培训机关，如“教育研修中心”、“理科研修中心”和“教育会馆”等。各县均设有一所教育研修中心，为在职教师提供培训的场所和设施。

（3）教师专业团体。如全日本教职员组织协议会（1946年成立，简称“日教组”），是日本最大的教职员工会。该团体每年都要举办各种研究会、讲习会，并出版教育刊物，促进教师研修活动的展开。

（4）广播大学。这是日本小学教师开展自主研修的重要途径。

（5）本校。即在职教师所在的学校，1980年以来，以本校为基地的在职研修日益受到重视。

1988年的《教育公务员特例法》（修改）新设了“新任教职员的研修”制度，规定“小学教职员主管人员要安排新任教职员进行一年职务上的实践性研修”（第20条）。

新任教职员的研修内容有：制定工作计划、教学、班级管理、指导学生、承担校务等，采用指导教师和新任教职员一对一的形式。新任教职员一边承担教学和班主任工作，一边接受指导。其中现场指导每周 2 天，一年约 70 天，去教育中心研修每周 1 天，一年约 35 天。教育中心的研修内容为教师的使命、工作态度及教育技能等。

新任教职员研修制度可以提高新任教职员的工作能力，使他们确立自信心。同时，这种制度把职前培养和职后研修有机地结合起来，对于实现包括小学教师在内的教师教育的完整性和提高教师的素质具有十分重要的意义。

2000 年的《教育公务员特例法》（修改）创设了硕士课程研修休假制度（第 20 条），即充分利用硕士课程，设置与在职教师的实际经验相符、适应在职教师需要的课程，推行远程教育、函授课程以及长期脱产研修，以提高教师的学历和能力。

三、改革动态

（一）强调要培养具有特长及个性丰富的教师

20 世纪 90 年代中期以后，“班级崩溃”现象开始引起人们的关注。所谓“班级崩溃”，主要指学生不听从教师的指导，教学无法正常进行，班级机能丧失的现象。近几年，日本学校教育出现的诸多问题有低龄化的倾向，“班级崩溃”就往往发生在小学低年级中。1998 年 6 月，NHK 特别节目组播放了在大阪府某市立小学录制的课堂情况，其混乱程度引起日本人的震惊。有的学生在教师教学过程中，在桌子上来回走动；有的学生一边喊着“老师，上厕所”，一边冲出教室；有的学生因受到教师的警告而生气；有的在吃午饭时故意把饭盆弄翻等等①。

面对学校教育中出现的问题，日本社会对于学校以及教师的信任受到冲击，“学校信任危机”、“教师信任危机”、“指导能力不足”成了常用词。

为解决日本教师缺乏特长和丰富个性，不能适应学校教育改革需要的问题，在 1997 年教育职员养成审议会咨询报告中，特别突出强调要培养具有特长及个性丰富的教师。报告指出，对于每一个教师而言具备最低限度的必要的知识和技能是不可缺少的，但是期望所有教师都达到理想化程度也是不现实的。因此，今后教师素质的发展方向，应避免谋求划一的教师形象，而应在教师素质终身不断提高的前提下，在确保全体教师都具有共通的、基础

① 西川信廣《学校再生への挑戦——21 世紀，学校はどう変わる》福村出版 2000 年 第 122 页

的、基本的素质的同时，进一步积极地发展教师个人的特长以及伸张教师的个性。这样，学校就会充满活力，学校的教育力会不断提高。

（二）实现培养、录用和研修一体化的教师教育模式

从20世纪90年代日本教师教育改革的总体方向上看，要通过教师职前培养、录用以及在职研修三个阶段，综合提高教师的素质，促进其专业化发展，改变日本教师“整齐划一”的形象，以适应日本学校个性化教育的需要。在职前培养阶段，增加了课程的选择性；在职后研修阶段，强调实施有针对性的研修计划；在录用阶段，则是通过多样化的选拔方式，注重对教职志愿者个人品质的评价，注重对教职志愿者教育教学能力的考察，选拔具有特长和丰富个性的人充任教师，以使教师队伍朝着个性化、多样化的方向发展。

（三）改革录用制度

1996年4月25日，根据日本“教师录用调查研究协作者会议”关于改善教师录用考试方法的审议报告，文部省向各都道府县及指定城市教育委员会教育长、教育助成局长发出通知，提出了“关于改善教师录用”的问题。此后在1999年文部省教育职员养成审议会发表的第三次咨询报告中，又对教师录用制度的改革提出了建议。这两个重要的政策文本，针对日本教师录用制度中存在的问题提出了今后发展的方向。

1. 确立了教师录用制度改革的基本方向：重视对教职志愿者个人的评价。

2. 增加录用考试内容以及标准的透明度。

3. 改善试用期制度的运用。

（一）重视对教职志愿者个人进行多方面评价，积极推进选拔考试方法的多样化。

（二）加强录用考试的针对性，根据不同对象，采用不同的选拔考试方法。

（三）放宽对参加考试者年龄的限制。

（四）实行各具特色的考试。

（五）录用考试信息逐渐公开。

2001年1月，日本文部科学大臣町村信孝在《21世纪教育新生计划》中指出，日本的教育仍然面临着问题。在少子女化、城市化不断进展的背景之下，教育孩子如何处理人际关系、如何培养他们的自律以及合作精神、传授传统文化等成为令人关注的问题，家庭以及社区的教育力在明显下降，致使日本的教育呈现出欺侮行为、拒绝上学、校内暴力、班级崩溃、青少年恶性犯罪不断发生等严重问题。另外，由于过分强调对个人的尊重，广泛出现了轻视公共利益的倾向。在这种情况下如何改革教师教育，是日本在21世纪初需要解决的重要问题。

第八节　国际初等教育教师教育发展的若干趋势

中小学教师教育包括教师的职前培养和在职培训，在当代的教育改革中，在世界范围内获得了重要的、令人瞩目的发展。国际初等教育的教师教育发展呈现出一些重要的趋势。

一、意义的全局性

中小学教师的教育日益成为各国教育改革政策的重要内容。当代，不论是在发达国家，还是发展中国家，教师教育的作用与意义远远超出教育事业本身，影响到整个社会的进步与发展，受到各国政府的高度重视。

20世纪50年代以来，在教育改革与发展过程中，一些外国学者批评教育的视界狭隘，仅仅局限在过去和现在，未来的概念受到忽视。所以他们指出，要改变这一状况，必须把未来的概念引入教育，现代教育必须有未来的观点，这就为观察教育提供了无比广阔的视界。各国政府正是从教育在未来社会的重要作用，从未来人的培养质量决定着国家的命运与前途这一立场去理解教师教育的意义与作用的。他们都意识到，国际竞争是人才竞争。而人才的培养在于教育，教育的关键在于教师，这是一个不容置疑的真理。因此，教师教育的意义与作用自然地就与国家、与民族的未来，以至与人类社会的前景紧密地联系在一起了，局限于教育事业来看待教师教育的意义与作用就显得不够了。

1983年美国公布了《国家处在危险之中，教育改革势在必行》的调查报告。该报告疾呼，美国教育正在被日益严重的成绩平庸状况所侵蚀。这种状况使国家已经处于危险之中。而这种状况产生的原因之一，便是教师短缺，师资来源不足，且质量很低。3年后，1986年5月，美国卡内基基金会公布的另一份调查报告《国家为21世纪的教师作准备》则明确指出："只有保留和造就最优秀的教师，这个国家才能摆脱它所陷入的困境。"印度教师教育的重要文件《教师教育课程：一个框架》指出："教师应当采取行动以改造社会，促使国家发展目标的实现。"

二、发展的法规性

在教师教育改革与发展中，各国实施的措施都具有相当的法规性，这首先是由于人们已经认识到教师教育十分重要的意义，另一个很重要的原因，就是法律的性质与意义以及具有法规性质的政策措施的作用，具有立法性质的教育文件具有法律上的保证，能有效地实施监督，防止个人、部门以至政府本身违反立法的行为。

在英国，1972 年公布了詹姆斯委员会《教师教育报告》，1979 年公布了培训教师的咨询文件，特别是 20 世纪 80 年代末以来，接连公布了 10 多个具有法律效应的文件。如，1983 年公布的文件《教学质量》、《1988 年教育改革法》、1989 年出台的教师证书制和教师试用期制，1992 年当时英国教育和科学部颁布的《教师职前训练改革》等文件。

法国 1989 年公布了学校系统定向法，在该法中提出了法国教师教育一体化的重大决策。而美国早在 1967 年就公布了《教师进修法》，联邦德国 1975 年公布了教师培养的纲领，印度和泰国在教师教育改革中也从国家角度制定政策。支持教师教育的不断改革与发展。

上述这些国家制定的重大政策、决议和法规涉及到教师教育的各个方面，显示出各国政府对这一问题的高度重视。

由于制定并实施了改进教师教育的具有法规性的重大措施，许多国家的教师教育都有了很大的发展。

三、目标演进的全面性

教师教育目标决定着教师教育的发展方向，是一个很重要的问题。

第二次世界大战后，特别是 20 世纪 80 年代以来由于国际政治、经济形势的巨大变化和科学技术的迅猛发展，教师教育目标再次经历深刻的变化，并呈现出全面性趋向。

在对过去教师教育目标进行深刻反思的情况下，当代教师教育的目标已经超越学科知识、教育理论、教学能力的范围扩展到作为教师专业发展的所有方面。

美国曾提出，教师教育应当把教师培养成民主社会的好公民，教师不仅在文理基础知识和专业水平方面应该是第一流的，而且应该广泛地接触社会，参加社会的实践活动，教师教育应重视培养教师的个性品质、政治素质、社会能力、理智行为、健康渊博的知识、独立思考的能力、对儿童热爱和了解、对学校和社会有责任感以及对教育事业和美国生活方式的忠诚。

以上这个教师教育目标，抛开具体内容不谈，我们会发现，它覆盖了教师作为教育历史的主体、作为未来人的培养者的所有方面，这当然不仅是美国，各国教师教育都有这种情况。如，进行教师教育的日本大阪教育大学1994年公布的《大学指南》在“学则”的第一条，就强调了教师应具有丰富的教养，不仅是知识和技能。前面已经提到印度学者还提出了一个小学教师的目标群。

俄罗斯教育家沃洛布耶夫（Vorobyev N. Ye）从文化哲学角度提出的教育文化的思想丰富了我们对教师教育目标的思考。

沃洛布耶夫提出了教育文化这一概念，它是决定着教师专业一般素养的个性品质、高度的专业能力以及创造性掌握与运用积累起来的经验和程度的总和，他指出，教育文化水平高的教师具有发达的教育思维、教育意识和创造精神，是全世界文化历史经验的拥有者。①

沃洛布耶夫分析了当代文化现象与教育现象之间存在着巨大的差别——危险的差别。他认为，这种差别的危险在于教育已经丧失了作为个性培养的原初意义，把受教育的人等同于有知识的人，但这并不意味着他有文化，有文化的创造能力。他指出，必须把学习与掌握教育文化作为未来教师的主要目标。

四、教师教育专业性认同化

这里讲的教师专业性是教育理论和学科知识的整合，是一个工作概念，是为了改变学术性与师范性之争的说法可能引起的师范无学术的错觉。在教师教育的历史演进过程中，学科的学术性和教育理论与技能一直是钟摆运动的两个端点，有时偏重学科的学术性，有时强调后者，教师教育的改革也在这两者之间摇摆不定。偏重学科的学术性一是注意科学文化素质，特别是科学知识的必要水平；二是没有认识到教师是需要相应专业理论与技能武装的职业，如在印度就曾有人认为教师是粉笔和嘴的行当；三是企图改变教师教育，特别是小学教师及其教育在社会上所处的不利地位。而强调教师专业性，一是注意到了教师作为一种职业应拥有自己的理论与能力、技能系统；二是认识到教师只有学科方面的知识与能力，而没有或缺乏职业训练，直接影响着小学教育质量，大量的事实支持着这种认识；三是教育科学研究的发展为未来教师进行完整系统的职业教育提供了充分的可能。

在教师教育的历史上，中小学教师教育开始最早，至今经历了大约300

① Bopoobrb H. E., enarormfkon kyerora, Mockba, 1992, 1.2.c.66.

年的时间，当代科学技术的进步，经济与社会的发展，教育事业自身的发展已经为教师教育中教师专业性与学科的学术性的均衡创造了条件。

教师教育的萌芽时期，人们强调知识与经验的传授、道德的继承，对教师的要求是知识与人品，这一时期，各国都没有形成教师职业的科学理论。15世纪以后，教师教育专业化开始萌芽，哈布斯堡王朝师范学校的建立就是一例。在19世纪的欧洲，人们要想成为教师，除了学习学科知识进行教学实习外，还开设了哲学与心理学课程，学习不同历史时期的哲学家们对教育的论述，学习一些初步的心理学知识，但这些知识都是用来记忆的，很少有教师能阐发这些思想，或结合实际地讲解，不足以使未来教师在职业上得到具有职业特点的武装。也正如此，长期以来，在许多国家，中小学教育只被认为是一种工匠工的行业，而不是真正的职业。

从20世纪50年代以后，逐渐形成了教育学科群，人们对教育现象及其规律的研究有了很大的进展，这使得教师的专业得到了更多人的认同，各国教师教育的理论课程得到了迅速加强，教师专业性的比重增加，但是由于教育理论研究的水平，教育各学科的不成熟性及学校教师素质低，影响了人们对在教师教育中加强教师专业性重要意义的认识，正如伦敦教育研究所的彼得斯教授（Richard Peters）所言，许多教育理论学科明显缺乏精确性，很不注重明晰的哲学思考。赫斯特（Paul Hirst）和泰勒则认为，教师教育提供给未来教师的是肤浅知识、导师的偏见和三流作品构成“大杂烩”。

在教师教育发展历史上，教师专业性比较弱，不够为人重视，除了与教师地位相关的社会心理等因素外，教育理论体系的不成熟也是一个重要原因，换言之，教育理论是制约教师专业性的一个重要条件。

尽管如此，各国都已普遍认识到，未来小学教师必须有充分机会掌握与他们未来工作有关的教育学科的理论，否则，就根本无法完成教师这一职业的基本要求，20世纪50年代开始的教育改革浪潮，对教师提出具有时代特征的高要求，使学科的学术性与教师专业性这两个方面都受到严峻的挑战，许多国家为此出台了重大的教师教育方案或含有这方面内容的教育改革政策文件，这些国家一方面提高未来教师学科的学术水平或学历层次，或者更新课程，另一方面增加教育理论和教育实习的分量，使学科的学术性和教师专业性在更高的水平上达到均衡。

在历史上，英国教师教育一直十分注重学科的学术性，其目的除了使未来教师掌握必备的理论知识以外，还有一个十分明确的目的，那就是改变教师教育的“灰姑娘”地位，当时英国中等师范教育加强课程学科的学术性目的之一也是设法取得与高等教育平等的地位，长期存在的这种重学科的学术性的倾向削弱或影响了英国的教师质量，所以，20 世纪 80 年代以来，英国的教师教育及其课程开始向教师专业性倾斜，使之与学科的学术性达到均衡，英国教师教育中开设很多的教育理论课程，却又使学术的一面受损，同样影响着教师教育的质量，所以，学科的学术性与教师专业性的均衡也是教师教育实践经验与教训的总结。

五、课程的广博化

教师教育面临的一个重要问题是未来教师学科知识与教育理论的水平，在新技术革命的冲击下，在教育改革此起彼伏的浪潮中，各国都先后在教师教育内容的现代化方面做了大量的工作，开设了众多的反映科学、技术、文化新发展的课程，编写了新的教材和参考书籍，特别注重具有跨学科性质的人文学科的课程。

选修课系统应当是教师教育课程广博化的一个重要体现，这些选修课帮助未来教师开阔眼界，掌握交叉学科的知识，舍此当代教师教育就是不完全的。英国伦敦教育学院课程计划建议 1990～1991 学年度增设如下选修课：英语、戏剧艺术、大众传播、历史、地理、政治学、社会学、数学、计算机、外语、人文社会学科综合课程、艺术和工艺设计、商业与经济、宗教教育等。① 在法国师范学校选修课中还特别设置了外语和有关国家文化、地方语言与文化以及学前教育等课程。

在教师教育中，各国都出现了由众多学科构成的教育学科群作为主导学科的教育学理论课，有不同的名称，如《教育学》、《教育学基础》、《教育哲学》、《教育理论》等。这一主导学科从教育哲学和教育史的角度对涉及教师作用、教学过程、教育性质、原则、目的等广泛问题进行了研究和阐述，在教育学科群中教育哲学、教育史、比较教育学、教育社会学、教育伦理学都受到一定的重视，教育生态学也开始成为一些国家注意的课程，还设置了与解决尖锐的社会问题有关的教育课程，如移民子女教育等。

在许多国家教师教育中，心理学被长期作为教师职业培训的主导课程，目前，这门课程成为结合教育教学的教育心理学，这种课程成为教育教学过程的理论基础之一，同时也发挥着一种具体的实际方法论的作用，成为教育实践的直接入口，教育心理学课程包括教育活动、教与学的心理学基础，并努力接近当代学校实际需要，其中有关智力测验的形式、手段、技术的内容

---

① Edmundson Ph. J., A Normative Look of the Curriculum in Teacher Education, Phi Delte kappan, 1990, Vol. 71.N.9, pp.77～82

在一些国家的教师教育中得到了广泛的应用。

此外，心理学和教育学与社会学结盟，产生了一些很有时代特色的新学科、新课程，进一步拓宽了教师教育的内容。学校作为社会的一个十分重要的机构，社会系统中的一个重要子系统，经受着来自社会各个方面的影响，如社会环境、家庭、非正式组织及群体等，儿童的学习与环境密切相联，其中特别是家庭、班级、社区、教育机关，一些国家的教堂也是一个重要的环境因素，一些跨学科研究提供了这方面的成果，加拿大在一些大学的教育系就有这方面内容的教材。

在教育改革过程中，教学和教育的权力主义和标准化不断受到批评。教师工作的人道主义性质和个性越来越受到重视，与此相应出现了有关语言文明、社会交往的课业，联邦德国一些大学教育学院还举办诸如“教师与学生交往”、“冲突分析”、“教育风格”班，美国则开设了“交往手段”课。

另外，作为专业工作者的当代教师的培养还十分重视教育技术的掌握，并为此开设“现代教育技术”、“视听手段”、“角色游戏”等课程或专题讲座。

六、教师教育的终身性

终身教育是20世纪50年代末60年代初形成的影响到全世界的国际教育思潮。曾任联合国教科文组织终身教育局局长的法国人P·朗格朗是终身教育的倡导者，他指出，几百年来，社会把个人的生活人为分成两半，前半生受教育，后半生工作，这没有科学根据，教育应该是一个人一生中连续不断的学习过程，今后应当在人需要的时候以最好的方式提供相应的教育。

当代教育教学过程的特点，二战后现代科学技术的迅猛发展，经济与社会方面的急剧变化，这些条件促使教育首先成为终身性事业，教师是最先感受到终身教育必要性的社会职业工作者之一，正是时代要求教师不断地完善自己的专业，经常地补充知识，理解学校和周围世界生活和新生现象，可以说，20世纪50年代以前没有一个国家有教师继续教育制度，但60年代以后，特别是近20多年，教师的终身教育，即继续教育在世界各国都有迅速发展，成为世纪之交教育改革与发展的重要趋向。

1987年第15届欧洲教育部长委员会会议提出了教师继续教育、提高专业能力的基本原则：

1．连续性　必须使教师同时参加反映教育科学新知识成就课程的学习；

2．全面性　教师终身教育不仅要求学科知识的更新，也包括教育科学的再学习；

3．专门性 机构与灵活的组织形式相结合的原则；

4．全员性 为教育领域的不同人员提供受继续教育的机会。[①]

在教师教育改革过程中，世界上多数国家都采用各种不同形式开展教师在职培训，有的在大学通过函授或面授进行，有的在教师学院进行，有的在中央或地方组织的暑假短训进修，特别是外语教师进修的形式。

英国、美国、还有意大利和葡萄牙等国，教师的职后培训是职业责任。另外，如在丹麦、德国、希腊、法国、日本，教师必须定期参加继续教育规定课程的学习，学员享受带薪休假，如法国每位教师一生都有为时30周的带薪假。

各种不同类型学校每年都有相当数量的教师参加在职培训。据统计，每年法国有15％的小学教师参加在职培训。此外，丹麦每年参加进修的有50％的幼儿园和小学教师，意大利有30％的教师。各国政府出台的有关政策都把教师的工资与受教育水平联系在一起，有一个阶梯式的教师职称制度，这种职称的授予不仅与学历联系在一起，而且越来越成为职后培训的一种动力。

教师进修的内容也是相当广泛，同时又是密切结合实际的，包括专业学科和教育学科知识的更新和深化、教育技术的掌握、一般文化素养的提高，还包括对学校、家庭、社会所面临的最紧要问题的研究与探讨等。德国教育部所属的教师培训中心经常出台一些允许教师选择的、使他们感兴趣的课程，这些课程一般都是利用学校下半日举办的短期培训，长期的则是带薪脱产的，另外还有函授教育形式。

信息技术成为各国教师培训的一个重要方面，在英国有计算机学会所属的专业委员会专门从事计算机教学的推广工作，在日本计算机教师培训班时间2～5天至一年不等。在美国许多州都为教师提供计算机，使他们自学掌握。

七、教师教育机构规格的上移化

长期以来，小学教师与中学教师在不同教育水平的教育机构里培养，小学教师接受的是中等水平的教师教育，中学教师接受的是高等教育，其中有些国家初中教师接受的是高等教育第一级，即大专水平教育。欧洲不少国家教师则分为两个不平等的范畴，中小学教师的称号都不一样，他们接受培养

---

① Conseil de Ieurope, Confe, rence permanente des ministres Europe, ens de I' Education XV Session, Serasbourg, 1987, p, 67.

的水平不一样，社会地位不同，完全中学的教师由学制为 4～5 年的大学培养，小学和不完全中学教师则由 2～3 年的师范专科学校、师范学校来培养，大学培养强调学术性质，而小学、初中教师的培训理论水平不高，实用性强，特别是教学实习占有很重要的地位。

从 20 世纪 70 年代开始，美国、英国、法国、德国、前苏联等许多发达国家教师教育的改革首次触动了沿袭多年的中小学教师培养制度。在法国、德国、美国等国家都先后将培养小学教师的机构规格升格为高等教育，在学制上开始向中学师资培养机构靠近，这是当代初等教师教育制度变化的一个突出趋向。

当然，并不是世界所有国家都已达到这样的水平，包括我国在内的一些发展中国家正在为提高培养幼小师资的师范的规格逐步地作出努力，努力的方向仍然是提升教师培养机构的规格和教育水平。

除此以外，也还有一些西欧国家，如比利时、丹麦、荷兰、葡萄牙、卢森堡仍然保持着教师培养的双轨制。

但是，从国际教师教育总的发展趋势来看，高等教育正逐步成为各级教师培养的要求，教师职业的整体性和职业水平的一致性正越加明显地得到反映。

在美国，从 20 世纪 70 年代中期，大学生在 3～4 年间，先在大学的各学院学习各自专业，接受普通文化教育。然后，愿意当教师的可同时在教育系学习为期 1 年的教育课程，参加教育实习，教育课程也可以在学院毕业后念完通过。但这时学习期限必须延长 1 年。

在英国，小学教师由为期 3～4 年的教育学院和技术教育学院培养，这些教育机构已取得了高等教育的地位，这些学校同时实施学科理论和实际的教学（不少于 2 年）以及教师职业知识的教学，毕业生授予教育学学士学位。

在印度，科塔里教育委员会早在 1964 年就建议，所有教师培训机构都应提高到大专水平，所有教师教育机构都必须置于大学之下，要建立大型的综合教育学院，以培养中小学师资和开展教育研究，该建议虽然没有很快地落实，这是由于印度复杂的国情所致。但目前印度培养小学教师的学校已具有高等教育机构的地位。

在泰国，从 1972 年开始也采取了不少措施，提高小学、幼儿教育学校教师培养机构的规格。泰国国家大学部所管辖的国立大学都设有教育学院，教育学院设有系，如朱拉隆功大学的教育学院就设有中小学教育系、保育教育系等。

在教师教育改革中，教师教育机构规格上的趋同性，反映了未来人才的培养对中小学教师提出的要求，同时也是教育民主化的呼声，预示着教师职业的整体化发展，这种趋同性的发展受着社会、经济、文化、民族等多方面条件的制约。发达国家与发展中国家，发达国家之间，发展中国家之间都存在各种各样的差异，但从总体上，它反映了当代中小学教育教师培养与培训制度演进的一般趋向。

《学会成功》这篇报告对1988年英国国家课程提出了调整建议，使课程设置增加了包容性和选择性的自由度。

1994年面对1988年国家课程实施中遇到的阻力和压力，英国教育部在年度报告中宣布：压缩小学教学内容，用200条知识标准代替1 000项具体教学任务，给教师更多的自主权和职业自由，特别是该报告强调要加强外语教学，将外语列入初中必修课，在这种要求影响下，现在一些小学开始进行外语教学。

八、教师专业发展的主导化

由于国际政治、经济形势的巨大变化和科学技术的迅猛发展，教师教育目标再次经历深刻的变化，并呈现全面性趋向。在对过去教师教育目标进行深刻反思的情况下，当代教师教育的目标也已经超越学科知识、教育理论和教学能力的范围，扩展到教师专业发展的所有方面。美国就提出，教师教育应当把教师培养为民主社会的好公民，教师不仅在文理基础知识和专业知识水平方面应该是第一流的，而应该广泛地接触社会，参加社会的实践活动。教师教育应重视培养教师的个性品质、政治素质、社会能力、理智行为、健康体魄、渊博的知识、独立思考的能力、对儿童的热爱和了解、对学校社会的责任感以及对教育事业和美国生活方式的忠诚。中小学教师培养要求与规格有了很大的提高。许多发达国家都要求小学教师接受大学本科教育，一些发展中国家也提出小学教师必须接受高等专科教育，如印度等国。小学教师教育的课程已在很大程度上改变了学科中心的课程体系，特别是建立了以教师发展为中心的课程体系。美国20世纪70年代中期提出教师专业化的号召，以提高公共教育质量，推动教学成为真正的专业。1976年美国教师教育大学联合会报告预言，教学能够并将自我实现为专业，同时激励为此作出专业的和有组织的努力。20世纪80年代以来，美国教师专业化出现了三次浪潮，第一次浪潮以《国家处在危险之中教育改革势在必行》（1983）的调研报告为起点自上而下推行。第一次浪潮追求教育的卓越，对教师引进职能测验，由教育行政机构实施职能升迁制度。第二次浪潮始于1986年霍姆斯小组的报告书《明日教师》与卡内基教育促进会《国家为21世纪准备教师》的提出，公共教育质量只有到学校教学发展到一门成熟专业时才能得以改善。第二次浪潮追求教师的专业化，以教师的自律为基础，从大学与中小学合作的角度进行有创意的改革。美国认为教学是使所有其他专业成为可能的重要专业，是形成今天教育和美国未来的专业。20世纪90年代中期以来美国教师专业化出现了第三次浪潮。美国教师教育改革将教师专业发展作为取向，在各个不同层面上深入开展，出现了由行动研究向思想研究，由可观察的行动研究向策略和理解研究，由刺激反应的简单模式向更加微妙的、将背景、内容、认知融为一体的复杂模式的重要转变，取得了明显的发展。美国教师专业化发展运动对国际教育产生了很大的影响。许多国家或直接或间接地将教师发展纳入研究和政策视野。在美、英、俄罗斯有关教师专业化的研究中出现了教师发展阶段理论、反专业化思想、再教师专业化理论、教师开发理论、教师发展权论、教师专业轨迹模型论、师范教育文化观等不同的研究成果。教师专业化的研究与实施有力地促进了国际教师教育和基础教育改革。英国学者指出，自从20世纪70年代教师专业化思想出现开始，英国教育的情况发生了彻底的改变（Winch，2000）。①目前，教师专业化已成为世界各国教育发展的共同目标，是国际教师教育改革的重要动向，反映了当代教育运动的重要规律。

九、大学和中小学的共生化

在国际上，中小学教师教育出现了诸如PDS（教师专业发展学校）等新的模式。这种新模式理论揭示了在培养教师的事业中大学和普通中小学的共生性，并在实践中体现出大学和中小学在师资培养和培训中共生化发展的趋向。

中小学作为教师教育的基地，承担着教师职前培养和职后培训的重要任务。这种新模式称为以中小学为基地的教师教育模式。这种教师教育模式的出现，为教师教育的改革与发展提供了新的参照。

为改善贫困学校的师资状况，2003年美国颁布了“行动起来让所有孩子接受教育”的法案。该法案通过向高等院校提供财政拨款，旨在敦促大学教育学院与地方特困生学校和特困生教育机构三者建立合作，改善教师的职前教育与职后培训，从而达到提高乡村与贫困地区师资水平、改善教育现状

① Christopher Winch, Teacher Professionalism, Educational Aims and Action Research: the evolution of policy in the United Kingdom, Teacher Development, Volume4, Novmeber 2, 2000.

的目的。

十、信息素养要求的普遍化

信息社会对教师提出了新的具有时代特点的要求。这就是从初等教育开始，每一位教师必须具备信息素养。这种信息素养已经成为教师职业素养的重要组成部分。各国都要求包括小学教师在内的各级各类教师具有现代信息素养。

各国都认识到：教师既是信息技术教育的接受者，又是信息技术教育的教育者，这种双重性决定了教师的信息素养除满足未来社会学习者的一般要求外，还应具备其专业的特点，满足其教学专业的要求。作为职业角色的教师，必须具备运用信息技术有效开展教育教学方面的技能，特别要学会选择信息技术和在教学中的有效整合技术。[①]

教师作为专业教学人员，必须知道如何把信息技术整合到教学过程中，并因此改进学生的学习，培养学生的信息技术素养。然而更为重要的是，教师作为教育者，他们的另一个重要使命是“育人”。

教师信息技术教育就是为培养教师的信息技术素养而实施的教育。教师信息技术教育除了培养教师作为普通社会公民应该具备的基本信息素养外，更重要的是要培养教师作为教育者这一专业角色应该具备的信息素养。也就是说，教师信息技术教育的核心在于培养教师知道如何利用信息技术自如地进行教育教学、改进学生学习，养成学生的信息能力和信息素养，为信息化社会培养出心理健康、人格完美、技能优良的创新型人才。教师作为教育专业人员所接受的信息技术教育正是它与普通学习者所接受的信息技术教育的根本区别。

◆***思考题***

1. 简述美国、英国、德国、俄国、法国、印度、日本等国教师教育的现行制度。

2. 简述美国、英国、德国、俄国、法国、印度、日本等国小学教师教育的改革动态。

3. 叙述当代初等教育教师教育发展的主要趋势。

---

① Teacher competencies, available from http://www.cln.org/inservice/itpd/compet.html

第四章　国际初等教育的课程与教学

本章提要：课程是为实现教育目标而选择的教育路线、计划和内容。而教学则是以课程内容为中介的师生双方教和学的共同活动，是学校实现教育目的的基本途径。本章首先分述了美国、英国、德国、俄罗斯、法国、印度和日本初等教育课程和教学，然后概括了当代初等教育课程与教学改革、发展的主要趋势：1. 课程目标面向每一个学生的成功与发展；2. 努力发展综合课程；3. 重视道德教育；4. 重视科学启蒙教育；5. 重视基础学科；6. 人文教育思潮得到发展；7. 重视教学组织的多样化；8. 教学评价获得了较大的发展；9. 广泛使用现代教育技术。

第一节　美国初等教育的课程与教学

一、历史演进

美国独立以前的教育内容、组织形式、方法和手段基本上是宗主国英国教育的移植。北方建立妇女学校和中部与南方创办的贫民初等小学的主要教学内容是初步的读写算知识和宗教教义问答等常识，称为 4R（reading, writing, arithmetic and religion）。在教学的组织形式上尚未形成真正的班级授课制，保留着学徒训练形式。当时初等教育的施教对象多为贫苦儿童。

课程与教学总是处在不同的演进之中，美国初等教育的课程与教学也是这样。在美国独立以后特别是 19 世纪 20 年代以后，美国公立初等学校得以建立与发展，并建立了普及义务教育制度。小学教学内容、组织形式与方法都发生了巨大变化。在教学内容上读、写、算较前更注意了科学性与系统性，并且增加了自然常识、历史、地理、音乐、体育等内容，但《圣经》仍然是小学教育的重要内容。

在教学组织形式上逐步建立了班级授课制，包括复式教学形式，并开始尝试分组教学。

在教学方法方面受到裴斯泰洛齐、赫尔巴特等欧洲教育家的影响，开始注重儿童内心发展规律，采用实物教学，注意运用新旧知识相联的原则。

19世纪80年代美国课程变化的推动力来自美国现代工业化、都市化的历史进程，来自对社会改革的不同思考，来自于欧洲先进教育思想的巨大影响。

1890年美国小学的课程已突破了读写算的范围，而扩展到图画、公民、历史、语文、阅读、拼写法、书法、算术、自然、地理、音乐和体操等。10年后，1900年美国不少小学又增设了卫生、文学、缝纫和手工。美国小学迅速地实现了课程设置的现代化，对美国初等教育的发展发挥了基础性作用。

19世纪末到20世纪40～50年代杜威的实用主义教育思想、进步主义教育的课程观对初等教育课程思想的现代化起到了巨大的推动作用。

杜威的实用主义教育哲学，以及在杜威实用主义教育哲学影响之下形成的进步主义教育运动强调教育即生活，学校即社会，教育即经验的不断改造，主张教学以儿童为中心。这些已成为美国现代教育思想的中心内容，对美国20世纪前半个世纪的课程观念与实践产生了重大影响。活动课程的出现与发展，做中学教学方法的推广，儿童在课程实施过程中中心地位的确立，儿童兴趣得到高度的重视，课程与生活联系的确立，这些都成为半个世纪过程中美国小学课程批评传统教育课程观，开辟适应社会发展和个人需要的新课程的有意义的探索。在这种影响下，美国小学教学以儿童为中心，重视教学与生活的广泛联系，在教学内容上注重儿童个人经验；在教学方法上广泛运用设计教学、单元教学；在教学组织形式上发展了小组教学、个别教学形式。

当然，实用主义教育哲学的实践早在20世纪30年代就遭到了要素主义论者的批判；要素主义论者认为新教育软弱无效力，片面强调生活适应，使课程轻浮浅薄。这些批评对包括初等教育在内的整个美国教育产生了广泛的影响，直到20世纪50年代后期与学科结构论一起酝酿成为二战后的最大一次课程改革运动。

美国二战后对中小学课程曾进行了一系列改革。

20世纪50年代后期，受苏联“卫星”挑战，美国深感“科学危机”，并把这种危机归因于教育。在布鲁纳结构主义课程理论指导下进行了范围广泛的课程改革，旨在改变实用主义和传统教育两个方面影响下学校课程落后的状况。按照要素主义和学科结构理论改革课程，形成了20世纪60年代的新科学课程，其中包括小学科学常识6套。这次改革力求使课程编制现代化，过分强调理论知识，脱离当时美国教学条件的实际，结果导致了教育质量的下降。

20世纪70年代中期，美国掀起了回复基础运动，在课程设置上提出

“回复基础学科”的要求，突出基本学科在学校课程中的核心地位。在初等教育方面重新强调数学、阅读、写作基础课程，取消了新科学课程。小学课程又再次转向传统教育的模式。但又出现了忽视道德教育、体育的现象，学校课程缺乏对学生的吸引力。

1983年4月，美国《国家在危急中，教育改革势在必行》的报告发表以来，美国初等教育课程又一次进行了改革。

1986年9月2日，贝内特发表了《第一课——关于美国初等教育的报告》，认为美国初等小学低年级状况良好，只是高年级教学水平不佳。为此，他提出建议：

1）重新组织小学课程，加强读、写、算和外语教学，规定出明确的课程目标；

2）彻底改革社会学科课程充斥着零散的、缺乏系统的生活常识内容，社会学科设置的目的是培养儿童具有丰富道德品质，激发儿童探索未来的热情，培养民主价值观，尊重他人，诚实正直，有鲜明的个性。小学社会学科应当是课程改革的重点。

1988年美国总统提出了国家教育的整体目标，其中第三个目标是：学生在4年级、8年级、12年级时能够证明在英语、数学、自然科学、历史、地理等学科方面具有足够的能力。

尽管美国二战后进行了一系列课程改革，但其结果仍不尽如人意。美国学者雅各森和伯纳（Stepen. L. Jacobson，Robert Berne）首先指出：美国的教育改革，尤其是课程改革虽然范围很广，但是改革不深入；其次，措施方案出台很多，但是这些措施方案本身缺乏统一性和协调性，致使学校和教师在这些方案面前感到不知所措。①

二、课程与教学现状

美国初等教育课程与教学和普通中学一样，没有国家统一的具体要求。教育部只是对全国初等教育课程设置标准提出建议以及全国性专业团体提出各种课程改革的建议。课程和教材的标准和检查由各州政府制定和实施。学区负责课程设置标准的执行和教材的选择。课程标准和教材实行周期性修订制度。

---

① Stephen L. Jacobson and Ropert Berne, Reforming Education: The Emerging Systematic Approach, School Reform in United States, 1995, pp. 4～9.

（一）教学目的

当代美国小学校为了适应经济与社会的变化，根据国家和科技发展的要求，在教育思想、教学目的、内容与方法等各方面都在发生深刻的改变。在教学内容上特别增加了一些内容，如计算机教育、现代外语等。

1994 年美国国会通过的《美国 2000 年教育目标法》提出的八项目标之一就是：读完 4 年级的学生应对英语、数学、科学、外语、公民等科目具有实际应用能力，使学生都学会开动脑筋，培养他们的公民品质，有继续学习的能力。

（二）课程分类

美国现行初等教育课程有四种类型：

1. 分科课程，也叫学科课程。这种课程是按不同学科性质和小学不同阶段的教学目标而预先设置的。如：历史、地理、公民等。

2. 核心课程，这是主张以人类基本活动为核心来组织的课程。这些基本活动有：保卫人类和物资资源；生产、分配和消费；运输、交通和教育；娱乐、组织和管理；审美和精神生活；创造新的工具和技术。核心课程论者认为：以人类的这些基本活动为核心来组织课程，可以消除学科课程远离生活的弊病，又可以避免以儿童兴趣和动机组织活动课程的消极后果。联邦政府于 1991 年制定了小学必须开设的核心课程：英语、数学、历史和地理。[①]克林顿担任总统后，核心课程又增加了外国语和艺术。

3. 综合课程，把两个或两个以上内容相关的科目结合起来，组成一个比较广阔的学习领域，减少学科课程由于分科太多不利于学习的缺点，使学习内容更易于联系实际。如把历史、地理、公民合并为社会课；把阅读、说话、写字、作文、拼写结合成语文课。

4. 活动课程，活动课程是在杜威实用主义教育思想指导下，在美国进步主义教育运动中首先出现的。活动课程论者反对分科课程，批判传统的教育，认为教育即生活，学校即社会，教育是对经验的不断改造。他们主张以儿童为中心来设计学校的课程时（即供学生学习的课程），这种课程就是活动课程。

活动课程是用儿童的基本动机作为课程建设的出发点。这些动机有：

——社会动机，跟其他儿童一起活动的愿望；

——建设动机，建造东西和加工原料的愿望；

---

① U.S. Department of Education. AMERICA 2000: An Education Strategy, Washington, D. C. 1991. pp61～65. p47.

——探索动机，好奇倾向和实验的愿望；

——表演动机，欣赏和创造各种文艺的愿望。

活动课程就是根据儿童这些动机设计出来的。

现行的美国初等教育课程是根据州和地方当局有关规定，并考虑到国家教育目标由各校确定的。一般来讲，美国小学开设的课程有：阅读、写作、数学、社会、科学、音乐、美术、体育等课程，另有些学校还设置了保健课、家政课、土著课。20世纪80年代以来，美国一些小学还从多元文化角度增加了课程中的民族文化和语言的因素。

（三）道德教育

美国学校的道德教育经历了曲折的演进过程。本世纪上半叶重视学生的道德品质教育曾是美国学校教育的主流。但是在第二次世界大战后，特别是1957年苏联第一颗人造地球卫星上天以后，强权政治支配的美国为了与苏联抗衡，重视的是国民生产总值和核弹头的数量，是年轻一代的智力，而不是个人的道德自律。因此，出现了一个道德教育的“荒凉时代”。而后，从20世纪60年代中后期开始，由于社会矛盾在美国不断加深，青少年精神危机不断加剧，整个社会呼吁加强学校道德教育。因而，美国的道德教育又进入了振兴和发展时期。1983年公布的题为《国家处在危急之中——教育改革势在必行》的报告，在美国产生了极大的影响。该报告将学校作为实施品质教育的最好场所。1992年春美国又发表了《阿斯彭品格宣言》，该宣言再次确认了“尊重、责任心、可靠、关心、公平与正义、公民和公民素质”这样一些核心价值观。“9·11事件”后，美国各界爱国主义情绪空前高涨。相应地，各级学校普遍加强了爱国主义教育。如新泽西州的中小学每天上课前，要以班为单位背诵一段《独立宣言》。2002年3月发布了“美国联邦教育部2002～2007年工作要点”，该要点重申，要加强学生的思想教育，培养新时期负责的具有爱国主义精神的高素质公民。

美国小学道德教育正是在上述大背景下不断演进的。当代美国小学的道德教育基本状况如下：

1．目标：美国小学道德教育的总目标是培养有责任感的、可靠的国家公民，具有明确的国家政治性质。具体目标有4条，即：

（1）提高学生的自尊心；

（2）加强学生的自律和修养；

（3）培养决策的技能；

（4）具有积极态度和价值观。

2．措施：美国初等教育在实施儿童的道德教育方面主要是通过品德教育、行为规范教育，设立专门课程，开展公民教育和纪律教育等措施。

（1）品德教育课的教育

美国恢复了在过去30年间不少学校已取消了的品德教育。1987年2月成立了全国品德教育联合会。该委员会宗旨是协助社区公立学校实施品德教育。该联合会认为，良好的品德标准就是以理解和尊重为核心道德标准，并应按照这些标准行事。为了推动品德教育的健康展开，美国品德教育联合会制定了10项原则，即：

① 学校的教职员应成为道德行为的榜样；

② 在学校生活的各个方面提倡以诚实、有责任感、尊重他人和勤劳等为核心道德标准；

③ 学校应成为友善、互相关心的集体，成为国家追求的文明、友好、公正社会的缩影；

④ 在课内外的交往中学生应拥有许多能表现责任感、遵守道德标准的各种机会；

⑤ 有效的品德教育应包括学习上的高标准，并要求学生为达到目标刻苦学习；

⑥ 教师应通过语言艺术、自然科学和社会研究等学科传授核心道德标准，通过阅读、写作和讨论促使学生进行道德思考；

⑦ 教育应对学生进行道德管束，通过制定并执行有关规定，使学生讲道理，尊重他人；

⑧ 每所学校都要开展品德教育方面的评估；

⑨ 学校的校长和教师应会利用学校周围的环境来巩固和发展课堂上学生学到的价值观；

⑩ 父母、机关、企业以及所有成年人都应参加到品德教育行列中来，成为品德培养的正式伙伴。

该联合会认为，必须在每所小学实行品德教育，只有品行没有知识是脆弱的，但光有知识没有品行是危险的，是对社会的潜在危险。该联合会还指出，在所有学校实行品德教育是任何有效的教育改革运动的一部分。

美国不少州通过立法，将学校“品德”、“伦理”、“价值观”作为一门主要的课程。品德教育课就是其中之一。

品德教育课要求学生拥有的价值观是：诚实、真诚、勇敢、信念、公民、容忍、人格、宽容、自尊、善良、助人、言论自由、选择自由、机会均等、经济保障、公民权利与义务等。专门为小学生编制的品德教育教科书名为“公民的品德”。全书共分十单元，这些单元包括了上述价值观。每个单元设立有几个行为目的，每一品德教育行为目的又是通过一定数量的课时来实现的。

在通过品德教育课实施道德教育的过程中，教师的态度与作用是十分重要的，这对教师本人的道德水平和教育能力是一个很好的检验。

实施品德教育课有许多方法，主要有讨论座谈、角色游戏、小组工作等。

(2) 公民教育

美国小学道德教育一个十分重要的内容是公民教育，而爱国主义教育又是公民教育的核心。美国小学教室都悬挂国旗和所在州州旗，右手放在胸前唱国歌。除此之外，美国小学重视进行美国历史、文化、公民传统的教育。

(3) 行为规范教育

美国小学十分重视制定学生品德行为规范。这是小学道德教育的重要措施与内容。进行行为规范教育首先是让学生了解和严格遵守品德行为规范。各小学因其所在地不同，其制定的小学生行为规范也有所不同，但主要的内容是相似的，如自律、信赖、诚实、勇于认错、有礼貌、不侵犯他人、遵守法律等。不少美国小学还制定了学校守则、班级守则。

在学生行为规范中对于禁止的言行做出了明确具体的规定，使学生举止有所遵循。这些规定都坚决禁止吸毒、吸烟、饮酒精饮料、携带可伤人器械以及与学习无关的物品。对学生课间休息也做出了明确的要求。

美国小学制定了各自的校规，把养成行为规范作为加强纪律教育的重要手段。

如华盛顿阿米顿小学校制定的校规有 10 条：①按时到校；②铃响时迅速排好队；③进入教室保持安静；④不准乱串教室；⑤按规定时间上厕所；⑥在各项活动中注意安全；⑦关心他人，礼貌待人；⑧遇到打架，立即回避；⑨遇问题向大人报告；⑩放学及时回家。类似这样的校规对于养成学生纪律性是十分必要的。[①]

(四) 科学教育

20 世纪 60 年代以来，美国对小学科学教育极为重视，形成了国家资助、社会支持、学校重视的有利于基础科学教育发展的局面。

1983 年，美国教育优异委员会公布了《国家在危急中——教育改革势在必行》的报告，从而揭开了美国教育改革的序幕。美国初等教育的科学教育也被提到了前所未有的高度。

20 世纪 80 年代以来，美国出台了一系列有关初等教育基础科学教育的

① 李仲汉、韩其洲编著：《世界初等教育的发展与改革》，第 22 页

文件，其中最有影响力的是：美国科学促进会的《普及科学——美国 2061 计划》及美国科学教师协会的《范围、顺序和导向》。继 2061 计划开始之后，美国加紧进行课程标准的研究和试验，并在 1995 年底完成了《国家科学教育标准》（以下简称《标准》）[①]。在以上文件的指导下，美国小学的科学教育形成了自己的特色。

（1）美国小学科学教育以《基准》和《标准》为参照，指导“2061 计划”，经过十几年的研究，又取得了阶段性的成果，其中最重要的是《科学素养的基准》的出台。该基准是配合《面向全体美国人的科学》的一套特殊的科学素养目标纲要，内容比较宽泛，包括：科学的性质、数学的性质、技术的性质、自然环境、生存环境、人类机体、人类社会、被改造了的世界、数学世界、历史发展、通用概念、思维习惯。描述了为达到科学素养的目标，2 年级、5 年级、8 年级、12 年级末，以上 12 个方面学生应具备的理解水平和能力。因为《基准》的内容详细而且分段，美国小学科学教材《科学发现》（[②]K—6 年级）主要就是以《基准》作为指导的。

1995 年底出台的《国家科学教育标准》有六个主要内容：科学教学标准、科学教师职业发展标准、科学教育评价标准、科学内容标准、科学教学程序标准、科学教育系统标准。《标准》对教师的自身水平、学生的学习、教学设计及组织、教学评价及管理机构、社会支持系统都提出了要求[③]，体现了对全国科学教育实施与管理的全面指导，因而和《基准》一道，成为美国科学教育各界参照的依据。

美国有的州是采用本州的标准而不是《标准》或《基准》，这些州标准是教师直接参照和评价的依据，教师在做单元计划和教学设计时，必须考虑本州的标准中对这部分内容是怎样规定的。但美国各个州在制定本州的各种指导学科教育包括科学教育的文件时，是以《标准》、《基准》为参照的。

（2）科学教育教材类型多样化。美国传统的小学科学教育教材按照其科学教育哲学中科学知识的领域分类（即生命科学、物质科学、空间科学）进行编写，并以教育哲学提出的三大科学概念（由于人体健康的知识与人的生存密切相关，小学许多教材中又将人体科学单独列出来）为核心。《标准》、《基准》出台之后，美国人更加重视对小学生科学探究能力的培养，于是出

---

① 美国国家研究理事会，《美国国家科学教育标准》，中国科学技术出版社。

② Science Discovery Works（1～6），Silver Burdett Ginn．1996

③ Lawrence，F．Lowery．Pathways to the science standards—Elementary School Edition．Arlington：NSTA Press，2000．

现了多种旨在培养科学探究能力的小学科学教材。于是，美国目前的小学科学教育教材就形成了以科学概念为核心、以科学概念和统一概念为核心及以探究过程为核心的多种教材并存的局面。

以科学概念为核心的教材是指以传统的科学知识体系为主构建课程结构的教材。如《SRA 真实科学》[①]1～6 年级教材是围绕生命科学、地球与空间科学、物质科学和人体科学而展开的。该套教材提供大量的教学资源，力图从四个方面激发学生学习科学的积极性：①视觉资料；②有清晰的教学过程的教材；③以学生为中心的、扩展的学习资源；④观察、记录、测量和实验等活动材料。该种教材的优点在于内容丰富，概念前后联系紧密；不足之处在于探究的深度不足。

统一概念是指《标准》和《基准》中所提出的在许多领域都有用途的四个概念：系统、模型、恒定和变化、规模。以科学概念和统一概念为核心的科学教材是指以科学概念为课程结构体系，并在其中贯穿统一概念的教材。该种教材有利于学科的综合，使学生的思维更具开放性。该种教材的代表是《科学发现》。

以探究过程为核心的教材以科学概念为主线，更加强调探究能力的培养。这种类型的教材有许多模块组成，每个模块是一个相对完整的科学探究过程。该种教材的特点在于结构简练，以达到“精心选择内容，并将内容放在探究导向的课程中”的目的。TRACS[②]K—5 教材（如下表）是该种教材的代表。

TRACS 单元模块

年级	物质科学	地球与空间科学	生命科学	科学和技术
1	研究特性	研究地球材料	研究动物和它们的需要	测试材料
2	研究位置和运动	研究天气	研究植物	设计声音系统
3	研究电系统	研究天空中的物体	研究生命的一生	设计结构
4	研究变化的特性	研究变化的地球	研究生态系统	解决污染问题
5	研究热和物质变化	研究天气系统	研究人体系统	设计环境问题解决方案

① Science Research Associate Real Science（1～6）McGraw－Hill 2000.

② Teaching Relevant Activities for Concepts and Skills（1～5）. Kendall/ Hunt, 1997.

TRACS每个模块的探究顺序遵循5E教学模式，即引入（engage）、探索（explore）、解释（explain）、详细描述（elaborate）、评价（explain）。引入：为教师提供机会发现学生已有的经验和对要学知识的认识程度。探索：提供很多经验让学生在活动中进行比较。解释：学习运用正规的语言、科学术语和内容信息来表达，与原有经验相联系，建构新的经验。详细描述：学生在新的条件下应用或扩展新的概念，将新的概念综合到已有的概念中去。评价：评价学生达到的水平。是对学生新学知识的一个总结性评价，在学习过程中的每一步都应该有评价。

（3）科学课程的目标更强调科学技能的培养。由单纯注重科学知识教学转向全面的包括科学知识在内的科学素质教育，更强调学生对自然的兴趣，对自然的科学观点，对自然的科学态度和对自然的科学精神的重要性。

（4）科学课程内容组织上更倾向于综合性课程，并在教学内容中增加反映最新科技成果的内容。当代的科技进步给人类带来了物质文明的福音，同时也带来了一系列高度综合的全球性问题——资源巨减、能源危机、生态失衡、环境污染、人口爆炸等。面临这些涉及多个学科领域的问题，更加突出了在科学课程中实现跨学科知识综合化的必要性；美国航天科学和电子计算机科学的最新成果，被迅速地补充到教学内容中，力争将最有价值的知识传授给学生。

（5）科学教育在教学决策上以学生为中心。美国小学科学教育强调手脑结合，进行真实性问题教学（指以自然现象或社会生活中的科技问题用作主题，让学生在尝试解决这些真实问题的过程中掌握科学知识，形成科学技能和科学态度）；重视交流技能的培养；实施真实性评价（让学生在完成某种活动任务的过程中回答相应的问题或是通过作品创作来展示他们的认识技能和过程技能的评价方法，常用的真实评价有论文、解决问题、试验设计等）。

（6）对师范教育进行改革，对公共教学资源进行改善以支持初等教育的科学教育。为了支持小学的科学教育，师范教育做出的相应改革为：①小学科学教学论的教授们普遍采用探究式的、开放的教学方法；未来的科学教师的学习形式多以小组为主。②过程评价和终结评价并重。除了期中考试和期末考试外，一些作业和实习成绩都记录下来。③邀请科学教材编著者到学校培养师范生。④各大学的教育学院利用寒、暑假，节假日，为在职教师开办研究生课程班，传播更多、更新的教学理念。

此外，美国对科学教育的支持还体现在数量众多的图书馆、科学博物馆及方便的网络信息查询上。

总之，美国的小学科学教育在《标准》、《基准》的引导下，体现新的教育理念，融科学知识的传授和科学探索能力的培养于一体，强调科学技能的培养，重视交流技能的培养，实施真实性评价，提高所有人的科学素养。值得注意的是，美国小学的科学教育得到了科学家、师范院校、美国科学教师协会等专业组织的大力支持以及图书、网络等社会资源的有力保障。

（五）教学组织形式和方法

在教学组织形式上实行灵活的班级授课制，学生可以跳班，不同学科可以在不同年级学习，这也叫弹性升级制。变革传统的班级授课制是美国小学教学组织形式发展的方向。

在教学方法上个别化教学获得了迅速发展。实行个别化教学是为了克服班级授课标准化，忽视个别差异的弱点和局限，充分考虑儿童个体多方面的差异，使教学能面向每个儿童，并使之获得良好的培养。

小队教学

小队教学是二战后在美国首先产生的，又称协同教学，小队教学是两名或两名以上的教师一起制定教学计划、协同教学、对整个教学过程进行评价的一种教学方式。[①] 实行小队教学一般作法是：2 名或 2 名以上教师组成教学小组，制定教学计划，分工协作，充分发挥每位教师的才能和特点，共同承担一个班或几个班的教学。

小队教学实施过程中，由对某一课题有兴趣、有一定研究的教师主讲，另外一些教师可以配合教学进行演示或个别辅导。

小队教学一般由三部分组成。这三部分就是大班教学、独立学习和小组讨论。小队教学给儿童自己的学习、研究、作业提供充分的时间和帮助。

教学游戏

美国小学教学十分重视教学游戏。教学游戏具有以下四个特权：①由一个模式、一套规则、一种特定结构和一组游戏者；②游戏者的积极态度；③游戏活动中既有竞赛又有密切合作；④游戏以特定的教学目标定向。美国教育学者认为：教学游戏为获得新知识、掌握新技能提供有效的动机练习，促进儿童的学习行为，理由是教学游戏能够激发学生的学习热情，使其兴奋，并体验到成功的欢乐，能够引导学生积极地投入到学习过程中。

多组学校

多组学校是美国威斯康星大学认知学习研究中心建立的不分等的教学组织形式。多组学校的教学充分考虑儿童自己的速率、学习风格、动机和知识起步。学生组织在几个不同年龄组中，每组有 100～150 名学生，3～9 名教

---

① Easterby - Smith & Olve, 1984; Zhang and Keim, 1983.

师，1 个教师助手，1个秘书，1 个见习生。一所多组学校有 4～6 岁，6～9 岁，8～11 岁，10～12 岁等不同组。这是一种不分等级制的形式。抛弃了传统的、按年升级的做法。

双重进度计划

双重进度计划是对小学生同时进行两种分组的办法。儿童半天按能力分组，学习语音、词汇、拼写、语法、阅读、书写、文学、社会知识等必修课；剩下半天，在不分级的垂直组织中，学习数学、科学、艺术、音乐、外语等选修课。

双重进度计划是把传统的分科制与独班制结合起来的一种尝试。

上述多级学校和双重进度计划是对工业革命产物的班级教学形式的批评与挑战。但这些教学组织形式并没能很好地解决问题，有时会使成绩好的学生自以为是，而能力较差学生的提高仍然是困难的。

1. 小班教学的改革

美国加利福尼亚州提出通过学校新增 10 万名教师来推行小班化教育，一些州的学区不得不聘用那些在所要教的领域勉强合格的教师来任教。这就大大增加了培训的数量和新的小班教学的策略的研究。培训强调教师应及时发现和反馈小班中学生的不同需求，并在不断更新的教学方法中累积经验以适应他们个性化的课堂情境。

研究者们发现教师从大班转换到小班教学，其教学法却并未产生根本性的相应改变。有人比喻教师教学从大班到小班的转换犹如厨师从餐馆烹饪到为家庭做饭的转换，只有微小的变化而已。

小班教学进度普遍加快，新的内容很快教完，这就发生了与已有教学安排的矛盾。学者艾瑞克·汉纽西克在评价加利福尼亚州为推行小班化而不惜投入 10 亿美元的方案时称："这是一个疯狂的决定。如果给我 10 亿美元投资教育的话，小班化改革将排在我的投资名单的末尾。"尽管承认小班化对学生发展的促进作用，但实现小班化改革所需的大量经费仍使许多教育者踌躇不前，认为它并非是目前本已紧缺的教育资源的最好的利用方法。此外，小班化改革还涉及到教育公平问题。而且由于可供使用的教育资金有限，学校董事会总是把资金投入低年级的小班化改革。因此，一些教育学家们提出了在"昂贵"的小班化改革之外可供选择的其他教育变革措施。主要有加速现有的师资培训、进行课程改革、改编教材及完善学校的软硬件环境等。他们认为以上这些也是目前急需的改革措施，需要政府的大量资金投入，同时也将对学生发展起到极大的促进作用。

2. 一种新的教学模式：以结果为基础的教育（Outcome Based Educa-

tion)

20 世纪 80 年代美国开始推行以结果为基础的教育模式。以结果为基础的教育确信所有学生都能学好，并以学生为中心，以学习结果走向，设计、发展、实施并按既定目标进行教学。以结果为基础的教育包括四个要素，即：①规定明确的学习内容；②学生的进步以学习结果为基础；③根据不同学生的需求选择不同的教学手段和评价方法；④为每一个学生提供他所需要的时间和帮助，发挥他最大的潜能。

以结果为基础的教育一方面受到以能力为基础的教育的影响，重视确定和评价学生的行为；另一方面受到掌握学习理论的影响，教学面向全体学生，在学生进入一单元学习前提供给他们足够的时间使前一单元的学习达到掌握的水平，目的是使学生的学习从一次成功走向另一次成功。

以结果为基础的教育要求教师采用适合的方式组织教学。这可以采用教师面向全体学生讲授学习单元，学生按各自的速度在教师的指导下学习，也可以采用个别化教学模式，即要求学生学习设计好的材料，自己掌握时间。教师为学生分别进行指导和帮助。

以结果为基础的教育有 4 条教学原则，即：

(1) 学生最终的表现是教学设计与实施的出发点和最终目的之所在，教学要明确规定所应达到的最后结果；

(2) 教学设计要遵循最终结果的需要，保证最终结果的全部要素都包括在教学之中；

(3) 对所有学生都有所期待；

(4) 为学生学习的最后成功提供机会和帮助。

实施以结果为基础的教育要求及时了解学生进步程度，提供学习反馈，帮助学生克服困难，并为优秀生加深学习内容。

日常诊断性测验是以结果为基础的教育的重要组成部分。教师要事先编制能覆盖所有要点的试卷，在一个学习单元教学结束时进行测验，以考察学生的进步。错误率在 15% 以上的学生需要重新学习该单元。在这种学习过程中学生不是面临分数的竞争，而是面对明确的方向不断克服学习困难，不断进步。

目前，美国许多州都在推行这种教学方法，特别是小学教师对实施以结果为基础的教育表现出了很高的热情。

(六) 教学评价

学习成绩的评定

美国小学教育教学评定所依据的基本要求是：①连续性和定期性；②运

用效度和信度较高的测量工具；③综合地全面地把握学生的进步与发展；④为确定教学目的发挥作用；⑤有助于社会广泛认识该学校的教育程序的价值。

美国小学采取一律升级制度，平时测验和考试很少。20 世纪 70～80 年代包括初等教育在内的基础教育教学质量存在问题的严重性引起了美国全国上下的重视。

1975 年佛罗里达州颁布法令，实行全州统考。考试对象在小学是三年级、五年级，考试科目是语文、数学。而后，美国课程和评估局（SCAA）提出要运用多项选择形式对 7～11 岁学龄儿童的语文、数学和科学进行测试。

《2000 年美国教育战略》要求确立全国性的教育大纲，建立全国统考制度，初等教育的统考对象是 4 年级学生。

学生累积记录

美国各州情况不一，但学生的记录是一致的。1964 年美国联邦调查局在由 10 个教育团体的协助参与进行调查的基础上，建议学生记录应包括有 8 项基本内容：①学生姓名、性别、出生年月；②家庭情况和住址；②身体状况；④标准检查结果；⑤入学；⑥学习成绩；⑦转学、退学、毕业；⑧保护和特殊帮助。

小学对学习成绩经常采用的是相对评价方法。

这种记录采取了小学、初中、高中连续记录的方式。这种记录表是用八开厚纸制成，两面使用，小学、初中、高中各使用 2 回，依次递交给学生升入的学校。学生累积记录表格设计情况参见加利福尼亚州洛杉矶学区的累积记录表。

加利福尼亚州洛杉矶学区累积记录表〔摘要〕①

正面：

1. 个人记载	
2. 家庭记载	3. 划分学习阶段的标准
4. 集体学习能力检查	5. 学力检查
6. 个人检查	7. 关于发展情况的观察结果
顾问的指示和认定	
（与父兄）谈话	

① 见《五国普通教育》，日本文部省编，刘树范、关益等译，教育科学出版社，第 113 页。

背面：

<table>
<tr><td colspan="2">8. 关于转出、转进的记载</td></tr>
<tr><td>9. 特别指导</td><td>10. 关于健康情况的记载
11. 家庭对升学、就业的意见</td></tr>
<tr><td colspan="2">12. 阅读方法与社会科单元</td></tr>
</table>

《2000年美国教育战略》提出要建立学校报告卡制度，由学校定期向学生家长报告学生的学习成绩以及学校落实全国教育目标的进度。

三、改革动态

1. 发展方针的调整

教育的改革往往起因于政治或经济竞争的需要，或者说起因于教育已经不适应社会经济发展的现状。正如《国家在危急中》所指出的“我们的国家正处在危急之中，我们在商业、工业、科学和技术创新方面往日不受挑战的领先地位，正在被全世界的竞争者赶上。”报告列举的美国基础教育所存在的一系列危急的指标，主要是关于美国学生尤其是处境不利于学生在学术知识上的准备不足和学业成绩的低下，而这又是由于课程设置和课程内容（以及教学、时间和对学生的期望）的原因所造成的。此外，促使美国反思自身教育的另一个重要因素，是美国在国际教育成就评价协会（IEA）进行的国际比较研究中持续处于落后的位置。1995年进行的第三届国际数学和科学研究（Third International Mathematics and Science Study，TIMSS）的评估结果再一次震惊了美国朝野上下：将数学和科学合二为一的课程学习的单一评估中，美国四年级学生的成绩略高于国际平均成绩；八年级学生的成绩相当于平均成绩；十二年级学生的成绩就低于国际平均成绩。

20世纪80年代中叶，美国联邦教育部部长贝内特和由他任命的初等教育研究小组，对美国的初等教育课程设置和教育质量进行了调查。1986年发表了题为《第一课——关于美国初等教育的报告》。这一报告，对美国当时的初等教育提出：初等教育的任务，除了进行读、写、算等方面的训练外，还要培养学生的责任感；社会、家庭必须重视教师的工作表现和能力；必须增加教学时间，用更多的时间来完成课程；必须重视儿童的个别差异，因材施教。报告建议对各类课程进行改革。1989年布什总统主持召开了美国教育史上无先例的“教育首脑会议”，会上，布什总统和与会的50个州的州长联合签署了6项全国教育目标。随后，克林顿总统任期内由国会在1994年通过的《2000年目标：美国教育法》将“6项教育目标”扩展为“8

项教育目标"，其中与学校课程改革直接相关的"目标3"也得到了扩充。[①]

为了更有效地改革基础教育，提高教育质量，1994年美国国会通过的《2000年目标：美国教育法》中规定了8项教育目标，和课程改革直接相关的有目标3和目标4内容如下：

目标3：所有学生在四年级、八、十二年级结束时，要证明有能力在英语、数学 、自然科学、外语、公民和政府、经济学、艺术、历史和地理学科内容方面应付挑战；美国的每一所学校要确保所有的儿童学会和利用电脑，以使他们为做有责任感的公民，进一步学习及为在美国现代经济中从事生产性职业做好准备。

目标4：美国学生在自然科学和数学方面的成绩将达到世界首位。[②]

2001年现任总统布什在入主白宫后的第一周就公布了《不让一个儿童落后》（No Child Left Behind）的联邦政府教育改革蓝图，从中可以看到美国初等教育课程改革的最新政策动向。由此可以看出，美国初等教育改革的基本理念是在平等的基础上提高教育质量，也就是使全体美国学生都得到进步和提高。

当然，地方分权的美国政体导致了其课程改革基本上是以州为基础的。在坚持"促进平等提高质量"这一基本理念的基础上，各州更有自己的课程改革理念。

美国初等教育课程的改革，主要集中于课程标准的制定，有全国性课程标准和州一级课桯标准。由于教育在美国的地方分权制，因此就美国全国而言历来没有共同的课程标准。随着教育改革的深入，全国性课程标准呼之欲出。

美国全国课程标准中最早问世且最为成熟的是全国数学教师协会（National Council of Teachers of Mathematics）在1989年编制出版的《学校数学课程与评价标准（Curriculum and Evaluation：Stan for School Mathematics)》。1996年，美国研究委员会组织18 000多人参与编写的《全国数学教育标准》出版了。

需要指出的是，美国初等教育的全国课程标准只限于数学和科学等学科，并且只是被州和地方"自愿"接受。全国性标准的作用主要体现在以下几方面：①从整体上评定教育系统的质量；②作为培训教师的依据；④作为评价教科书的依据；④作为设计考试试卷的重要参考。

---

① 赵中建，美国教育改革的法律保障，中国教育报，1995.7.5.

② No Child Left Behind. www. ed. gov.

至此，我们不难看出美国初等教育课程改革的趋势如下：

(1) 课程概念得到拓宽，不再只是囿于学科课程或活动课程，课程被看作是为完成一定教育目的而设计的教育计划。

(2) 重视课程的基础性、综合性，重视现代人文和科学教育。

(3) 重视课程标准对统一学校教学的重要意义。

(4) 重视对课程标准的细化。

(5) 重视对课程标准，尤其是对州课程标准的评价。

(6) 重视考试与课程标准的一致性。

2. 改进考试评价

美国非常重视中小学生考试评价，在此方面所进行的改革也颇多，近一时期美国围绕着对中小学生标准化考试的问题进行了热烈的讨论，讨论中许多人对标准化考试做了尖锐的批评。认为标准化成就测验的分数不能用来衡量学校或教师的教学质量；测验和教学并不匹配，标准化测验不能作为衡量学生成就的工具。美国教育研究者质问：关于考试的问题，如果我们用标准化测验的成绩来衡量孩子的能力和命运，那么，我们在长久的将来能够得到我们所期望的结果吗？如果考试并不是测量特定学校的课程而是全国所教课程的融合，那么，这些考试公平吗？如果这些考试不停地在变换着，那么考试的分数能够作为测量进步的标准吗？设想如果那个孩子搬到了马里兰或弗吉尼亚，而在那进行着不同的考试，如果那个孩子的分数下降，那么他在二年级的努力还算数吗？如果他的分数完全改变了，应由哪个学校负责呢？他们认为，标准化测验的滥用、弄虚作假现象的出现、过多的经费投入造成了许多消极影响。标准化测验没有实现教育的公平，也没有促进儿童的健康成长。

一些美国学者认为，考试成绩不能用来衡量学生的能力并预测学生的命运。就短期而言，成绩评定提供了学生有能力做什么的有用信息。就长远来看，我们希望学生以后能成为良好的公民、多产的工人以及所有官方所期望的目标。而这就更意味着我们需要超越考试分数来评定成绩。当今一些学校和学区长官好像并没有意识到评价他们提高学生成绩政策的重要性，也没有足够的机会来检查这些政策对提高学生学习动机、学习和发展是否有帮助。“迅速提高成绩”的急迫要求使家长和学生都感到他们对学习的需要并没有被满足，而学生的健康成长高于标准化测验。

3. 利用信息技术促进教学

1996年初，克林顿在他连任总统的就职演说中呼吁社会各方面联合起来，以确保美国的每一所学校的每一间教室都配上电脑、实用的软件和训练有素的教师，所有电脑都连上信息高速公路。

2000年1月，美国总统布什在题为《不让一个孩子掉队》的教育报告中再次重申，信息技术应成为学校努力提高学生学业成就的一门有力工具，并且还说明把最新的信息技术运用到教室和课堂，永远都只是手段而不是目的本身，同时他呼吁社会各界行动起来让美国学生为21世纪做好准备。要使技术成为一种可行的教学工具，这就要求学校有足够的电脑提供给学生们充分且便捷地使用，残疾学生也不例外。缅因州于1995年通过了发行1500万美元债券用于普及信息技术的议案，最近俄勒冈州的贝色地区也批准了300万美元用于学校的信息技术建设。

美国要求每一间教室都将连上信息高速公路；有效的软件和在线学习资源将成为每所学校课程与教学整体的一个重要组成部分。

第二节　英国初等教育的课程与教学

一、历史演进

18世纪在工业革命中形成的英国初等教育学校，在相当长的一段时间内是为社会下层子弟开办的，培养为资本主义生产所需要的劳动力。那时初等教育是一种终端教育。小学教学就是为了做好就业的准备，无视儿童的健康发展，所以当时的教学内容主要是浅显的读写算知识和宗教教义。教学方法上和教学组织形式上曾流传过“兰卡斯特——贝尔制”。后来，逐步被稳定的班级授课制代替，讲授法、实物法受到广泛运用。

1870年初等教育法（亦称“福斯特法”），奠定了英国国民教育制度的最初基础。从此以后，初等教育课程随着英国国民教育的改革与发展也发生了深刻的变化。

20世纪以来，特别是二战以后随着科学技术的进步和经济、社会的发展，英国初等教育的目的逐步地发生了根本性的变化。

1931年英国教育咨询委员会在题为《初等学校》的报告中，明确提出了英国初等教育的目的是：“培养儿童基本的人性力量，唤醒他们对公民生活的基本兴趣，鼓励他们逐步地能支配自己的精力、冲动和情绪……帮助他们发现责任感思想并确信它，发展他们的想像力和同情心，使他们能在以后的生活行动中效仿成功的崇高的榜样。”

根据1944年法令，英国初等教育计划是由教育科学大臣经地方当局和学校董事会及校长来制定的。而事实上，教育当局除宗教教育外，不直接过问教学计划的事情。各董事会成员又未必都是专家，所以，课程计划、设置都成为校长的权力。1988 年以前，在英国初等教育的课程设置上，学校校长拥有很大的权力。在二战后相当长的一段时间里，英国初等教育的主要机构——小学开设的课程有：数学、英语、故事——戏剧、音乐、体育或舞蹈、美术或手工、史地、自然——理科、宗教——礼拜、缝纫、游戏、选修课、电视教育等。选修课是指从木工、美术、手工、戏剧、农业、园艺、数学、缝纫中选修若干项目。

课程安排上，数学、英语、宗教时数超过总数的一半，并且多采取分科上课形式，逐步增加算术、自然——理科的授课时数。1987 年英国前首相撒切尔夫人在保守党的一次会议上曾指出，为了明天能成功地与日本、德国和美国竞争，我们需要受过良好教育和训练的、具有创造性的年轻人。为了提高教育质量，改变由于分权制度下地方主义思想对课程制度的消极影响，1988 年，英国议会通过了《1988 年教育改革法》，宣布在英格兰和威尔士实施全国课程。由此，拉开了英国历史上第一次轰轰烈烈的课程改革运动，并宣告了英国长期以来占主导地位的放任主义课程管理模式的结束。

二、课程与教学现状

二战后，经过改革，英国小学课程与教学各方面都为适应社会与经济发展的需要，而较战前发生了重大变化。

1. 教学目的

英国小学教学目的已根本不同于上一世纪。它已不再是直接培养劳动者的终端教育。目前英国小学教学目的主要包括有：

(1) 健康身心的发展；

(2) 优异行为的养成；

(3) 对环境的认识与兴趣；

(4) 观察能力的形成；

(5) 课余活动的指导；

(6) 科学态度与精神的鼓励。

2. 课程

英国初等教育现行课程是以 1988 年英国公布的国家课程为基础的。根据《1988 年教育改革法》，国家课程包含了每一所学校向学生提供的所有学习内容和其他经验，它囊括了科学教育、集体协作教育、宗教教育、健康教育和生计教育等领域。《1988 年教育改革法》的最为主要的内容是关于在中小学实施全国统一的国家课程及教学内容的规定。它打破了英国长期以来基础教育阶段课程的多样性以及教师在课程方面的自主性，使英国第一次在法律的保障下实施课程的统一化。1988 年英国对课程应达到的目标都作了严格要求，规定了每一学科应达到的成绩目标，又将每一项成绩目标分解成 10 个层次的具体目标，并为各科教学制定了学习计划。1988 年英国出台的全国课程也具有一定的灵活性。如：学校可以不按规定学科进行教学，可将历史和地理合并成人文学科，但学生对历史和地理规定的成绩目标必须达到。此外，英国全国课程改革文件还要求家长了解并监督学校课程的实施。

全国性课程由 10 门学科组成，包括：

核心基础科目 3 门：英语、数学、理科；

基础科目 7 门：地理、历史、现代外语、艺术、音乐、技术、体育。

小学课程中现代外语不是基础课程，小学主要时间用来学习核心基础课程。

英国全国课程计划要求 5～16 岁义务教育阶段的学生每年都必须学习上述的三门核心基础课程和七门基础学科，学校必须有足够教学时间完成核心课程和基础课程的教学目标。

英国全国课程还规定宗教为必修课，宗教教育在英国初等教育课程中占据着重要的地位，英国在相当长的一段时间内是以宗教教育来进行道德教育，但二战后因受多元化社会的影响，宗教教育的地位开始削弱，英国很多公立学校开始设立“个性与社会教育”课来对学生进行道德教育，但由于师资和教学方法等问题，实施效果不理想。

20 世纪 60 年代后期英国剑桥大学研制了一项 8～13 岁道德教育课程计划。彼得·麦克菲尔指导下的“课程发展课题组”编写了道德教育教材：《生命线》（1972）和《起始线》（1978）这两个教材。这些教材对英国中小学道德教育发生了持续的影响。

英国教育家不提倡用灌输和说教进行道德教育，而主张以讨论的方式，鼓励儿童自己去探索与判断道德观念。

但英国认为，宗教教育仍然是不可少的。

英国全国课程把宗教列为必修课并要求学校为宗教教育开辟适合的时间。其目的是为了改变道德教育无力的状况，加强道德教育。

除此之外，像健康教育、信息技术这些学科都可以通过其他课程来进行。例如，生物学内容可以加进健康教育。这些学科教育都必须将内容加进基础学科课程，而不能单独再增设课程。

英国小学生的道德与纪律问题受到英国各界人士的关注。

1996年英国中部的一所小学因1名学生的行为问题而被迫暂时关闭。由于行为问题，该生由校长单独辅导6周，但因地方教育部门拒不支付该生单独辅导所需的费用，校长停止了辅导。学校所有教师都表示无法接受该学生，要求家长将该生转走。家长不同意，并表示要诉诸法律。地方教育部门则称由于中央政府政策限制，该部门无权干预此事。结果校长只得宣布关闭学校。

执政的英国保守党提出将加强系统的道德和法制教育，在课程中增加有关传统家庭观念和婚姻观念的内容，加强这方面的教育。英国就业大臣谢泼德对于英国中小学课堂没有强调家庭和婚姻重要性的内容表示了很大的不满。她认为，加强这方面的教育是改善道德教育的最有效途径，明确地向儿童说明家庭的价值观将对社会起保护作用。

英国教育与就业部为此成立了由100多名成员组成的研究小组，发表了一份有关道德教育的咨询建议书。这对于今后英国初等教育课程改革，特别是加强道德教育内容将产生一定的影响。

英国全国课程文件要求：

(1) 学生和家长应该了解学生每年学什么以及与全国课程目标和学习大纲相关的事情进行的情况；

(2) 教师应该了解学生是如何进步的，以便教师能确定下一步学习的适当方法；

(3) 家长、管理实体、业主和地方社区应该了解学校的评估和考试的结果以及与地方教育局管辖内或附近其他学校比较的情况。为了选择学校，家长也需要了解每个学校的课程情况；

(4) 地方教育局应该了解其他地方教育局，与地方其他学校和全国平均水平相比，应当保持的到达度；

(5) 在国家水平上，中央政府、议会和公众应当能够调整国家标准，并随时改进。

1988年英国教育法有以下几个特点：

(1) 对课程应达到的目标作了严格的要求。①全国性课程以每一学科应达到的成绩目标（attainment target，简称AT）做了规定，不同学科成绩目标数量不同。②全国课程将每一项成绩目标又分解成不同水平（层次）的目标。③全国性课程还为每一学科的教学制定了学习计划，包括教学内容、教学方法和途径的介绍。④按照1988年教育法规定，全国性课程不是按照学年而是按照教学主要阶段（Key Stages，又译关键阶段）进行的。这是全国性课程的一个重要特点。教学主要阶段分为四段，各个阶段应当达到的成绩目标因学科而异。

（2）全国性课程教学具有一定灵活性。学校可以不按规定学科进行教学，可以将几个学科组合在一起进行教学，如历史和地理可以合并成人文学科，不过历史和地理各自的成绩目标必须达到。

（3）全国性课程对校董事长提出了要求，包括要求董事长（governor）确保全国性课程在本校的实施，拟定实施全国性课程的经费计划，决定学时和教学时间的长短，回复家长的询问以及向地方教育当局提交年度执行报告。此外，全国性课程还要求家长给予配合，要求家长了解并监督学校的课程实施。

全国性课程的上述特点是英国课程史上从未有过的。从中我们可以看到英国改革课程提高教育质量的决心之大、计划之细致。有两点需要说明，其一，全国性课程并不代表各学校的全部课程和活动，只是学校必须实施的课程，除了全国性课程之外，学校还可根据学校和地方需要开设课程；其二，全国性课程只起着一种教学计划和教学大纲的作用，它并未要求实行全国统一的教科书。

因此，实施国家课程标准时，英国各地的课程仍然注意结合自己的实际，具有自己的特点。下面以爱尔兰小学课程改革为例来说明。

早在20世纪80年代初期在英国北爱尔兰的许多小学都贯彻了旨在建立学校统一课程的《小学的指导方针》。这是北爱尔兰初等教育改革的重要举措。1990年9月，北爱尔兰已经分阶段在所有的小学、小学后和特殊小学中逐步采用了各种各样的新的一般性课程。可以说，北爱尔兰为实施1988年公布的英国国家课程作了很好的准备。

北爱尔兰小学教育为7年，第一阶段为4年的义务教育，学龄儿童在4～8岁之间。

北爱尔兰的课程与威尔士和英格兰的不同在于，它是建立在学习领域理论基础之上的。该理论将小学的教育内容划分为五个领域，即英语、数学、科学与技术、环境与社会、创造与表达，并设立了与此相应的课程。目的是为了使孩子们的学习内容达到广泛、平衡与协调。

另一个北爱尔兰与英格兰、威尔士不同的特点是设教育主题课程。它是法定全部课程的一部分，在第一、二阶段有关教育的主题课程是信息技术、健康教育、文化遗产和相互理解的教育。北爱尔兰很重视后两门课程，其目的是想让学生们了解他们的传统和不同于他们的传统，改善与世界上具有不同传统人们的关系。

上述每个主题中都有相应的内容，这些内容都被写进了学习大纲，而所有学科应达到的目标则成为全部课程的有机组成部分。1990 年 9 月，即在把国家课程引进英格兰和威尔士一年后，北爱尔兰小学已开始设置前三个学科，并在 1 年级和 5 年级实施，这三门课程是英语、数学和科学与技术。在 1991 年 9 月，历史、地理和体育也在 1 年级得到实施。

这几门课程各有其特点，北爱尔兰的数学和科学课程，分别将数学与测量、科学与环境结合在一起。地理课，北爱尔兰着重介绍本地区的地理状况，学生可以自由选择感兴趣的区域的地理状况。北爱尔兰英语课在写、拼和书法三方面规定了应达到的目标。历史课开辟了专门单元，向孩子们介绍“不久以前的生活”。小学新课程的目标正是为了提高教育标准，扩大机会平等，培养学生具有相应的知识、能力和个性品质。艺术与设计、音乐和体育对儿童创造与表达能力的发展有很大影响。这些学科在第一阶段都建立了两个目标，一个制作和创造的目标；另一个则使孩子们有能力评价自己或他人的工作；信息技术则是各门课程目标的一个部分。

尽管北爱尔兰与英格兰和威尔士在课程上有不同之处，但他们对各种不同学科的需要还是十分重视的。正像在英格兰和威尔士一样，在北爱尔兰教育中所涵盖的所有内容都是面向未来的，都从最近几年来的研究成果中吸收了适当的内容。

1988 年英国教育改革建立国家课程和国家统考制度，加强中央教育行政的权力，削弱了地方和学校的管理教育的权力，特别是课程设置的权力。1988 年英国教育改革法推动了初等教育课程的发展，同时，改革也遇到了不少困难和阻力。

1999 年，英国资格与课程当局（Qualification and Curriculum Authority，简称 QCA）在颁布 2000 年新国家课程时宣称，国家课程要为所有学生确定明确的、完整的和法定的学习权利。它决定了所要教的内容，并确定了学习的成就目标。它还决定了如何评价和报告学生的表现。因此，有效的国家课程要向教师、学生、家长、雇主及其社区阐明年轻人将在学校获得的技能和知识。它允许学校满足学生个体的学习需求，发展学生根植于他们当地社区的个性特征和精神风貌。它为教育的所有合作伙伴提供了一个框架，使他们能够支持年轻人继续学习。①

英国现行的国家课程版本是于 2000 年 8 月生效的。新的修订版早在 1999 年 11 月便已发放至学校，以便教师能有一定的时间做好充分的准备。

---

① DFEE & QCA. *The National Curriculum for England: Statement of values by the National Forum for Values in Education and the Community*. Crown. London. 1999.

法定的课程基本上保持原样，只是增加了于2002年施行的公民学科，一些学科开设的学段有所增加。国家课程的主要变化是：

- 小学英语和数学课程已被纳入国家读写算框架之中；
- 减少非核心学科中的指令，尤其是学段一和学段二，以此来增加教学的灵活性；
- 信息与传播技术必须在所有学科中运用；
- 学段四的课程实施有更大的灵活性；
- 公民学科被纳入到11～16岁的课程之中（从2002年8月起）。

英国传统上侧重教学的人文内容，而1988年英国教育改革则要求学校开设必修的自然科学和技术科目内容，特别重视信息技术的学习，同时还改变了以英语已成为世界通用语言为由反对学习外语的传统观点，一些地方的小学开始进行外语教学，目的是帮助学生作好适应高技术社会生活的准备以及欧共体发展的需要。1995年小学必修课占总学时的80%。

英国在注意教学内容现代化的同时，又提出了要削减7～11岁小学生的教学内容，给教师更多的自主权和职业自由，以保证教育质量的全面提高。

3．教学计划

英国小学教师的教学计划包括以下三个方面：

(1) 时间

短期/中期/长期

每天/星期/半学期/学期/学年

(2) 形式

精心设计的有系统的书面教案

简要书写的笔记

“头脑中”的计划

(3) 结构

教学大纲的全面计划

递增型教学计划

根据环境与需要编制的专门性计划

英国至今存在着一种意见，这种意见认为书写教学计划是僵化思维与实践的产物。多数教师则认为，实践表明“弹性”在小学教育中是一个害处很大的词。

英国小学教育活动的情况，它的内容、目的、要求都反映在谢菲尔德一位教师的日记里。他写道：“体育……应该为投掷、攀爬、建造、跳舞等提供机会。这样能够学习新的技能，完善已有的技能。

小学生对他们所生活的世界是十分好奇的，钟怎么走，天为什么是蓝的，什么使树叶落下……十分重要的是，这种探索精神不应该受到阻碍，而应该加以培养。因为这是智力迅速发展的信号，是非常珍贵的教育力量。

个别活动是大量的……要有这样的情境使孩子只有通过学习读、写、算才能达到他们的目标。这些活动都是与孩子们的日常生活紧密相连的。孩子们是现实主义者，他们对生活具有发现的敏感性，但是无目的的学习是没有多大用处的。

应该给语言以充分的注意……戏剧活动是表达和改进语言的机会，但是教师举止的语言例子在儿童语言形成清晰、正确的发育和愉快的语调过程中起着大概是最主要的作用。……

事实上，除了落后生之外所有孩子都能为了知识和愉快而阅读，并在小学毕业前养成阅读的习惯。没有养成阅读能力的孩子需要特殊的教学……因为孩子年龄越大阅读的学习就越加困难。

所有孩子都应该学习写简单的信，学习对学校旅行的叙述或者写日记，并且努力进行创造性的写作，如写冒险故事、游戏或诗歌。这种写作本身不应是目的，但是应该与其他科目联系起来。拼读、语法、标点的教学法依靠着班级活动，但是其目的应该使书写活动充满智慧和兴趣。

数学进步的效率依赖于儿童的能力，但是当他们要小学毕业时，他们应该知道基本规则，掌握几何知识。数学应该以儿童的日常生活为基础，这是很重要的，孩子们通过数数、花钱、使用测量器具学习……

这个年龄段的儿童对美好事物是十分敏感的。音乐、诗歌、艺术和戏剧的美学体验至关重要，不仅从中得到了快乐，也丰富着他们的个性。在童年时期，一种美的体验往往能唤起潜在的天赋。”

这位教师正确地指出：这些学科的掌握在小学阶段结束时会比较困难，因为孩子们“往往开始对他们个人的努力变得有批判性”。所以教师的任务是：

“运用新媒体，谨慎而又有激励性的方法，帮助他们运用更加成熟的判断力与技能，而不丧失自然与创造性……”

“教师作为一个人的影响怎么强调也不过分。”因为：

“在儿童时期健康情感的发展是十分重要的……而养成这种情感就需要有一位在性格上稳定与成熟的教师，他（她）充满同情而不陷入情感冲突。”①

---

① H.C.Dent, Education in England and Wales, Hodder and Stoughton, 1982.pp.78～79.

4. 教学组织形式

英国初等教育教学组织形式上重视班级教学方式。同时，对小组授课也给予一定的注意。

英国现代教学方法强调：要使学生积极地参与学习过程，进行合作学习。教师使用的不是训诫，教师应作为发起人创造学习的合适气氛。这种具有进步主义教育色彩的方法对英语、数学、科学和人文学科教学产生了影响。

近年来人们对这类方法的作用产生了不同的态度。反对者指出这些方法的运用导致学生识字和算术标准的下降。支持者则认为这些方法使儿童学会了如何学习。实际上在小学课堂上教师往往使用综合的方法。

英国小学设幼儿部（5～7 岁），是幼儿园教育与小学教育的中间环节。幼儿部可以是幼儿学校，也可以是幼儿班。小学部根据 7 岁或 7 岁半的孩子在幼儿学校或幼儿班的成绩和表现出来的才能编成若干平行班。读写算成绩好，才能表现突出的进“A”班；中等学生进“B”班；没学会读写，天资差的进“C”班。但这几个班不是固定的，一年结束时，成绩显著的学生可转进二年级“A”或“B”班；而成绩下降者，也可能转入二年级“B”或“C”班。英国在小学没有留级制度。

英国初等教育多实行开放教学。为此教室的布置按活动内容安排。如英国里兹市在颁布基本需要计划之后，教室就发生相应的变化。绝大多数教室拥有一个图书角，还有一部分教师把教室分成了 6～7 个活动角。而一般的是安排 4 个活动区，即阅读区、艺术区、数学区和文学区。艺术区比数学区和文学区要大；低年级学生艺术区要占教室的 1/4，高年级学生的则占 1/5。

在伦敦小学里，1/10 的教室桌子按排摆放，在里兹市则没有这种摆放方式；在伦敦，课程专用教室布置很少，而在里兹市则是常见的。

对视觉感染力的强调和课程专用教室布置拥有从西里丁继承下来的方式上的明显的谱系性。但是，并不是所有的教师都认为课程专用教室的组织是容易的。据调查，至少在一些情况下一些教师手里的这种布置降低而不是促进了学生学习的进步。一般来说，实践活动的引入不是由于确信而是由于责任迫使，其对儿童就产生较多的负面效应。另外，在一个教室里同时展开多种小组活动很难使所有儿童都对所学的东西达到有深度的掌握。

5. 教学评价

英国小学依据平常学习状况用上、中、下三级分数制综合评定成绩。学生情况的累计记录包括：①个性特点；②特殊能力与爱好；③需特别指出的事项；④英语、数学等方面成绩，也包括标准化测试的水平；⑤一般文化水平。除此之外还特别指出学生学习能力与知识方面的特点与不足，学生可能有能影响学习的疾病，差生的家庭情况等。后一方面的记录近来已遭到公众的反对。

英国认为儿童受教育是一个连续的过程，为了达到在教育培养方式途径方面必要的一致，应该在儿童小学毕业升入中学时将有关情况写成学校记录转给儿童所升入的学校，这是十分重要的事情。

对将升入上一级学校的小学毕业生，小学生所在学校须出具一份《小学评语》材料，供接受学校学生工作的参考。2 年后，该校再将《小学评语》写上学生在中学的表现，送还原小学。

记录册

记录册供教师记载一学期各课的记录。在许多学校这是必备的，而且要有校长或副校长签字。有经验的教师不太重视记录册工作，认为这项工作经常与课堂教学没多大的关系。

通知书

英国小学通知书有二类。一类是学期末教师给家长发的通知书，报告学生的学业成绩和行为状况；另一类是一种对难教学生进行监督教育的一种措施。行为经常不良的学生有一个通知书，每节课后他拿通知书请教师写上意见后签名。放学前该生要把这个通知书送交年级主任或校长。这种方法使这类学生注意自己的行为，能与班级和睦相处。但是，极个别的劣迹学生会把这种通知书看作是在同伙中地位的象征。

6. 教科书制度

英国政府对小学教科书发行没有任何规定。教科书编写与发行由出版社或地方教育当局自行安排，通过民间自办进行。英国政府设立的课程发展委员会等专门机构只是参与该项工作。

1988 年以前英国没有全国课程标准，中小学考试大纲或试题只能在一定程度上影响教科书的编写。1988 年实施全国统一课程以后，全国统一考试也会对小学教科书的编写产生影响。

根据英国《1949 年教育法》，教科书的选用权在地方，更具体地说是在学校，在学校校长。出版社将样本发至各校，学校校长在做出决定之前须向教师征求意见。一般情况是经校长或校长和教师协商决定。决定之后通过地方教育当局向出版社订书。教科书如何使用，在英国小学也是由校长和教师自行决定的。在英国教科书属于学校设备，免费向学生供阅。

英国小学一门学科有几种教科书和教学参考书，学生可以选择使用。英国有些小学按能力划分成 A、B、C 三个不同学习小组学习数学和英语。那么，为此，也要选择和使用不同的教科书及参考资料。

英国负责初等教育的督学在巡视学校时，发现教科书的选择与使用有问题，便直接向校长提出，并要求尽快地解决这一问题。

英国初等教育的教学计划是由教育科学大臣经过地方教育局、学校董事会、校长来制定的，而各校的教学计划主要是根据英国 1988 年国家课程要求由校长编制的。小学校长为每个班级规定各科目知识范围，然后由每班级教师编制自己所教科目的教学大纲。在编写教学计划与大纲时教师重视结合当地的环境与条件，英国教育家认为“教学计划没有当地特点的学校不是一所好学校”。1988 年以后，教学计划与大纲的编制还要充分考虑到英国国家课程对小学教育的统一要求。英国教育部定期出版教师教学指导手册。

三、改革动态

（一）更新教学指导思想

20 世纪 90 年代以来，英国十分重视小学教育要面向各种不同背景、各种不同境遇的所有儿童，并要求使他们能愉快的学习，取得学习的成功。这是英国初等教育教学改革的基本方向。

2003 年 5 月英国公布的《优秀教学和愉快学习：小学教育发展策略》是英国小学教学改革的重要文件。该文件的核心是：优秀的教学和愉快的学习紧密地结合。优秀的教学向每一个学生提供应有的机会；愉快的学习则是每一个学生与生俱来的权利。在具体的教学实践中则强调学习的个性化和教学的针对性。

该文件强调：小学教学必须考虑学生的需求和能力。既要有助于有特殊需求的儿童，也能保证每一个学生在升学、转学和学年转换过程中实现平稳过渡。为此，该文件要求增加教学的针对性，给困难学生以具体的帮助。针对语文和数学困难的儿童设计出新的教学模型。这个模型包括三个层次。第一个层次是面向全体学生的优质的日常课程；第二个层次是面向小组或团队的教学，提供专项的弥补性援助，如早期语文的帮助项目等；第三个层次是直接面向有特殊需要的儿童，提供特殊项目的帮助；针对天才儿童的学习要采取特殊措施。

特别需要指出的是，该文件强调：“确保儿童在他们成长环境和阶段发生转变过程中得到应有的帮助。”实际上，在小学教育的实践中很多后来学习困难，甚至发生道德品质问题的学生，都是在他们生活环境和发展出现转变时没有得到必要的及时的援助。英国的这个文件要求学校要采取措施，保证儿童在转变阶段能得到及时的帮助，克服苦难和不适，并且着手完善学生档案的学校之间的转移机制。

该文件把课堂教学扩展到家庭和社区。该文件指出，与家长的合作可以明显的提高儿童的学习成绩，为此，英国教育部门决定将通过家长教师联合会、定期例会以及家庭学校联系手册等途径向家长提供更充分的教育信息。同时，该文件还指出要促进学校和社区的互动互利，把学校连接成社区结构的组成部分，成为社区资源。同时这也有助于小学生的学习，给儿童在课堂学习之外更广泛生动的学习机会。如学校邀请社区成年人和儿童一起阅读，邀请当地警官或消防队员介绍工作情况。这样做可以给学生提供更广阔的优质教育，同时使儿童享受到学习的快乐。

（二）调整 1988 年课程改革方案

20 世纪 90 年代初期保守党开始对 1988 年英国教育法作出若干调整。1993 年，以沃尔顿勋爵为首的教育委员会发表了《学会成功》的报告，副标题是《今日教育之根本观点和未来战略》。该报告认为要想适应迅速变化的高技术世界、计算机文化世界和全球市场的需要，英国学校必须培养能提高国家科技潜力、使国家领先于欧盟乃至世界的工程师、工人和学者。

该文件认为目前正处在知识革命时代，急需能运用知识的知识工人和知识工作者。文件强调，教育目标不能只限于经济发展，还必须针对学生和社会的精神道德、文化、智力和身体发展。为此，教育任务应该是使一代一代地传递诸如公正、尊重人、对团体和社会的责任感、关心他人等人类共同的价值观，传递全人类的文化遗产。该报告认为 21 世纪英国教育的最重要任务就是从小培养儿童具有成功的能力并且永远成功。

在上述思想的基础上，该报告提出课程应该发现和发展每个儿童内在的一切美好的东西，并把此作为课程内容设计的最高标准。该报告建议以 5 个基本知识领域来代替英国全国课程规定的 3 门核心基础课和 7 门基础课程。这 5 个领域有：①语言；②数学；③科学和技术；④表现艺术（含体育）；⑤人文学科（含社会学科）。

《学会成功》这篇报告对 1988 年英国国家课程提出了调整建议，使课程设置增加了包容性和选择的自由度。

1994 年为进一步调整 1988 年英国国家课程方案，英国教育部在报告中宣布：压缩小学教学内容，用 200 条知识标准代替 1 000 项具体教学任务，给教师更多的自主权和职业自由。特别是该报告强调要加强外语教学，将外语列入初中必修课。在这种要求影响下，现在一些小学开始进行外语教学。

英国颁布的小学教育发展计划《优秀教学和愉快学习——小学教育发展策略》提出：在保持语文和数学两门课程的重要地位的同时，所有小学都要向学生提供丰富而有趣味的课程，实施《全国现代外语策略》，2010 年前所有小学生都应当有机会学习一门外语，并且在自愿的基础上每一个小学生都能学习一种乐器。

（三）在小学课程综合化改革中推行跨学科连结

跨学科连结成为一种新型的综合课程。英国教育工作者认为：学生用整体的方法学习，跨学科学习比单科学习更主动、更有兴趣、更有效。许多观念、知识和能力都是多学科、多课程综合教育和学习的结果。跨课程连结就是在小学教学中跨越学科边界，将共同的知识、观念和技能连结在一起进行学习。一个跨课程连结常常是指那些将两门或更多科目合并到一个主题的课程。这种课程综合模式成为跨课程连结（Crosscurricular Links）。

连结的着眼点在于：

（1）各门课程中含有相同知识、理解和技能；

（2）一门课程获得的技能可以到另外一个学科去运用或强化；

（3）某一课程某一方面的学习可以为另一课程的某方面的学习提供支持和刺激。

主要的连结方法：

（1）广泛主题方法

课程以天气、交通、食物等为主题，展开有关学科的学习，如英语、科学、艺术多学科的学习，与此无关的课程如音乐等则分开教学。

（2）以一门课程为主的主题方法

选择以一门课程为主的主题方法，连续学习几周，如北欧海盗这一跨课程连结的主题是以历史课程为主的，而庆典活动这一跨课程连结则是以宗教课程为主。这种连结方式我们可以叫做偏正式。

（3）两门科目的连结

两门课程在同一主题内得到同等的表述和开发。这种跨课程连结的主题，或这种新课的名称内包含传统的两门课程。如神话和传说实现历史与英语两个科目的连结，天气可以实现科学和地理的连结等。英国小学跨课程连结的实施在新的水平上推动了课程整合化的发展。①

① 蔡宝来：一种新的综合课程——英国曼彻斯特大学丽塔．雷：英国的跨课程连结，全球教育展望，第 3 页，2003 年第 10 期。

第三节　德国初等教育的课程与教学

德国课程概念的演进对其初等教育课程与教学的实践生产了深刻的影响，并且直接涉及到本节对德国初等教育课程叙述的角度。因此，本节首先概要介绍一下德国课程理念及其演进的历史。

一、课程理念的演进

从17世纪到20世纪中叶，德国教学有关目的、内容、方法、材料的问题都属于教学讨论范围，德语教学论 didactis 源于希腊语 didaskein，意谓教学和教育的理论，特别是指教学内容。在德国，课程这一概念的历史分析首先是根据不同教学论进行的，与课程这一概念相对，教学论主要讨论课程理论问题，而且不包括通过系统开发学习手段编制计划和评估这些方面，而在谈及课程概念时则往往要注意这些方面，虽然在德国课程论与教学论可以互用，但上述的差别还是存在的。

17世纪沃尔夫冈·拉特克（Wolfgang Ratke 1571～1635）和夸美纽斯的教育课题程问题，夸美纽斯指出可以教给任何人任何东西，人人都能学习，就像今天人所倡导的那样，夸美纽斯运用了教学论一词，具体谈到了教育目标和内容。大教学论就是指课程和教学策略。但夸美纽斯认为这一切都是来自事先安排好的神启 。因为当时都把人视为上帝的仆人，夸美纽斯也不例外，但他的贡献在于，他指出了学习应该按步骤进行，与学习者的能力相适应，这是在西方教育史上第一次将教育学视点放在学习个体上。

18世纪由于受到了文艺复兴时代的影响，人们开始用新的观点来对待教育和课程，课程再不建立在事先安排的神启上了，卢梭的教育思想对德国产生了深刻的影响，其代表作《爱弥儿》反映出卢梭在课程建设方面是把注意力放在儿童的自然需要上，教育应该以学习者的需要定向，卢梭假定存在着社会需要和儿童需要的和谐。一些人对卢梭关于社会需要和个人需要平衡是已知的观点进行了批评并且至今仍然是现代课程发展的争论焦点。

另一位现代初等教育奠基人、著名瑞士教育家裴斯泰洛齐的观点也深深地影响了德国的课程理论与实践，他发展了卢梭的观点，认为教育和课程哲学的焦点应当是一定社会背景下的个体儿童，教育应该帮助个体儿童逐步地融于环境，并且对环境发挥积极的影响。

稍后，施莱尔马赫（Friedrich Daniel Schleiermacher 1768～1834）继续

沿着上述教育思想的道路前进，并且认为，教育以及相应的课程理论应当只包括直接对儿童未来发挥影响的，能满足儿童需要的目标和科目，施莱尔马赫比他们前面的人更加清楚地认识到，教会、国家、学习中心对教育目的和课程确立所产生的强有力的影响。他第一次从历史的观点看待教育目标、科目和方法。

19世纪赫尔巴特和洪堡对德国课程理论产生了决定性的影响。作为教育改革家，洪堡认为，普通教育应尽可能促使个人成为其社会环境中的独立一员。而这只有通过学习经典作品和人文学科才能达到。学生可以从这种学习中获得对今天的批判性理解。赫尔巴特教育和课程理论的中心原则是与道德相连的教学的教育性。以培养青年人具有道德原则为目的的思想对当时教育产生了深刻的影响。

赫尔巴特的继承者泽勒（Tuiscon Ziller 1817～1882）和瑞恩（Wilhem Rein 1847～1929）提出了教育的分析、综合、系统和方法的阶段，对19世纪德国教学论产生了广泛的影响，成为课程组织和课堂教学实施的主要标准。

20世纪初以儿童中心思想为指导的欧洲教育改革运动对赫尔巴特学派提出了批评，反对把赫尔巴特的僵硬原则用于课堂教学。在这场改革运动中出现过劳动定向教育、小组和设计定向教育，经验定向教育。它们的共同点就是在课程和课堂计划中都强调儿童和儿童的需要。

在纳粹时期，课程设置和教学方法都成为纳粹意识形态的工具，二战后，德国的教育和课程理论又返回到魏玛共和国时期的思想路线。

20世纪60年代中期，德国着手开展课程研究，形成了三个主要课程流派。

信息理论派产生于60年代，其特点是把学习看做是一个调控过程，并以此观点来编制课程，首先要确立的是应达到的目标，然后借助于课程编制者的帮助，设计出达到目标的最优策略，选择出指导学生的最佳途径。考虑学生学习的特殊情境，最后对学习过程进行评估，检查学生是否达到了预先制定的目标。

学习理论派把注意力集中到课堂教学中，认为重要的是确定课程结构和教学步骤的那些因素对课堂教学是重要的，该学派认为以下变量是应该充分加以考虑的：

1. 情景变量，包括：a. 人类学条件：个人环境、学校环境、班级学生的构成；b. 社会文化条件：影响课堂教学的社会力量；

2. 决定变量，包括：a. 目标（决定授课的目标）；b. 题目（授课内容)；c. 教学法（课的组织)；d. 手段的选择。

上述这些方面是建设课程和进行课堂教学所应当考虑的。

教育理论学派是由诺尔（Herman Nohl 1897～1960)、魏尼格（Erich Weinher 1894～1961）和克拉夫基（Wolfgang Klafi）建立起来的，克拉夫基是该派最杰出的代表。

教育理论派的观点包括对课程的两种认识：一种认识为课程具有更加专门的意义，这种意义是指教育的理论内容和有意义的题目，另一种认识是广义的，认为课程除此之外还应包括教学法和教学手段。教育理论派的观点对教学材料的组织产生了很大的影响该派观点对教学材料的组织产生了很大的影响。该派认识到社会因素、政府行政、政党、宗教、团体、工会和学习中心在确定教学大纲中的重要作用，因此，他们感到，一定会出现对教师和学生根据他们的需要进行学习的自由的某些限制。在课程方面所作的决定就使社会的需要与个人的需要相协调，确定教学目标或教学过程的教育价值是很重要的，为此目的该学派提出了以下四个方面：

(1) 教学题目的典型意义；

(2) 从该课题中所学的知识和经验应与儿童有关；

(3) 对未来有意义；

(4) 内容结构。

克拉夫基拒绝所有只谈及教育内容的理论，因为这种理论只把教育看成是传授知识的过程，他也拒绝以方法定向的理论，因为这种理论学习主要是通过技术和技能的习得才得以发生。克拉夫基及其追随者强调编程是包括确立目标、内容和方法的整体化过程。按照他们的观点，所有课程和课堂教学计划的目标应该着重建立对个人开放的现实环境，而使个人能够面向其所在环境的现实。

1967 年罗宾逊（Saul B, Robinson）的重要著作出版以后，课程的概念和相伴的课程理论研究、开发评估的有关概念开始被德国广泛接受。

二、课程的实践发展

德国初等教育发展得较早，早在 18 世纪末 19 世纪初，德国的初等教育经过一系列改革已走到当时欧美资本主义国家的前面。

18 世纪德国初等学校课程内容浅显，主要是简单的读写算知识、教义问答，当时的初等学校更重视教义问答的背诵。

这一时期，在泛爱主义教育思潮、新人文主义运动和裴斯泰洛齐教育理论与实践的影响下，初等教育课程改革了以往读、写、算、宗教的课程设置，减少了宗教神学课，增加了博物、史地、自然常识等实用的文化知识课程，这种初等教育课程设置对法国和美国都产生过很大的影响。

1815年神圣同盟建立以后，德国初等教育连同其课程出现了倒退现象，1817成立了宗教事务与国民教育部，取代公共教育部，该部一成立就下令取消了科学方面的课程，增加了宗教神学课，强化了教育的君主主义和宗教色彩。

到了帝国时期（1871～1919），德国包括初等教育在内的各级教育的课程中，民族沙文主义的内容日益增多，宗教课程进一步得到加强。魏玛宪法时期（1919～1934）德国初等教育课程并无多大变化，而到了纳粹统治时期（1934～1945），初等教育课程成为法西斯统治的工具，充斥着日耳曼主义、军国主义和法西斯主义，人种学，遗传学列为各级学校的必修课，种族主义的内容日益增多，宗教课程进一步得到加强。

三、课程与教学现状

二战后，德国废除了法西斯的教育政策、制度，作为义务教育第一阶段的基础学校教育课程与教学也清除了种族主义、法西斯主义的课程体系。

（一）教学目的与内容

德国要求小学，即基础学校要向学生提供现代世界知识，使他们能适应环境，具体教学内容有德语、宗教知识、地方研究、算术、音乐、艺术、手工和体育，为适应时代发展要求加强科学和外语教育。

基础学校只有上午上课，下午学生自行安排，前二年每周有20～26节课，3～4年级，每周课时为24～30学时，早晨7∶30上课，并在写作业方面接受帮助。小学教学的目的：

1）促进所有儿童个性化的多方面发展；

2）传授基本知识和技能；

3）让儿童适应学校规章制度要求，为今后继续学习打好基础；

4）激发促进儿童的学习兴趣和能力，如想像力、主动性、独立性和社会化的合作精神。①

基础学校教学目标上具体划分为认知因素、实用因素和情感因素。认识目标是指认识数量的发展，即知识量的掌握，同时又要把知识变成儿童的经验与信念，使之能影响他们的行动，这是认知质量的目标。实用目标是指对

① 参见德国克里斯托弗·福尔著，肖辉英等译，1945年以来的德国教育：概览与问题，人民教育出版社，2002年10月，第106页。

能力与技能的掌握。情感目标要求教师重视情感作用，注意激发学生的情感，形成高尚的情感与态度。

小学教学将一、二年级划分为第一教育单元，将三、四年级划分为第二教育单元。第一单元阶段教师讲课占一节课的2/3，其余1/3是学生活动时间；第二单元则讲课与活动各占一节课的1/2。

为了提供给儿童自由活动的时间与空间，德国各地都在学校法中对基础学校学生的家庭作业量做出了具体规定：第一教育单元阶段家庭作业每天不超过半小时；第二教育单元家庭作业不得超过一小时。实际上，小学低年级平时很少有作业。

1964年联邦德国确立了基本上统一的教育制度，为初等教育课程稳定发展提供了有利条件，所以尽管基础学校和课程各州不同，但基本上都开设德语和乡土知识、写字、计算与几何、制图与绘画、劳作、音乐和体育等课程。此后，为适应科技与经济的需要，有些基础学校从4年级开始增设外语，语种主要是英语。开设促进课，这是为提高个别学生、个别小组或全班学生的学习水平而开设的必修课，每周各科总课时20～17节不等。

根据州宪法规定，宗教是基础学校的必修课，宗教按家庭和所属宗教分班授课，讲授教义，教师由牧师和神父担任。

从洪堡改革教育的一个多世纪以来，经过曲折的发展，目前基础学校课程的主要目标是使学生掌握读、写、算三方面的基础知识与基本能力，并接受初步的科学教育，培养他们的民主精神和爱国、爱人民的品质，并具有责任感。

道德教育是德国基础学校课程的重要内容，道德教育反映在课程目标上，也反映在课程设置上，将宗教课列为必修课，并做了具体的规定，宗教课成为对儿童进行道德教育的重要途径。

同时，由于深受赫尔巴特教育思想的影响，重视在课程实施中对学生进行道德教育，贯彻教育性教学的原则，即“教学如果没有进行道德教育，只是一种没有目的的手段，道德教育如果没有教学，只是一种失去手段的目的”。[①] 具体课时安排参见巴伐利亚洲和北莱的威斯特法人伦州的基础学校课程计划表。

---

① 张焕庭主编：《西方资产阶级教育论著选》，人民教育出版社，第304页，1979年。

巴伐利亚州基础学校周课程计划（1988 年）

科目＼年级	1	2	3	4
宗教	2	3	3	3
德语			7	7
数学	17	17	5	5
自然与常识			4	4
音乐与运动				
美术			1	1
音乐			2	2
手工	1	2	2	2
体育	2	2	2 + 2	2 + 2
促进课	2	2	1	1
周末时数	24	25	17 + 2	27 + 2

资料来源：《联邦德国中小学与大学》(1988)(德国克利斯多夫·冯著，刘国莉译。

1）运动此处指低年级体育活动，在一年级开设，一般是在其他学科课程教学过程中安排进行；

2）促进课是为提高学习水平而开设必修课；

3）三、四年级可根据教师、空间、设施等情况，增加 2 节课，体育课为必修课。

北莱因－威斯特法伦州基础学校周课程计划表

科目＼年级	一年级	二年级	三年级	四年级
语文			5	5
常识			3	4
数学	4	4	4	4
促进课	1	1～2		
体育	3	3	3	3
音乐				
艺术/编织				
宗教	2	2	2	2
周课时数	19～20	21～22	23～24	24～25

该课程表可以根据实际情况灵活安排。

（二）教学组织与方法

1. 教学组织

德国基础小学教学以班为基本的组织形式。每班平均为20人左右。同时，20世纪30年代以来几次教学改革进程中都重视运用分组形式进行教学。但是，在分组时不把学习差的学生分出，德国允许优秀生跳级，平时注意结合他们的特点，布置难度大的作业。有些学校专门分组实施天才教育，为这些学生组织特别的促进课活动，以提高他们的学习成绩。

教室的布置适应儿童学习的需要，课桌排成圆形或方形。教室设有图书角、游戏角等活动区。

2. 教学方法

德国小学教学注意结合儿童的经历，并将这种经历引入到学校的学习中。同时，德国小学教师在教学中尽可能考虑到儿童学习速度、劳动态度以及生活环境的特点。

基础学校的教学受到传统教育和现代教育思潮及德国各种教学论流派的影响，经常使用的教学方法除了讲授法还有：

整体分析法，重在先给儿童一个完整的画面，留给他们一个总体印象；

成分综合法，把教学内容划分成若干单元，最后再综合起来；

发现法，以培养学生创造能力为目标，以再发现为目的的方法；

个别教学法，这主要是在天才教育思想影响下，从重视优秀生教学出发采用的方法。

除上述方法以外，还有设计法、学科分组法等，受控制论、协同论影响形成的教育理论也对小学教学方法产生了一些影响。

在基础学校的教学实践中教师们还十分重视与儿童的合作交往，以伙伴的身份积极参加儿童交往活动，指导与鼓舞儿童主动健康地获得多方面的发展与进步。

德国初等教育在教学内容上受柏林教学论派影响，划分为包括科学性、技术性和实用性的三个方面，并在实践中强调三个方面的综合，提醒教师不要忽视其中任何一个方面。

（三）成绩评定

德国主要靠学力成就测验作出对小学成绩的评定。联邦德国小学成绩评定根据1953年颁布的6级记分制进行。这6级为超、优、良、中、可、劣，对应的分别为1分、2分、3分、4分、5分、6分，1分为最好，6分为最差。

德国学力成就测验各州情况不一。但可分二种，第一种是标准成就测验

（作业），由专家以各科教学和测验规范为根据进行编制。由信度高、效度高的问题组成，并根据统计学原理制定出全国标准。该种成就测验在学校期中和学年末来进行。其优点是能够参加全国标准，比较学生可达到的水平。德国某些地方在基础学校 4 年级举行这类测验，以决定学生升学去向。

第二种学力成就测验是非正式测验，又称为教师编制测验。这种测验是在平时学校教学（作业）过程中就较短期所学的内容进行检查，及时了解学生学习情况，或学生对某一重要内容掌握的程度，以便及时获得反馈信息，改进教学。

德国小学成绩评定的功能是：改进教学。包括诊断学习基础，巩固学生成绩，查缺补漏，激发学习动机等；授予资格；向学生或家长提出建议。

德国小学一般作业很少，多是课堂练习。课堂练习不记分，只记符号如五星、小花等以对儿童进行鼓励。德语、数学、常识三门主科每学期要有 2～3 次作业。记载成绩存档。

现在，德国实行正常升级制，旨在所有学生都能升级。只有学习确有困难，在家长同意下方可留级。在实行正常升级制的学校里，记分制被评语所代替，评语对学生学习状况作出分析并提出建议。

基础学校没有考试。因为德国认为考试会给学生造成压力，不利于他们健康的发展。

报告单是基础学校从落实教育目标出发而建立的一种制度。1～2 年级报告单没有成绩，但有各科评语，以鼓励为主，也提出存在的问题；3～4 年级虽有成绩，但仍以评语为主。报告上填写的成绩是一种综合评价，是任课教师对包括课堂练习与提问情况、作业成绩进行综合后作出的。

德国一些地区的小学设累积记录本制度。小学要向中学提供小学生的各方面状况：学籍记载，个人全面特征，兴趣爱好，主要科目成绩，身体状况等，见下表。

柏林基础学校累积记录的一部分

个人的全面特征

<table>
<tr><td rowspan="4">身体的敏捷度</td><td rowspan="2">笨拙，不灵巧</td><td colspan="5">身体的能力</td><td rowspan="2">敏捷，机灵</td></tr>
<tr><td></td><td></td><td></td><td></td><td></td></tr>
<tr><td rowspan="2">笨拙，迟　钝</td><td colspan="5">手的灵巧度</td><td rowspan="2">手巧，灵敏</td></tr>
<tr><td></td><td></td><td></td><td></td><td></td></tr>
</table>

（续表）

团体行动	不活泼，不交友	对同学的态度					活泼，爱交友
	不完全适应	在同学中的适应性					完全适应
	无自信，不安	自信心/自我认识					自我意识，确信
	服从别人	在同学中的位置					指挥别人
	不引人注目 不令人产生印象	感情表现					感情丰富，引人注目
	依赖，不适应	上课时的表现					积极，有自信

(四) 教科书制度

德国各州教育部对包括小学在内的各学校的教科书实行审核制度。1961年9月德国联邦教育部长会议作出了《关于教科书审核的决议》。民间企业负责教科书编辑发行。州教育部审定合格的教科书登录在册。学校教职员会议决定从目录中选择适合自己的教科书，再从出版社购买。当然，德国各地情况不同，有些学校还采用由教师们共同编写的教材。

四、改革动态

(一) 教学指导思想更新

2002年德国公布的“十二条教改建议”的一个重要的指导思想是“给予每个人以个性化的促进”，为此高度关注儿童的道德教育。该建议主张加强学习世界与生活世界的联系，将生活以及“道德体验”融入学校的教育过程中。

在面向未来的教育改革中，德国基础学校的课程与教学也成为一个重要的议题，人们主要是在教育民主化和教育现代化两方面讨论初等教育的课程与教学问题，一是主张让儿童有一个幸福的童年，减轻学校成绩对儿童的压力，课程应能促进儿童的发展，二是加强科学课程，特别是把计算机和外语教学引进基础学校，而走向未来的德国的初等教育课程，正是在上述两种不同意见的讨论中获得发展的。

（二）重视个别教学和英才教育

近年来，德国在初等教育的教学上出现了重视个别教学、重视天才儿童的教育、重视改革小学生学习的传统评价方式的趋向。

1. 教学目的、方法、内容的改革动向：强调要重视培养学生的创造能力，因此发现学习法、科学研究的初步方法等等也被引进基础学校课堂教学之中。

2. 天才教育思想的出现。根据这种思想主张，基础学校也应注意个别化教学，并实行外部分组教学来使每个有较高天赋的儿童在能力与特殊学习兴趣方面得到充分发展。

3. 调整传统的评价方式。

（三）改进评价

德国强调不应由于考试加重儿童的学习负担，传统教学造成的学习成绩压力只会影响儿童的健康、全面的发展。德国重视评价方式的调整，基础学校基本上不进行考试。近年来德国大多州对基础学校一、二年级学生用评语代替记分制。班主任将通过评语指出学生学习的优缺点，对他们今后的努力方向提出具体建议。此外，有些州实行所谓"正常升级"制度，原则上让所有学生都升级。那些几门学科不及格的学生在升级后获得补偿教育，逐步达到合格水平。

第四节　俄罗斯初等教育的课程与教学

一、历史演进

17 世纪末 18 世纪初彼得一世对政治、经济、文化、教育进行了重大改革，大大地推动了俄国近代化的历史进程。开办普通学校是当时教育改革的主要措施之一。俄国 1714 年国家令要求在各教区开办初级学校（即算术学校），在课程上除了读写识字以外，很重视算术和几何。这明显地是为了满足彼得一世改革对初级技术人才的需要。但算术学校在彼得一世之后不久的 1744 年便不复存在了。

俄罗斯初等教育教学有着优秀的传统。早在 18 世纪后期，费·伊·杨科维奇就第一次用俄语编写了《国民学校第一年级和第二年级教师教学指南》。在该书中杨科维奇建议教师要了解每一个学生，考虑他们记忆力与理解力的特点，要求教师对儿童要态度亲切，有耐心，自己则精神饱满，做事认真，成为学生的表率。他明确指出，严禁各种体罚以及侮辱学生的各种惩罚。该指南要求对儿童施教应使他们共同学习，实行班级授课制度。

18 世纪后期俄国建立的初级国民学校设置的课程主要有读写、语法、科学、诵读《人和公民的义务》、绘画等。当时，费·伊·杨科维奇在编写了《俄罗斯初级读本》、《俄语正字指南》、《算术指南》、《世界史读本》的同时，还第一次用俄语编写了《国民学校第一年级和第二年级教师教学指南》。

在 19 世纪 60 年代俄国社会改革运动中，1864 年制定的《初等国民学校课程》规定初等学校课程设置包括神学、俄语、教会斯拉夫语、算术、书写，有条件学校可把唱歌作为课程。这一时期，乌申斯基所制定的讲解阅读的教学方法已在初等学校被教师采用。而乌申斯基的《祖国语言》、托尔斯泰的《识字课本》，以及高尔基的《我的朋友》被进步教师用作小学必读书，代替政府要求采用的教科书。到了 19 世纪末，俄国初等学校根据 1897 年教学大纲要求，小学教学内容增加了初步的自然知识。由于列·托尔斯泰、乌申斯基、皮洛果夫等卓越的教育思想的影响，当时俄罗斯小学在教学内容、方法等方面积累了许多宝贵的经验。

到了 19 世纪末，俄国初等学校根据 1897 年教学大纲要求，小学增加了初步自然知识、俄国历史和自然地理等课程。

十月革命胜利以后，苏维埃政权对国民教育事业进行全面的改造。1918 年 1 月列宁签署了《关于教会同国家分离，学校同教会分离的命令》，废止了一切有关宗教信仰的限制和特权，中小学取消了神学，实现了教育的世俗性。20 世纪 20 年代，由于受左的思想和儿童中心主义的影响，中小学课程设置与实施脱离了社会主义建设的需要，1923～1924 年教学大纲把学生必须学习的知识分为自然、劳动和人类社会知识三个单元排列，称为综合教学大纲。尽管在 1927 年又修订了该大纲，并规定了俄语和算术知识的范围，但仍坚持综合教学的原则。

为了扭转普通教育发展中左的思想路线和一些错误做法，30 年代初期联共（布）对中小学教育进行了全面的改革与整顿，制定了《关于小学和中学的决定》（1931 年）、《关于中小学教学大纲和作息制度的决定》（1932 年）等重要文件。在这些文件中对教学内容、教学组织形式、教学评价、教科书等方面都提出了具体的意见，由此产生了学科课程系统，有力地促进了教学质量的提高。

由于受到学校消亡论、设计教学法的影响，当时废止了系统科学文化知识的学习，取消了入学、升学和毕业考试，取消了学业的评定。

上述文件在教学内容上强调系统的科学基本知识，关于事实的知识以及正确说话、作文、演算算术题的能力；在教学组织形式上强调要实行分班教学；在教学方法上强调制定适合学生年龄特点的各科教学法；在教学评价上主张必须对学生知识质量进行评定，并实施了记分标准；在教师的作用上则充分肯定了教师在教育教学活动中的主导地位。这些文件所作出的决定对于苏联中小学教育产生了重要而持久的影响，在相当长的时期里成为包括初等教育在内的普通教育教学的基本方针。

二战后，苏联为适应其经济与政治的需要，十分重视初等教育的全面改革。从1957年起赞科夫领导的苏联教育科学院普通教育研究所教育与发展问题实验室进行了长达20年的小学改革实验，被美国人称为是一场静悄悄的"革命"。这次改革实验对小学教学内容、原则、方法提出一系列新的思想，成为小学教学现代化的一面旗帜，对初等教育，乃至整个普通教育都产生了深刻的影响。

20世纪80年代，苏联进行了又一次重大的教育改革。其指导文件是《普通学校和职业学校改革的基本方针》（1984年）。该文件在教学内容上加强了初等教育的劳动内容。该文件规定小学（1～4年级）要学会生活中必需的、起码的使用各种材料的手工劳动，种植农作物，修理直观教具，制作玩具和各种对学校、幼儿园、家庭有益的物品，并且要向儿童介绍一些职业方面的知识。为此，该文件具体规定小学2～4年级的劳动教学和公益生产劳动时间为每周3小时。同时，该决定要求用现代计算技术设备的知识武装学生，加强思想品德教育，强调要培养社会主义社会的公民、共产主义的积极建设者，思想坚定、道德高尚、热爱劳动、行为文明的青年一代。这些要求对苏联初等教育的教育教学内容、方法、原则都产生了一定的影响。

这一时期苏联小学课程长期比较稳定，按学科开设课程，由于20年代综合课程的消极影响，苏联对综合课程持反对态度。所开设的一些基本学科在60～80年代20年期间发生了一些变化。见下表。

苏联小学课程设置及教学时数变化表（1965～1985）

	旧四年制（占总学时%）	三年制（占总学时%）	新四年制（占总学时%）
俄　　语	45	44.4	40.9
算术（数学）	23	25	23.6
历　　史	1.9		

（续表）

	旧四年制（占总学时%）	三年制（占总学时%）	新四年制（占总学时%）
自　然	2.8	5.6	2.15
认识周围世界			2.15
体　育	7.8	8.3	8.6
音　乐	3.9	4.2	5.4
美　术	3.9	4.2	5.4
劳　动	7.8	8.3	8.6
义务劳动	3.8		3.2

这些变化反映了前苏联小学在课程设置上注意考虑当代儿童的年龄特点和科技革命对新一代人提出的高质量要求。

二、课程与教学现状

苏联解体后，俄罗斯小学课程与教学进行了重大改革。从此，俄罗斯初等教育课程与教学便朝着弹性化、综合化和个性化的方向发展。

(一) 改变课程的统一性和强制性

所谓弹性化是改变了前苏联计划经济体制下强制性的统一课程，新教学计划中既有总的国家的课程要求，又允许地区和学校结合教学实际设计所需的课程。该计划分为不变的和可变的两部分。不变的部分突出教学科目，教学时间必须给予保证，国家的统一要求必须实现；可变的部分则使地区和学校有可能根据自己的特点加以调整充实和修改。

1996年举行的全俄罗斯国家教育标准设计方案的竞赛中，由俄罗斯教育科学院的学者们列得涅夫（В.С.Леднев）、雷让果夫（М.В.Рыжаков）、什硕夫（С.Е.Шишов）经过6年的时间研究设计的初等普通教育、基础普通教育、中等普通教育的国家教育标准一举中标。现将有关小学阶段的基础教学计划介绍如下。见下表。

俄罗斯普通学校小学阶段基础教学计划①

课程或课程类型	班级每周课时数量						
	三年制小学			四年制小学			
	Ⅰ	Ⅱ	Ⅲ	Ⅰ	Ⅱ	Ⅲ	Ⅳ
母语和文学	4	4	4	4	4	4	4
俄语（作为国家共同使用的语言）	4	4	4	3	3	3	3
艺　术	2	2	2	2	2	2	2
周围世界		1	2	2	2	2	2
数　学	5	5	5	4	4	4	4
体　育	2	2	2	2	2	2	2
劳动培训（工艺学）	2	2	2	2	2	2	2
总　计	19	20	21	19	19	19	19
有所选择的必修课程	5	4	3	1	3	5	5
学生的必修的课业量	24	24	24	20	22	24	24
选修课、个别课或小组课	2	3	3	2	3	3	3
学生最高的教学负担	26	27	27	22	25	27	27

根据《俄罗斯学校教学标准》制（1998 年）

表中“母语和文学”课既可以是俄语和文学，也可以是其他任何一种母语和文学。

所谓综合化，就是适应学科发展综合化趋势和儿童认识事物的特点开设的具有整体性、综合性特点的课程。俄罗斯小学中的艺术、周围世界都属于综合课程。艺术课包括图画、音乐、世界艺术文化知识和地方艺术形式等。周围世界则包括介绍周围世界、博物学和农业劳动等多方面内容。

所谓个性化，就是教学计划中设置了有选择的必修课和选修课，重视儿童个人兴趣的满足和天赋的早期培养。上述教学计划明确规定了选修课、个别课、小组课的时数。

① Леднев. В. С Никандрв. Н. Д Лазутова. М. И：Учебные стандарты школ России. Начальная школа Москва. 1998г. с. 17

此外，俄罗斯在普通教育改革中涌现出不少新型学校，这些学校的课程都各有特点。如莫斯科的自由发展学校。该校低年级是活动组织课程，课程内容包括：大自然、数学、图形、字母、单词、故事、音乐、游戏、塑造、设计、礼仪等。课程在教学过程中呈动态，随着所要解决任务的改变而改变。

俄罗斯初等教育的教学在许多方面都逐步发生变化。这些变化既反映了俄罗斯小学教学的现状，也揭示出改革的去向。这表现在教学体系的多元化、教学内容的丰富、教学组织形式与方法的多样化、教学手段的现代化、教学与社会联系的紧密化、教学评价的多元化等几方面。

(二) 实现教学体系的多元化

20 世纪 90 年代初，俄罗斯在向私有制过渡和市场经济转轨的特殊历史时期，传统的教学观念和教学目的已经严重阻碍了对人才的培养。为此，俄联邦教育部分别于 1990 年 10 月和 1991 年 1 月末召开会议，就向市场经济转轨时期的俄罗斯初等教育问题进行探讨。

当时的教育部部长第聂伯罗夫在发言中强调："在向市场经济转轨的特殊时期，为教育具有发展性功能提供了契机。为此，在这一时期，将研究新的初等教育的教学大纲，并出版多种可供选择的教科书和教学材料。"① 同时，教育部决定于 1991 年 9 月起将在俄罗斯 10 个区域的小学开始实行新的教学体系，即按赞科夫和艾利康宁—达维多夫的发展性教学体系进行教学，以期使俄罗斯 40%地域的小学采用具有发展性功能的阅读课与自然课的教材，并在小学进行五门课程（俄语、数学、阅读、语法、自然）的教学法研究。

这样，由俄联邦教育部采取的转轨时期的教育战略，保证了新教学体系在向市场经济转轨条件下的实施和发展，并使其具有更长远的发展前景。为此，从 1991～1992 年在俄罗斯的学校里开始对赞科夫体系 、艾利康宁—达维多夫体系进行群众性的评鉴工作。

随着对新体系研究热潮的高涨，1996 年 11 月 25 日在莫斯科又召开了"现代初等教育问题与前景大会"。大会探讨了近几年普通教育第一个阶段中发生的具有民主化进程的本质变化，并公布了 1996 年末俄联邦教育部对全国进行的调查结果：在初等学校中按凯洛夫传统体系教学的占 61%，按赞

① Днепров.Э.Д, Лазарев.В.С, Собкин.В.С: Российское образование в переходный период: программа стабилизации и развитии, М.1991г

科夫体系教学的占30%，按艾利康宁—达维多夫体系教学的占9%。[①]这说明普通初等学校中已经克服了体系的单一片面性，在完善传统教学体系的基础上又并行存在着赞科夫体系和艾利康宁—达维多夫体系。

从这时起俄罗斯初等学校里的“可选择性教育”具有两个涵义：第一个涵义——初等教育的整个教学体系的可选择性，即同时并存三个体系：传统教学体系、赞科夫教学体系和艾利康宁—达维多夫教学体系。第二个涵义——上述三个教学体系内部存在着学科课程的可选择性。

（三）促进教学内容的丰富

俄罗斯初等教育教学内容包括旨在初步形成个性所必需的基本方面，即：

1. 认识文化；
2. 交往文化；
3. 道德文化；
4. 美学文化；
5. 劳动文化；
6. 体育文化。

上述6个方面决定着教学计划的结构。在认识文化框架下设立了2门课程：周围世界和数学，并把数学作为独立课程，是因为它对于儿童认识和交往具有巨大的作用。语言的学习则是为了形成交往和美学文化，文学艺术的学习旨在发展个性的道德和审美的基础。劳动和体育文化则是由各自相应的教学领域来完成的。

2001年12月17日俄罗斯联邦教育部又发布了957/13－13号文件[②]，对1996年公布实施的初等教育三年制和四年制的教学计划进行补充修改，在新文件的附件中规定四年制小学从2002～2003学年在二年级开始增设信息技术课和外语课。二年级至四年级外语课每周2小时，信息技术课的周课时以不违反国家规定的使用计算机卫生条例为最大极限，各学校可根据本校计算机设备的情况而定。

（四）教学组织形式与方法的多样化

在前苏联教学改革成果基础上，俄罗斯小学在教学方法上获得了新的发

① Современое начальное образование: проблемы и перспективы // Начальная школа, 1997. № 1. с. 8－16

② Методическое письмо по вопросам обучения информатике в начальной школе: Начальная школа, 2002г, №5, с.14～19

展。赞科夫关于教学方法的论述、巴班斯基教学过程最优化的方法论、合作教育学提倡的没有强制的方法都对俄罗斯小学教学方法产生着实际的影响。同时，在教学实践中，许多教育理论工作者、优秀教师正在探索新的教学方法。问题教学法、纲要信号法、分步探索法、研究法、发现法为常用教学法。

前苏联小学教学组织的基本形式是班级授课制，为促进教学质量的提高，班级学额逐步缩小，每班为25～30人不等。苏联解体后，俄罗斯小学的教学组织形式得到了进一步的发展。在教学改革实践中，教学组织形式越来越向多样化发展，个别指导、小组教学、集体教学等都得到广泛的运用。尤其是俄罗斯著名的教学论专家季亚琴柯提出的集体教学的组织形式引起更为广泛的关注。

（五）教学手段的现代化

俄罗斯教育部2001年12月17日公布的957/13－13号文件中明确规定，自2002～2003学年开始从小学二年级开设信息技术课。这一举措加速了教学手段的现代化进程。自此，采用计算机进行各学科教学的实验相继展开，并且俄罗斯明文规定了小学生使用计算机的时间、眼睛离屏幕的距离等等卫生要求。

（六）教学与社会联系的紧密化

俄罗斯在经济、政治局势动荡的时期，更为关注对小学生的公民道德和民族情感的教育。小学生入学后要学习的第一课就是《公民》课；在历史教学中又突出了俄罗斯的民族文化史；新的教学计划中，对1993年的小学教学计划的劳动教育每周又增加一节课时。这些措施都是为适应俄罗斯社会环境不断发展变化所采取的办法。

（七）教学评价的多元化

俄罗斯曾经对要不要取消“分数”这一问题早有争论。以阿莫那什维利为代表的合作教育学派在低年级中进行取消分数的大胆试验。他们认为评分会使学生的学习目的不是为获取知识，而是盲目崇拜分数。因此，他们主张评价应指出学生的优缺点，使学生清楚错误产生的原因以及纠正错误的方法。这样的评价不仅有助于提高学生的知识、技能水平，还有助于师生关系的和谐发展。

但反对者认为，在竞争如此激烈的社会，应当把打分作为鼓励学生竞争的手段。双方争执不下，所以，教学评价出现多元化，在一些学校采取言语性评价，一些学校采取“分数”，对学生成绩实行5分制。每学期结束时，学校把学生平时成绩与期末成绩加在一起，综合评定，给出每个学生的成绩。一学年结束时，用绝对评价方法，用5分制评出学生的成绩。

三、改革动态

俄罗斯小学课程与教学改革正在深入发展。其主要动向是：

（一）改革的基本原则

俄罗斯在近年来的教育改革中一直强调要贯彻以下8个原则：

1．民主化原则；

2．多元化原则；

3．尊重各民族传统原则；

4．公开性原则；

5．人文学科内容变革原则；

6．教育的人道性原则；

7．教育的连续性与不间断性原则；

8．加强经济学教育原则。

在课程设置上提高人文学科地位，在教学内容上重视多元文化，在课程结构上继续发展综合课程。如在俄罗斯有些地区开设的自然课就是一种新的综合课程，在课程管理方面，按照俄联邦的法律（俄联邦宪法和俄联邦教育法），民族——地方课程也纳入课程的框架内。他们制定小学的国家课程、民族——地方课程和学校课程的比重如下：国家课程占70%，民族——地方课程占22%，学校课程占8%。

（二）调整教学指导思想

为了进一步促进基础教育的发展，使之适应俄罗斯经济与社会变革的需要，适应21世纪人的发展需要，俄罗斯进一步调整了教学指导思想。2002年公布的《俄罗斯基础教育标准》在初等教育教学方面规定：

1．充实社会现代化所要求的基础教育内容；

2．总结在生活中教育的效果；

3．进行外语教学研究，提高口语能力培养的力度，在小学利用信息技术进行外语教学；

4．努力发展社会学科，设置以政治和经济为基础的综合课程。

另外，俄罗斯出台了《儿童补充教育体制发展的机构大纲》。俄罗斯儿童补充教育体系始于1992年。主要利用儿童课余和假期来进行。其目的是：

1．保证儿童补充教育的大众化、平民化；

2．保存与发展该体系；

3．完善儿童补充教育的内容、质量、方法、组织形式和技术；

4. 在活动基础上设计儿童环境与发展的前景；

5. 在基础教育与补充教育之间保持统一教育空间的连续性和完整性；

6. 利用和发展信息技术提高儿童和教师的创造性；

7. 深入研究保障儿童补充教育经费的资源措施；

8. 在培养学生创造性的领域里发展各民族的团结合作。

发展儿童补充教育体系的目的在于实现教育过程的民主化，支持与发展儿童的创造性，培养健康的生活方式和个性的自我发展。

（二）推进教育信息化

2001 年 9 月俄罗斯政府制定了信息化教育规划，要求到 2005 年建成统一的信息化教育体系。该规划分 3 个阶段实施：2001 年俄政府将为所有乡村学校配备电脑、软件等必备的信息化教学设施，对教师进行信息技术培训；2002～2003 年编写多媒体教材，进行实验性教学；2004～2005 年为各类学校配备信息化教学设施，批量发行多媒体教材，建设公开的远程教育体系。

俄政府已责成教育部制定统一标准，通过评比选购信息化教学设备。俄教育部长菲利波夫表示，实施上述规划需耗资约 20 亿美元，俄联邦政府和各联邦主体将分别支付 50％的资金。俄总统普京已指示，尽一切可能落实信息化教育规划。俄将从教育基金中额外划拨 10 亿卢布启动该规划。俄还将向世界银行借款以实施该规划。

当然，在课程改革中困难很多，有不少亟待解决的问题。但俄罗斯初等教育的课程改革已取得了一定的成果。

第五节　法国初等教育的课程与教学

一、历史演进

法国深受百科全书式的课程与教学理论的影响。由于笛卡尔的理性哲学和 18 世纪百科全书学派启蒙思想的影响，夸美纽斯提出的百科全书式的知识观和课程与教学理论在法国教育界得以确立它的中心地位。下面讲到的 1792 年孔多塞提交的教育改革计划，是这种理论与国家课程和教学政策结合的最好例证。

百科全书式的课程与教学观拥有三个原则：

1. 理性原则

该原则认为能发展儿童理性的学科最重要。请注意理性在课程与教学建设中的意义与地位。

2. 普遍性原则

该原则认为：所有学生必须尽可能多地掌握各种有价值的知识；所有学生在相同时间和次序中应普遍学习相同的知识。请注意这里强调的是所有学生和所有学生在同一时间学习相同的知识。

3. 实用性原则

该原则相信通过理性思考和理性知识的运用可以实现社会、经济、政治和技术的组织。请注意这里的实用是着眼于社会的需要。

上述课程与教学的理论反映了现代法国教育的重要传统，成为有别于英国、美国等国的具有自己特点的理论传统。这种传统一直影响着法国包括小学在内的学校课程与教学的改革与发展，也是我们考察法国小学教育的重要理论框架。①

1789 年法国大革命胜利后就决定将公共教育和政治与道德教育的监督权交给世俗政权。此后不久，法国政府相继颁布了一系列革新教育的新设想与改革计划。法国近代初等教育课程正是在这些设想与计划的酝酿中得以实施的。

1791 年法国政治家、外交家塔列朗提出了他的国民教育改革计划。在该计划中课程不仅有读、写、算，还增加地理、历史和植物学基本知识。但这个计划没有完全取消宗教课程。

1792 年法国政治家、哲学家孔多塞提出了建立国民教育新体制的计划。在计划中包括初级小学和高级小学。初级小学课程包括读、写、算、生产知识、道德教育、社会秩序原则等。高级小学则开设数学、自然学、化学、伦理学、社会科学和商业等知识。

1833 年法国颁布了基佐教育法，该法被称为法国第一个小学教育宪章。基佐教育法颁布后，初等学校的课程增加了，其中的高级小学又增加了几何、物理、博物学的基础内容。但同时宗教教育也得到强化。

上述法案、计划等有助于形成以后法国初等教育重视教学面向全体儿童，在读写基础上逐步增加史地自然等知识，发展个人能力，促进人类进步，用本族语教学等思想的形成。

---

① 参见［英］B. 霍尔姆斯 M. 麦克莱恩著，张文军译，比较课程论，教育科学出版社，2001 年，第 67～68 页。

但是，上述设想在当时并没有付诸实施。在19世纪至20世纪中叶的这段时间内，法国初等教育始终是教育双轨中面向社会下层的一轨，这种初等教育学并不重视广大儿童的个性健康发展，只是向他们传授劳动市场所需要的基本知识和技能。

20世纪法国经历了数次教育改革，有为建立统一学校而进行的努力，有1947年出台的“郎之万—华伦方案”，该“方案”促进了法国教育的改革。

在“郎之万—华伦教育改革方案”的教育改革原则中提出一切儿童除固有才能的限制以外，应不分出身、种族和社会地位，都有受教育机会；一切儿童和成人的教育权利都是平等的，要在认识儿童的心理、个性的基础上尊重儿童的性格，发展其才能，给他们以完备的教育，这些原则为二战后法国初等教育课程建设规定了方向，产生了深远的影响。

1969年法国推出一种课程改革方案，也就是所谓的三分制教学计划，当时的教育部长吉夏尔为此发出了指示和通知，这次改革将小学阶段所有课程分为1. 基础课（法语、数学）；2. 启发课。当时法国教育法令指出开设启发课的意义是促进儿童身体、情绪、智力和社会意识的发展，促使儿童对远近自然和文化环境的了解，启发课具体包括道德—公民、历史、地理、观察大自然、图画、手工、唱歌、技术；3. 体育课。在课程安排上把基础课放在上午，其他课放在下午进行。这种课程设计是为了加强道德、自由思想、责任感、毅力和勇气的教育，主要方式是通过阅读讨论。同时，法语课的其他学科也重视对儿童的道德教育。

1975年的“哈比改革”为适应现代科技高速发展和经济变化的要求，对初等教育课程进行了重要调整，调整的方针是加强数学和科技教育，作出了一系列的规定，这些规定的特点是将初等教育目的分解为初等教育不同阶段的具体目的，以一定目的编制相应的课程，小学具体分为1年的预备阶段和2年的中级阶段。预备阶段教育目的使儿童获得法语和数学的基本知识与技能，基础阶段是一个过渡时期，使儿童从预备阶段顺利地进入中级阶段。而中级阶段则重点在发展儿童的个性。

这一时期法国小学课程如1969年实施的三分制教学计划一样分为三大类：第一类即作为智力基础的法语和数学。第二类启发课包括地理、历史、自然、公民道德、手工工艺等。第三类包括体育等。其中第二类多具有综合性质，内容有具体规定，重视通过观察活动来启发学生的求知欲。

时间安排为：第一类课安排在上午，第二、三类课安排在下午。每周27节课，课间休息10分钟。

1981年法国社会党执政后提出要使“教育成为国家现代化的尖刀”，以加强法国的经济竞争力，促进社会发展，在这种背景下，法国进行了普通教育课程的重大改革。

法国小学教育为5日制，休息日为星期日和星期四，从1972年5月新学期开始改变了把星期四作为休息日的规定，将星期三作为休息日，小学在休息日也收留学生，有时直到晚上10点，并配备专职教师负责组织学生休息日在校的活动安排。

1985年法国政府决定停止1969年的课程三分制，恢复了传统的分科教学，加强基础学科教学。

1986年4月23日，法国国民教育部依据小学生应掌握的基本知识和能力分布的7方面，设置7门课程：法语、数学、科学与技术、历史与地理、公民教育、艺术、体育，这次课程改革为了响应法国推出的人人学信息的计划，在小学的学习与技术课中，对学生进行包括计算机在内的初步的科技教育。

二、课程与教学现状

随着二战后经济与社会的发展，在社会民主化和教育民主化运动不断高涨的情况下，初等教育的双轨制度才真正结束，初等教育教学的目的、内容、方法都发生了深刻的变化。

（一）教学目的与内容

1988年12月法国成立了“教学大纲反省委员会”。该委员会通过对法国中小学状况的调查研究，发表了题为《对教学内容反省的原则》的报告。该报告提出了修订教学大纲的若干基本原则，规定了法国小学教学内容逐步变革的主要方向。

法国公布的《对教学内容反省的原则》要点有：

1. 教学大纲应当定期修订，任何多余的内容都应删除，引进科学进步和社会所需要的知识。

2. 应重视那些能提供拥有有效性和普遍适用性的思维方式的教学。

3. 教学大纲应该是一个开放、灵活、可修订的框架，大纲的编制和在实践中的调整应该求得教师的合作。

4. 在对现行教学内容所作的批判性审查中应始终协调两个变量，即必要性和可传递性。一方面，由于科学或社会的原因，在某一特定水平上（在某年级）对一门知识或一种思维方式的掌握多少是必需的；另一方面则要弄清由于学生吸收能力和教师所接受培训上的原因，了解在教学中知识的传递在多大程度上对学生是困难的。

5. 为了提高学生接受知识的有效性，应该使教学形式多样化，并确定实际上而非理论上应该让学生接受的知识量，为此应划分出必修课、选修课，除课堂形式外，还应引进诸如指导实验、集体教学、采访和实地观察等多种形式。

6. 为了促进教学之间的和谐，应鼓励不同学科的教师共同授课，同时应该对按学科划分的方法与某些历史上形成的方式做重新的考虑和审视，逐步实施科学进步所要求的某些知识的重新接近。

7. 追求和谐的同时，也应致力于不同学科之间及其不同成就形式（Fonmed' excellence）之间的平衡与融合，十分重要的是使科学思维固有的普遍性和关心生活方式与文化传统多样性的相互协调。

如前所述，1985年法国初等教育改革首先废除了1969年的三分制教学计划，恢复传统的分科教学，颁布了全国小学的新教育计划。见下表。

法国1985年秋季开学实施的全国小学教学计划

	预备阶段	基础阶段		中级阶段	
	一年	第一年	第一年	第一年	第一年
	10	9	8	8	8
法语	6	6	6	6	6
数学	2	2	3	3	3
	1	1	2	2	2
	1	2	1	1	1
	2	5	2	2	2
	27	32	27	27	27

资料来源：法国国民教育部《小学教学大纲，1985》

法国初等教育目的是保证所有儿童接受相同的基础教育，使学生掌握基本知识和技能，即掌握口头和书面表达，阅读、数的概念、发展智力、艺术的敏感性，以及劳动、身体和运动的适应能力。配合家庭对学生进行道德教育和公民教育。

各个课程阶段又分设了不同的教育目的，准备课程阶段教育目的是使学生获得语文和算术的初步知识和技能，为初级课程学习打好基础。

中级课程阶段教育目的是发展儿童个性，获得必要的知识和能力。

初级课程处于上述两个阶段之间，其教育目的是做好儿童从准备到初级课程、从初级课程到中级课程的过渡。

上述各阶段每星期基础知识学习15小时，法语为10—9—8小时，数学为6小时；史、地、道德教育、观察、手工、音乐等为8小时；体育比赛为5小时。

1985年法国又在全国公立中小学推行大众计算机学习计划，将计算机教育列入小学中段的“科学—技术”课程，让学生学习简单的电子装配技术、接触电脑、机器人等信息设备和简单的操作程序。

1985年颁布的小学教学大纲规定了上述7门课的具体目标。

法语课的目标：掌握法语，能明晰而有条不紊地思维，为其他课程的学习提供帮助。

数学的目标：发展推理与抽象思维能力，获得算术和几何方面的知识，得到工作方法和程序，激发想像力。

科学与技术课程的目标：了解科学技术活动的方法，如观察、实验、解释、设计、创造等，发展学生的验证和设计的观念与创造的愿望。

历史与地理课的目标：教给学生有关法国、欧洲及世界的历史、地理知识，使学生了解世界与社会，了解法国的历史遗产、政治文化，培养民族意识和研究其他国家文化的能力。

公民教育目标：使学生初步掌握民主生活的基本准则，初步了解法国政治与行政机构，法国在世界上的地位，并懂得自己不仅拥有法律承认的权利，同时对社会也负有责任和义务，热爱自己的祖国。

艺术教育课目标：培养儿童这方面的兴趣与爱好，发展他们的表现力和创造力。

体育课目标：提高运动能力，增强行为的安全性和准确性，促进儿童心理与身体的发展，增强对力量的认识，培养集体活动的习惯和一定的责任感。

目前，法国小学基本上沿用了1985年颁布的课程计划，只是由于欧洲一体化的需要，法国放弃了在小学不开设外语课的传统，从1988年开始小学外语教学实验。据统计，1991～1992学年参加外语教学的小学生数已占全国小学生总数的25%。

道德和公民教育目标：法国一方面开设法语和其他学科在教学中注重对儿童的道德影响，对道德形成起着经常性的作用，另一方面开设道德和公民课，集中培养人的善良品德、自由思想、责任感、优良品质、公民意识和公民行为规范，这类课的一个重要教学形式就是阅读和讨论。

(二) 教学组织形式与方法

20 世纪 60 年代以来法国在小学教学领域进行了一系改革，以改变传统班级授课制，建立一种以学生为主的新的教学形式，以便在个别化教学基础上全面提高初等教育质量。这种教学形式就是分化教学。

经过从 60 年代到 80 年代的教学改革实验，在 80 年代初法国小学形成了分化教学的四种基本形式，即权威课、个别化工作、小组讨论和学习工作，这四种形式成为传统班级教学的替代物。

权威课：推选出各科优秀教师，让他们给集中一起的同年级学生上课，其他教师分班辅导，这种形式使教师授课质量有了保证，但没有摆脱传统的师传生受的方式，而且大课也有其局限性。

个别化工作：这就是学生个人用卡片学习，教师向学生提供充足的资料，学生根据具体需要加以选择，然后学生自动纠正或相互纠正，这种方法使学习适合个人的节奏和学习愿望，但经常是要求填补空白的卡片，会影响学生思维能力的发展。

小组讨论（也称非正式小组）：这是在教学过程中由教师提出问题学生通过小组讨论来获得知识的形式，有集中—分散两种方法。集中方法是由教师设计问题，然后由学生运用集体的智慧去探索，学生可以各抒已见，在争辩中得出正确的答案。分散方法是学生提出问题，在学生之间讨论或学生与教师讨论。两种方法都有利于学生学习积极性的提高和思维品质的发展。

学习小组工作：事先划分学习小组，组内每个成员任务明确。具体办法我们用学习文学作品为例，可以让两个学生借助于辞典研究难掌握的问题，两个学生准备情景朗读，别的学生负责提问题，个人阅读 5～10 分钟后，由小组成员按指定任务要求开始各自工作，直到每个学生都掌握课文为止，其他学习小组可以学习其他东西，也可以不学习同一内容。

法国教育部从 20 世纪 80 年代起规定所有小学必须对法语和数学学习上有困难的儿童进行个别辅导，加强个别教育。

法国教育家强调几种不同教学形式交替运用的重要性，他们认为，这样做可以保持并提高学生学习兴趣，提高学习效率。

1989 年法国公布了《初等教育方向指导法》，改变了传统教学方式，把 3 年的幼儿教育与 5 年的小学教育结成一体，并分为 3 个相互连接的教学阶段。这是法国初等教育一种新的教学体制。

这种新的教学体制为：

准备阶段，该阶段包括幼儿教育的前2年；

基础学习阶段，该阶段包括幼儿教育大班和小学教育的前2年；

加深学习阶段，该阶段包括小学教育的第3、4、5年级。

1993年9月法国国民教育部出版的《法国初等教育》又将小学划分为2个学习阶段，即基础学习阶段2年，深入学习阶段3年，每周授课时数为26小时，上课不得超过5天，每周总课时不得超过27小时，每天不得超过5小时。

在这种新的教学体制下，每个阶段包括不同年龄的儿童，按《初等教育方向指导法》的要求，不按儿童的年龄分班，而是按《初等教育方向指导法》的要求，按智力发展状况建立的水平组，同一年龄儿童根据实际需要，提供学习内容，组织不同的水平组，每一学年对水平组进行调整，不适合在A水平组可以转到B水平组，儿童在每一学习阶段一般都要学习3年，但学习节奏快的可以学习2年，提前1年转入下一学习阶段，学习节奏慢的则可延长1年，达到要求后可转入下一阶段。

法国初等教育的新的教学体制利于所有儿童根据各自不同情况接受教育，有利于他们身心健康的发展。

在20世纪80～90年代的教育改革过程中，法国初等教育教学形成了以下一些特点。

1. 重视教学方法的多样化，法国近年来所提倡的分化教学实质就是多样化教学，在小学教学实践中，法国力图改变传统的老师讲学生听的单一教学形式，将多种多样的教的方法和学的方法引入课堂；

2. 重视了解学生心理，法国要求教师深入了解学生学习的不同状态，特别是学习迟缓学生的心理，以便使儿童学习心理状态积极化；

3. 重视问题情境的设置，法国小学教师十分注意创设问题情境，使儿童在具体生动的情境里，调动已有的知识去探索解决问题，这十分有利于儿童想像力和创造性思维能力的培养；

4. 开展系列的教学实践活动，法国教师经常根据教学需要有计划地组织教学活动，这些活动往往是系列的，使学生从不同角度加强对课堂所学知识的理解和运用；

5. 重视和谐师生关系的建立与发展，传统教学方式的改变必然引起传统的师生关系的变化，以代替传统的命令与服从的关系，教师的主要工作是鼓励、帮助和指导，在新的教学体制下儿童学习不再是为了分数，而是为了获得知识和自身的全面发展。

此外，法国十分重视残疾儿童教育，每所小学均专设心理教育教师，心理教师的一项重要工作就是及早发现弱智学生，以便进行相应的特殊教育。

体残或弱智儿童则按要求进入小学内设的“专门班”或专门学校，由特殊教育教师任教，实施普通教育与职业教育相结合的教育内容，或插入正常班学习，尽可能为他们在正常的社会环境健康成长创造有利条件。

法国 1975 年颁布的照顾残疾人指导法规定，解决残疾儿童教育问题是国家的义务。法国明确规定任何正常儿童的班级只要条件允许，应优先接受残疾儿童。1992～1993 学年法国有 16 957 名残疾儿童在公立和私立小学学习。

(三) 教学评价

从 1991 年起，法国在小学各阶段都建立了教育评价制度。教师对自己学生的学习态度、能力、方法、成绩等各方面进行全面的分析、评价，以形成性评价作为主要形式。法国教学评价的一个重要方面就是培养学生的自主意识，发展自我评价能力。

法国小学对学生学习情况采取持续检查的评价方式。即从小学一开始，教师就对学生每天的学业与行为作连续考察，记载在学生手册上，定期交给家长，使其了解学生情况。评价计分分 10 等级与 5 等级两种，使用哪一种由学校教师委员会研究决定。小学对毕业生不举行毕业考试，不发毕业证书，但需要由教师对学生学习情况作出相应的评价。学生须经校务委员会批准，并征得家长同意才可毕业。

法国小学专设指导手册，向中学提供学生小学情况。该文件拥有全国统一的格式要求，包括 7 项内容：学籍记载；身体状况；家庭情况；心理测试；学习态度；学习特征；毕业记录。

附：法国小学指导手册“学习态度”评定表。(见下页)

(四) 教科书制度

法国教科书在遵守法国课程制度和指导方针前提下可以自由编写和发行，无须审定。但采用一定需要审查。小学教科书采用的审查程度大致是：以省为单位进行，每年先由县检查教科书目录，该项工作由视学官、师范学校负责人、教授、教师代表、地方代表组成的专门委员会负责，并将修改意见提交给大学督学，再送交给各省教科书审查委员会审查。然后将审查结果报请大学区总长审核。大学区总长将各省送来的教科书目录，交给大学区审议后上报教育部长。经过教育部长和中央督学总长任命的委员会进行审议，最后调查核准。

法国小学指导手册“学习态度”评定表

注意力	A集中、持久、有规律。	B断断续续，不稳定，无规律。	C注意力不能集中。
理解力	A迅速且正确。	B慢但正确。	C吃力，不正确。
记忆力	A记忆力强，准确无误。	B记忆力强，但属于机械记忆。	C记忆困难。
意志力	A有坚强毅力，热心、努力。	B一般、断断续续，无规律。	C不努力，懒惰。
学习节奏	A快。	B一般。	C非常慢。
纪律	A有自制力，遵守纪律。	B怕处罚而遵守纪律，默默服从。	C不遵守纪律，爱吵闹。
对课题的态度	A稳重自信。	B过于自信。	C缺乏自信，没有把握。
手工、美术的才能	A手工	B美术	C其他才能

手工、美术的才能（A手工、B美术、C其他才能）：具体说明其特征。

学校采用哪种教科书，经由教师会议对省制定的目录进行讨论，决定后，还须报请国民教育督学备案。教科书免费供应。

法国大多数教科书由中央督学院或大学教授编写。各地设教育资料中心，展示并供应各类教科书。在教学实践过程中，教师拥有使用教科书的自由。法国小学教师在使用教科书的同时还经常与教育信息中心联系，获得有关资料，供教学使用。

三、改革动态

（一）调整教学指导思想

20世纪90年代以来，法国初等教育作了教学指导思想的调整，课程与教学改革注重提高儿童的国民素质，注重教学的个性化，注重儿童的实践，注重教学和社会的联系。

1994年法国国民教育部长贝鲁提出了《关于中小学教育的155条建议》。该建议首先确立了中小学进一步改革的三项原则，即：

1. 每个公民进行从幼儿园至初中的义务教育，提高国民素质；
2. 在教育过程中贯彻优选分类政策，因人而异指导学业和学生职业；
3. 加强学校与社会联系，发展职业教育，培养不同层次水平的专门人才。

《关于中小学教育的155条建议》强调初等教育增加新学科，建设新课程，强化外语教学，鼓励多种形式教学。主张因材施教，促进各种不同类型学生的共同进步，重视智力启蒙，强调主动积极学习习惯的养成和提高独立解决问题的能力。

（二）减轻负担，和谐发展

1997年，根据法国教育部要求，有近10万名儿童在新的课时安排下学习，试行新课时制，这种新的安排要求学校每周上5天课，每天下午都进行有组织的活动，有6个试点校每周上6天课，同时要求学校减少每天的课业负担，并减少假期。下午进行的组织活动占38%，体育活动占42%，除此之外还有卫生教育、交通教育和作业辅导等。

法国教育部作出这种新的改革实验决定是为促进儿童个性的和谐发展，进一步提高基础教育质量。

目前，法国有170个“实验性场馆”，每周至少有3个下午为儿童提供进行文艺活动的场所。这种“实验性场馆”分布在全法国324个市的772所公立和私立学校，其中含31所中学。

从实验初步结果看，这种课时安排受到儿童和家长的欢迎，使儿童更喜欢上学了，学习积极性提高了，缺席率明显降低了。法国青年和体育部长居伊·德吕曾向国家教育部长表示，他希望“从现在起到总统 7 年任期结束，逐渐普及这新课时制”。

法国 1994 年诺贝尔奖得主著名法国科学家乔治·沙帕将美国物理学家雷德曼倡导的动手做项目引进法国。当时起名叫“让我们大家一起来动手和面团吧!”该项目鼓励儿童实践、观察、提问和讲理。2000 年法国教育部和科学院签订协定，正式命名该项目为“动手做”，并向全国推广。

第六节　印度初等教育的课程与教学

一、历史演进

历史上，印度拥有发达的不同于现代的初等教育，经历了吠陀—婆罗门教时期、印度教时期、佛教时期和伊斯兰教时期，产生了非常丰富的教学思想与教学实践，形成了优秀的民族初等教育文化传统。吠陀—婆罗门教时期，印度人开始思考教育，认为教育是知识之源，接受教育是为了得到适当的和全面的发展，获得自由，获得解脱。学生入学年龄为 7 岁、8 岁和 11 岁不等。初等教育的机构是古儒之家。古儒是印度古代对教师的称呼。学生学习在古儒家中，整个学校像一个家庭。教学突出宗教教育，重视良好个性的养成，重视养成自学习惯，记忆、口诵、冥想为主要教学方法。教学语言为梵语。印度教源于婆罗门教，产生于公元 4 世纪，经历了曲折的发展，在公元 12 世纪，佛教在北印度消失后，印度教有了很大的发展，成为印度向封建社会过渡的一个重要标志。其初等教育继承了吠陀—婆罗门教的做法，但是在宗教教育的内容上不同罢了。佛教曾对印度文化和教育产生了巨大的影响。佛教的初等教育规定入学年龄为 8 岁，经过申请方可加入佛教教团，寺院为施教场所，进入寺院接受教育必须改变以前的种姓、服饰和性格。吠陀—婆罗门时期，学生在学完后回家生活，而佛教则要求入学者终身留在寺院，不得离开佛教教团。佛教重视教师资格问题，要求教师具备高尚的道德、崇高的精神，对学生的教育和发展负责。主张建立良好的师生关系。教学内容主要是阅读、写作和数学，以宗教内容为主，注重道德发展。教学方法为口头教育，重视开展辩论，还有出游、校会和独思冥想等。教学使用大众语言。中世纪，伊斯兰教传入，印度建立了伊斯兰教育。进行初等教育的是麦克台卜，设在清真寺。麦克台卜的教育主要是让学生背诵古兰经的部分内容。还学习阅读、作文和数学，同时教授阿拉伯语，然后是波斯语。教学方法主要是背诵和讲解。但是，为了使教学系统化，开始注意使教学从字母开始，然后是单词，再后是句子。在师生关系上，伊斯兰教育纪律严厉，惩罚严酷。广义上的初等教育的教学在印度古代经历了漫长的发展，积累了丰富的经验。

18～19世纪印度成为英国殖民地以后，在英国长期殖民统治下，作为现代教育一部分的初等教育在教学目的、内容与方法上无不打上了殖民地的烙印。独立后，印度努力摆脱教育西化发展带来的诸多弊端，在发展民族教育过程中，积极地吸收发达国家教育研究的新成果，不断改进初等教育的教学内容、组织形式、教学方法、教学评价，并取得了一定的进步。以下我们就从改革与发展的角度对印度初等教育的教学做一个概要的叙述。由于英国殖民者的长期统治，独立初期印度实行的小学课程是十分不完善的。这种课程范围狭窄，偏重书本知识，没有吸引力，使得小学毫无生气。印度独立后，在初等教育方面存在许多亟待改善的地方和需要解决的问题，初等教育课程与教学问题就是其中之一。印度学者曾指出，应该编制一个完善的课程计划来解决这一问题，这种课程计划“应该与社会的需求相适应、相联系，最终使学校成为重建印度农村的工具。”

二、现状与改革

课程与教学在印度独立以后就成为历次小学教育改革的重要内容。印度小学课程与教学的现状既是改革的产物，也是新改革的开始。独立以后，对印度小学影响最大的是1986年开始实施的国家教育政策。这以后出台的有关小学的教育政策都是在补充和强化1986年的印度国家教育政策。

（一）教学目的与内容

1977年印度衣施瓦布海·巴特尔委员会认为中小学教学教育目的是：

1. 促进儿童对印度文化遗产的了解与珍视，促进印度传统文化模式的积极变化；
2. 使学生能按照宪法的规定，学做合格公民；
3. 摆脱对书本的崇尚，使学生具有与劳动、与地区的社会经济发展紧密联系的态度；
4. 鼓励理性主义和科学态度；
5. 强调在生活所有方面的简洁性、整体性和合作精神；
6. 充分考虑到儿童的信仰、性别、年龄、出生地、经济状况等特点。

根据这种目的，印度小学教学内容首先是将印度民族文化与现代科学文化有机地联系在一起，教学内容包括了印度国语、地方语文、英语、数学、自然与社会科学知识、艺术和劳动等，不仅覆盖广阔，而且具有特点。

语言教学在小学教学中占据突出地位。印度宪法中规定印地语为国语，英语作为官方语言可使用至 1965 年。1965 年非印地语系地区反对这一政策，据此，印度议会通过了按语言划分邦的政策，并规定英语同时作为印度官方语言。各邦可将本地语言作为邦官方语言。所以，印度许多小学都学习三种语言，即英语、印地语和邦官方语言。所以语言教育是印度初等教育教学的一个重要因素。

强调劳动教育是印度小学教学的另一个重要特点。在 20 世纪 60 年代劳动教育曾作为劳动体验成为正式的教学内容。劳动教学要求保证学生有机会参加学校内外的社会经济活动和对社区有益的服务性工作。

同时，印度公立小学废除了宗教教育的内容，为印度初等教育的世俗化发展创造了有利条件。

（二）课程设置及目标

1986 年印度的《国家教育改革》要求在全国实施 10 + 2 + 3 学制，课程与教学改革是其中的重要内容。改革后，印度小学阶段的课程加强了与社会实际和生活实际的联系。现行的 10 + 2 + 3 学制对包括 8 个年级的小学教育课程制定了明确的要求：

1．科学课程

小学阶段科学课程“环境与研究”；小学 1、2 年级该课程包括自然与社会环境两方面，以后各年级该课程则分为环境研究 I（自然科学）；环境研究 2（社会科学）。

2．数学

数学教学应该达到以下目标：

有利于发展学生的数学思维；

有利于使学生将数学知识运用于解决现实生活问题；

有利于激发学生对了解学习结构和具体情境的学习热情；

促进学生独立学习数学，发展对数学的兴趣与情感。

3．劳动体验

劳动体验作为必修课应达到以下目标：

形成为今后参加生产劳动所需要的个人发展、知识与技能的良好态度打下基础；

弥合学校与劳动世界的裂痕；

培养对劳动的端正态度和劳工神圣的观念；

有助于改善地位和阶级上的差别；

了解物质生产的原则。

4. 社会科学课程

社会科学的主要目标：

使学生了解印度过去与现在的地理与社会环境；

培养儿童对人际关系、社会价值与态度的了解；

培养学生对印度丰富文化遗产的尊重。

5. 语言

强调三种语言。

6. 艺术、音乐和其他美育活动

该课实施各种不同艺术的教学，如舞蹈、音乐、绘画等。该课是建立在给学生发展自己才能的机会，鼓励他们进步的基本原则之上，学生是所有创造活动的中心。他们的艺术表现应得到鼓励和帮助。

7. 健康和体育课

这也是义务教育阶段的必修课。进行该课程教学应取得以下良好的结果：

促进健康身体；

增进体力与适应性；

训练感官；

养成自我管理、自我纪律、自信心、勇敢等品质；

拥有追求优雅和谐的志趣；

通过体育运动组织和活动培养合作、参与、公正的态度。

印度 10+2+3 学制对小学各年级课程分配如下：

1～2 年级

1）第一语言

2）数学

3）环境研究（社会科学和自然科学）

4）劳动体验和艺术

5）健康教育和游戏

3～5 年级

1）第一语言

2）数学

3）环境研究（自然科学）

4）环境研究（社会科学）

5）劳动体验与艺术

6）健康教育和游戏

6～8 年级

1）第一语言和第二语言（印度语或英语）

2）数学（包括代数和几何）

3）社会科学（包括物理和生命科学的内容）

4）自然科学（包括物理和生命科学的内容）

5）艺术

6）劳动体验

7）体育、健康教育和游戏

初等教育教学时间分配情况如下：

根据印度全国教育研究与训练委员会建议，小学全年的最低学时为 240 学时，其中教学时数 220 学时，校园与社区服务等 20 学时，小学低年级教学时数为每天 3～4 小时，其他年级不得少于 4 小时。除此之外，每天还有 1 个多小时的集合时间或参加例行活动或一、二次自由活动（recess）。小学高年级则每天有 50 分钟晨会时间或一次自由活动（recess）。

1～2 年级的时间分配（百分比）

1）第一语言	25
2）数学	10
3）环境研究（自然研究）	15
4）劳动体验和艺术	25
5）健康教育和游戏	25

3～5 年级

1）第一语言	25
2）数学	15
3）环境研究（自然研究）	10
4）环境研究（社会科学）	10
5）劳动体验和艺术	20
6）健康教育和游戏	20

这里需要指出，第一语言还可以通过环境研究课和游戏学习，数学也可以通过劳动体验、艺术和游戏来学习，这种课时分配需要初等教育和教师在各门课程中相互配合，共同促进儿童的发展与进步。

高级小学每周上六天课，每周 48 节课，每节课时间约 20～40 分钟。印度在这个方面首先提供了国家统一的要求。各学校可以依据自己的情况加以修正，印度对小学高年级每周课时安排作了如下规定：

1）第一语言	8
2）第二语言	5
3）数学	7
4）科学（生命科学和物理科学）	7
5）社会科学（历史、地理、公民和经济）	6
6）艺术	4
7）劳动体验	5
8）体育、健康教育和游戏	6

8. 道德教育

印度重视对儿童进行思想道德教育，早在1952～1953学年的工作报告中，印度教育委员会就明确提出："独立后的印度中小学应向儿童灌输民主爱国思想，培养他们的祖国自豪感，加强品德修养。"

印度初等教育阶段的思想道德教育是课程计划的重要内容。小学注重培养学生具有同情心、怜悯心、性格善良，彬彬有礼，善于合作，乐于助人，形成行为规范。

印度小学进行思想道德教育主要是通过环境（社会科学课程）及有关活动来完成的，其内容主要是贯彻《印度宪法》精神，进行热爱国家与民族文化的教育，进行理想情操和道德品质的教育，同时，印度小学还十分重视通过语文和其他课程进行思想道德教育。

宗教教育是印度小学道德教育的重要途径，但是这种宗教教育主要不是在学校进行的，宗教是印度社会道德伦理的基础，在社会环境深厚的宗教气氛影响下，学校与家长广泛地运用宗教教义对学生进行教育，并且对儿童产生着实际的影响。

在印度现代化道路上，不断发生着民族文化与西方文化的冲突，在大力加强科学技术教育的同时，印度反复强调要通过教育培养儿童对祖国文化遗产的尊重，形成正确的价值观。

9. 综合课程

印度小学十分重视综合课设置，设置综合课程是印度初等教育课程改革的重要动向之一，这些综合课往往又是与儿童生活环境、与儿童周围的自然环境和社会环境、与人类面临的共同问题联系在一起的，上述环境研究课即是一例，这类课往往不只是依靠课堂教学，而是让学生在生活实践中，在特定的情况中去学习，去理解，去认识，课程进行的方式是生动活泼的，又是亲切自然的。

（三）教学组织形式与方法

关于教学方法，印度学者提出以下三个基本方面，即：

1．经验是学习的关键；

2．动机是学习的基础；

3．意愿是学习的出发点。

印度由于各地情况差别很大，学校教师的数量是决定教学组织形式与方法的一个重要因素。在落后地区，有不少只有1名或2～3名教师的学校。这样的小学教师要教所有的年级或几个年级，如：曼德拉邦小学有46%的教师要教所有年级，有23%的教师教4年级以下的所有年级，还有8%教4～5年级。一般公立学校情况较好，教师只教1～2门学科。

印度小学班级学额不同，一般为20～50人不等，但有些地方小学每班学额低于20人。多数教师课堂教学每天为4～5小时，也有的超过6个小时，还有不足3个小时。见下表。

印度一些邦教师每日教学工作量表

学时 / 地区	曼德拉（%）	列瓦（%）	拉衣南德戛奥（%）	格瓦里奥	印多尔（%）
1～3	8	7	0	16	20
4	8	40	9	65	43
5	23	46	50	16	3
6	38	7	41	3	7
76	23	0	0	0	0
平均	5.16	4.53	5.31	3.7	4.13

资料来源：Quality of primary schooling in India，1992，p.132.

印度一些边远地区的小学教学设备条件极差。如，列瓦邦，有黑板的学校占66.7%；有粉笔的占66.7%；有扫除工具的占13.3%；有桌子的占40%；有椅子的占66.7%；有书架的占6.7%；有地图的占20%；有小黑板的占13.3%。这样的条件严重影响着印度初等教育教学质量的提高。为此，印度推行了所谓操作黑板计划。该计划要求每所小学，至少必须有不受天气影响的一个房间，有玩具和游戏材料，至少必须有2名教师，其中1名应为女教师；应拥有黑板、必要学习材料。推行该计划对于改善印度贫困地区的小学教育，实施普及初等教育发挥了良好的作用。

印度小学教学要求教师在发给的专用本上制定每月教学计划。这种教学计划要交给校长检查。同时，教师还应该按要求认真准备每天的课程。

课堂教学是学校教育的核心。学校教育质量在很大程度上决定于课堂的情况，印度教育工作者认为，好的课堂教学应该能够问答下列的问题。

1）学生如何分组来进行课堂教学？

2）教师是否了解学习困难的学生？

3）这样的学生如何帮助？

4）在复式班中教学应如何组织？

5）在复式班中教师如何注意不同年级的学生？

6）在教学中教师运用什么技术和方法？

7）教师是否经常布置任务、留家庭作业？

8）教师怎样批改作业，并将反馈传递给学生？

教师对完成课堂学习任务有困难的学生，经常采用再分组的方法以提高他们的学习兴趣和学习效果。据调查：公办小学教师有36.9%重视学习困难儿童的学习，有43.1%教师采用再分组办法。政府资助的私立小学这个数字则分别为55%和70%；无政府资助的私立小学这个数字则高达61.5%和65.4%。印度小学认为，这样做必须对学生有信心，并使学生有信心。同时，为帮助困难学生，印度小学注意动员家长积极参与。

印度小学课堂教学经常使用讲授法、问答法。问答法在印度小学使用十分广泛。在当代教育思想与理论的影响下，发现法、合作学习、暗示教学法等在小学教学实践中也得到了运用。

印度教育界认为，除了教师多种教育实践之外，教师的课堂行为模式对于建立完整的课堂气氛是十分重要的，教师的一般行为包括：

1. 教师课堂教学中自我想像的类型；

2. 教学的动机和激情；

3. 对自己作为教师的能力的积极的自我概念；

4. 与学生个人关系融洽的水平。

印度小学很重视课堂以外与学生、学生家长的交往和相互作用，认为它对社会—情感环境至关重要。它不仅能间接地影响学生的学习与教师的行为，也会直接影响课堂教学实践。印度小学教师也在课下常常对学生的学科学习给予帮助，还帮助学生解决他们个人遇到的问题。

印度五个地区邦小学的教师一般教学行为情况表

	地方				
	印多尔（N=29%）	曼德拉（N=11）（%）	列瓦（N=44）（%）	拉衣南德葛昂（N=44）（%）	葛瓦利奥（N=41）（%）
教师的情绪					
优	9.1	0.0	31.8	24.4	37.9
良	27.3	86.5	63.6	18.8	48.3
差	63.6	13.5	4.5	26.8	13.8
自我概念					
优	18.2	5.4	27.3	39.0	48.3
良	36.4	91.9	65.9	56.1	48.3
差	45.4	2.7	6.8	4.9	3.4
与儿童概念					
优	9.1	10.8	47.7	31.07	27.6
良	63.6	86.5	47.7	63.4	62.1
差	27.3	2.7	4.6	4.9	10.3

资料来源：Quality of schoolinfg in India，1993，T.133.

印度城市小学一般有与家长定期会面制度，交流儿童教育情况，改善教育状况。而农村小学往往由于条件限制而缺少与家长的交流与沟通。

以儿童为中心的教学方法和以活动为基础的学习过程是20世纪80～90年代以来印度初等教育教学方法与方式的一个显著特点。

（四）教学评价

印度所有小学都要求进行连续的综合性评价。评价作为有机部分与教学紧密地联系在一起。评价手段有口试、笔试、观察记录等。但一些邦政府规定小学3年级前建立不留级制。这种不留级制的政策是为了诊断和矫正，而不是为了简单地升级。为此，在教学过程中测试的次数较多。

小学4年级要由教师进行定期考试。第一次笔试要有外部人员参加监考。每年县学校督学助理要组织一年一度的4年级毕业笔试。5年级学年末由县教育局官员组织类似笔试。这些考试的试卷也由外部进行。考试结果成为学生升级的基本依据。

印度认为教学评价应该既有助于差生矫正学习，又能迎接天才儿童的挑战。

印度实行5等记分制，即：

第一等，优；第二等，良；第三等，好；第四等，可；第五等，不及格。

印度要求不向学生公开宣布及格、不及格。学生只是得到一张有各门功课分数的卡片。

（五）教科书制度

印度在实施普及初等教育中规定教科书要免费供应。但落后地区教科书供应仍有困难。

印度要求每位教师都应该在使用教科书时充分利用各种教具和教学参考资料来提高教学质量。为此教师应该利用：

1．有关学科的读物；

2．教师用书、课程指导等；

3．学生学习参考书；

4．百科全书、词典等；

5．视听手段。

三、改革动态

独立以后，对印度小学影响最大的是1986年开始实施的国家教育政策。这以后，出台的有关小学的教育政策都是在补充和强化1986年的印度国家教育政策。

在初等教育领域印度一直在大力贯彻1986年公布的国家教育政策。为此采取了很多措施。1995年印度政府公布的县小学教育课程① 就是其中之一。

县小学教育课程是在20世纪90年代初期印度为了达到普遍小学教育提出并开展的。目前在印度18个州226个县都开始采用此课程。对于县的选择是按照女童的最低识字水平以及面向印度的大部分儿童进行的。那些在表列种姓居民社区中的女童和儿童在此项目中受到特别关注。该项目主要目的在于提高入学率、保持率、质量、分散计划以及制度能力的建立。此项目超过半数的钱都是用来修订教科书和教师培训的质量。卡尔纳达克 Karnataka 是印度南部的一个邦，是采用此课程的15个邦之一，正在它的26个县中的11个来采用该课程。卡尔纳达克邦有4500万人，识字率为63%。男女识字

① P.Clarke, Culture and Classroom Reform in India , Comparative Education , V.39, No.1, 12003, pp.27～44.

率分别为73%和52%。

建立在新课程基础上的教科书，将对学生一些在最低学习水平（MLL）列出的基本能力进行训练。该水平不是建立在任何一种教育哲学之上的，而是建立在提高国家识字率水平的需要基础上的。最低学习水平根据学生的认知和发展水平来构想的，并期望每一名学生在特定的教育阶段结束后能够在三门基础学科——语言、数学和环境研究中掌握所需要的知识。学习成果可以指“最终能力”并且其中的每一种能力还可以进行分层。这份关于最低学习水平的文件被认为是体现了对小学教育教学确有帮助的、能保证学业成绩的理性标准。

2003年以来印度又公布了印度普及初等教育法案（修订）等重要政策。其目的也是在初等教育领域深化改革，促进儿童教育的健康发展。

第七节 日本初等教育的课程与教学

一、历史演进

日本初等教育的教学是在作为初等教育主要机构的小学进行的。随着社会政治、经济、文化的变迁和各种教育思潮的影响，日本小学的教学内容、教学组织形式、教学手段和方法等都经历了深刻的变化。

明治维新以前的初等教育机构是寺子屋，教学内容主要是读、写、算，女童还要学习缝纫。明治维新以后，“文明开化”政策推动了日本初等教育的发展，寺子屋演变成为小学校，西方国家的教育理念传入日本后，赫尔巴特派的五段教学法、夸美纽斯的直观教学法以及裴斯泰洛齐的实物教学法被广泛应用到小学的课堂当中。

1881年《小学教则纲领》公布，规定了小学新学制和课程，还列出了各教科的教学要点、程度和课时等内容，但没有指定教科书。为此，根据《小学教则纲领》的旨意和各学年的教学内容、程度来编写教科书成为日本近代教科书历史上具有划时代意义的一笔。

例如小学修身科，根据“要教授格言和实例”这一《小学教则纲领》的旨意，当时的修身科课本全部以古典格言、名句及善性美德为内容。1880年龟谷行编写的《修身儿训》（共10册），开门便是“孝悌”，以东方格言为主编成。1883年文部省出版的《小学修身书》（共12册）也是引用“孝经”等经典名句来教授儒家的“仁义忠孝”思想。

又如小学数学科，《小学教则纲领》要求从“实物的计算”开始教授，遂当时小学数学课本的第一卷使用绘画的课本占绝大多数。小学历史科课本则根据《小学教则纲领》的规定，只选择日本历史，并宣扬“要养成尊王爱国的志气”，与修身科一样受皇国思想的影响极其深刻。

1878年，从美国留学归来的高嶺秀夫引入裴斯泰洛齐的实物教学法，由此，日本开始了一场“开发主义教育”或称“开发教学法”运动。该运动以东京师范学校附属小学为中心展开，将裴斯泰洛齐的实物教学法和实际教学结合起来进行研究，对日本的教学改革起到了极大的影响。

开发教学法的代表著作是若林虎三郎和白井毅编写的《改进教授法》，该著作赞扬了裴斯泰洛齐的教学法，并结合儿童的“心性开发”和多年的教学经验总结出以下9条教学原则：

1．活泼是儿童的天性，要让学生习惯做事、动手练习；

2．要顺从儿童自然发展的顺序，开发其各种心力；

3．从五官开始，儿童自身发现所得之事不需加以解释；

4．各教科要从基础教起；

5．步步前进、全部贯通，课堂教学不以教师能教、而以学生能学为目的；

6．无论直接、间接，各科要突出重点；

7．先观念后表达；

8．由已知到未知、由个别到一般、由有形到无形、由易及难、由远及近、由简及繁；

9．先综合后分解[①]。

该著作还按照以上教学原则列举教案的格式、要点及各科教学案例。在此原则下的教科书也有了很大的改观。例如若林虎三郎编写的《小学地理》(共2卷，1883年版)，首页上刊有“教师注意”，其中提示要把近一半的课时用于地图的学习。另外，地方行政划分虽与以往相比无太大改观，但是不按国别，而是将该地区的位置、地势、气候、产业等综合引用和解说。这与传统“为国尽忠”的内容是大相径庭的，为此，成为日本小学地理教科书的样本。所有这些在当时教学改革的过程中起到了极大的作用。

1890年前后，赫尔巴特派的教育学传入日本，戚勒、莱因的教育专著被翻译成文，莱因的五步教学法被广泛推广和应用。谷本富的《实用教育学及教学法》(1894年）和《科学的教育学讲义》(1895年）等专著是介绍赫

① ［日］海后宗臣等《以教科书纵观日本的近现代教育》，东京书籍，1999年5月，第66页。

尔巴特派教育学的代表著作。

赫尔巴特的教育学，其教育目的建立在伦理学，教学方法建立在心理学的基础上，因此，其伦理学的教育目的被修身科所利用，因为它迎合了《教育敕语》（1890 年）所宣扬的国家主义教育思想。此外，根据儿童心理发展的特点，采用儿童易懂的语言和事例也是当时教科书编撰的新改观。如当时的《新编修身教典》中提出要列举“性格完美的国民模范人物”、通过“有意义的具体的事例”来培养儿童“道德的情感和意志”，遂引用了大量历史人物和事迹。而“龟兔赛跑”、“浦岛太郎”等童话、插图的使用和儿童日常生活注意要点等道德品行的培养则是站在儿童发展心理学的基础上编撰的。

19 世纪末 20 世纪初，杜威的《学校与社会》传入日本后，小学的教育再次掀起了新的改革浪潮，自学辅导式、观察法、实验教育法等得到重视和提倡，但受当时国家主义、军国主义教育思想的干扰，这些改革未能占领学校教育的支配地位。

然而，20 世纪 20 年代以后，针对以往的权威主义教育，开展以“人性解放”为目的的新教育思想席卷世界各国，“教师中心论”受到冲击，“儿童中心论”得以提倡，学校教育也朝着尊重学生个性，重视自发性、创造性的学习活动，以儿童的生活为中心的经验主义教育的方向发展。在这种背景下，日本的学校教育又出现了新的动向。如 1917 年创设的成城小学在“尊重个性的教育”、“亲近自然的教育”、“心情的教育”和“以科学研究为基础的教育”的四面旗帜下，开展了“新教育运动”的尝试。1922 年，该小学导入“道尔顿制”实验教学法，很快便波及全国，随后出现的“儿童村小学”、“自由学园”等均是新教育运动中涌现出来的新型小学。

另一方面，相对成城小学的贵族主义教育，玉川学园创办人小原国芳提倡面向大众子弟的“劳作教育”和“生活教育”，该学校的课堂以大众的实际生活和实用知识为中心开展教学，成为当时与新教育运动相对的一种新型运动，得到广泛普及。

日本明治时期的初等教育非常重视少儿的智力发展，着重传授近代科学知识基础，同时也灌输西方近代文化思想。初等教育的课程是根据《学制》（1872 年）、《小学校令》（1886 年）等法律条文的规定而设置的。

《学制》规定寻常小学的课程有 14 门：字母拼写、习字、单词、会话、读本、修身（伦理）、尺牍、文法、算数、养生、地理学大意、物理学大意、体操和唱歌。高等小学除上述课程外，增添史学大意、几何学（工具用具图）大意、博物学（动物、植物、矿物、地质）大意和化学大意。此外，还提倡因地制宜开设外语、簿记（账目）、图画和天体学等科目。

1920～1930年代，《小学校令》多次修改规定，寻常小学和高等小学的共同课程为：修身、国语、算数、日本史、地理、理科、图画、唱歌、体操和裁缝（女生）。寻常小学根据情况增加手工课、高等小学则要在手工、农业和商业课中至少增加1门。

20世纪40年代，《国民学校令》（1941年）制定实施，初等教育的课程分为国民科、理数科、体练科和艺能科四大类。依据这种分类，初小、高小的共同课程有：

国民科：修身、国语、国史、地理

理数科：数学、理科

体练科：体操、武道（女生可不修）

艺能科：音乐、习字、图画、工艺、裁缝（女生）、家务及裁缝（高小女生）

高小除以上课程外，还设有实业科：农业、工业、商业和水产。

二战前和二战期间日本初等教育的道德教育深受军国主义的影响，“忠君爱国”、“辅佐皇运”的教育思想充斥整个教育课程，如上面所列课程当中，修身科均为第一位，国语、历史、地理等科目也大肆宣扬封建主义、帝国主义的思想。另外，产业教育也是战前日本初等教育的重要内容，这反映了日本资本主义经济发展的迫切需要。

战后，在教育改革中诞生的《日本国宪法》（1946年）、《教育基本法》（1947年）、大力倡导民主主义、教育权、教育机会均等思想，使日本的教育从此走上新的发展道路。

初等教育的课程依据《学校教育法》（1947年）、同年公布的《学校教育法施行规则》以及《学习指导要领》[①] 制定编撰，学校的教育不是为了国家，而是从学习者的角度出发，以“促进儿童的健康发展”为目的。

新教育思想下初等教育的课程在原有的基础上增加了社会、家庭和自由研究的新科目。1958年新增道德课，20世纪60年代，整体课程由各教科[②]、道德、特别教育活动和学校例行庆典活动等四部分组成。

20世纪70年代，初等教育强调基础能力的增长和课程的完整性，其整体课程合并为各教科、道德和特别活动等三部分。

20世纪80年代，本着促进儿童的能力增长、培养其德智体协调发展的

① 《学习指导要领》：1947年开始发行，日本中小学教师教学指导的依据，相当于我国的课程标准。

② 各教科：即国语、数学等各基础学科。

宗旨，课程强调精选教育内容，加强道德教育和体育，并为了创建充实和谐的学习环境，削减标准课时数。1989 年的《学习指导要领》决定从 1992 年开始，小学低年级取代以往的理科和社会科，新设“生活科”。

20 世纪 90 年代，在终身学习背景下，初等教育更加重视基础能力的培养、个性的发展、尊重传统、促进国际化。1998 年度《学习指导要领》决定从 2002 年度开始，中小学全部实行双休制，小学三年级以上增设“综合学习”。

德育课是日本小学历来十分重视的课程。这门课程也能体现日本社会的变迁和教育思想的演化。

战前，日本小学中的德育课名为“修身科”，开设于 1881 年，是以我国儒家思想为理念，以“仁义忠孝”为行动指南，根据 1879 年《教学圣旨》的旨意和 1881 年《小学教则纲领》的规定而开设的。

明治维新后，日本掀起了学习西方先进的知识和技术、大搞文明开化的旋风，而昔日所提倡的道德、风俗日渐淡漠。为此，明治天皇出台《教学圣旨》，明示要在以仁义忠孝为根本、以孔子的学说为道德核心的基础上学习西方的知识和技术；指示要在小学阶段给孩子们明确灌输仁义忠孝的道德观；并强调使用忠臣、义士、孝子、节妇的插图将忠孝的观念深深刻入孩子们的脑海中。

日本走向军国主义道路之后，其小学修身科的目标发生了极大的转变，即在仁义忠孝的招牌下大肆鼓吹“皇国思想”、“尊王爱国”，为其国家主义、军国主义做开路先锋。因此，修身科在战后教育改革的浪潮中即被废除。

1950 年，当时的天野贞裕文部大臣提出了恢复小学修身科的设想，翌年文部省颁发了《道德教育手册》。1958 年，随着《学校教育法实施规则》的修改，修身科以德育课的面目重新出现于日本中小学的课程当中。

据 1958 年《小学德育课程实施纲要》记载，在小学开设德育课程是为了与其他的教育活动保持密切的联系，充实、深化和综合德育课程，以使小学生养成道德习惯，加深道德情感和提高道德判断能力。

1958 年至今，小学德育课程的标准经历了四次改革，大约每 10 年左右进行一次修改。

二、课程与教学现状

（一）初等教育课程修改的指导方针与教学目标

1. 对初等教育的教学与课程的规定

1998 年日本公布的《新学习指导要领》的基本目标是要使身为日本未

来公民的儿童们具有“生存能力”。具体到初等教育，其课程发生了如下几点变化。即：①新设了“综合学习时间”课；②大幅削减授课时数，同时严格筛选教育内容；③授课时数和授课时间具有弹性。

1998 年 10 月，《学校教育法施行规则》（修改）公布，该法对初等教育的教科作出如下规定：

第 2 章　小学

第 2 节　教科

第 24 条　小学的教育课程由国语、社会、算数、理科、音乐、绘画工艺、家庭及体育各科（以下本节中简称“各教科”）、道德、特别活动以及综合学习组成。

第 24 条之 2　小学各年级的各教科、道德、特别活动以及综合学习的课时及总课时数以附表为标准。

第 25 条　小学的教育课程，除本节所规定内容外，还要依照文部大臣另行公布的小学学习指导要领中所列的教育课程标准。

附表

区分	各科课时												总课时
	国语	社会	算数	理科	生活	音乐	绘画工艺	家庭	体育	道德	特别活动	综合学习	
1 年级	272		114		102	68	68		90	34	34		782
2 年级	280		155		105	70	70		90	35	35		840
3 年级	235	70	150	70		60	60		90	35	35	105	910
4 年级	235	85	150	90		60	60		90	35	35	105	945
5 年级	180	90	150	95		50	50	60	90	35	35	110	945
6 年级	175	100	150	95		50	50	55	90	35	35	110	945

备注：以上 1 课时为 45 分钟

根据上述规定，文部省于同年公布《小学学习指导要领》，发表了此次课程修改的指导方针，规定了各课程的教学目标、各年级的教学目标和内容以及教学建议。该课程方案已于 2002 年度开始实行。以下所列各项是课程修改的指导方针和各教科的教学目标。

2. 指导方针

各小学要依据法令和以下各章所示内容，以儿童的协调发展为目标，并考虑社区、学校的实际状况和儿童身心发展的阶段性和特性，设置合适的课程。

学校在开展教学活动时，要以培育儿童的生存能力为目标，努力使儿童在有创意、有特色的教学活动中形成自我学习、自我思考的能力，坚实地掌握基础知识，实现发扬个性的教育。

3．各教科的教学目标

1）国语：培养学生恰当表达和正确理解国语的能力，并结合其交流能力的提高，培育其思考力、想像力和语言的感觉，使其形成关心国语、尊重国语的态度；

2）社会：培养学生理解社会生活和对我国国土、历史的情感以及作为国际社会中的民主、和平国家中一员所必要的公民素养；

3）通过数量、图形等数学活动，使学生掌握基础的知识和技能，并能够透过日常现象发现开展活动的乐趣和数据处理的益处，进而养成将数学活动用于生活的习惯；

4）通过亲近自然、观察、实验等活动，培养学生解决问题的能力和热爱自然的情感，并能理解自然事物、现象，形成科学的思维方式；

5）通过具体的活动和体验，培养学生关心自己与身边的人、社会、自然之间的关系，思考自己和自己的生活，并在此过程中掌握生活中所必要的习惯和技能，打下走向自立的基础；

6）音乐：通过表演和鉴赏活动，养育学生热爱音乐的情感和对音乐的感性，并培养其音乐活动的基本能力和丰富的情操；

7）绘画工艺：通过表演和鉴赏活动，培养学生在体味制作的快乐的同时，养成造型等创造活动的基本能力和丰富的情操；

8）家庭：通过衣食住行等实践、体验活动，提高学生对家庭的关心度，并掌握日常生活所必需的基础知识和技能，养成作为家庭一员参与生沽的实践的态度；

9）体育：身心一体，通过对适当活动的经验和健康、安全的理解，培养学生亲近运动的素质和能力，使其保持健康、增加体力，形成欢乐、明快的生活态度。

（二）道德课的目的、内容与方法

1998 年以来，日本小学的德育课目的、内容、方法如下：

1．目的：通过学校整体活动，培养学生道德情感、判断力、实践欲望和态度等德性。

2．方式：德育课根据以上教育目的，与各学科、特别活动及综合学习活动中的道德活动保持密切的关系，通过有计划、发展性的指导予以补充、深化和统合，以使学生加深道德价值的自觉性，形成道德的实践能力。

3. 形式：特别活动。

通过有意义的集体活动，求得身心和谐的发展和个性的伸张，提高作为集体一员的自觉性，养成同心协力、创建美好生活的自主、实践的态度。

4. 综合学习

各校的综合学习要根据社区、学校、儿童的实际情况开展横向的、综合的和基于儿童的兴趣、关心等事物的学习，努力开展有创意的教育活动。

综合学习的课堂目标

第一，学生自己发现问题、自己学习、自己思考、自己判断、养成解决问题的素质和能力。

第二，掌握学习方法和思维方式，养成主体性、创造性地解决问题和开展探究活动的态度，并能够反思自己的人生。

综合学习的具体活动：各学校借鉴德育课的课程目标，开展国际理解、信息、环境、福利、健康等横向的、综合性的课题学习，并基于儿童的兴趣和关注点，结合社区、学校的特色和实际情况开展活动。

5. 各校综合学习课程的名称由各学校自行确定。

其他建议：

1）要积极采用自然体验、慈善活动等社会体验、观察、实验、参观、调查、发表、讨论、动手制作和生产活动等体验性内容的学习以及问题解决性的学习；

2）积极开展小组活动、不同年龄团体等形式的学习，与社区的人员携手，全体教师充当指导，努力活用社区的素材和学习环境等因素；

3）作为国际理解学习的一环，在开展外语会话学习的时候，要根据学校的实际情况，让儿童接触外语、亲近外国的生活、文艺等，进行符合小学阶段的体验性的学习活动①。

6. 1998 年的道德课改革

1998 年 7 月中教审在针对文部大臣提出的“关于幼儿园、小学、中学、高中、盲学校、聋哑学校以及养护学校课程标准的改革”的咨询所作出的答询报告中，提出了课程改革的四项基本方针：

1) 使学生具有丰富的人格和社会性，理解生活在国际社会中的日本人的意义；

① ［日］文部省告示《小学学习指导要领》1998 年版第 6～95 页。

2）培养学生自我学习、自我思考的能力；

3）在宽松的教育环境中开展基础而又发展学生个性的教育；

4）各学校用心开展有特色的活动，进行有特色的学校建设。

按照以上基本方针，小学德育课程以“让小学生对未来抱有理想和目标，能够自律，不仅顾及自己的利益，还要考虑为社会和公共事业能够做什么，使他们成为可以赢得国际信赖的日本人”为目标进行了修改，修改后的课程标准已于2000年度开始在各小学执行。

这次修改在内容上分四部分按低、中、高三个年级段做了具体的规定。

在课程指导计划的制定上，强调德育应通过全体师生和学校的整体教育活动进行，为此，各校要制定全年的指导计划；制定计划时要考虑与其他学科特别是综合学习课相关联，必要时可加入其他年级段的课程内容；指导要求校长、教务主任及全体教师共同参与，同时要注意校内、班内人际关系的建立和环境的调整；还要与家庭、社会保持联系，结合学生身心发展的阶段性和特点让学生参加慈善事业等社会实践活动，使课程内容渗透到学生的日常生活当中，指导学生的观念和行为。

三、教学现状

二战后，日本小学的教学以《学校教育法施行规则》（1947年5月）和文部省编辑、发行的《小学学习指导要领》（1947年开始）为依据，开始剔除战前国家主义、军国主义教育的内容。经过二战后多次的课程改革日本小学的教学有了许多不同的变化。

（一）教学组织形式与方法

日本小学重视教学方法的个性化和学习方法的自主性，重视增加学生体验学习和集体生活的机会，旨在增强儿童对社会、他人的责任感与协作的自觉性，同时，加强自己在集体中发挥作用的认识。

日本提倡小学教学运用有助于提高儿童思维能力和创造能力的方法，制作丰富的教具、采用适合儿童个人特点的教学方法。另外，将周六的上午定为开展各种自主活动的时间，让学生与社区进行富有生气的交流，届时，学生可以带着实感学习乡土文化、参加社区活动。2002年开始，中小学全面实施双休制后，与社区的交流活动编入了综合学习课程。

在教学的组织形式和方法上，为了适应学生的个人特点，达到教育目标，日本的小学作出了一些尝试：

实行分组教学等灵活的教学组织形式；

注意结合学生的个人特点，设计能进行最合理学习的个别学习机会；

不固定地对学生进行分年级指导；

学生达到一定成熟的阶段时，按能力确认升级。

日本小学在教学中还重视创设良好的语言环境，多数教师经常采用对话、交流和讨论等教学方法，扮演发起人和指导者的角色，在学生的讨论过程中进行引导，并做解释、归纳和总结。

小学班级的规模一般不超过30人，班级内还有各种小组，小组成员既有学习成绩好的学生，也包括学习成绩差的学生。

学校重视全面开发、评价学生的能力和能力倾向，不仅重视学习结果，还重视学习和成长过程；不仅评价智力上的学力，还设法评价学生参加学校和社区活动的情况和态度，并鼓励学生参加有益于身心发展的活动。

小学除每学期期初、期中和期末举行考试外，课堂上进行提问检查，课外还有作业和训练。

（二）教学评价

日本小学非常重视对学生学习的评价，重视学生学习的结果、过程和全面发展。各教科均设有评价的标准，以记录学生学习的状况和达到的水平，调整教学。

2001年12月，教育课程审议会发表题为《关于中小学生的学习和教育课程的评价的现状》的答询报告，指出“学校教育的学习指导和评价极为重要”，“学力不仅是知识的量的积累，还要着眼于学生自主学习、自觉思考这一‘生存能力’的培养”。为此，新课程标准下的评价要点在于“重视学习过程、及时评价学生所取得的进步，并引导学生自觉反省学习过程，把握新的目标和课题，开展推进教学的评价活动，同时探讨包括绝对评价、相对评价及自我评价的评价整体的状况。”

中小学教学评价的改革集中体现在以下几点：

1．变考核为目标评价；

2．综合学习评价要记录学习活动，各学校采取确定评价要点、记录学生所达到的能力等事项；

3．探讨“行动记录栏”的项目；

4．综合考虑学生成长的状况。

所谓“变考核为目标评价”是指将以往的以全班学生的考核成绩来判断某个学生的“相对评价”变为以每个学生能否达到所需达到标准的“绝对评价”。

绝对评价的评价标准分为三个层次：“十分满意”、“基本满意”和“需要努力”，这种评价方法是为了具体把握每一个儿童的进步、确认儿童基础知识的习得状况，以为改进教学提供依据。

此次教学评价的改革特别突出了“综合学习”课程评价的特色。综合学习课程的评价集中在学生在综合学习课上都开展了哪些学习活动，通过活动学生取得了怎样的进步，也就是说“体验”本身将成为评价的要点。因此，评价的形式基本上是“自评”。这种评价方法取代了过去以教师为主的评价方法，并加入学生间的“互评”，显示了评价方法的多样化。

（三）教科书制度

二战前，日本小学用教科书是国定制。1903 年《小学校令》（修改）规定了教科书的国定制，1904 年开始，小学修身、国语、地理、历史课程的教科书必须使用文部省编著的教科书，到 1941 年，除去“有关乡土的图书”，所有教科书均为国定。

战后，《学校教育法》规定“小学必须使用经过文部大臣审定或具有文部省著作名义的教科书”（第 21 条），同年，文部省内成立了专门审议教科书标准等事宜的教科用图书委员会，1948 年“教科用图书审定规则”制定公布，1949 年开始，中小学全面使用新的审定教科书。

1955 年 12 月，中教审发表了题为《关于改善教科书制度的方略》的答询报告，提出由国家（文部大臣）对教科书进行审定，从有学识经验的人、教职员以及其他人员中选任教科书审议会委员；建立教科书选用制度，都道府县教育委员会根据环境、社会、教育等条件确定选用地区；在选用地区设选用协议会，由校长、教师、都道府县及市町村教育委员会委员、职员、有学识经验者组成；以选用协议会和选用地区内学校校长的提议为基础，选定该地区内学校应采用的教科书，市町村教育委员会在上述结果的基础上确定所管辖地区内学校应采用的教科书。

1962 年《关于义务教育诸学校教科书无偿供给的法律》、1963 年《关于义务教育诸学校教科书无偿供给的措施的法律》相继出台，由此，中小学阶段教科书无偿制度确立并实施。最初几年，无偿供给的范围只限于小学 1～3 年级，以后逐步扩大，1969 年度开始，中小学全部实行了无偿供给。

1980 年以后，围绕着教科书无偿供给制度出现了“有偿说”、“借贷说”、“部分有偿、部分借贷”以及“坚持无偿”等几种论调，教科书问题成为教育改革的焦点之一。

临教审发表的《关于教育改革的第三次答询报告》（1987 年 4 月）中也提到了教科书制度改革的问题，指出“为确保适合的教育内容、发行个性丰富的教科书，提高人们对教科书制度及对教科书内容的信赖，有必要进行审定制度的改革”。其新的审定制度的要点如下：

1. 为促进教科书发行者的创作欲望，审定的重点置于以作为教科书是否合格这一点之上；

2. 审定要综合全面、着眼于大局，并要促进教科书发行者的创作欲望，审定标准力求重点化和简单化；

3. 简化审查手续和过程；

4. 为综合全面、着眼于大局地进行审定，要改革教科书用图书审定调查审议会制度，慎重教科书调查官的选用；

5. 文部大臣的最终审定要基于审议会的审议结果；

6. 要以适当的方式公开审定过程的概要、合格与否的理由等；

7. 考虑到学校、教科书种类等情况，审定的周期将要延长。

教科书制度历来是日本学校教育的焦点问题，长期以来，让教科书自由发行、自由选用的主张，或要慎重考虑废除审定制度、勿使教科书完全自由化的主张对立已久，这是个长期的、需要不断思考和改革的课题。

四、改革动态

（一）确立改革指导思想

20 世纪 80 年代后期以来，在世界性的教育改革大潮中，日本以临时教育审议会（简称“临教审”）发表四次咨询报告为契机，开始了一场轰轰烈烈的教育改革，确立了“不变”与“变化”相统一的改革指导思想，并以此制定了新的教育目标、课程标准和教育教学方法策略。临教审认为，在把握教育改革的本质时，应当把“不变”与“变化”统一起来。不变就是指“超越时代而不变的有价值的东西”；变是指需要“随着时代的变化而需要发生变化的东西”。1996 年 7 月 26 日发表的第一次咨询报告《展望 21 世纪我国教育的应有状态》中提出的培养“生存能力”思想充分体现了“不变”与“变化”思想。按照中教审的观点，“生存能力”的培养目标包含着“超越时代而不变的有价值的东西”（“不变”），如具有“丰富的人性，尊重正义感及公正性的精神，不断地律己、与他人相协调、同情他人之心，尊重人权之心，热爱自然之心等”。也包含着必须“随着时代的变化而需要发生变化的东西”（“变化”）。如面对世界和日本社会深刻迅速的发展，教育必须灵敏而迅速地作出回应，必须有所改变。

自 1996 年 8 月始，日本按照“不变”与“变化”思想开始了新一轮课程改革。日本教课审于 1998 年 7 月 29 日发表了咨询报告《关于幼儿园、小学、初中、高中、盲学校、聋学校和养护学校教育课程基准的改善》。其中提出的四项课程改革目标中的不变是指：培养丰富的人性、社会性和作为活跃于国际社会的日本人的觉悟；培养自学能力和独立思考能力；变则是指：在开展轻松的教育活动中，切实贯彻基础、基本的原则，充实发挥个性的教育；各学校设法推进有特色的教育，实现办学特色化。

（二）新学力观的提出和课程改革的进一步深入

近年来，日本认识到，儿童的整体学力存在一些尚待解决的问题。（1）在判断能力及表现力上存在不足；（2）学习兴趣不高，喜好学习的儿童较少——即学习欲望不强；（3）除学校的学习之外，学生课后的学习时间较短，未能形成良好的学习习惯等。与学力息息相关存在诸如自然体验及生活体验等可支撑儿童学习生活的经验体验不足；为人处事能力的低下等问题。

日本文部省在其官方网站中指出：生活在激烈竞争中的新时期日本儿童应具有“生存能力”、“确实可靠的学力”。这是新时期日本教育的全新理念。为此，早在1998年文部省在对《学习指导要领》加以修订时，便将“生存能力”的培养作为《新学习指导要领》的目标。

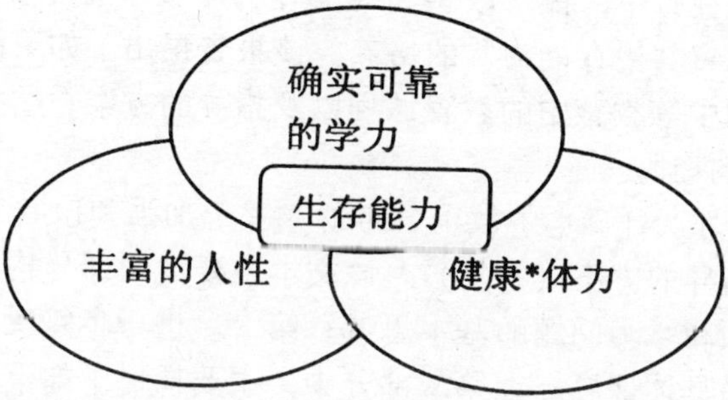

所谓“生存能力”：在激烈变化的新时期，希望儿童能够掌握由“确实可靠的学力”、“丰富的人性”、“健康 × 体力”等三种要素构成的能力。即，具备上述三种可维持生存的基本能力。

所谓“确实可靠的学力”：是指除能够掌握基本的知识技能之外，还能够具有强烈的学习欲望；自主发现问题，自主学习以及能够进行主体性的判断、行动等可以更为良好的解决问题的资质与能力。“确实可靠的学力”是“生存能力”中的知性能力。

2002年日本公布“推动学习”——为提高学生确实可靠的学力而发起的2002年倡议书（2002年1月），在新学习指导要领实行前夕，再次明确了将掌握基本基础知识，形成自主学习、自我思考等“生存能力”的培养作为学习指导要领的基本目标。同时敦促各校积极开展指向培养学生“确实可靠的学力”的工作。同时要求实施新学习指导要领（2002年起），包括：1. 推进教师定员制改善计划，同时为了与新教育发展要求相适应，对教学设备等教学条件进行重新整备（如增加教师；制作与教育内容、方法多样化相适应的教学设备）；2．落实学力提升行动计划，所谓学力提升行动计划是文部省为了提高“确实可靠的学力”水平，而于2003年起施行的。其主要有下列四个部分构成：1）加强对学生的个别指导；2）学力上得到质的提升；3）个性、能力的扩展；4）英语教育的强化。

日本开始开展边远地区学力提升事业，推进综合学习时间；进行诸如有关育课后接受家庭教师辅导等问题的调查研究。

2003年日本中央教育审议会答审再次确认肯定了将“生存能力”培养作为性学习指导要领的基本目标的重要性。同时就作为“生存能力”中知性一面的“确实可靠的学力”的培养一题提供了具体方案。

（三）以培养生存能力为方向推动初等教育课程与教学的实践发展

2003年5月15日，日本文部科学大臣远山墩子发表了《关于推进今后初中等教育改革的方案》的咨询报告。该报告希望能够立足于未来，在终身学习理念的整体视野下，谋求改善和充实作为学校教育主体的初中等教育，以此来实现对儿童“生存能力”的培养。该报告提出了如下两个课题：①关于加强和改善初中等教育中的教育课程以及指导的方案；②关于义务教育等学校教育的制度探讨。

2003年10月7日日本中教审公布了《关于加强和改善初中等教育中的教育课程以及指导的方案（答复）》。该文本主要由两部分构成，第一，关于新学习指导要领和学力问题的基本思考；第二，进一步实现新学习指导要领的目标所面临的具体课题。在第二部分中，主要探讨了如下一些问题：①进一步明确学习指导要领的“基准性”；②为教育课程的实施提供必要的指导时间；③“综合学习时间”课程的进一步完善（充实）；④“给予与个性相应的指导”；⑤为教育课程以及指导的加强和改善，整顿教育环境。

该答复是对2002年4月起施行的《新学习指导要领》在具体实行过程中所出现的问题的一次反思。不过，在此强调了要为课程的实施提供必要的指导时间，即：不仅只在形式上确保实现“标准”年授课时数，而是要通过对指导方法、指导体制的实质性改善来实现指导时间的切实保障。同时，指出要为教育课程以及指导的加强和改善，整顿教育环境。具体提出了如下几点措施：①各教育委员会以及国家对各学校的支援；②与监护人和地区居民的合作；③对新学习指导要领的目标进行持续且积极的宣传。

（四）积极推进信息技术教育

重视信息教育，日本政府于1999年7月提出“教育的信息化工程”报告，确定的目标是“到2005年，全国所有学校的每个教室都配有电子计算机，并能够接通国际互联网”。同年 12 月 19 日，日本首相决定并公布了“新千年工程”，其中第一项便是“教育的信息化”。2000 年，文部省又据此提出“信息化教育立国工程”的报告。该计划到 2005 年的具体目标是：第一，完善全国所有学校的电子计算机设备（硬件）：为全国约 8 100 所公立中小学铺设校内光缆，同时为所有的私立中小学（约 2 160 所）配备电脑，连接国际互联网。第二，完善能够充分利用电脑环境的体制（软件）：使所有公立学校的教师（约 90 万人）掌握电脑的操作方法，同时在各个地区继续配备帮助平台；通过电脑取得支援系统，实现教师一人一台专用电脑。第三，最终在提高所有孩子的信息活用能力的同时，通过日常在学校使用电脑，根本改变“授课”形式，快速提高学生的理论思考能力、创造力、表现力。此外，通过信息化，改变学校、家庭、地区间的合作方式以及学校本身的运营方式。进而在拉动全国约 4 万所学校及家庭的巨大内需的同时，以包括孩子们在内的全体国民为对象，继续开发硬件、软件技术，促进整个产业的飞速发展。日本政府推出的这一计划大约耗资 15 亿日元，由文部省、通产省、邮政省及相关民间企业合作实施。特别是信息伦理道德教育是日本小学教育的一个重要趋势和重要特点。小学信息教育涉及到信息的可靠性、信息的公开、发送、保护、信息处理的责任感等。1996 年 7 月日本中央教育审议会发表的题为《面向 21 世纪日本教育的应有状态》的第一次报告明确提出：“必须将有关隐私权、著作权保护、安全性等的信息伦理道德知识教给孩子们。”日本中小学信息伦理道德教育的主要内容有：1. 确立信息伦理道德，包括遵守网络指南，遵守网络礼仪，保护隐私权和发送信息应负的责任；2. 确立信息交流新的常识，包括：信息的安全性、预防计算机犯罪等；3. 提高对信息价值的认识，要懂得尊重著作权在内的知识产权，确保信息的可靠性，了解信息对社会的影响等。日本小学主要通过综合学习时间、社会科、公民科、道德和特别活动等课程的教学进行信息伦理道德教育。

第八节　国际初等教育课程与教学改革的若干趋势

课程与教学改革是初等教育改革的核心问题，20 世纪 80～90 年代以来，初等教育课程与教学改革出现了以下令人注目的一些趋势。

一、努力发展综合课程

从初等教育课程改革与发展的现状中，我们可以明显地看出，发展综合课程是当今各国初等教育课程改革的一个重要趋向。

国内基础教育课程改革注重综合课的问题。这里的综合课就是本节讲的综合课。因为综合更强调课程之间内部联系的有机重组，而不是简单地凑拢在一起。因此，本节采用了综合课的说法。从综合课程产生的背景上看，综合课程是现代社会科学技术发展的必然结果。首先，当代科学的发展已经超越了学科的界限，科学的高度分化和高度综合是现代科学技术发展的重要特征之一，随着文化和科学技术领域的扩展及研究不断深入，早期学科门类简单的局面已不复存在，现代的社会科学和自然科学的门类正越分越细，越分越多，从而导致各种学科之间相互渗透，许多边缘学科不断出现。其次，科学正在向着协同化方向发展，使得这些问题的解决要求人们必须寻求各门学术领域的知识以及各门学科的共同协作。例如对环境问题的解决就需要在以生态学科和地球化学为主要基础理论的基础上，利用化学、物理、生物等学科知识技术进行综合研究。第三，客观世界本身就是一个统一的、相互联系的有机整体，课程的设置和内容应当反映客观世界的这一特点。第四，从儿童的自身情况看，儿童的身心发展尚未分化，他们的生活现实也同样具有综合性的特点。

从综合课程的作用上看，至少可以形成以下几点共识。第一，从认识论的角度看，综合课程有助于使学生形成完整的世界图景。英国学者英格拉姆认为，综合化的教学更具有适应性，比分科教育易于接受知识的变化，综合课程可为学生提供观点，使他们既见树木，又见森林，从而恢复知识的完整性。第二，从心理学的角度看，综合课程更有助于学习和学生个性的发展，它是按照儿童的需要、兴趣、好奇心和活动特点而编制的，它非常重视非认知因素，更有助于学习和个性的发展。第三，从社会学的角度，英格拉姆认为，过分的分科教学不能鼓励学生间的合作，综合课程可以消除由于课程过多、分科过细给学生造成的负担过重的偏向。许多课程专家都认为：儿童面对的社会是一个整体，他们的生活是一个整体，因而儿童心中的世界也是一个整体。同时，由于儿童知之甚少，生活经验不足，对事物缺乏整体认识，所有这些都是由儿童的认识规律所决定的，因此，小学课程的门类太多、分科过细易于导致各科教学内容的重复，造成教育上的不必要浪费，同时单一的分科课程缺少各门知识的相互联系，不利于儿童从整体上认识和理解，也造成了课业负担的加重。

因此，跨学科开发综合课程，已经成为当今国际上初等教育课程改革的一个重要发展趋势，综合课程已经成为许多国家小学课程改革的一个重要组成部分。迄今为止，在国外多年综合课程改革实践中，已经积累了许多经验，目前大体上有三类型。一是自然科学的综合课程，这是将物理、化学、生物、地理、天文、环境科学、技术等各门学科综合而成的一门课程，如美国的科学课，法国的科学技术，日本的理科等均属于这一类型；二是社会科学的综合课程，这是将历史、地理或公民等学科综合而成的一门课程，如美国、日本、澳大利亚等许多国家开设的社会课等；三是自然科学融合而成的综合课，目前世界上方兴未艾的科学、技术和社会内容的STS课程就属于这种类型。如马来西亚的人—环境、德国在小学1～2年级开设的常识课以及韩国的生活课等均属于这种类型。

此外，在课程设计上，按照专题组织综合课程也是当前一种比较常见的形式，这些专题的选择往往来自于儿童十分熟悉的事物，并且能够紧密结合儿童的兴趣和爱好，许多专题在一些国家中几乎是相同的。如“我们身边的事物”、“我们的学校和邻居”、“我们的家乡和人民”等等。泰国在20世纪80年代的课程改革中，结合本国实际确立了“为儿童的发展、为地方和社区的发展，为国家发展服务”三个基本方向，从强调从儿童生活的各个方面入手，打破原有科目的界限，以实践经验为核心，组成了四个完整的部分，即基本技能、生活经验、品德教育和工作经验，其中基本技能包括语言、计算和其他技能。生活经验包括自然、社会、生活和常识。品德教育包括道德、艺术体育、音乐；工作经验包括家庭经济和工农业生产技能等，这种综合化的课程使得泰国初等教育课程从原来经院式、以教师为中心的模式转变为结合实际的、以生活为中心的、又教又学的模式。

二、日益重视道德教育

在当代西方国家，吸毒、自杀、虐待同学、校内暴力、少女怀孕等等青少年不良行为犯罪以及追求个人享乐，缺乏社会义务和责任感是普遍存在的问题。据一份来自日本警方公布的资料显示：1986年，在14～20岁的中学生当中，因违反刑法而被检举的人共有292282人。这个数字与1967年相比，大约增加了50%。在1988年的1～6月间，中学生犯罪案件急剧增加，其中，杀人、抢劫强奸、伤害、暴力、盗窃恶性案件约占各种犯罪案件的46.8%。美国也有类似的报道，在全美各地进行的一次抽样调查中发现，在127所中学的15 900名高中学生中，竟有49%的人在使用麻醉品，早孕更令人担忧，仅1985年，就有75 000名十几岁的女学生怀孕成为年轻的母亲。在第三世界中，不少青年向往西方社会，民族观念和民族意识的淡薄也相当普遍。所有这些都表明了世界性的教育荒芜现象日益严重的趋势，以致成了社会问题的一个焦点，正是由于当前世界性道德危机的困扰，从而使得世界各国对道德教育，特别是初等教育阶段的道德教育给予极大的关注。

1989年联合国教科文组织在北京召开了题为“面向21世纪的教育”国际研讨会。会上，19个国家的80多位代表在分析讨论21世纪人类面临哪些挑战时，被列在第一位的是道德、伦理和价值观的挑战，并且因此将会议的主题确定为“学会关心：21世纪的教育。”会议号召人们要学会关心：关心个人、他人、群体发展及全人类；关心社会、经济、生态以及全球的生存环境；关心真理、知识、学习等生存要义与技能以及人道取向。

在1994年由各国教育部长参加的“第44届国际教育大会”的《宣言》中也明确提出：“特别注意改进课程、教科书内容和包括新技术在内的其他教育材料。以便教育有爱心和责任感的公民，使他们面对其他的文化能够欣赏自由的价值、尊重人的尊严和差异，并能防止冲突或通过非暴力手段解决冲突”。会议在提交给联合国教科文组织的《行为纲领》中再次明确提出：“为了加强形成各种价值观念和能力，如团结、创造力、公民责任、批判意识以及用非暴力手段解决各种冲突的能力，必须在各级课程中引入包括国际层面的真正的公民意识教育”，以此作为国际社会贯彻和平、人权和民主的教育政策和行动方针和重要措施之一。

由此可见，人类对道德教育已经达到了从未有过的高度重视的程度，尽管各国在社会制度、意识形态以及价值观念上存在着巨大差异，但在强调对未来一代新人进行道德品质教育的重要性上的认识却是一致的，并且都在从各国家的国情出发，通过采取设置道德教育课程或宗教教育，强化所有课程中的道德教育因素，广泛开展课外活动，重视学校隐性课程的开发以及调动社会媒体因素等多种途径，深入研究和探索加强道德教育的内容、途径和方法。

前苏联自十月革命以来，一贯重视对年轻一代进行共产主义思想教育，并且形成了一个共产主义思想教育体系。前苏联1985年的《国民教育立法纲要》中明确规定，树立共产主义信念“并且，培养学生高尚的道德品质，人道主义，同志情谊和集体主义精神以及对社会主义财产、自然和文化历史文物的爱护态度”。道德教育在内容上是共产主义品德、人道主义、集体主义、自觉纪律和精神审美教育等等。在德育的目标上主张培养能够为国家命运和自己的个性发展承担个人责任的人，在保证措施上根据对学生的道德品质表现和发展趋势的评价划分为四组，制定了切实可行的、具体的学生道德的评价标准。

在美国，1988年4月，原教育部长贝内特在向原美国总统里根递交的五年来教育改革的总结报告中说：长期以来，美国的许多教育工作者一直在思考应该怎样培育青少年具有什么样的品质和怎样进行培养，“并且强调为了学生能够增加成功的民族精神”，“富有爱国主义精神”必须在“道德课”、“纪律秩序”和“勤奋学习”等三个方面“取得显著改进”。1988 年 10 月，当时的总统乔治·布什也在他的教育战略设想中呼吁“把道德价值观的培养和家庭参与重新纳入教育”，要教会孩子区别正确与错误，“摒弃”价值自由观念等等，他引用了马丁·路德金的话说，“不仅仅要发展学生智力，智力加品德才是教育的目的。”后任总统克林顿政府认为，新政府的核心政策是教育的政策，提出“要恢复国际竞争力，必须从培养人开始。”由此可见，人们普遍要求各级各类学校要“进行道德思考”。

美国初等教育中的道德教育主要表现为突出强调行为规范教育、公民教育、纪律教育、节俭教育等。在行为规范教育方面，通常是系统地向学生讲述个人应具有的道德品质，通过口号、誓言、信条、准则等形式向学生直接进行品德行为规范教育。

面对少年儿童犯罪这一当今美国社会和学校的尖锐问题之一，美国强化了纪律教育，一些学校采取制定校规和填写纪律单等方式，教育学生尊重领导，遵守纪律。

在强化道德课的基础上，美国还注重加强各学科教学中的道德教育，创造包括教师因素，校园班级环境与气氛等在内的和谐教育环境，以获得最佳教育效果。

日本是一向重视道德教育的国家，尤其是二战以后，随着日本经济的飞速发展，教育的发展步伐也随之加快，为适应这一新形势的变化，日本的道德教育也不断改革，日本临时教育审议会于 1988 年在其发表的教改报告中指出：“能否培养出在道德情操和创造力方面都足以承担起 21 世纪的日本的年轻一代将决定未来的命运，当务之急是加强学校的道德教育。”在道德教育的实施上，日本主要采取了以下措施。

首先是强化道德在教学计划中的突出地位，强调“特设道德时间”的直接道德教育与各学科和特别活动中的间接道德教育的密切联系和结合，使道德教育能够发挥作用。

其次是改革道德教育的目标和内容，在 1968 年和 1977 年两次修改的小学教学大纲中明确规定了日本小学道德课的教育目标、教育内容，其中培养所谓“有道德的日本人，即在家庭、学校和社会生活中具有尊重人的精神的日本人，富有创造性精神的有个性、有文化的日本人，愿为发展民主社会及国家而奋斗的日本人和能为国际和平作出贡献的日本人，”是其教育目标的核心。

在教育内容上，大纲规定了尊重生命、增进健康、注意安全等28项具体内容，并且根据低、中、高不同年级对每项内容进行详细的分解，具有较强的操作性。

1988年12月，日本文部省又在“加强道德教育全国大会”上进一步提出道德教育的目标在于培养“人”。学校应当成为儿童的“精神食堂”，教师是道德教育的主导者，同时强调道德教育要面向所在社区，把学校、家庭、社会有机结合起来，使之承担切实可行的教育任务，充分发挥其合力作用。

三、重视科学启蒙教育

二战后，由于新技术革命对社会的深刻而广泛的影响，社会生活各个领域都发生了革命性的变化。在经济领域里，知识信息型经济发挥着导向的作用。人们的价值取向趋于多元化。以多媒体为代表的高科技的信息手段为经济与社会的变革提供了新的技术支撑。在大机器生产时代重视的是劳动者的勤劳与技术的熟练。而这对21世纪的人类社会已经远远不够，还必须使劳动者具有科学创新能力和掌握新的科学技术知识与技能。

在这种情况下，深入进行科学技术启蒙教育受到世界各国普遍的重视，成为80～90年代教学内容改革的一个重要部分。

1984年10月在日内瓦召开的第39届国际教育会议把在科学技术的前景下普及和革新初等教育作为专题研究。会议指出初等教育改革与发展的重点是加强科学技术的启蒙教育，并提出了三点建议：一是进行科学技术启蒙教育应根据科技新发展，儿童的全面发展以及个人与社会生活的迫切需要来进行；二是科技启蒙教育应致力于发展儿童的科学创造性、批判性、客观性和严格性以及发展那些使儿童从切身环境出发，与智力、体力发展相适应的基本科技概念、能力和技术，如观察、操作、测量、分类、探求、交流等；三是科技启蒙教育应当强调促进儿童与自然环境和人为环境之间的建设性的相互影响，培养所有学生对待科学技术的积极性，使儿童具有对新技术和科学应用的知识的敏感，培养对待自然和对待科学技术方面进一步学习、工作的正确态度，从而为儿童走向未来的生活作准备。

同时随着科学、科学教育的发展，科学对社会与个人的重要意义为现代人所高度重视。对科学及对科技启蒙教育的研究深刻地揭示了一个重大事实：17世纪所宣扬的科学价值论，科学不存在伦理道德问题的观点是陈腐的。科学具有多重的基本阶段，而科学理解力则是伦理、宗教、政治、意识形态及智力等多种因素复杂的朴素影响、朴素作用的产物。所以，20世纪80～90年代国际初等教育教学改革从一个更高水平，竭力改变把科学技术看作是对客观事物作枯燥无味的追求认识的传统观念，使科学技术表现为最高想像力、创造力的人类理智的成就，使科技启蒙教育与科学精神的教育与儿童对地球和周围自然环境的认识，与培养儿童具有初步的科学技术知识与相应能力紧密的联系起来。

加强初等教育中的科技启蒙教育，首先是增加了以计算机为代表的反映现代科学技术成就的基础性内容。

信息社会信息众多、变化的特点为计算机的推广与普及提供了良好的时代背景。计算机科学是20世纪50年代产生的，同样具有现代科学发展迅速的特点，其技术性能不断更新、适应性不断增强。世界各国普遍运用科技的种种方便与优势，在基础教育中纳入计算机基础教育的内容，从小培养青少年使用现代化工具的能力，树立现代化的科学技术观念。世界各国小学课程中都注意引入了信息处理技术的内容。据统计，日本1989年公立小学中电子计算机的设置率为21.0%，拥有电子计算机的小学其平均设置台数为3.1台。小学操作电子计算机的教师占19.9%。1990年，日本进一步修改了“教育用电子计算机装备费用补助制度”。

加拿大小学科学教育的内容包括有关地球、宇宙、能源等方面的初步认识。

1985年法国重新修改小学教学大纲，把“科学与技术”作为科技启蒙教育的重要内容，包括物理、化学、生物、天文等方面的常识以及各种工艺制作活动，强调科学与启蒙教育目标是使儿童获得有关科学活动和工艺活动的方法，增强儿童尊重事物存在客观性、建立假说和证明的必要性等科学品质以及使儿童具有发明创造兴趣等。他们认为科技启蒙教育的目标还在于让儿童探索科学训练的结构，培养良好的科学态度和思想方法。

环境教育是科技启蒙教育的重要内容。英国、印度、马来西亚、俄罗斯等许多国家的小学都开设了环境教育课或在科技课中增加了环境教育内容，韩国政府通过的政策方针之一就是环境教育。

此外，科技启蒙教育的内容和当代世界经济与社会紧密地联系在一起，而不单纯以科学原理阐述为惟一内容。以科学、技术和社会为内容的STS课程已在许多国家的中小学开设，并产生了良好的效果。

为加强科学启蒙教育，美国的一些小学提出了科学中心教育学。美国月桂树学校（Laurwl Wood School）的一年级教学改革就是其中一例。以科学为中心的教学改革计划要求每位教师在上课前制定出一年中所进行的教学内容的主题，确立每个月的主要教学内容。这种方法为整个教学内容的有机结合提供了一个框架。科学为中心的教学主要包括：（1）我脚下的世界；（2）

地球上的保护者；（3）在你的周围；（4）美国的边缘加利福尼亚；（5）感情丰富的多面性。

在实施科学中心教学时，教室里应该充满信任和尊敬。教师只是为学生创造良好的学习环境，向学生提供有意义的教学内容，学生有自己选择内容、编制计划的自由。合作学习和以小组为单位进行的活动在科学中心教学的实施中广为利用。儿童通过阅读科普文章、科学写作、尝试研究与解决科学问题，学习在课堂以外的各种运用的方法以及与就业密切相关的科学知识。

美国另一所位于加利福尼亚圣克拉谷地的哈辛小学的科技启蒙教育是很有特色的。该学校没有依赖高技术设备或微机联网，而是现实世界的科学，为儿童插上理想的翅膀。该校校长指出："他们学的是与己相关、亲身感知的科学。对这些孩子来说，讲课、板书和教科书算不上科学，只有与现实世界联系的概念才有意义。一旦与现实世界脱节，孩子无法领会，就将失去兴趣。"这所小学有设备齐全的实验室，内容丰富的科技活动。

历史进入 20 世纪 80 年代以后，技术在生产及生活中得到了普遍的运用，对改善物质生活、确立一个国家在全球的地位、形成个人的全球观念都是十分重要的。一些国家在试图进行科技启蒙教育的同时，将技术作为单独的教学内容纳入小学教育计划。如瑞典、英国等国家的一些小学就已开始这方面的尝试，使技术成为面向未来的初等教育的一个基本领域。

四、重视基础学科

许多国家在学科课程中始终保持着语文、数学等工具性基础学科的较大比重，据有关资料显示，就语文学科而言，美国、英国均在 40%以上，在部分亚太地区的国家中，阿富汗占 38.5%，伊朗为 35.7%，印度为 29%，日本为 27%。数学学科以联邦德国、俄罗斯等的比重为最大，均在 20%以上，在部分亚太地区国家中日本占 19.0%，印度尼西亚为 17.4%。

与此同时，除保证一定的比例之外，各国在加强基础工具学科教学上均采取一系列有效措施加以控制。美国教育界认为，小学教育必须首先使儿童掌握那些能够使他们在未来社会进行深入学习时所必须具备的基本技能和良好习惯，而在多种基本技能中最主要的当数阅读、写作和计算的技能，据有关研究机构测定，美国学生的阅读技巧等方面都规定了七级阅读水平，在阅读范围、阅读速度和阅读技巧等方面都规定了全国的统一标准。在写作能力的培养上，日本在 1989 年公布的新学大纲中，规定将占总教学时数 30%左右的时间用于作文指导，低年级每年增加到 150 学时，高年级增加到 70 学时，以加强指导。美国还提出在小学的各门功课中都要注意写作能力的培养，这不单单是语文课的任务，他们认为随着儿童年级升高，应当要求他们写一些关于自然科学作业的文章和历史人物小传，甚至要求他们把自己是如何解数学题以及解题的步骤用完整的句子写出来等等，这些措施对曾经一度片面强调课程现代化，从而导致小学生读写能力减弱的美国来说，无疑是十分重要的。不仅如此，许多国家把加强本族语和教学视为课程“民族化”的重要手段，充分发挥它们弘扬本民族文化的重要作用。

五、新的人文主义教育思潮的出现

20 世纪 50 年代以来发达国家进行的教育改革深受科学主义思潮的影响，深受科学主义思潮统治下形成的教育理论的影响。重视智力发展是那一时期教育思想与改革实践的突出特征，正是在那一时期完成了教育目的从重知识到重智力发展的历史性转变，发展智力、培养能力因此成为现代教育思想的标志。美国教育家布鲁纳就称其理论的中心概念是智力发展，苏联教育家赞科夫虽然对其一般发展概念作了较全面的解释，但作为其理论核心的 5 条教学原则多数是针对儿童思维能力发展的。所以，他的发展性教学被称为主智派教育理论。那是一个所谓智力风潮波及世界的年代。发展中国家印度自称是美英苏三国教育理论的实验室，自然受到这些理论的冲击。

在 20 世纪 80～90 年代的国际教育改革中，这些国家首先对前一时期的教育思想，特别是对崇尚智力发展、能力培养的理论主张提出了尖锐批评。人们发现，片面强调智能型人才的培养使学校变成一种消极的适应力量，为了这种消极的适应，师生为竞争所驱使，为提高成绩而竭尽全力。其结果是学生的智力没有获得理想的发展，不少学生已经丧失了上学的适宜感、安全感，而孤独感和厌学情绪却在与日俱增。西方一些教育家把片面培养智能型人才看成是造成青少年精神危机的罪恶渊薮。德国教育家批评说：当代西方所谓教育科学理论是离开了道德因素的科学抽象，科学的思维和实验研究导致了学生在社会与精神领域的消极现象，人不仅需要知识，而且需要内在的道德支点，不仅需要创造性思维，而且需要对文化财富的渴求、对传统的尊重。理论的混乱引起教师和家长思想的混乱，影响了教育质量的提高。

当代教育目的的这种变化趋向对教育改革政策产生了深刻的影响。联合国教科文组织高等教育和教育人员培训局主任德拉戈尔茹勃·纳日孟指出：今天“应该培养全面的人，既要有科学，又要有文化”。

上述重大转变，是对二战以来教育思想的尖锐挑战，其着眼点是积极适应社会变化的个人的整体发展，而不局限于知识与智力，具有鲜明的时代特点。在对以往教育哲学的反思中，进入后工业社会的西方教育哲学，面向社会变迁，高扬人文精神，出现了教育历史主义思潮、合作教育思潮和教育艺术论思潮等人文主义教育思潮。

教育历史主义思潮强调“历史会给我们帮助”，关注汲取人类历史积累的宝贵的教学思想和经验；重视儿童好奇心的保护与培养；重视儿童的自我教育。

教育艺术论思潮高举“教育不是科学，是艺术与直觉”旗帜，不赞成用自然科学方法衡量教学和儿童的发展；这种思潮强调教学的创造性，主张教师形成自己的教学风格，鼓励儿童学习成功，重视给儿童发展的空间和时间，要求老师善于等待。教育艺术论者从对儿童的深厚热爱出发，对教师提出两点要求：一是教师应该有高度的责任感，只有“当教师理想的光芒照亮他的方法时，一种令人惊奇的，巨大而无形的感染力才会产生”。教师还因此会把自己的激情传递给学生，使他们能站在教师的肩膀上，达到人类文明的新高度。同时，教师应该教育学生有责任感，有自觉的纪律，绝不能在精神世界播下不负责的种子。教师要激励学生获得成功。教育艺术论认为，教师工作的任务就是培养学生对学习成功的渴求。一旦这把火燃烧起来，人就会被精神力量所鼓舞，就会克服浅薄。而对教师来说，学习如何激励学生，这是终生的事业。合作教育思潮主张尊重热爱儿童，不单凭分数来评价学生，在教学中完全排除了对学习的强制手段，实现教师和学生的合作关系，这也是合作教学的核心。在教学目标上，以人际关系为视野的教育思潮都主张儿童个性的健康发展，而不是单纯地传授知识或发展能力。前苏联合作教育学倡导者把儿童的个性发展作为自己的教学出发点和归宿。他们的教育理想是培养儿童的个性，使他们每个人都善于思考和热爱思考。

六、小学教学组织形式不断丰富

教学组织形式是教学的载体。随着教学改革的深入发展，人们发现单纯的班级授课制已不能满足以儿童全面发展为目的的教学要求了。一些新的教学组织形式涌现出来，促进了当代初等教育教学的进步，如小组教学、不分年级制教学、集体教学等。

1. 小学的小组教学形式

小组教学将班级划分成为基本学习小组，每个小组 3～7 人不等，在教学过程中，教师提出需要共同完成的课题，要求各小组共同讨论。学生在教师帮助下成立学习互助小组，一起学习，在学习遇到困难时能相互帮助、支持、鼓励。在考试前一起复习，更能发挥优势互补的作用。

小学小组教学形式一般是在教材具有问题性质需要展开讨论时，或在巩固新教材和复习时采用。据统计，小组教学可占整个课堂教学的40%～70%不等。小学的分组教学一般从高年级开始为多。

目前小组教学已成为初等教育中较为常见的一种教学组织形式了。20世纪80年代合作教育成为国际教育主要思潮。此后，小组教学便与合作学习紧密地联系在一起了。这种小组的构成是把学习成绩上、中、下不同的学生组织一起了，活动前教师教给小组学生合作技能，确立活动任务。如阅读小组，在课上组内成员轮流读，分析，一起完成有关阅读练习。这样做，一是可以调动每个学生学习的主动性、积极性，有利于养成良好的学习习惯和合作能力；二是可以使教师能有机会，包括时间和空间，充分了解学生的学习状况，实施有针对性的小组指导和集体辅导。

但小组教学亦有明显的不足之处。教师无法在分组教学中对学习困难的学生和学习优秀的学生进行深入的帮助，使他们都能长足的进步。

2．不分年级制

许多发达国家的不少小学都在不同程度上实行了不分年级制的教学组织形式。这种组织形式取消了年级。如小学低年级，一般学生学习内容相同，只是学习速度不一样。不分年级制订学习内容，将其划分为若干单元，几个星期完成一个单元，如果一个学生提前完成，就可以进入下一单元的学习。

3．集体教学

俄罗斯克拉斯诺亚尔斯克国立大学教育科学副博士季亚琴柯，从20世纪80年代初期开始，一直积极从事集体教学组织形式理论的创建工作，并在实践中大力倡导。

他认为，集体教学组织形式就是：在教师的领导下，集体（不是个别人、不是教师、辅导员和学习小组长）教自己所有的成员。具体地说，该集体的每一个成员都在共同的工作中教自己所有的同学，即在教学过程中每一个学生一对一地按顺序轮教班级或小组的每个学生，大家教一人，一人教大家，每一个学生既是学生又是教师。

有四种教学组织形式，这就是分别教学、一对一教学、小组教学以及集体教学。它们是所有教学的一般的、共同的形式结构。人们运用现代技术、大众传播媒体只能完善这些结构形式，而不能取代它们。

季亚琴柯进一步提出，前三种形式在学校中已采用很久，可以称为传统的教学组织形式，而第四种教学组织形式——学生一对一地轮流的教学工作则是最新的教学组织形式。

接着，季亚琴柯将人们生活中的交往结构与教学中的交往结构做了比较。他指出，在几百万年的历史过程中，人们交往的基本结构是“对话的结合”，即一对一的轮流交往。现在仍是这样，这是一种自然交往，是个性自然交往，是个性发展途径和基本因素。

“对话结合”的意义在于如果交往不是形式上的，而是实质的，那么，这就是任何集体产生与发展的基本结构。没有对话的结合，就没有人们集体劳动，也就不会有文化和人类社会。从这种认识出发，季亚琴柯作出了如下的判断：如果说“对话结合”是人们基本的交往结构，那么，这就意味着在小组教学组织形式下，我们拥有的是反自然的、很大程度上是强迫的、不完全的和不良的教学。在小组教学的形式下，80％～90％的课堂教学时间进行的是小组交往，即非自然交往，与人们日常生活中的正常的自然交往相互矛盾，这里没有基本的、自然的人们之间交往的结构，只有那些在学生生活中并不起主要作用的小组交往，而且运用的最多。为了从根本上扭转这种状况，就必须把集体教学形式作为整个教学过程组织的核心，抛弃小组教学的组织形式，向集体教学的组织形式过渡。

季亚琴柯认为集体教学组织形式的优越性有：

(1) 在集体教学组织形式下，有利于培养造福于社会的人。学生一对一对的轮流互教，每一个学生上学，首先是为了教会他人，既是学生又是教师，一个人学习是为了给大家带来益处。他为大家做得越多越好，他本人的责任心、独立性、集体主义感情就会得到发展。

(2) 集体教学组织形式有助于克服在班级教学形式下，经常是一个人活动，其他同学处于旁观者地位的消极现象。在集体教学组织形式下，每一个学生从入学第一天起就进入系统教学工作。他把从书里、从同学或老师那里得到的一切都讲给其他同学，这就使所有同学在整个教学过程中都能积极地投入整个活动。

(3) 集体教学有助于克服传统小组教学形式下整齐划一的教学速度与学生能力、勤奋程度和兴趣不同之间的矛盾。

(4) 集体教学有助于克服传统小组教学形式下教学与教育之间的矛盾。传统教学中，教师和家长只关心学生读写算，不关心对学生实施正确的教育，而集体教学组织形式恰恰能把教学与教育有机地结合在一起。

(5) 集体教学有助于发挥教师作用。在这种教学组织形式下，教师能够自由地与学生一起讨论如何更好地学习教材，运用什么方法更好，并且有机会做个别学生工作，思考个别教学方案，提供参考书目。运用集体教学形式突出了教师作为管理者的形象，教师的作用得到了实质性的提高。

七、小学教学评价获得较大发展

教学评价是初等教育教学过程的重要环节，对提高教学质量和儿童的全面发展具有重要的作用。教学评价的深入发展是当代初等教育教学改革的一个突出方面。

当代教学评价深入发展的主要表现有以下几个方面：

1. 评价的对象从单纯的知识转向学生学业包括发展水平的状况

传统小学教学的评价主要是用量化方式对学生的知识掌握情况进行检查评定。20 世纪 50 年代美国教育家布卢姆提出了教育目标分类理论，对推动中小学教学评价发展起到了重要作用。教学评价不再只局限于单纯的知识了，还要对学生的理解、分析、综合、评价与创造的能力作出评价，对学生的兴趣、态度、情感的发展状况作出评价。目前，德国、法国、美国、俄罗斯等许多国家都把学生知识、能力兴趣、爱好、情感、意志等发展的各重要方面作为教学评价的范围。

2. 重视绝对评价，实现绝对评价与相对评价的结合

长期以来，在小学教学中多采取相对评价的方式对儿童学业进行评定。这种相对评价重在鉴别学生成绩的差异，对学生的成绩排队，以确定每个学生所处的位置。但这种相对评价不容易了解教学目标是否达到。通过这种评价也不容易了解学生的学习状况与教学目标之间的真正距离，不利于教学的改进与儿童的发展。

1963 年格拉泽提出在教学评价中应注重绝对评价的主张。绝对评价是评价教学效果、学生学业成绩与教学目标之间的距离。由于绝对评价是以教学目标为参照检查学生的学习状况，可以较准确地提供学生学习与教师教学实际状况的反馈信息，便于明了教与学的实际，便于诊断和矫正的进行。因此绝对评价在中小学得到了发展。

相对评价虽有其不足，但对于教与学仍然具有激励的积极作用。所以，一些国家学者在努力实现绝对评价与相对评价的结合。日本学者木尾田睿一把教学的到达度目标分为“达成目标”、“提高目标”和“体验目标”。每一类目标都覆盖知、情、意的各个领域。这样，相对评价与绝对评价就比较自然地结合起来。把绝对评价和相对评价相结合，把形成性评价与终结性评价相结合是当今国际初等教育教学评价实践发展的一个方向。

20 世纪 60 年代中期以前，国外小学多实行终结性教学评价。终结性评价的目的在于评价教学的结果，选拔适合于教育的儿童，主要不是为了改进教学。所以，在提高教学质量成为经济与社会发展的迫切要求的时代，只有

终结性评价显得不够了。美国人斯克里文提出了“形成性评价”的概念，因为形成性评价是在教学过程中进行的，目的是及时了解教与学存在的问题，为教师提高教学质量的努力提供可依据的信息，评价的结果成为改进教学的起点。形成性评价与总结性评价结合起来，创造适于儿童的教育，成为当今小学教学评价发展的一个起点。

3. 重视学生的自我评价

过去教学检查评价是由学校领导和教师进行的，但对学生自我检查与评价不够重视。二战后，随着人们对儿童心理潜力的高度评价，对教学的发展功能的认同，在初等教育中学生的自我评价能力的培养和自我评价的实践逐步受到了重视。前苏联和目前的俄罗斯都把培养小学生自我评价作为一项重要工作，要求从小学 1 年级起逐渐地培养儿童学习自我检查的能力。

4. 定量评价与定性评价相结合

长期以来，在初等教育中教学评价追求的是用量化记录儿童的学习成绩，有百分制、5 分制和其他形式的成绩测量的方法。在这种单纯的教学评价实践中产生了分数至上、分数第一，片面追求分数的不良现象，影响了学生的全面发展，影响了教学质量的全面提高。

在教育评价思想不断丰富的影响下，由于教学改革的迫切需要，20 世纪 80～90 年代以来，许多国家的学校开始用评语对学习情况作出评价。评语比较全面地对学生学习进行评论，评语这种定性评价可以激发学生的学习积极性，指出学生努力的方向，更能适应教学面向全体学生的要求。因此，教学定量评价与定性评价相结合已成为当代国际教学评价的一种主要方式。

八、广泛使用现代信息技术

上面已经讲过：现代信息技术以计算机和网络为核心，其丰富的表现力、较强的交互性、巨大的信息量等显著优势越来越深入地影响着初等教育的改革与发展。从学生的学习、教师的教育教学到校长的教育管理，乃至教育行政管理等各个方面都在发生着前所未有的革命，它给传统的教育带来了剧烈的冲击。从小学教学来讲广泛地使用现代信息技术，成为小学教学的一个时代特征。小学教学的思想、教学观念、教学方法、教学方式、教学手段等各个层面都不可避免地受到影响。世界范围内现代教育技术应用的历史都不长，多数国家是从 20 世纪 80 年代中期开始的，而且最初的发展速度并不快，进入 20 世纪 90 年代，特别是 1995 年后，随着计算机和网络技术的更新，教育改革的日益深入、社会对人才需求的变化以及财力的增加，现代教育技术应用一跃成为教育改革的热点和重点，它以迅雷不及掩耳的态势迅速在全球范围内展开。在美国：2000 年已基本做到了所有学校联网，并宣布在 2000 年将全国所有的教室与因特网联通，使全国的学生在信息技术方面脱盲。美国的公立中小学中平均 9 名学生拥有一台上网计算机，平均 6 名学生拥有一台计算机（1999 年统计）。学校上网以专线上网为主（占 63%），电话拨号上网的比例下降为 14%。在美国的各级学校中，计算机多媒体技术得到广泛应用，在学生家里，计算机能按照课程要求进行答疑处理，并提供反馈信息。学生可按自己的进度来安排种种练习，随着答题的正确率和进度的提高，可随时增加和降低难度。在日本：截至 2000 年 3 月，日本小学计算机的配置率总平均小学 99.3%；日本小学以校为单位平均计算机数量（台/校）为 15.7%。小学校园网接通率总平均小学 57.4%。日本文部省规定，从 2002 年春季新学期开始，中小学必须开设“综合学习课”，该课程可讲授国际理解、信息、环境、福祉与健康等内容，但前提是必须把因特网与教学结合起来。在加拿大：1999 年 3 月 31 日，联邦政府宣布，全国 16 500 所公立小学和 3 400 家公共图书馆已全部与因特网连接。加拿大学校网努力使加拿大的年轻一代参与到合作的在线学习项目中，获得全球化知识经济中所需的信息技术技能。通过学校网，人们可以查询为学校提供的二手计算机信息、计算机软件和硬件的情况，帮助网络初学者掌握网络的基本操作，进入网络及其他公共站点，更重要的是可以创设生动形象的在线教学计划，提高学习效率，达到知识共享。此外，由于提供收费课件，可为学校增加收入。学校网给了小学生更多的时间和空间去体验、发现、认识、想像，使学习变得生动活泼。

◆*思考题*

1. 简述美国、英国、德国、俄国、法国、印度、日本等国初等教育课程与教学的现状与改革动态。

2. 简述当代初等教育课程与教学改革的趋势。

参考文献

中文文献

1.《马克思·恩格斯全集》，第4卷，人民出版社，1979年。
2.《普列汉诺夫哲学著作选集》，三联书店，1961年。
3.《十三经注疏》，世界书局，1935年。
4. 任继愈：《老子新解》，上海古籍出版社，1985年。
5. 罗荣渠：《现代化新论》，北京人民出版社，1993年。
6. [俄] B·B纳里莫夫：《关于哲学道路的深思》，《哲学译丛》，1994年第4期。
7. 顾明远、梁忠义总主编：世界教育大系，吉林教育出版社，2000年。
8. 教育大辞典，上海教育出版社，1996年。
9. 王承绪、朱勃、顾明远：比较教育，人民教育出版社，1982年。
10. 顾明远、薛理银：比较教育导论，人民教育出版社，1996年。
11. 吴文侃、杨汉清主编：比较教育学，人民教育出版社，1999年。
12. 王长纯：和而不同：比较教育的哲学沉思，首都师范大学出版社，2002年。
13. 王天一、夏之莲、朱美玉编著：《外国教育史》，北京师范大学，1985年。
14. 钟启泉选编：《日本教育改革》，人民教育出版社，1991年。
15. 梁忠义主编：《战后日本教育研究》，江西教育出版社，1994年。
16. 王承绪等主编：《战后英国教育研究》，江西教育出版社，1992年。
17. 邢克超主编：《战后法国教育研究》，江西教育出版社，1993年。
18. 李其龙、孙祖复著：《战后德国教育研究》，江西教育出版社，1995年。
19. 赵中建著：《战后印度教育研究》，江西教育出版社，1992年。
20. 马骥雄主编：《战后美国教育研究》，江西教育出版社，1991年。
21. 顾明远主编：《战后苏联教育研究》，江西教育出版社，1991年。
22. 外国教育丛书编辑组编：《六国教育概况》，人民教育出版社，1979年。
23. 日本文部省编，刘树范、关益等译：《五国普通教育》，教育科学出版社，1983年。
24. 王长纯主编、饶从满副主编：《国际基础教育比较研究》，中国审计出版社，1996年。
25. 梅根悟监修，世界教育史研究会编：《世界教育史大系·初等教育史》，讲谈社，1975年。
26. 戴继强：《联邦德国学校教育的督导制度》，《联邦德国研究》，1992年第2期。
27. 刘本固：《日本学校管理的评价》，《外国教育研究》，1985年第3期。
28.《中小学家长会的作用与设置》，《世界教育信息》，1997年第7期。

29. 罗正华：《美国教师教育的发展趋势》，《外国教育研究》，1994 年第 5 期。
30. 石伟平：《英国的“教师中心”》，《外国教育研究》，1988 年第 4 期。
31. 沈晓敏：《日本教师培训制度的历史和现状》，《外国教育资料》，1990 年第 4 期。
32.《英国教育危机谁之过》，《世界教育信息》，1996 年第 10 期。
33. 饶从满、满晶：《德国教师教育的演进》，《外国教育研究》，1994 年第 5 期。
34. 张丹华：《俄罗斯高等师范教育结构的改革》，《外国教育研究》，1994 年第 5 期。
35. 钟启泉编著：《现代课程论》，上海教育出版社，1989 年。
36. 朱希璐：《印度中小学语文教材中的品德教育》，《外国中小学教育》，1991 年第 1 期。
37. 朱镜人：《英国全国性课程初探》，《外国教育研究》，1996 年第 5 期。
38. 钟启泉：《国外中小学课程改革的趋势》，《外国教育资料》，1987 年第 6 期。
39. 仲文：《日本小学低年级新设生活科的意义》，《外国教育研究》，1992 年第 1 期。
40. 李守福：《日本中小学的特别活动课及其在道德教育中的作用》，《外国教育研究》，1984 年第 1 期。
41.《俄罗斯教育部长谈第五次教育改革》，《世界教育信息》，1995 年第 11 期。
42. 钟启泉：《国外科学素养说与理科课程改革》，《比较教育研究》，1997 年第 1 期。
43. 李仲汉、韩其洲编著：《世界初等教育的发展与改革》，人民教育出版社，1991 年。
44. 郭玉贵：《美国小学的内部教学组织》，《外国教育研究》，1988 年第 3 期。
45. M.V. 克拉林：《某些国家的个别教育》，《外国教育资料》，1992 年第 6 期。
46. 叶玉华：《俄罗斯普通中等学校的若干变化》，《外国教育研究》，1993 年第 6 期。
47. 王红宇：《美国课程观的演变和 80 年代课程改革》，《外国教育研究》，1993 年第 2 期。
48. 汪凌泽：《法国中小学教育内容新的基本原则》，《外国教育资料》，1992 年第 1 期。
49.《教科书统编制与审定制的争论》，《教育参考资料》，1997 年第 3～4 期。
50.《美加州小学推行真实情景的教学评量》，《世界教育信息》，1996 年第 2 期。
51. 吴定初等编著：《中国中等师范教育概论》，四川教育出版社，1990 年。
52. 龚乃传主编：《中国义务教育学制改革大思路》，人民教育出版社，1995 年。
53. 李小融著：《中国基础教育问题》，湖南教育出版社，1995 年。
54. 瞿葆奎主编：《教育学文集·中国教育改革》，人民教育出版社，1991 年。
55. 孙培青主编：《中国教育史》，华东师范大学出版社，1991 年。
56.《中华人民共和国现行教育法规汇编 1949～1980》，人民教育出版社，1991 年。
57. 宋恩荣主编：《近代中国教育改革》，教育科学出版社，1994 年。
58. 渡边富美雄十加部佐助，初任者研修ハントク“フ”ツク，市朱行政学会印刷所，1987 年。
59. 谢识予：《经济博弈论》，复旦大学出版社，2002 年 1 月，第 2 版。
60. [日] 青木昌彦著，周黎安译，《比较制度分析》，上海远东出版社，2001 年 12 月第 1 版。

61. 秦志华：企业改革中的制度变迁，《晋阳学刊》2002 年第 3 期。
62. 张敦胜：纳什均衡和社会博弈，《当代经济研究》，1998 年第 4 期。
63. 汪 凌：《掌握知识和能力的共同基石》，《全球教育展望》2001 年第 4 期。
64. 汪 凌：《法国中小学师资培训大学级学院及其课程特点》（http：//www. Learningchina. com）
65. 汪 凌：《让所有学生掌握共同的基础知识和能力》，《外国教育资料》，1997 年。
66. 佛罗安、王凌：《学业的成功与失败：法国当前的观念》，《外国教育资料》，1998 年第 5 期。
67. 陈永明：《发达国家教师教育的现状及其发展趋势》，《教师教育——改革与发展热点问题透视》，第 330 页。
68. 蓝 建：《师范教育领域的革新与新经验》，《师资培训研究》，1998 年第 2 期。
69. 皮埃尔·露易丝·戈蒂埃［法］：《面向 21 世纪法国与欧洲的高等师范教育：大变革还是"小改良"》，曲恒昌编《创建充满生机与活力的师范教育》，北京师范大学出版社。
70. 王长纯：《教师专业化发展：对教师的重新发现》，《教育研究》，2001 年第 11 期。
71. 李兴业：《法国中小学公民素质教育现状及问题》，《比较教育研究》，2001 年第 6 期。
72. 朱旭东：教师教育专业与质量保障体系，《中国高等教育》，2001 年第 18 期。
73.《教师专业化的目标选择》（http：//www.pep.com.cn）
74.《法国教育系统评估及高教改革》，《教育参考资料》，2000 年第 1 期。

外文文献

1. The Reform of Initial Teacher Training in France . Journal of Education for Teaching, Vol.22，No.3，1996
2. POMMENT GARANTIR LA QUALITÉ ET LA COHÉRENCE DE LENSEIGNEMENT DANS UN SYSTÉME DE PLUS EN PLUS DIVERSIFIÉ ? LE CAS DE LA FORMATTION DES MAÎTRES. DES POLITIQUES NATIONALES D'ÉDUCATION（FRANCE）[Chapitre 3]
3. David A Turner : Game theory in comparative education，Prospects and propositions.
4. Dr.V.K.Kohli，Indian Education and Its Problems，Publishers，1990.
5. Nobel Entwistle，Handbook of Educational Ideas and Practices，Routledge，1990.
6. Bryan Holmes，International Handbook of Educational Systems，V.1，John Wiley & Sons，1983.
7. H.C.Dent Education in England and Wales，Hodder，and Stonghton，1982.
8. W.F. Connell，a History of education in the Twentieth Century World，Teachers College Press，New York，1980.
9. Dr Dieter Schulz，School－System in the Federal Republic of Germany，Institue fur Pada-

gogik Ruhv－Universitat, Bochum, 4630 bochum.

10. Thomas J. Sergiovanni etc., Educational Governance and Administration, Prenticelnc, 1987.

11. James W. Guthrie and Rodney J. Rodney, Educational Administration and Police, Allyn and Bacon, 1991.

12. Kenneth Brookshank and Keitn Anderson, Educational Administration, Longman, 1989.

13. R. Covinda, N. V. Varghese, Quality of Primary Schooling in India, UNSCO, 1993.

14. Phillip C. Schlechty and Pobert W. Cole, Why not Charter School Boards? The American School Board Journal, November 1993.

15. How Effective is Teachers' Training Through Distance Education in India? Perspectives in Education, 1996, Vol.2, No.3.

16. Christopher Dede, Handbook of Research on Teacher Education, Macmilan Publishing Company, 1990.

17. Guy Neave, The Teaching Nation, Pergamon Press, 1991.

18. John White, Educational Reform in Britain, International Review of Education, P. 131～143.

19. Danniel Tanner and Laurel N. Tanner, Curriculum Development, Macmillan Publishing Co., Inc., New York, 1980.

20. Asia Programme of Educational Innovation for Development, Unesco Reginal for Education in Asia and the Pacific, Bangkok, 1984.

21. William G. Wraga, Toward a Curriculum Theory for the New Century Curriculum Studies, 1996.

22. International Handbook of Education Systems, Edited by Brain Holmes, 1983.

23. H. C. Dent, Education in England and Wales, Hodder and Stoughton, 1982.

24. Malcolm Clarkson, Emerging Issues in Primary Education, The Falmer Press, 1988.

25. Brian Holmes, International Handbook of Educational Systems, V. 1, John Wiley & Sons, 1983.

26. Robin Alexander, Policy and Practice in Primary Education, R. 1992.

27. Э. И Моносзн, Становление и Раэвитие Советской Педагогики, 1917～1987, Просвщение, Москва, 1989.

28. Елена Розанова, Эффективныйдректор, Началвкая, школа, No.11, 1995.

29. Ю. С. Алферов. Управленце Образованпем в Роль в Феяералвных Орянов, Педагомка, 1993.

30. Е. Е. Лысова, Новые Тенденции в Подготовке Учитедеи иа Западе, Педагогика, 1993.

31. Непрерывное Педагогниеское Образование, Образование, Санкт—Петербург, 1993.

32. I.ERIC review: The role of community college in training tomorrow's school teachers.

33. Community College Review; Raleigh; Spring 2001; R Dean Gerdeman.
34. Letters to the Editor: The Role of Community College in Teacher Education, The Chronicle of Higher Education; Washington; Apr 12, 2002.
35. Srates Give Community College a Role in Educating Teachers, The Chronicle of Higher Education; Washington; Mar 8, 2002; JAMILAHEVELYN.
36. 教育職員養成審議会《新たな時代に向けた教員養成の改善方策について》(第1次答申) 1997年7月 http://www.mext.go.jp
37. 教育職員養成審議会《修士課程を積極的に活用した教員養成の在り方について—現職教員の再教育の推進—》 (第2次答申) 1998年10月29日 http://www.mext.go.jp
38. 教育職員養成審議会《養成と採用·研修との連携の円滑化について》(第3次答申) 1999年12月10日 http://www.mext.go.jp
39. 文部省《我が国の文教施策》(2000年) http://wwwp.mext.go.jp
40. 文部科学省《教員養成等における大学と教育委員会の連携の促進に向けて—手を結ぼう、大学·学校·教育委員会——》2001.8.23 http://wwwp.mext.go.jp
41. 教育改革国民会議《教育改革国民会議報告——教育を変える17の提案—》2000年12月22日《教育委員会月報》2001.2
42. 中央教育審議会《教員養成制度の改善方策について》(第16回答申) 1958年7月28日 http://www.mext.go.jp
43. 中央教育審議会《教員の資質能力の向上について》(第24回答申) 1978年6月16日 http://wwwp.mext.go.jp
44. 文部省《学制百二十年史》http://www.mext.go.jp
45. 教育課程審議会《教育課程の基準の改善の基本方向についい》1997年11月
46. 高倉翔 編著《新時代の教員養成·採用·研修システム》教育開発研究所 1999年
47. 土屋基規 著《戦後教育と教員養成》新日本出版社 1984年
48. 海後宗臣 仲新 著《近代日本の教育》東京書籍株式会社 1988年
49. 中谷 彪 著《教育基本法と教員政策》明治図書出版株式会社 1984年
50、日本教育行政学会編《教員の資質向上と教育行政の課題》教育開発研究所 1987年
51. 金子 孫市 著《21世紀をめざす 日本の教育システム》教育開発研究所 1984年
52.《戦後教育の総合評価》刊行委員会編《戦後教育の総合評価——戦後教育改革の実像》国書刊行会 1999年
53. 伊藤 敬 編著《21世紀の学校と教師——教職入門》学文社 2000年
54. 麻生 誠 天野郁夫 編著《現代日本の教育課題——21世紀の教育を求めて》放送大学教育振興会 1999年
55. 保坂 亨 著《学校を欠席する子ども——長期欠席 不登校から学校教育を考える》東京大学出版会 2000年
56. 堤 清二 橋爪大三郎 編《選択·責任·連帯の教育改革——学校の機能回復をめざし

て》勁草書房 1999 年
57. 細谷恒夫 編《教師の社会的地位》日本教育史基本文献 史料叢書 63 大空社 1998 年
58. 西川 信廣 編著《学校再生への挑戦——21 世紀，学校はどう変わる》福村出版 2000 年
59. 東京都教育職員人事研究会 編著《東京都の教育職員人事考課制度》ぎょうせい 2000 年
60. 尾崎ムゲン 著《日本の教育改革》中央公論新社 1999 年
61.《新たな時代に向けた教員養成の在り方について座談会》《文部時報》2000.7
62. 葉養正明《教員採用における"養成"の視点と学校基盤型教員研修の構築》《文部時報》2000.7
63. 劍持耕士《新時代の教師を目指す》《教員養成セミナー》2000.9
64. 高倉 翔《今後の国立の教員養成系大学·学部の在り方について》《文部科学時報》2002.1
65. 二杉 孝司《"教える"ことの意味と方法》《教員養成セミナー》1999.10
66. 北村則行《学校は"強制"があって成り立つ》《教員養成セミナー》1999.10
67. 蓮見 音彦《教育改革と新しい学校のあり方》《教育委員会月報》2001.1
68. 安藤 知子《21 世紀の学校像と教員像を示す》《教員養成セミナー》2001.3
69. 横山 洋吉《教えるプロとしての確たる信念を》《教員養成セミナー》2002.8
70. 竹内 修《高貴な職を担う強い意志を》《教員養成セミナー》2002.8
71. 八尾坂 修《不適格教員深刻化する前に対応を》《教員養成セミナー》2002.9
72. 文部科学省《平成 12 年度 生徒指導上の諸問題の現状について》2001 年 8 月 24 日 http: // www.mext.go.jp
73. 文部科学省初等中等教育局《平成 12 年度 教育職員に系る 懲戒処分等の状況について》2001 年 12 月 26 日 http: // www.mext.go.jp
74. 文部科学省《国立の教員養成大学·学部（教員養成課程）の平成 13 年 3 月卒業者の就職状況》2001 年 12 月 27 日 http: // www.mext.go.jp
75. 文部科学省《新しい学習指導要領のねらいの実現に向けて》http: // www.mext.go.jp
76. Rust Val.D., Postmodernism and Comparative Education , Comparative Education Review , No.11, 1991.
77. Gracias Jarred J.L., Methodological Approaches in Comparative Education , Compare, Vol.17, No.1.1987.